中原北方地区

宋金墓葬艺术研究

邓菲／著

文物出版社

图书在版编目（CIP）数据

中原北方地区宋金墓葬艺术研究／邓菲著. —北京：
文物出版社，2019.10
（考古新视野）
ISBN 978－7－5010－6261－4

Ⅰ.①中⋯ Ⅱ.①邓⋯ Ⅲ.①墓葬（考古）－美术考古
－研究－中国－辽宋金元时代 Ⅳ.①K879.04

中国版本图书馆 CIP 数据核字（2019）第 192825 号

中原北方地区宋金墓葬艺术研究

著　　者：邓　菲

责任编辑：智　朴
装帧设计：肖　晓
责任印制：张　丽

出版发行：文物出版社
社　　址：北京市东直门内北小街 2 号楼
邮　　编：100007
网　　址：http：//www.wenwu.com
邮　　箱：web@wenwu.com
经　　销：新华书店
印　　刷：北京京都六环印刷厂
开　　本：710mm×1000mm　1/16
印　　张：26.75
版　　次：2019 年 10 月第 1 版
印　　次：2019 年 10 月第 1 次印刷
书　　号：ISBN 978－7－5010－6261－4
定　　价：118.00 元

内容提要

　　本书对宋金时期中原北方地区的仿木构砖室墓进行了综合研究，涵盖丧葬艺术的不同层面：既考察了墓葬营建的工艺、流程，同时也分析了墓内主要的图像题材及其布局原则，以及每类题材的内涵和意义，进而发展到对整个墓室的解读。

　　"空间"是本书尝试讨论的重要概念。研究涉及墓葬空间的表达、生产，以及社会空间、象征空间的构成与塑造。前两章首先探讨了宋金时期仿木构砖室墓的发展脉络、墓内装饰题材的区域特征以及墓主群体的身份与阶层，并通过分析典型案例，解读了图像程序的不同层次，展开对墓葬营建的流程、工艺的分析。同时还考察了该时期装饰墓对地面建筑、家居陈设的模仿和再现，指出墓室空间反映出日益强烈的家庭观念和社会化倾向。

　　后三章从宋金时期装饰墓的主要图像组合出发，试图理解墓葬整体空间的设计思路。通过分析宋金时期墓葬中的主要图像题材，研究提出墓内围绕墓主夫妇展开的活动，既强调家宅之中的生活氛围，同时具有礼仪意味，各类侍奉场景中隐含了供养、奉常的深层象征意义。另外，孝子故事、人物启门等其他装饰元素表明，墓主在死后的世界中还存在升天、超度、成仙等多种选择。这些场景的出现是宗教观念与丧葬理念互动的结果，也为我们提供了关于理解墓葬和冥世的重要信息。宋金时期墓葬成为了一个融合世俗生活、丧葬礼俗和死后世界观等各种元素的有机组合。

作者简介

邓菲，1982 年出生于内蒙古包头市。2004 年毕业于北京大学历史系，获历史学士学位。同年起就读英国牛津大学东方学系，师从杰西卡·罗森（Jessica Rawson）教授，于 2010 年获得哲学博士学位。现就职于复旦大学文史研究院，担任副研究员，主要研究方向为宋元时期的墓葬美术与物质文化。近期研究课题包括：宋金元时期的墓葬艺术、丧葬美术中的复古、孝子图像与文本、宋元时期的儿童图像等。目前已在《美术研究》《民族艺术》《艺术史研究》《考古与文物》等中英文学术期刊上发表论文 20 余篇。主持并完成国家社科青年基金项目和教育部人文社科基金项目各一项。曾赴日本东京大学东洋文化研究所、法国雷恩第二大学访问，并任哈佛燕京学社 2017～2018 年度访问学者。

专家推荐意见（一）

邓菲于北京大学毕业后，考入牛津大学攻读博士学位，师从英国著名汉学家杰西卡·罗森教授。她的这段令人艳羡的学术经历，当年国内曾有过专门的报道。如今，她早已是复旦大学文史研究院卓越学术团队的一名优秀成员，出落成一名年轻的宋辽金美术史专家，活跃于国内外的学术界。今天，她的首部专著——《中原北方地区宋金墓葬艺术研究》，就要和大家见面了。我作为与她研究领域十分贴近而且彼此之间了解较多的一名同行，对她的著作期待已久，更以能作为这部著作的推荐人而倍感荣幸。

近几十年来，随着考古发现材料的与日俱增，有关宋金墓葬的考古学、美术史与文化史研究也在世界范围内逐步升温，各种期刊论文和硕士、博士论文乃至著作如雨后春笋般不断涌现。但据我所知，以宋金墓葬艺术为主题的区域美术史专著，这还是第一部；它的面世，无疑标志着中国美术史研究在这一特定时段和特定领域的日臻成熟与深入。

该书从各地墓葬的时代特征与区域特征入手，以五个章节，分别讨论了墓葬艺术的区域传统、墓葬图像与丧葬礼俗、墓葬题材的多重寓意，以及墓葬图像与多元信仰等由表及里、从形式到内涵的几个环环相扣的重要问题。其中，第一章的内容，专论材料、问题与方法；第二章的内容则以丰富的实例，阐述了装饰题材在墓葬建筑空间中的整体关联性，并从营建工艺的角度论证了丧葬艺术的图像模式，从而得出图像内容系由一系列模件化题材组合而成的重要创见；第三章的内容以墓主像为核心，探讨了墓葬空间中的"像"和"位"与家居奉侍、戏剧表演题材之间的内在逻辑关联，及其所牵涉的丧葬习俗和民间祭祠文化背景；第四章的内容以宋金墓葬所流行的"二十四孝"题材为焦点，系统地分析了与之相关的版本、内容和形式特征等问题，进而阐述了这一题材的多重寓意，揭示出其背后儒道释三教并行不悖的孝亲观；第五章则围绕于当时常见的"妇人启门"题材，从更为广泛的层面，探寻了这一表现题材的起源与发展、功能与意涵等问题，并由此尝试推论"启门"图像与墓内虚幻空间和神仙世界之间的可能的关联。

通读了这部书稿，我的突出感受有以下几点：

其一，本书所收材料全面、详实且又丰富，充分展现了国内外考古学、历史学与美术史等领域围绕于相关课题的最新动态与研究成果，因而具有宽广的学术视野和很高的资料价值。

其二，该书在研究思维层面，合理地吸纳了巫鸿先生近年所倡说的"总体艺术"理论，并兼采近年来墓葬美术研究中的各类视角和方法，力图将墓葬中的各种元素——如壁画、砖雕、建筑空间、随葬品与墓志等——作为一个有机整体来进行分析和解释，从而突破了以往多就某一单独题材作相对孤立的分类研究的思维定势，显示出更有高度且更加科学的方法论意识。此外，强调"内证"与"外证"结合、兼重实物与文献研究，也是该书方法论上的一大特色。

其三，虽说围绕宋金墓葬主要装饰题材的研究成果已有不少，但在许多方面显然还未尽达成一致的见解。令我感到钦佩的是，该书广征博引，不仅对学术史上的各类研究成果都有细致周全的把握，而且绝不为作者个人观点的建树而丝毫地含糊或淡化他人已有的见解，表现出端正高雅的为学品格与不急不躁的学术自信力；更难能可贵的是，作者紧紧抓住"空间"和"信仰"这两个关键概念，将中原北方地区宋金墓葬艺术中的几个关键题材与当时墓葬建筑的营造工艺紧密联系起来加以考察，故能在兼采众说而取其个人认为持平之论的前提下，自出机枢地建构起个人独立的认识和见解，不特为一些既有的学说提供了新的理据，而且在许多方面都取得了新的创获——如于"模件化题材组合"模式的发现、于戏剧表演题材之于娱神和祖祭功能的解说、于二十四孝题材"昭孝事祖""感通神灵"和"辅助升仙"意义的阐明等等，或发前人未发之覆，或表前人未表之微，读来令人别有一种通融透辟的感觉。

　　总之，我认为：本书的贡献，不只在于作者所提供的一些扎实的结论；同时还在于，她为相关问题的进一步讨论，指出了一条更为通透的思路，开辟了一个更加开阔的空间。

李清泉

2017 年 9 月 15 日

专家推荐意见（二）

我的同事邓菲博士，2004 年毕业于北京大学历史系，旋即前往牛津大学东方学系师从英国著名艺术史学家和考古学家杰西卡·罗森教授。她选择宋金时期北方墓葬的考古材料为对象，进行一种艺术史、文化史与考古学的综合性研究。2010 年她以论文 "Understanding Efficacy: A Study of Decorated Tombs in Northern Song China (960 – 1127)" 获得博士学位后，作为引进人才入职复旦大学文史研究院，担任副教授。她在接下来的 7 年中，对其博士论文进行不断的修改和扩充，最终形成中文书稿《中原北方地区宋金墓葬艺术研究》。

自 20 世纪 50 年代迄今，宋金时期的墓葬考古发现已经取得了很大的进展，积累了相当丰富的材料，其中文化信息富集的砖雕壁画墓尤其引人瞩目。宿白先生于 1957 出版的《白沙宋墓》奠定了宋墓考古研究的范式，此后国内外学者们从不同角度研究宋金砖雕壁画墓，特别是近 20 多年来，在考古学的研究与资料整理、丧葬习俗与社会风尚、艺术史的图像阐释与风格分析等方面，均产生许多重要的学术成果。宋金墓葬作为综合性的物质和图像史料，日益显示出其复原历史的特殊价值，具有可观的学术拓展空间。本书即是邓菲博士在此基础上力图进一步推动中原北方宋金墓葬综合性研究所作的成果。

本书首先根据墓葬形制、墓内装饰图案和图像组合，分别按照时序描述了豫西北及豫中、豫东北及晋东南、晋南、冀中及鲁北等四个地区宋金砖雕壁画墓的区域性特征，并分析了墓葬建造方式和技术，说明了墓葬内部空间构成与图像布局的关系，并与民间寺庙建筑与图像配置进行比较，为阐释墓葬空间与图像的礼仪功能和宗教意涵，拓展了思路。

其次，综合过往关于汉魏和宋金墓葬孝子图像的研究，证以文献，对孝子图像做了系统的梳理，特别注意到其在墓葬中的位置，联系"昭孝事祖"和"感通神明"观念，将其与升仙图像联系起来，阐释孝子图像和升仙图像在墓葬情境的关联。这是针对这两类图像之间关联性的一种新解读。

第三，频繁出现在宋金墓葬中的启门图像，是墓葬内部实有空间虚拟性的延伸和补充，本书根据这种题材在墓葬整个图像程序中所处位置和性质，分别解释为世俗居室户牖的镜像和升仙之门两类。它们在构造死后世界的多元空间方面，非常具有表现力。同时，本书还对家居图像与升仙图像之间的关系做了十分精彩的解读。

最后，本书将墓葬图像的阐释置于历史纵向发展和社会横向宗教信仰之中。一方面，指出孝子故事、妇人启门、墓主画像等图像是对汉魏墓葬同类图像的回归和复古，是宋代复古风气在墓葬文化中的表现；另一方面，将孝子图像、升仙图像等与当时三教合流的孝亲观相联系，从社会文化和宗教信仰等多个角度阐释此类图像流行的原因。这种既有历史纵深又重视社会文化场域的研究，有益于还原历史的真实性和丰富性。

综上所述，本书稿全面而翔实地汇集了选题领域的考古材料和研究资讯，在综合考察中原北方宋金砖雕壁画墓的前提下，对墓葬的主要图像题材进行了深入而周详的研究，所提出的观点在很大程度上丰富了已有的研究，具有相当的学术价值。建议出版此书，以利学界。

2017 年 9 月 29 日

目 录

插图目录

导　论

第一节　选题意义

法国文化学者雷吉斯·德布雷（Régis Debray）在《图像的生与死：西方观图史》（*Vie et mort de l'image：Une histoire du regard en Occident*）一书中提出"图像诞生于墓葬"的观点：死亡是生命的结束，但却是图像的发端。为了延续死者的"生命"，雕塑、画像等一系列艺术形式才得以出现①。图像使无形的灵魂变得有形，使短暂的人生成为永恒，丧葬艺术将死亡转化为充满希望的契机。

与死亡有关的视觉图像正是本书的主要研究资料。中国的墓葬美术以其源远流长及丰富的内涵而见长。地下的墓穴从来不表现阴暗的死亡世界，它们的主题总是幸福和光明的，正是希望藉由这类艺术形式征服死亡。长久以来，受到中国古代社会文化与伦理道德的支持，生人致力于为亡者提供一个理想的家园，这一观念"激发了无穷无尽的艺术创造力和技术革新"②。人们将墓葬想象并建造为地下宅第、死后居所，这既是中国古代"事死如生"丧葬理念的直观体现，同时也决定了墓葬空间与内部装饰的基本设置。汉代以来的许多室墓都模仿现实居室的样式，以简洁的建筑构件呈现地上建筑的主要特征。汉唐之际的壁画墓更是持续描绘出建筑空间与

---

① ［法］雷吉斯·德布雷著，黄迅余等译：《图像的生与死：西方观图史》，上海：华东师范大学出版社，2014 年，第 5~26 页。

② ［美］巫鸿著，施杰译：《黄泉下的美术：宏观中国古代墓葬》，北京：生活·读书·新知三联书店，2010 年，第 4 页。

家居生活，并且不断用当时流行的艺术形式更新这一传统①。

　　理想家园的主题也是宋辽金元墓葬装饰的主要题材。近年来，河南、山西、山东、河北、陕西等地相继发现了大量宋金时期的带有砖雕或彩绘的"装饰墓"，更具体地说，即仿木构砖室墓，有时也称为砖雕壁画墓②。在这类墓葬中，建墓者采用独特的方式建造模仿现实建筑的生活空间，利用墓砖以及墓壁上的彩绘表现多层铺作的结构，在墓门与墓室壁面之上砌出倚柱、斗拱、梁枋、门窗等建筑元素。同时，墓壁各面砖砌或彩绘桌椅、衣架、灯檠等家具陈设，还描绘出墓主的家居生活场景，包括墓主夫妻对坐、侍者备食、伎乐舞蹈、杂剧表演等场面，充满了浓厚的生活气息。宋金时期装饰墓内的仿木斗拱繁复，壁面装饰丰富，但墓室的尺寸通常不大，随葬品也相对较少。另外，这些墓葬大多属于殷实富庶的乡绅市户。装饰墓在平民当中逐渐普及以后，迅速成为北方地区最具代表性的墓葬类型③。

　　这批墓葬属于历史文化遗存，也是图像与空间的集合。它们的发现为"图像证史"提供了种种可能，具有重要的史料、史证价值④。我们需要注意，考古遗存、图像资料的作用不仅仅在于佐证文献研究已做出的论断，它们与文本一样，都是历史的载体，或为了解历史提供新的史料和角度，或反映出历史的多元面向。正如布克哈特（Jacob Burckhardt）提出的观点，有时正是通过视觉图像，一个时代隐秘的信仰和观念才能传诸后人⑤。本书将宋金时期的装饰墓作为研究对象，希望跳出史学界普遍关注的宫廷与精英层面，利用考古资料去探讨当时庶民群体的社会、生活与文

---

① 有关中国墓葬艺术综合性研究的经典案例，可见 ［美］巫鸿著，柳扬、岑河译：《武梁祠：中国古代画像艺术的思想性》，北京：生活·读书·新知三联书店，2006 年；郑岩：《魏晋南北朝壁画墓研究》，北京：文物出版社，2002 年；李星明：《唐代墓室壁画研究》，西安：陕西人民美术出版社，2005 年；李清泉：《宣化辽墓：墓葬艺术与辽代社会》，北京：文物出版社，2008 年。

② 本书将墓内带有图像装饰的墓葬统称为"装饰墓"，在不同的情况下也会使用"仿木构砖室墓"或"砖雕壁画墓"等具体名称进行论述。"装饰"一词涵盖了墓中出现的各类题材的壁画、砖雕、浮雕、圆雕、石刻等，葬具之上的线刻、浮雕装饰也被用作研究的材料。以"装饰"为关注点有助于打通不同材质之间的限制，更好地把握宋金墓葬艺术的广泛性和多样性。

③ 秦大树：《宋元明考古》，北京：文物出版社，2004 年，第 141～145 页。

④ 哈斯克尔（Francis Haskell）系统地论述了图像证史的问题，并探讨了这种研究方法的有效性和潜在误区。参见 Francis Haskell, *Hisotry and Its Images*, New Haven & London: Yale University Press, 1993, Introduction.

⑤ ［瑞士］雅各布·布克哈特著，何新译：《意大利文艺复兴时期的文化》，北京：商务印书馆，1979 年，第 3 页。

化，展现过去生活的多样性和复杂性①。以往由于资料不足，学界对于这一社会群体缺乏了解。聚焦于墓葬内的图像与空间，将有助于我们考察宋金时期的庶民阶层，透过考古材料探讨特定区域内民众的家庭生活、丧葬礼俗。另外，墓葬中流露出该时期人们对于死亡、冥世的理解和想象，虽表现为多种观念的交织，但却一同为墓主人构造出一个理想的死后世界。墓葬内容和装饰也因此成为这个多元而复杂的礼俗、信仰体系的视觉化呈现。

　　装饰墓是宋金时期中原北方地区较为流行的一类墓葬形式。从目前的考古发现来看，两宋时期的墓葬具有十分鲜明的区域特色，出土墓葬大体可以分为南方和北方两大区域，各大区域又可细分为若干小区（图 0.1）②。总体来说，南方地区由于本身自然条件的原因，形成了较为明显的地方文化特征，装饰墓数量相对较少③。北方地区宋金装饰墓的数量可观，且面貌较为一致。虽然在该区域内还发现了土洞墓、石室墓等不同类型，但仿木构砖室墓因其丰富的装饰内容最引人瞩目。就区域分布来看，这类墓葬集中出土于豫中、豫西北、晋东南、晋南、河北、山东等地。另外，陕甘宁地区也有发现④。本研究的主要区域范围为以北宋两京地区为中心的北方地区，即徐苹芳提出的"中原北方地区"的地域概念⑤。这一地域范围的界定主要源于该地区内发现了数量可观的仿木构砖室墓。它们具有一定的共性，既可以反映两京地区墓葬的基本特征，体现墓葬艺术与区域传统之间的关联，同时也有助于我们理解技术与风格在不同地区之间的流动和传播，为探讨宋金时期区域文化的发展提供

---

① 侯旭东：《北朝村民的生活世界：朝廷、州县与村里》，北京：商务印书馆，2005 年，第 22～25 页。

② 秦大树：《宋元明考古》，第 137 页。

③ 江苏、江西、福建、川渝贵等地发现了带有装饰的石室墓及少量壁画墓，尤其是川渝贵地区出土的石室墓已经受到一定的关注。南方地区的装饰墓在墓葬形制、建筑材质上异于中原北方地区的墓例，但它们在装饰题材上却有相似之处。

④ 陕甘宁地区已发现不少宋金时期的装饰墓，这些墓葬虽然在装饰题材上与中原北方地区的砖雕壁画墓存在相似之处，但是它们的图像内容与形式具有明显的区域特征，多流行一砖一画的装饰手法，图像内容以户外生活、孝悌故事等较为常见。本书并未将陕甘宁地区的仿木构砖室墓作为主要的研究对象，但在具体的论述中偶尔也会涉及该地区出土的墓葬资料。

⑤ 该地域的具体范围包括"黄河流域及其以北的北宋疆域内的地区"。相关讨论，见徐苹芳：《宋元明考古学》，中国大百科全书总编辑委员会编《中国大百科全书·考古学》分册，北京：中国大百科全书出版社，1986 年，第 489 页。

了重要的历史信息①。

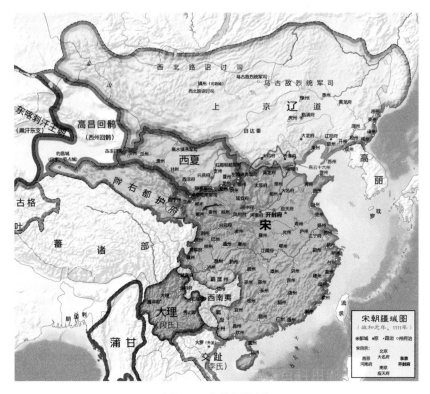

图 0.1   宋代疆域图

　　本书将仿木构砖室墓作为主要的考察对象，研究时段的划分也以该类墓葬的发展情况作为依据。这类墓葬自北宋中后期开始在北方地区的平民中流行，至金代后期成为该区域内最具代表性的墓葬形式。本研究的主要时段将集中于北宋中后期到金代后期，但涉及的材料也会上溯至晚唐五代，下延至元代。正如齐东方所论，"狭义的历史学对改朝换代的重视，不应成为考古研究的桎梏，以探讨物质文化演变为重点的考古学应淡化断代王朝作用，也许才能找到历史演变的真正原因。"② 本书选择以宋金时期作为主要的时间范围，一方面，由于中原北方地区在 11 ~ 13 世纪先为北宋、后为金朝的统治区域，金灭北宋后该地区的葬俗改变不大。宋末金初装饰墓的形制与内容十分相似，研究者在面对许多非纪年墓时，很难以王朝的断代割裂考

---

① 　另外，在论述的过程中，陕甘宁地区、长江上游的川渝地区和赣江流域的福建地区也会作为研究的参照。
② 　齐东方：《唐代的丧葬观念习俗与礼仪制度》，《考古学报》2006 年第 1 期。

古材料，因此可将北方地区的宋金墓作为整体进行研究。另一方面，笔者选择这个时段，也希望将墓葬资料置于"唐宋变革"①的时代背景之下，试图从考古材料出发探索特定社会群体的历史轨迹，进而理解唐宋之际丧葬文化所发生的巨大变革。

这批考古材料作为丧葬活动的重要产物，既包含了大量礼仪习俗的信息，同时也以视觉的形式表现出该时期的冥世信仰。本书以墓葬艺术作为切入点，希望在"礼俗与信仰空间"的视角下，展开历史文化的一个侧面，了解宋金时期中原北方地区丰富的社会生活，以及时人理想的生活状态和精神风貌。墓葬艺术作为具有一定系统性和延续性的丧葬传统，其背后的主要观念是什么？丧葬艺术能否为我们提供另一种认识历史的途径？特定的图像题材如何被建墓者选择并呈现？其功能和意义为何？图像与空间设计的内在逻辑是什么？墓葬内容体现出宋金时期庶民群体怎样的社会生活、礼仪习俗、信仰世界？这些墓葬又如何成为该时该地特定人群的文化与社会身份的表达？基于上述问题，本研究希望展开一段从图像到社会与信仰的探索之旅。

第二节　宋金时期装饰墓的发现与研究

一　宋金装饰墓的发现

宋金时期装饰墓②的考古发掘大致起始于 20 世纪中叶。在 20 世纪 40 年代，以梁思成、刘敦桢等为代表的中国营造学社南迁至四川宜宾李庄时，就对周边地区的古建和墓葬进行了调查与清理，其中包括南溪李庄宋墓、宜宾旧州坝宋墓、南宋乾

---

① 关于"唐宋变革"的相关学说，参见［日］内藤湖南：《概括的唐宋时代观》，原刊于《历史与地理》第 9 卷第 5 号，1910 年，后收于刘俊文主编，黄约瑟译《日本学者研究中国史论著选译》，北京：中华书局，1992 年，第 10～18 页；另见内藤湖南著，夏应元选编：《中国史通论：内藤湖南博士中国史学著作选译》，北京：社会科学文献出版社，2004 年，第 323～332、388～400 页。张广达仔细梳理了唐宋变革说的学术史脉络，见张广达：《内藤湖南的唐宋变革说及其影响》，《唐研究》第 11 卷，北京：北京大学出版社，2005 年，第 5～71 页。

② 本书虽然聚焦于中原北方地区的仿木构砖室墓，但此处的装饰墓包括该时段内南北方各地出土的壁画墓、砖雕墓、浮雕石室墓等不同类型。

道八年墓（1172 年）等宋代石室墓。这些考古成果发表在《中国营造学社汇刊》
上①。然而，1949 年以前宋墓的发现仅有零星几例，对于宋金墓葬的科学发掘和系统
研究，主要是从新中国成立后开始的。

　　20 世纪 50 年代，全国各地开展基建工程以及大规模的文物普查工作，出土了一
批重要的考古材料，宋金时期的仿木构砖室墓也有了突破性的发现。1951 年，考古
工作者为配合河南白沙水库的修建，在水库区域内发掘了三百余座从东周至明代的
墓葬，其中就有装饰精美的宋墓，如建于北宋哲宗元符二年（1099 年）的白沙一号
宋墓是最为重要的发现，墓内壁画、随葬品均保存完整。宿白于 1957 年出版的《白
沙宋墓》一书详尽介绍了白沙宋墓的发掘情况及出土资料，并在注释中进行了文献
与考古"双重证据"的研究，该书也因此成为了历史时期考古报告与研究的经典之
作②。50 年代至 70 年代，郑州二里岗宋墓③、安阳天禧镇宋墓④、林县董家村宋墓⑤、
南关外宋墓⑥等相继被清理、发掘。河南地区也出土有金代装饰墓，例如焦作老万庄
金墓为发现较早的金代壁画墓⑦。另外，山西、河北、山东等地陆续都有宋金仿木构
砖室墓的出土，如河北武安绍圣二年墓（1095 年）⑧、河北井陉柿庄宋金墓⑨、山东
济南青龙桥熙宁八年墓（1075 年）⑩、山西垣曲东铺村金墓⑪、山西新绛三林镇宋
墓⑫等等。其中仅河北井陉柿庄墓地就发现了 14 座宋末金初时期的装饰墓。这些考

①　王世襄：《四川南溪李庄宋墓》，中国营造学社编《中国营造学社汇刊》第 7 卷第 1 期，1944 年，第
　　105 ~ 111 页；莫宗江：《宜宾旧州坝白塔宋墓》，中国营造学社编《中国营造学社汇刊》第 7 卷第 1
　　期，1944 年，第 129 ~ 140 页；刘致平：《乾道辛卯墓》，中国营造学社编《中国营造学社汇刊》第 7
　　卷第 2 期，1945 年，第 1 ~ 11 页。
②　宿白：《白沙宋墓》，北京：文物出版社，1957 年。
③　裴明相：《郑州二里岗宋墓发掘记》，《文物参考资料》1954 年第 6 期。
④　《河南文化局调查安阳天禧镇宋墓》，《文物参考资料》1954 年第 8 期。
⑤　周到：《河南安阳专署调查林县董家村宋墓》，《文物参考资料》1954 年第 5 期。
⑥　河南省文化局文物工作队第一队：《郑州南关外北宋砖室墓》，《文物参考资料》1958 年第 5 期。
⑦　河南省博物馆、焦作市博物馆：《河南焦作金墓发掘简报》，《文物》1979 年第 8 期。
⑧　罗平：《武安西土山发现宋绍圣二年壁画墓》，《文物》1963 年第 10 期。
⑨　河北省文化局文物工作队：《河北井陉县柿庄宋墓发掘报告》，《考古学报》1962 年第 2 期。
⑩　《山东济南发现带壁画宋墓》，《文物》1960 年第 2 期。
⑪　吕遵谔：《山西垣曲东铺村的金墓》，《考古通讯》1956 年第 1 期。
⑫　杨富斗：《山西新绛三林镇两座仿木构的宋代砖墓》，《考古通讯》1958 年第 6 期。

古发掘具有填补该地区仿木构砖室墓空白的意义。与此同时，西北和南方地区也有装饰墓的重要发现，比如甘肃陇西李泽夫妇墓①、江苏淮安宋代壁画墓②、四川凤凰山宋墓③、重庆井口宋墓④等等。

1980 年以后，伴随着国家文化事业的复苏和大量基建工程的开展，中国的考古事业进入了迅速发展的时期，各地均有重要的墓葬发现。例如，河南省文物研究所和巩县文物保管所于 1984 年联合对巩义宋陵中的宋太宗元德李后陵进行发掘，并对陵园布局、地宫形制、墓葬装饰进行了清理，这既是目前所发掘的宋代仿木构砖室墓中等级最高的一座，也为研究北宋皇家陵寝制度提供了关键的材料⑤。在此期间，除了宋陵的发掘和调研，在富庶平民中流行的砖雕壁画墓的发现更是格外显著。仅河南一地就达 50 余座，包括：嵩县北元村宋墓⑥、新安梁庄宋墓⑦、新安古村宋墓⑧、新安宋村壁画墓⑨、温县前东南王村宋墓⑩、温县西关宋墓⑪、荥阳司村宋墓⑫、登封城南庄宋墓⑬、登封箭沟宋墓⑭、新密下河庄宋墓⑮、荥阳孤伯嘴宋墓⑯、安阳小南海宋墓⑰等等。纪年墓有登封黑山沟宋墓（1098 年）⑱、焦作崇宁四年梁全

① 陈贤儒：《甘肃陇西县的宋墓》，《文物参考资料》1955 年第 9 期。

② 江苏省文物管理委员会、南京博物院：《江苏淮安宋代壁画墓》，《文物》1960 年第 Z1 期。

③ 《凤凰山浮雕宋墓》，《文物参考资料》1955 年第 11 期。

④ 重庆市博物馆历史组：《重庆井口宋墓清理简报》，《文物》1961 年第 11 期。

⑤ 河南省文物研究所、巩县文物保管所：《宋太宗元德李后陵发掘报告》，《华夏考古》1988 年第 3 期。

⑥ 洛阳市第二文物工作队：《嵩县北元村宋代壁画墓》，《中原文物》1987 年第 3 期。

⑦ 洛阳市文物工作队：《河南新安县梁庄北宋壁画墓》，《考古与文物》1996 年第 4 期。

⑧ 洛阳市文物工作队：《河南新安县古村北宋壁画墓》，《华夏考古》1992 年第 2 期。

⑨ 洛阳市文物工作队：《河南新安县宋村北宋雕砖壁画墓》，《考古与文物》1998 年第 3 期；王书林等：《新安宋村北宋砖雕壁画墓测绘简报》，《考古与文物》2015 年第 1 期。

⑩ 张思青、武永政：《温县宋墓发掘简报》，《中原文物》1983 年第 1 期。

⑪ 罗火金、王再建：《河南温县西关宋墓》，《华夏考古》1996 年 1 期。

⑫ 郑州市博物馆：《荥阳司村宋代壁画墓发掘简报》，《中原文物》1982 年第 4 期。

⑬ 郑州市文物考古研究所、登封市文物局：《河南登封城南庄宋代壁画墓》，《文物》2005 年第 8 期。

⑭ 郑州市文物考古研究所：《郑州宋金壁画墓》，北京：科学出版社，2005 年，第 136 ~ 159 页。

⑮ 郑州市文物考古研究所、新密市文物保管所：《新密下庄河宋代壁画墓》，《中原文物》1999 年第 4 期。

⑯ 郑州市文物考古研究所、荥阳市文物保护管理所：《河南荥阳孤伯嘴壁画墓发掘简报》，《中原文物》1998 年第 4 期。

⑰ 李明德、郭芝田：《安阳小南海宋代壁画墓》，《中原文物》1993 年第 2 期。

⑱ 郑州市文物考古研究所、登封市文物局：《河南登封黑山沟宋代壁画墓》，《文物》2001 年第 10 期。

本墓（1105 年）①、新密平陌宋墓（1108 年）②、安阳新安庄大观三年墓（1109年）③、新安石寺乡李村宣和八年墓（1126 年）④，等。这些墓葬均为仿木构砖室墓，墓内遍施彩绘，颇具代表性。另外，山西长治、壶关等晋东南地区也出土了数十座同类墓例，其中纪年墓包括：长治故县元丰元年墓（1078 年）⑤、长治五马村元丰四年墓（1081 年）⑥、壶关南村元祐二年墓（1087 年）⑦、长治西白兔村元祐三年墓（1088 年）⑧、壶关下好牢宣和五年墓（1123 年）⑨ 等等。另外，金墓的发现以山西地区最为集中，例如侯马董氏家族墓地⑩、运城闻喜小罗庄和下阳村墓地⑪、稷山马村段氏家族墓地⑫等都出土了若干金代装饰墓。其中仅侯马董氏家族墓地中就清理了10 座金代中后期的砖雕壁画墓⑬。上述材料为研究宋金时期河南、山西等地的丧葬习俗与社会文化提供了非常重要的历史信息。

　　与此同时，考古工作者在河北、山东等地也发现了不少宋金时期的仿木构砖室墓，例如，河北武邑龙店庆历二年墓（1042 年）⑭、河北曲阳南平罗政和七年墓

---

① 罗火金、张丽芳：《宋代梁全本墓》，《中原文物》2007 年第 5 期。

② 郑州市文物考古研究所、新密市博物馆：《河南新密市平陌宋代壁画墓》，《文物》1998 年第 12 期。

③ 中国社会科学院考古研究所安阳工作队：《河南安阳新安庄西地宋墓发掘简报》，《考古》1994 年第 10 期。

④ 叶万松、余扶危：《新安县石寺李村的两座宋墓》，中国考古学会编《中国考古学年鉴1985》，北京：文物出版社，1985 年，第 173 页；另见俞莉娜等：《新安县石寺李村北宋宋四郎砖雕壁画墓测绘简报》，《故宫博物院院刊》2016 年第 1 期。

⑤ 朱晓芳、王进先：《山西长治故县村宋代壁画墓》，《文物》2005 年第 4 期。

⑥ 王进先、石卫国：《山西长治市五马村宋墓》，《考古》1994 年第 9 期。

⑦ 长治市博物馆、壶关县文物博物馆：《山西壶关南村宋代砖雕墓》，《文物》1997 年第 2 期。

⑧ 王进先：《长治市西白兔村宋代壁画墓发掘简报》，山西省考古学会等编《山西省考古学会议论文集（三）》，太原：山西古籍出版社，2000 年，第 131～137 页。

⑨ 王进先：《山西壶关下好牢宋墓》，《文物》2002 年第 5 期。

⑩ 山西省文物管理委员会侯马工作站：《山西侯马金墓发掘简报》，《考古》1961 年第 12 期。

⑪ 山西省考古研究所、山西省闻喜县博物馆：《山西省闻喜县金代砖雕壁画墓》，《文物》1986 年第 12 期。

⑫ 山西省考古研究所：《山西稷山金墓发掘简报》，《文物》1983 年第 1 期。

⑬ 除了 1959 年清理的 6 座金墓外，另外几座出土于 1964 至 1965 年，见山西省考古研究所侯马工作站：《侯马 101 号金墓》，《文物季刊》1997 年第 3 期；山西省考古研究所侯马工作站：《侯马 102 号金墓》，《文物季刊》1997 年第 4 期；山西省考古研究所侯马工作站：《侯马 65H4M102 金墓》，《文物季刊》1997 年第 4 期；杨富斗：《山西侯马 104 号金墓》，《考古与文物》1983 年第 6 期。

⑭ 河北省文物研究所：《河北武邑龙店宋墓发掘报告》，河北省文物研究所编《河北省考古论文集》，北京：东方出版社，1998 年，第 323～329 页。

（1117 年）①、山东工业大学建隆元年吴从实墓（960 年）②、山东栖霞慕家店政和六年慕伉墓（1116 年）③，都是有确切纪年的宋墓。同期，陕西、甘肃、宁夏地区也发现了一些宋金时期的砖室墓。陕西出土了 9 座装饰墓，其中安康上许家台王诚夫妇墓为南宋绍兴三十年所建（1160 年）④。甘肃出土了若干座宋墓，墓中皆有彩绘浮雕，如镇原庙渠宋墓建于北宋徽宗宣和五年（1123 年）⑤。另外，宁夏西吉滩黑虎沟宋墓中也发现有砖雕彩绘⑥。

　　除了北方地区外，川渝贵地区也是装饰墓发现较为集中的地区，这一时期在该地区发现的浮雕石室墓有 30 余座，如四川华蓥的安丙家族墓地共发掘 5 座宋墓，不仅等级规格较高，而且仍保留茔域的围墙和地上享堂等遗迹⑦。考古工作者还对四川泸县地区的宋代石雕墓进行了系统的调查、发掘和清理，并出版了考古报告，这为研究川东南地区的装饰墓提供了重要的材料⑧。另外，贵州地区也有零星发现，桐梓地区的几座宋墓中都有石刻装饰⑨。除此之外，福建、江西、江苏、湖北、湖南等地也出土了宋代装饰墓，如福建三明、尤溪地区清理了近 10 座壁画墓⑩，湖北地区也有发现⑪。

　　进入 21 世纪以来，相关的考古发现仍在继续，更多装饰精美的宋金仿木构砖室

① 保定地区文物管理所等：《河北曲阳南平罗北宋政和七年墓清理简报》，《文物》1988 年第 11 期。

② 济南市博物馆、济南市考古所：《济南市宋金砖雕壁画墓》，《文物》2008 年第 8 期。

③ 李元章：《山东栖霞市慕家店宋代慕伉墓》，《考古》1998 年第 5 期。

④ 陕西省考古研究所、安康市文化教育局：《安康市上许家台南宋墓发掘简报》，《考古与文物》2002 年第 2 期。

⑤ 许俊臣：《甘肃镇原县出土北宋浮雕画砖》，《考古与文物》1983 年第 6 期。

⑥ 杨明、耿志强：《西吉县西吉滩黑虎沟宋墓清理简报》，《宁夏文物》1986 年第 1 期。

⑦ 四川省文物考古研究院、广安市文物管理所、华蓥市文物管理所：《华蓥安丙墓》，北京：文物出版社，2008 年。

⑧ 四川省文物考古研究所、成都市文物考古研究所、泸州市博物馆、泸县文物管理所：《泸县宋墓》，北京：文物出版社，2004 年。

⑨ 贵州省博物馆考古队：《贵州桐梓宋明墓发掘简报》，《考古》1988 年第 12 期。

⑩ 李琳：《福建宋元墓葬壁画分布和特点》，《福建史志》2015 年第 6 期。

⑪ 湖北地区发现了砖雕壁画墓近 20 座，包括襄阳刘家埂、襄樊油坊岗家族墓地等。见襄樊市博物馆：《湖北襄樊刘家埂唐宋墓葬清理简报》，《江汉考古》1994 年第 3 期；襄樊市博物馆：《湖北襄樊油坊岗七座宋墓》，《考古》1995 年第 5 期；襄樊市博物馆：《襄阳磨基山宋墓发掘简报》，《江汉考古》1985 年第 3 期。

墓进入公众视野。此时期中原北方地区出土的重要墓例包括：河南登封高村壁画墓①、巩义涉村宋墓②、荥阳槐西宋墓③、济源东石露头村宋墓④、焦作白庄宋墓⑤、洛阳关林庙宋墓⑥、登封唐庄宋墓⑦、山西汾阳东龙观宋金墓⑧等等。其中，山西省考古研究所于 2008 年发掘的汾阳东龙观家族墓共有仿木构砖室墓 27 座，规模庞大，墓葬保存较好，具有重要的史料价值⑨。纪年墓有洛阳元丰六年富弼夫妇墓（1083年）⑩、焦作小尚村政和三年冀闰墓（1113 年)⑪、郑州二七区贾正夫妇墓（1105年)⑫、洛阳宜阳县金明昌五年墓（1194 年)⑬ 等。此外，陕甘宁等地也有不少此类墓葬的出土，例如，陕西韩城宋墓⑭、甘肃张家川南川宋墓⑮等为深入研究西北地区的宋金装饰墓提供了关键材料。

　　综上所述，20 世纪 50 年代至今，各地所发现的两宋或宋金时期的装饰墓数量相当可观，且时间跨度较长，分布区域广泛。仅中原北方地区，目前发现的宋金时期的仿木构砖室墓已达三百余座（见附表 1、附表 3）。这批丰富的考古材料，为进一步研究提供了必要的条件和广阔的空间，并展现出鲜明的时代、地域传统。

① 郑州市文物考古研究所、登封市文物局：《登封高村壁画墓清理简报》，《中原文物》2004 年第 5 期。

② 郑州市文物考古研究所：《郑州宋金壁画墓》，第 159～177 页。

③ 郑州市文物考古研究院、荥阳市文物保护管理所：《荥阳槐西壁画墓发掘简报》，《中原文物》2008 年第 5 期。

④ 河南省文物考古研究所等：《济源市东石露头村宋代壁画墓》，《中原文物》2008 年第 2 期。

⑤ 焦作市文物工作队：《河南焦作白庄宋代壁画墓发掘简报》，《文博》2009 年第 1 期。

⑥ 洛阳市文物工作队：《洛阳洛龙区关林庙宋代砖雕墓发掘简报》，《文物》2011 年第 8 期。

⑦ 郑州市文物考古研究院、登封市文物局：《河南登封唐庄宋代壁画墓发掘简报》，《文物》2012 年第 9 期。

⑧ 山西省考古研究所等：《2008 年山西汾阳东龙观宋金墓地发掘简报》，《文物》2010 年第 2 期。

⑨ 另外，山西省考古研究所还出版了关于该墓地的详尽考古报告，见山西省考古研究所、汾阳市文物旅游局、汾阳市博物馆：《汾阳东龙观宋金壁画墓》，北京：文物出版社，2012 年。

⑩ 洛阳市第二文物工作队：《富弼家族墓地发掘简报》，《中原文物》2008 年第 6 期。

⑪ 焦作市文物工作队：《河南焦作小尚宋冀闰壁画墓发掘简报》，《文物世界》2009 年第 5 期。

⑫ 郑州市文物考古研究院、郑州市南北水调文物保护管理办公室：《郑州黄岗寺北宋纪年壁画墓》，《中原文物》2013 年第 1 期。

⑬ 洛阳市第二文物工作队：《宜阳发现一座金代纪年壁画墓》，《中原文物》2008 年第 4 期。

⑭ 康保成、孙秉君：《陕西韩城宋墓壁画考释》，《文艺研究》2009 年第 11 期。

⑮ 甘肃省文物考古研究所、张家川回族自治县博物馆：《甘肃张家川南川宋墓发掘简报》，《考古与文物》2009 年第 6 期。

二　宋金墓葬艺术与葬俗的研究

由于宋金墓葬资料的不断涌现，该领域近年来也颇受关注，国内外相继出现了与之相关的众多研究。目前学界对宋金时期装饰墓的讨论可以大致分为三个方面：第一类著述以考古类型学为基础，或对已发现的墓葬进行分期分区研究，或集中于某些特定区域，探讨区域内的墓葬特征；第二类讨论主要将墓中的图像题材作为研究对象，展开图像学的分析，理解特定画面的形式、意义与功能；第三类研究则利用考古与文献资料，讨论该时期的礼仪制度、丧葬习俗、宗教信仰等内容。

1. 宋金墓葬考古学研究

有关宋金墓葬的研究首先涉及以考古类型学为基础的分区分期研究。许多学者都对宋金墓葬进行了资料收集、整理、类型学分析，廓清了宋金时期装饰墓的基本情况，为深入研究奠定了基础。

早在 20 世纪 80 年代，徐苹芳最先提出了有关宋代墓葬分区和分期的看法，将宋墓分为中原北方地区、长江中下游地区、湖广地区、闽赣地区和川渝贵地区五个大区，其中将"中原北方地区"的范围界定为"黄河流域及其以北的北宋疆域内的地区"，并将该区域内的宋墓以宋神宗熙宁元年（1068 年）为界分为前后两期[1]。德国学者狄特·库恩（Dieter Kuhn）于 1996 年出版的专著全面考察了各个地区出土的宋代墓葬，进行了考古材料的类型学研究，并讨论了墓葬类型与不同社会阶层墓主之间的关系，为该领域的持续深入提供了方向[2]。

此后，随着考古材料的不断发现，学者继续进行着宋金墓葬的类型学研究，并尤为关注北方地区的装饰墓。秦大树延续并细化了徐苹芳有关宋代墓葬的分期分区，将"中原北方地区"的地域范围向南扩展至淮河到汉中一线，向北扩至宋辽边界，并在此基础上，将北方地区宋墓的范围划分为三个小的区域：河南、山东地区；河

---

[1]　徐苹芳：《宋代墓葬和窖藏的发掘》，中国社会科学院考古研究所编《新中国的考古发现和研究》，北京：文物出版社，1984 年，第 597~601 页；徐苹芳：《宋元明考古学》，第 489 页。

[2]　Dieter Kuhn, *A Place for the Dead：An Archaeological Documentary on Graves and Tombs of the Song Dynasty (960 – 1279)*, Heidelberg：Würzburger Sinologische Schriften, 1996.

北、晋中、晋东地区；晋南、关中地区。同时，他根据北方地区出土仿木构砖室墓的形制、装饰和随葬品的变化，将墓葬材料分为三期：第一期为北宋建国至宋仁宗天圣年以前（960～1022 年），该时期发现的装饰墓较少，只有一些壁面无装饰的砖室墓，且使用仿木构砖室墓形式的多为品官墓；第二期为宋仁宗天圣年间至宋哲宗元祐年间（1023～1085 年），平民开始使用仿木构砖室墓，其斗拱和壁面装饰都较为简单；第三期为北宋元祐年间到北宋末（1086～1127 年），在这一时段内仿木构砖雕壁画墓大量出现，壁面装饰繁复华丽①。

赵明星综合分析了宋代不同类型的仿木构墓葬，将其分为六个大区，其中第二区以宋辽疆域为北界，南至淮河一线，西靠吕梁一线，东到华北平原，正是"中原北方地区"的地域范围。他不仅分析了各个区域之间的关系，还将仿木构墓葬的发展分为北宋早中期、北宋晚期、南宋三个历史时期，并探讨了宋墓对辽金墓葬的影响②。韩小囡在秦大树有关宋墓分期分区研究的基础上，进一步扩大了"北方地区"的区域范围，西至陕甘宁，南至长江以北流域，并细分为五个主要区域：豫中、晋西南地区；晋东南、晋中、豫东北、冀西南；冀中、鲁北地区；陕甘宁地区；豫西南、鄂北及皖西地区。另外，她依据墓葬的形制、装饰等方面将仿木构砖室墓以宋哲宗元祐元年（1086 年）为界，分为前后两期，前期为该类墓葬的形成期，后期为仿木构砖室墓的鼎盛期③。陈章龙则将北方的装饰墓分为东、西两个大区与 10 个小的区域，中原北方地区大致属于东区的范围，陕甘宁则归于西区系墓葬，在时段上则基于秦大树的分期标准，将北方宋墓分为三期四段④。

除了对宋代装饰墓的梳理，学者们也对北方地区的金墓进行了分期分区研究。秦大树概述了各地发现的金墓，大致将其分为长城以北地区、河北及晋北、河南与山东、晋南与关中等四个区域，并将其划分为三期，第一期为金开国至正隆年以前

①　秦大树：《宋元明考古》，第 143～145 页。
②　赵明星：《宋代仿木构墓葬形制研究》，吉林大学硕士学位论文，2004 年；赵明星：《宋代仿木构墓葬形制及对辽金墓葬的影响》，吉林大学边疆考古研究中心编《边疆考古研究》第 4 辑，北京：科学出版社，2005 年，第 210～237 页。
③　韩小囡：《宋代墓葬装饰研究》，山东大学博士学位论文，2006 年，第 70～89 页。
④　陈章龙：《北方宋墓装饰研究》，吉林大学博士学位论文，2010 年，第 6～8、127～156 页。

（1115～1160 年）；第二期为金世宗大定年间至卫绍王前期（1161～1208 年）；第三期为大安元年至金亡（1209～1234 年）①。卢青峰依据民族、风俗与历史沿革情况，将金墓的发现分为东北及内蒙古东部、燕云地区、中原地区三个大区，并在秦大树研究的基础上将金墓的发展划为三期②。赵永军进一步梳理了出土金墓的形制与结构，将所发现的金墓划分为六个大区、三期五段，另外还对墓葬装饰的内容进行了分类研究③。申云艳、齐瑜则就各地出土的金代壁画墓进行了分区与图像分类研究④。

　　虽然学者们对这批墓葬材料的分区分期研究并不完全一致，但是有关中原北方地区宋金装饰墓的考古学框架已基本形成。

　　与此同时，学者们也注意到了两宋时期南北方墓葬的区域差异，提出两地在营建墓葬上最大的区别就是北方追求的是近似阳宅的华丽居室，南方则强调墓室的坚固密封以及遗体的保存⑤。另外，南方宋墓还常随葬各种俑类。秦大树将南方地区划分为长江下游、长江中游、长江上游、闽广等地区，并根据每个区域内的墓葬形制与随葬品变化，将墓葬分成不同的发展时段⑥。吴敬的《南方地区宋代墓葬研究》一书是目前对南方两宋时期墓葬最为系统全面的研究，他将南方宋墓划分为十个区域，提出长江流域以南的地区在自然地理、社会经济、区域交流及宗教信仰等因素的作用下形成了墓葬的区域共性，另外还横向比较了南方宋墓与北方宋金墓的基本特征⑦。

① 秦大树：《金墓概述》，《辽海文物学刊》1988 年第 2 期；秦大树：《宋元明考古》，第 208～220 页。
② 卢青峰：《金代墓葬探究》，郑州大学硕士学位论文，2007 年。
③ 赵永军：《金代墓葬研究》，吉林大学博士学位论文，2010 年。
④ 申云艳、齐瑜：《金代墓室壁画分区与内容分类试探》，《山东大学学报》1998 年第 2 期。
⑤ 秦大树：《宋元明考古》，第 158～160 页。
⑥ 秦大树：《宋元明考古》，第 151～158 页。另外，董新林在对中国古代墓葬的研究中也概述了南方宋墓的特点。见董新林：《中国古代陵墓考古研究》，福州：福建人民出版社，2005 年，第 230～238 页。
⑦ 吴敬：《南方地区宋代墓葬研究》，北京：社会科学文献出版社，2015 年。相关讨论，另见吴敬：《南方地区宋代墓葬的区域性及相关问题研究》，吉林大学博士学位论文，2008 年；吴敬：《论南方宋墓的共性特征及其成因》，《考古与文物》2014 年第 1 期。此外，张梦纳则对南方地区的宋代装饰墓进行系统梳理，根据装饰题材与内容的不同，将南方宋代装饰墓分为六个区域，并分析了各个地区之间的共性与区别。张梦纳：《南方宋墓装饰题材的区域性研究》，吉林大学硕士学位论文，2017 年。

　　在宋金考古研究整体推进的同时，以区域为中心的墓葬研究也逐渐开始出现。近年来的不少论著都集中于特定区域内的宋金装饰墓，以考古类型学的方法为基础，依据墓葬形制、装饰、随葬品对墓葬材料作出相应分期，进而展开墓葬艺术的综合研究。其中以中原北方地区最受关注①。《郑州宋金壁画墓》一书不仅收录了郑州地区仿木构砖室墓的考古简报，也对它们进行了类型学分析，指出此类形制是河南、河北地区唐墓的延续和发展②。孙广清、杨远、孙望等学者都曾综述、讨论过河南地区发现的宋金仿木构砖室墓，并对这批墓葬材料进行了分期研究③。夏素颖整理了河北地区宋金墓葬的考古发现，并分析了墓葬形制及装饰风格④。

　　山西地区作为发现金墓较为集中的区域，一直以来是墓葬区域研究的重点。史学谦于1988年发表的《试论山西地区的金墓》最先针对山西地区的金墓进行了综合研究⑤。马金花也曾概括山西地区金代壁画墓的分布情况，讨论了晋北、晋中、晋东南、晋南等地墓葬艺术的特征⑥。此外，秦大树、钟燕娣对山西地区的宋元墓葬进行了细致地梳理，建立起墓葬资料的时空框架和完整的演变序列⑦。学者们还进一步分析了山西各个小区域内的装饰墓。任林平对晋中南地区宋金墓葬的建筑、图像进行了综合研究⑧；闫晓英则将关注点放在山西长治地区，考察了晋东南地区的墓葬空间

① 刘佳妮运用考古类型学对北方地区出土的辽宋金元壁画墓进行了分区分期，并讨论了壁画墓的区域差异和图像题材。刘佳妮：《中原北方地区辽宋金元壁画墓的研究》，武汉大学硕士学位论文，2010年。

② 郑州市文物考古研究所：《郑州宋金壁画墓》，第252~269页。

③ 孙广清：《河南宋墓综述》，《中原文物》1990年第4期；杨远：《河南北宋壁画墓析论》，郑州大学硕士学位论文，2004年；杨远：《河南北宋壁画墓的分期研究》，《考古与文物》2007年第3期；孙望：《河南地区宋金时期墓葬壁画初探》，南京大学硕士学位论文，2015年。

④ 夏素颖：《河北地区宋金墓葬研究》，《文物春秋》2012年第2期。

⑤ 史学谦：《试论山西地区的金墓》，《考古与文物》1988年第3期。

⑥ 马金花：《山西金代壁画墓初步研究》，《文物春秋》2002年第5期。另外，许若茜通过分析仿木构墓葬的形制、随葬品、壁画装饰，对山西地区金墓进行了分区分期研究。许若茜：《山西金墓分区分期研究》，中央民族大学硕士学位论文，2011年。

⑦ 秦大树、钟燕娣：《宋元时期山西地区墓葬的发现和研究》，上海博物院编《壁上观——细读山西古代壁画》，北京：北京大学出版社，2017年，第170~225页。

⑧ 任林平：《晋中南地区宋金墓葬研究》，南京大学硕士学位论文，2012年。

与艺术①；王进先的专著也针对山西长治地区的仿木构砖室墓，全面分析了该地区墓葬的建筑结构与装饰艺术②。

另外，一些学者也开始注意到陕甘宁地区出土的宋金装饰墓。例如，陈熙讨论了甘肃清水宋金时期的画像砖墓及其区域特征③；王成则以陕甘宁地区的金代砖雕壁画墓为研究对象，概述各地的墓葬规制、建筑形制和装饰图像，着重分析了该地区金墓呈现出的普遍性和特殊性④。

南方地区宋墓的区域性研究也有一定的进展。其中闽赣、川渝贵地区由于出土了数量较多的装饰墓，引起了不少学者的关注。林忠干、杨琮、李琳等都对福建地区的宋元壁画墓进行了分期研究，并总结了该地的墓葬形制和装饰特征⑤。陈云洪讨论了四川地区出土的宋代砖室墓与石室墓，提出四川宋墓具有较强的地域特征⑥；周必素则概述了黔北地区石室墓的情况，表明该地区墓葬艺术与川渝石室墓装饰的相关性⑦。近年来还出现了不少关于川渝贵地区石室墓及石刻艺术的图像学研究，包括对川南、广元、黔北等地墓葬石刻的整理与分析⑧。需要注意的是，有关南方宋墓的研究更多的是对墓葬形制和随葬品的讨论。例如，黄义军、吴敬等学者分别考察了湖北、华南地区宋墓的形制、随葬品，并指出区域葬俗之间的交流与发展⑨。此外，近年

---

① 闫晓英：《山西长治地区金代墓室壁画研究》，山西大学硕士学位论文，2013 年。

② 王进先：《长治宋金元墓室建筑艺术研究》，北京：文物出版社，2015 年。

③ 陈熙：《甘肃清水宋金墓室彩绘画像砖艺术研究》，西北师范大学硕士学位论文，2006 年。

④ 王成：《陕甘宁地区金代砖雕壁画墓图像装饰研究》，中央美术学院硕士学位论文，2017 年。

⑤ 林忠干：《福建宋墓分期研究》，《考古》1992 年第 5 期；杨琮：《福建宋元壁画墓初步研究》，《考古》1996 年第 1 期；李琳：《福建宋元墓葬壁画分布和特点》，《福建史志》2015 年第 6 期。

⑥ 陈云洪：《试论四川宋墓》，《四川文物》1999 年第 3 期；陈云洪：《四川地区宋代墓葬研究》，四川大学博物馆等编《南方民族考古》第 7 辑，北京：科学出版社，2011 年，第 279～304 页。有关四川地区内小范围的墓葬研究主要集中在成都地区，见洪剑民：《略谈成都近郊五代至南宋的墓葬形制》，《考古》1959 年第 1 期。

⑦ 周必素：《贵州遵义的宋代石室墓》，《江汉考古》2008 年第 4 期。

⑧ 相关研究可见：张春新：《南宋川南墓葬石刻艺术》，重庆：重庆大学出版社，2011 年；余继平：《遵义地区宋墓石刻装饰艺术特点分析》，《三峡论坛》2016 年第 3 期；盛伟：《四川广元宋墓石刻》，《文物》1986 年第 12 期。

⑨ 黄义军：《湖北宋墓分期》，《江汉考古》1999 年第 2 期；吴敬：《华南地区宋墓初探》，《四川文物》2011 年第 6 期。

的一些硕博学位论文也开始讨论江西、淮南、安徽等地的宋墓材料①。

这些研究使我们对不同自然地理、社会文化区域内的墓葬面貌有了大致的了解，有助于宋金墓葬研究的进一步深入。

2. 宋金墓葬艺术研究

由于宋金仿木构砖室墓中饰有内容丰富的图像题材，除了上述以考古类型学为基础对墓葬进行的分期分区研究，学者们更是格外重视墓内的图像内容。因此，专题性研究以对墓葬装饰和图像题材的讨论最多。

早在 20 世纪 50 年代末，宿白就曾细致地考证过宋代装饰墓内表现世俗生活的场景，并总结出宋元壁画装饰的时段特征，开创了墓葬艺术研究的先河②。此后，许多美术、考古通史类的著作，如楚启恩的《中国壁画史》③、董新林的《幽冥色彩：中国古代墓葬装饰》④、罗世平和廖旸的《古代壁画墓》⑤、贺西林和李清泉的《永生之维：中国墓室壁画史》⑥，都从美术史的角度介绍了宋金时期墓葬壁画的发现和研究。

更多的研究则以单个的图像题材为对象展开论述。该方法在艺术史及美术考古领域十分流行，研究者将墓葬中特定的装饰题材作为主题进行图像学的分析。宋金装饰墓中最受关注的题材包括墓主画像、散乐杂剧、孝子故事和妇人启门等几类⑦。

---

① 例如，叶俊峰概述了东南地区宋墓的整体面貌，指出随移民南来的北方葬俗在该地区有一定的体现；金连玉分析了江西宋墓的形制和随葬品，廓清了该地区的墓葬特征，讨论了由墓葬资料反映出的葬风葬俗；罗丹指出了淮南地区宋金墓葬的发展脉络，通过时间上的对比总结了该地区的葬俗变迁情况；丁翠平则梳理了两宋时期安徽地区墓葬发展的大致情况。见叶俊峰：《东南地区宋墓研究》，郑州大学硕士学位论文，2010 年；金连玉：《江西宋墓研究》，中央民族大学硕士学位论文，2010 年；罗丹：《淮南地区宋金墓葬研究》，中央民族大学硕士学位论文，2011 年；丁翠平：《安徽地区宋代墓葬研究》，安徽大学硕士学位论文，2016 年。

② 宿白：《白沙宋墓》，第 20～43、57～62、73～75 页；宿白：《魏晋南北朝至宋元考古》，中国科学院考古研究所编《考古学基础》，北京：科学出版社，1958 年，第 151～153 页。

③ 楚启恩：《中国壁画史》，北京：北京工艺美术出版社，2000 年。

④ 董新林：《幽冥色彩：中国古代墓葬装饰》，成都：四川人民出版社，2004 年。

⑤ 罗世平、廖旸：《古代壁画墓》，北京：文物出版社，2005 年，第四章。

⑥ 贺西林、李清泉：《永生之维：中国墓室壁画史》，北京：高等教育出版社，2009 年，第 293～448 页。

⑦ 程义对目前学界关于宋金墓葬图像的研究进行了全面综述，并依据题材内容做了大致分类。见程义：《宋代墓室壁画研究综述》，《陕西历史博物馆馆刊》第 22 辑，西安：三秦出版社，2015 年，第 211～222 页。

　　许多学者都曾讨论过宋金元时期墓葬中常见的墓主画像，将墓主夫妇对坐像的表现模式与意义作为研究的焦点。宿白最先提出宋墓中夫妇对坐的场景与文献所记载的"开芳宴"十分相似，可能具有墓主夫妇恩爱之意①。而后有学者延续此观点，认为墓主夫妇宴饮图的功能是为了表现家庭生活的和睦和吉庆②。更多的学者，如秦大树、裴志昂、庄程恒、易晴、袁泉都将宋金元时期的墓主夫妇对坐图与当时的影堂、灵座联系起来，指出墓主像作为一种祖先遗像出现在宋金墓葬空间之中，体现了祖先祭祀的礼仪功能③。张鹏分析了墓主夫妇像从一桌二椅到夫妇共坐像等模式的发展，认为它们具有开放性的构图造型，可以与其他壁面形成丰富的组合关系④。李清泉继续强调了夫妇对坐图与影堂的相关性，进一步提出墓主夫妇像在墓葬中作为"永为供养"的对象，不只是对影堂肖像的简单模仿，宋金墓葬也绝非仅仅为了再造地下享堂，墓室空间与墓主夫妇像一同营造了"家"的概念和气氛，墓葬更像是一座吉庆的家宅⑤。洪知希（Jeehee Hong）也认同有关墓主像礼仪内涵的观点，并转向了社会史层面的探讨，提出庶民阶层通过在墓葬和家庙中表现亡者画像等形式，建立了延续家族谱系的渠道，发展出不同于士人阶层的丧葬礼仪和祖先祭祀⑥。上述研究在对墓葬题材进行分类讨论的基础上，考察了墓主画像在墓葬中的功能和意义，

① 宿白：《白沙宋墓》，第 48～49 页。
② 薛豫晓：《宋辽金元墓葬中"开芳宴"图象研究》，四川大学硕士学位论文，2007 年。另外，还有学者提出以墓主夫妇为中心的图像题材模仿了日常生活中的寿宴场景，形成了中原地区宋墓图像的"祝寿模式"。见张凯：《中原地区宋墓图像"祝寿模式"探析》，《南京艺术学院学报（美术与设计）》2017 年第 1 期。
③ 秦大树：《宋元明考古》，第 145～146 页；［美］裴志昂：《试论晚唐至元代仿木构墓葬的宗教意义》，《考古与文物》2009 年第 4 期；庄程恒：《北宋两京地区墓主夫妇画像与唐宋世俗生活风尚之新变动》，中山大学艺术史研究中心编《艺术史研究》第 12 辑，广州：中山大学出版社，2010 年，第 83～122 页；易晴：《宋金中原地区壁画墓"墓主人对（并）坐"图像探析》，《中原文物》2011 年第 2 期；袁泉：《物与像：元墓壁面装饰与随葬品共同营造的墓室空间》，《故宫博物院院刊》2013 年第 2 期。
④ 张鹏：《勉世与娱情——宋金墓葬壁画中的一桌二椅到夫妇共坐》，《美术研究》2010 年第 4 期。另外，王丽颖讨论了北方各个地区宋金墓宴饮图的表现模式及区域特征。见王丽颖：《中国北方地区宋金墓葬中宴饮图装饰研究》，山西大学硕士学位论文，2013 年。
⑤ 李清泉：《"一堂家庆"的新意象——宋金时期的墓主夫妇像与唐宋墓葬风气之变》，《美术学报》2013 年第 2 期。
⑥ Jeehee Hong, "Changing Roles of the Tomb Portrait: Burial Practices and Ancestral Worship of the Non-Literati Elite in North China (1000–1400)," *Journal of Song-Yuan Studies*, vol. 44, 2014, pp. 203–264.

将墓葬壁画与当时的礼仪与社会风俗相关联，试图理解隐藏在图像背后的生活诉求。

　　还有不少学者对墓葬中的戏曲散乐题材进行了考释，如徐苹芳《宋代的杂剧砖雕》[①]、周贻白《北宋墓葬中人物雕砖的研究》[②]、廖奔《温县宋墓杂剧雕砖考》[③]、周到《安阳天禧镇宋墓壁画散乐图跋》[④] 等等[⑤]。这些研究联系宋金时期戏曲的发展情况，探讨了墓葬中戏曲散乐图像的形式与内容。与此同时，宋元戏曲史的研究也在积极利用考古新发现，甚至提出了"戏曲文物"的概念，以出土文物的不断丰富推动该领域的发展[⑥]。值得注意的是，2000 年以来，一些学者开始将关注点放在杂剧、乐舞图在墓葬空间中的功能之上，逐渐从对戏曲史的兴趣转向对墓室空间的释读。例如，廖奔指出宋金元仿木构砖室墓中的乐舞杂剧图像是对冥世生活中重视乐舞享乐观念的反映[⑦]。张帆认为戏曲杂剧在墓中不仅仅作为一种娱乐演出形式出现，同时具有家庭祭祀的功能，在墓葬中连接生与死、后人与先祖的不同世界[⑧]。刘乐乐则通过分析宋金墓葬装饰的空间配置，推测杂剧砖雕和墓主夫妇像的组合并非仅仅是为墓主而设的娱乐和祭祀，也是墓主夫妇酬神、祭祖场景的再现[⑨]。洪知希于 2016 年出版的有关宋金元墓葬戏曲图像的英文专著，考察了墓中杂剧表演的意义，提出

① 徐苹芳：《宋代的杂剧砖雕》，《文物》1960 年第 5 期。另见徐苹芳：《白沙宋墓中的杂剧雕砖》，《考古》1960 年第 9 期。

② 周贻白：《北宋墓葬中人物雕砖的研究》，《文物》1961 年第 10 期。

③ 廖奔：《温县宋墓杂剧雕砖考》，《文物》1984 年第 8 期。

④ 周到：《安阳天禧镇宋墓壁画散乐图跋》，《中原文物》1984 年第 1 期。

⑤ 另见 Robert Maeda, "Some Sung, Chin, and Yuan Representations of Actors," *Artibus Asiae*, vol. 41, 1979, pp. 132 –156。

⑥ 有关宋元戏曲文物的重要研究，见刘念兹：《戏曲文物丛考》，北京：中国戏剧出版社，1986 年；山西师范大学戏曲文物研究所：《宋金元戏曲文物图论》，太原：山西人民出版社，1987 年；廖奔：《宋元戏曲文物与民俗》，北京：文化艺术出版社，1989 年；黄竹三：《戏曲文物研究散论》，北京：文化艺术出版社，1998 年；冯俊杰：《戏剧与考古》，北京：文化艺术出版社，2002 年。

⑦ 廖奔：《宋金元仿木结构砖雕墓及其乐舞装饰》，《文物》2000 年第 5 期。

⑧ 张帆：《豫北和晋南宋金墓杂剧形象的比较研究》，《中原文物》2009 年第 4 期。相似的观点另见邓菲：《宋金时期砖雕壁画墓的图像题材探析》，《美术研究》2011 年第 3 期；成文光：《焦作宋元墓葬装饰中的戏曲图像探讨》，《美术研究》2017 年第 4 期。

⑨ 刘乐乐：《宋金墓葬中杂剧砖雕的礼仪功能探析》，《戏剧艺术》2015 年第 3 期。

这些演出不是简单地表现世俗的生活和娱乐，而是将死亡进一步社会化的手段，另外她还通过墓葬图像探讨了时人对于死亡和冥世的想象。这部著作对于该研究领域的推进具有十分重要的意义①。

有关宋金时期孝行图的研究也十分显著，目前的讨论主要集中于孝子人物的考辨、"二十四孝"图像与文本的比对、孝子图像在墓葬中的功能等几个方面。首先，不少学者都曾对墓葬中的孝子人物进行了仔细的考释、修订②。例如，赵超从山西壶关南村宋墓中的孝子画像出发对二十四孝图像进行了考辨，分析了二十四孝图的流行范围及其与文本的关系③。其次，二十四孝在何时形成也是学界讨论的热点问题，比较有代表性的研究包括赵超的《"二十四孝"在何时形成》、董新林的《北宋金元墓葬壁饰所见"二十四孝"故事与高丽〈孝行录〉》④ 等等。后晓荣进一步提出了宋金时期二十四孝的人物组合相当固定，图像和文字也呈现出模式化的特征⑤。再次，最近的研究也越来越多地关注到孝行图在墓内空间的功能和意义。韩小囡、易晴等学者都认为孝子图是代表孝行、孝道的符号，既可作为对墓主的赞誉，又与引渡升仙之间存在一定的联系⑥。笔者也曾沿用这一思路，立足于对墓葬整体环境的理解，将孝行图的意义与墓葬空间结合起来，指出孝子图像具有连接仙俗的象征意味⑦。胡志明、孙珂则对宋金时期的图像遗存进行了更为详细的研究，亦将其作为墓葬系统

---

① Jeehee Hong, *Theater of the Dead: A Social Turn in Chinese Funerary Art*, Honolulu: University of Hawaii Press, 2016; Jeehee Hong, "Virtual Theater of the Dead: Actor Figurines and Their Stage in Houma Tomb No. 1, Shanxi Province," *Artibus Asiae*, No. 1, 2011, pp. 106 – 109.

② 魏文斌、师彦灵、唐晓军：《甘肃宋金墓"二十四孝"图与敦煌遗书〈孝子传〉》，《敦煌研究》1998年第3期；刘耀辉：《山西潞城县北关宋代砖雕二十四孝考辨》，《青年考古学家》2000年第12期；江玉祥：《宋代墓葬出土的二十四孝图像补释》，《四川文物》2001年第4期；许海峰：《涿州元代壁画墓孝义故事图浅析》，《文物春秋》2004年第4期。

③ 赵超：《山西壶关南村宋代砖雕墓砖雕题材试析》，《文物》1998年第5期。

④ 董新林：《北宋金元墓葬壁饰所见"二十四孝"故事与高丽〈孝行录〉》，《华夏考古》2009年第2期。

⑤ 后晓荣：《宋金"画像二十四孝"——中国最早、最成熟的二十四孝》，《西部考古》第12辑，北京：科学出版社，2016年，第437～445页。

⑥ 韩小囡：《宋代装饰墓研究》，第109～111页；易晴：《河南登封黑山沟北宋砖雕壁画墓图像构成研究》，中央美术学院博士学位论文，2007年，第53～71页。

⑦ 邓菲：《关于宋金墓葬中孝行图的思考》，《中原文物》2009年第4期。

的构成元素，认为孝子图对墓主升仙起到了重要的辅助作用①。另外，还有学者对
"五郡兄弟"等特殊题材的孝义故事图进行了考证，并在单个墓例的基础上，讨论了
中原北方地区墓葬壁画的整体布局②。上述研究都在不同程度上分析解释了孝子图像
的流行原因，提出宋金时期政治、思想、宗教等因素与孝子故事盛行之间的联系。

　　妇人启门题材也是学界讨论的热点问题之一。宿白最先在《白沙宋墓》中对该
墓中所见材料进行了梳理，提出启门题材表现假门之后尚有房屋、墓室至此未到尽
头之意③。这一观点十分重要，可用于理解宋金时期大部分的门户或启门案例。之后
学者们的研究多在此基础上进一步具体化④。综合来看，关于妇人启门题材的关注点
主要集中于两个方面：一是妇人的身份；二是门背后的空间。首先，一些学者讨论
了启门妇人⑤，比如刘毅、郑滦明、郑绍宗等认为妇人表现了墓主生前的姬妾侍女类
人物⑥。还有学者侧重理解女性形象在该场景中出现的原因。例如，邓小南提出启门
的妇人代表了妇女在家宅空间中的理想状态，是儒家礼教约束下"无故不窥中门"
的反映⑦。其次，关于门在墓葬空间中的意义，有学者延续宿白的观点，认为妇人启

① 胡志明：《宋金墓葬孝子图像初探》，中央美术学院硕士学位论文，2010 年；孙珂：《宋金元时期墓葬
　　中的孝子图像研究——以山西和河南地区为中心》，北京大学硕士学位论文，2010 年。另外，也有研
　　究专门讨论了洛阳地区宋墓中的孝行图，见胡淑静：《洛阳地区宋代墓室壁画中的孝道文化研究》，
　　《中华文化论坛》2015 年第 8 期；吴咪：《洛阳宋墓孝行图的丧葬观念研究》，西北大学硕士学位论
　　文，2017 年。
② 崔世平、任程：《巩义涉村宋代壁画墓"五郡兄弟"孝子图略论》，中山大学艺术史研究中心编《艺
　　术史研究》第 13 辑，广州：中山大学出版社，2011 年，第 369 ~ 381 页；张保卿：《巩义涉村宋墓孝
　　子图像考——兼谈中原北方地区宋墓的墓主像》，《文物》2017 年第 7 期。
③ 宿白：《白沙宋墓》，第 54 ~ 55 页，注 75。
④ 2013 年有两篇硕士学位论文对宋辽金墓中的图像进行了整体概述，见闫丽娟：《试论宋辽金元时期
　　"妇人启门图"》，山西大学硕士学位论文，2013 年；樊睿：《宋辽金墓葬中的启门图研究》，南京艺术
　　学院硕士学位论文，2013 年。
⑤ 美国学者戈尔丁（Paul Goldin）专就汉代启门图像中启门者的性别含义进行了研究。Paul Goldin, "The
　　Motif of the Woman in the Doorway and Related Imagery in Traditional Chinese Funerary Art," *Journal of the A-
　　merican Oriental Society*, vol. 121, no. 4, 2001, pp. 539 – 548.
⑥ 刘毅：《"妇人启门"墓饰含义管见》，《中国文物报》1993 年 5 月 16 日第 3 版；郑滦明：《宣化辽墓
　　"妇人启门"壁画小考》，《文物春秋》1995 年第 2 期；郑绍宗：《宣化辽墓壁画——中国古代壁画之
　　精华》，《故宫文物月刊》1997 年第 12 期。
⑦ 邓小南：《从考古发掘资料看唐宋时期女性在门户内外的活动——以唐代吐鲁番、宋代白沙墓葬的发掘资料
　　为例》，李小江等编著《历史、史学与性别》，南京：江苏人民出版社，2002 年，第 113 ~ 127 页。

门是墓主世俗生活的反映，半开的假门之后尚有庭院或房屋，符合宋金砖室墓中营造的家宅氛围①。还有研究提出门后可能是对神圣空间的暗示，与墓主的死后升仙有关②。另外，李清泉指出，半掩于门扉后的女子与周围的彩绘砖雕门楼一同构成了新的视觉空间逻辑，作为"寝"的暗示和象征；同时该题材也可能作为当时社会的一种普遍的视觉兴趣，反映出时人对于仙境或世外之地的憧憬和想象③。郑岩则对上述诸说进行了综合与补充，突破了针对图像含义的思维定式，提出妇人启门图作为一种纯粹的装饰手法流行于不同时期，可以在特定的场合、图像语境中表现特定的寓意④。

除了上述针对墓中单个图像题材的讨论，也有一些学者对宋金时期的装饰墓进行了整体性研究。例如，梁庄爱伦（Ellen Johnston Laing）于 20 世纪 70 ~ 80 年代曾探讨过宋辽金元墓中的装饰题材，就其历史渊源、装饰图式的地域分布及时代变化等内容进行分析⑤。随着宋金墓葬考古发现的不断增加，不少硕博学位论文都以中原北方地区的墓葬装饰为题，做出了详细而深入的论述。刘耀辉的《晋南地区宋金墓葬研究》通过分析墓中的一桌二椅、夫妇对坐、杂剧题材、妇人启门、孝子故事等常见题材，指出这些题材所反映的社会生活以及观念信仰，是关于宋金墓葬艺术的重要成果⑥。韩小囡全面研究了宋代南北方的装饰墓，解读了装饰墓内出现的典型题材以及墓葬装饰体系的整体功能，并讨论

---

① 相关研究，参见冯恩学：《辽墓启门图之探讨》，《北方文物》2005 年第 4 期；张鹏：《妇人启门图试探——以宣化辽墓壁画为中心》，《民族艺术》2006 年第 3 期；丁雨：《浅议宋金墓葬中的启门图》，《考古与文物》2015 年第 1 期。

② 持有此类观点的研究，见梁白泉：《墓饰"妇人启门"含义揣测》，《中国文物报》1992 年 11 月 8 日第 3 版；［日］土居淑子：《古代中国の半開の扉》，《古代中国考古·文化論叢》，东京：言丛社，1992 年，第 253 ~ 292 页；韩小囡：《宋代墓葬装饰研究》，第 113 ~ 119、139 页。

③ 李清泉：《空间逻辑与视觉意味——宋辽金墓"妇人启门"图新论》，《美术学报》2012 年第 2 期。

④ 郑岩：《民间艺术二题》，《民俗研究》1995 年第 2 期；郑岩：《论"半启门"》，《故宫博物院院刊》2012 年第 3 期。

⑤ Ellen Johnston Laing, "Patterns and Problems in Later Chinese Tomb Decoration," *Journal of Oriental Studies*, vol. 16, no. 1 - 2, 1978, pp. 3 - 20; Ellen Johnston Laing, "Chin 'Tartar' Dynasty Material Culture," *Artibus Asiae* 49, 1989, pp. 73 - 126.

⑥ 刘耀辉：《晋南地区宋金墓葬研究》，北京大学硕士学位论文，2002 年。

了考古材料所反映的葬俗问题①。陈章龙以北方地区的装饰墓为研究对象，探讨了图像体现出的宋代社会的陈设风尚、家内生活、出行方式、经济文化和民间葬俗等内容②。

另外，近年来有关宋金墓葬艺术研究的两个新趋势值得关注。第一是从个案研究出发探讨墓葬中的图像内涵和整体程序。这类研究受到巫鸿等学者的影响和启发，较为关注图像在具体空间中的关系，将墓葬空间视为完整独立的个体，强调从具体的案例出发理解图像配置背后的观念和逻辑。例如，易晴于 2012 年出版的《登封黑山沟宋墓图像研究》一书围绕河南登封黑山沟宋墓展开个案研究，不仅论及中原北方地区砖雕壁画墓的区域与时代特征，同时探求了墓室图像的深层次内涵以及设计原则，考察了宋代丧葬观念在墓室图像中的视觉呈现③。陕西韩城盘乐村宋墓也由于墓内所绘的中医图、杂剧图、涅槃图等引起了学界的关注，杨效俊、洪知希、崔兴众等学者都对该墓中的壁画题材进行了阐释，从不同角度探讨了图像背后的文化意涵，并涉及佛教美术与丧葬美术之间的互动④。然而，不论是按照图像题材进行分类，还是综合性研究，或是个案分析，目前整体的研究都普遍关注墓葬艺术的功能和含义，这类研究视角和方法曾在汉画领域多有实践，可以说是汉画研究理念在宋金墓葬材料上的进一步应用⑤。

第二个趋势是近期的一些研究流露出对墓室建筑空间的浓厚兴趣。夏南悉（Nancy Steinhardt）、李清泉、韩小囡、易晴等学者都曾探讨多角形墓室的形成、仿木构建筑元素的来源，提出这种建筑和装饰形式受到地上仿木砖塔建筑的

① 韩小囡：《宋代墓葬装饰研究》，第 101～137 页。

② 陈章龙：《北方宋墓装饰研究》。另外，近年来还有不少硕博学位论文也讨论了中原北方地区的宋金墓葬艺术，见牛加明：《宋代墓室壁画研究》，华南师范大学硕士学位论文，2004 年；宋扬：《宋代墓葬壁画探索》，华中师范大学硕士学位论文，2011 年。

③ 易晴：《登封黑山沟宋墓图像研究》，北京：文物出版社，2012 年。

④ 崔兴众：《丹青意映——韩城宋墓图像研究》，西安美术学院硕士学位论文，2015 年；杨效俊：《陕西韩城盘乐村宋墓壁画的象征意义》，《文博》2015 年第 5 期；Jeehee Hong, T J Hinrichs, "Unwritten Life (and Death) of a 'Pharmacist' in Song China: Decoding Hancheng Tomb Murals," *Cahier d' Extrême-Asie* 24, 2015, pp. 231 – 278.

⑤ 见刘未：《门窗、桌椅及其他——宋元砖雕壁画墓的模式与传统》，巫鸿等编《古代墓葬美术研究》第 3 辑，长沙：湖南美术出版社，2015 年，第 227 页。

影响①。另外，还有学者讨论了墓内建筑元素与墓室空间的关系②。梁庄爱伦认为墓内的仿木结构呈现了建筑的外立面，整个墓室更像是一个庭院空间③。郑以墨延续这一论断，探讨了仿木建筑外观与墓室内部空间之间的矛盾，以及五代宋金时期的工匠如何借助其他图像来实现对虚拟空间的想象；同时她还考虑到墓中观看的视角和方位，指出墓葬在模仿地上建筑外观时，按照木建筑的规格等比例缩小，形成了一个微缩的空间④。林伟正则提出仿木建筑并非简单地模仿地上建筑，死后的世界往往表现出"视觉的倒转"，内与外、虚与实等元素被调适至墓葬空间，构建出一个模糊不定的新的现实⑤。吴垠更加细致地探讨了晋南金墓仿木结构呈现建筑元素背后的原因以及建筑形象在墓葬中的意义⑥。这些学者对墓内仿木建筑结构的研究已拓展到了空间和视觉分析的层面，十分具有启发性。

上述趋势都来源于"墓葬美术"视角和方法的兴起，反映出宋金墓葬研究的不断发展。这种对于墓葬建筑、图像潜在逻辑的思考，推动了整个领域的不断深化。

3. 宋金墓葬与礼俗信仰研究

墓葬所反映的内容是多方面的，建筑空间与图像装饰也是揭示礼仪风俗、观念信仰的重要资料。然而，如何有效地利用具体的考古资料去讨论同时期的社会文化、

---

① Nancy Steinhardt, *Liao Architecture*, Honolulu：University of Hawaii Press, 1997, pp. 397 – 398；李清泉：《宣化辽墓：墓葬艺术与辽代社会》，第 317 页；韩小囡：《墓与塔——宋墓中仿木建筑雕饰的来源》，《中原文物》2010 年第 3 期；秦欢：《北宋多边形墓类型分区与墓室装饰初探》，中央民族大学硕士学位论文，2012 年。另外，易晴不仅谈到了八角形墓室源于佛塔、经幢、地宫和墓塔，另外还提出八角形的精神内核体现了《周易》的八卦方位。见易晴：《登封黑山沟宋墓图像研究》，第 85～103 页。

② 另见〔美〕裴志昂：《试论晚唐至元代仿木构墓葬的宗教意义》，《考古与文物》2009 年第 4 期。

③ Ellen Johnston Laing, "Patterns and Problems in Later Chinese Tomb Decoration," p. 17.

④ 郑以墨：《内与外　虚与实——五代、宋墓葬中仿木建筑的空间表达》，《故宫博物院院刊》2009 年第 6 期；郑以墨：《缩微的空间——五代、宋墓葬中仿木建筑构件的比例与观看视角》，《美术研究》2011 年第 1 期。

⑤ Wei-Cheng Lin, "Underground Wooden Architecture in Brick：A Changed Perspective from Life to Death in 10th-through 13th-Century Northern China," *Archives of Asian Art*, vol. 61, 2011, pp. 3 – 36.

⑥ 吴垠：《晋南金墓中的仿木建筑——以稷山马村段氏家族墓为中心》，中央美术学院硕士学位论文，2014 年；吴垠：《仿木建筑的"事神"意味——以稷山马村段氏家族墓及晋南金墓为中心》，中山大学艺术史研究中心编《艺术史研究》第 17 辑，广州：中山大学出版社，2015 年，第 101～141 页。

礼仪风俗与宗教信仰，如何打通与结合文献史料与考古材料，一直以来都是墓葬研究的重点与难点。已有学者在这个方面进行了积极的尝试和探索。例如，狄特·库恩比较了文献记载中的葬俗与考古发现的实例，提出两类史料之间存在一定的差异，并以此探讨了墓葬所体现的宋代丧葬习俗的实践与流行①。罗森也直接指出了丧仪类文献的局限性，通过考察唐宋时期墓葬的装饰和内容，并结合《广异记》等传奇文学中关于冢墓及其内容的记载，试图理解生与死的界限、墓葬构建出的有关死后世界的想象②。

　　齐东方则注意到了考古材料的片段性，提出墓葬仅仅保留了丧葬活动中有限的内容，强调只有结合墓葬营建的丧葬观念与制度，才可以更加接近历史的本来面目。他通过对唐代丧葬制度运作、丧葬活动的分析，梳理了唐代墓葬的演变，指出安史之乱以后，丧葬礼俗发生了操作手法和表现形式上的变革，丧葬观念趋向大众化、世俗化③。秦大树在现有考古发现的宋代皇陵和士庶墓葬的基础上，结合宋代的历史背景，探讨了宋墓的重要变化及其体现出的社会与观念变革，其中包括墓室的世俗化倾向、墓中的多元崇拜，及地区经济和社会意识的多样性④。崔美花（Mihwa Choi）新近出版的专著也通过考古发现及文献史料讨论了宋真宗至宋神宗时期的礼仪变革，分析了帝王、士人以及富商等不同社会群体所实行的多样化的丧葬礼仪，提出富庶平民的墓葬是其社会身份与信仰的表达⑤。学者们对于考古、文献史料性质的认识与辨析，为深入地理解宋金时期的墓葬和礼俗提供了很好的借鉴。

　　除此之外，基于墓葬材料展开的讨论还十分关注宗教对葬俗的影响。不少学者都曾指出佛教对于宋金元时期丧葬文化的影响，通过一系列个案进行了深入的分析。如徐苹芳最先通过考古材料探讨了火葬习俗在宋元时期的普遍流行，并解释了该葬

---

① Dieter Kuhn, *A Place for the Dead: An Archaeological Documentary on Graves and Tombs of the Song Dynasty* (*960 – 1279*), pp. 11 – 38.

② Jessica Rawson, "Changes in the Representations of Life and the Afterlife as Illustrated by the Contents of Tombs of the Tang and Sung Periods," in Maxwell Hearn and Judith Smith eds., *Arts of the Sung and Yuan*, New York: The Metropolitan Museum of Art, 1996, pp. 23 – 44.

③ 齐东方：《唐代的丧葬观念习俗与礼仪制度》，《考古学报》2006 年第 1 期。

④ 秦大树：《宋代丧葬习俗的变革及其体现的社会意义》，《唐研究》第 11 卷，北京：北京大学出版社，2005 年，第 313 ~ 336 页。

⑤ Mihwa Choi, *Death Rituals and Politics in Northern Song China*, New York: Oxford University Press, 2017.

式的社会经济背景及其与佛教信仰的关系①。冉万里从宏观层面考察了宋墓中出现的佛教美术题材、火葬习俗、经幢设置、坟寺与寺院安葬等因素，指出了宋代以来佛教对世俗丧葬诸多方面的渗透和死后世界观的转变②。刘晓飞考察了金代墓葬装饰中的宗教因素，认为经幢、香炉、灯盏、发丧图等都是多元宗教因素在墓中的具体表现③。张勋燎、白彬所著的《中国道教考古》一书虽是对古代道教活动遗存的全面考察，但也涉及墓葬中道教因素、影响的内容④。李清泉则尝试调转方向，不再将宗教元素视为一种简单的"影响"，而是通过观察不同墓葬材料中的"佛教因素"及其所处位置的有机关联，去理解佛教对墓葬内涵和视觉意象的重塑经历⑤。上述研究揭示出宗教观念与世俗丧葬之间的复杂关系，同时也为我们提供了方法上的启示。

除了通过考古资料考察丧葬文化，更多的研究则是基于文献史料来探讨宋金时期的丧葬礼俗。例如，朱瑞熙指出宋代在丧葬习俗上出现了薄葬、纸明器的使用、火葬流行、迷信堪舆等新的特征⑥。张邦炜通过分析两宋笔记史料及士人书仪文献，讨论了两宋时期烧纸钱、看风水、做道场等做法，提出这些葬俗在当时十分普遍，虽遭士人强烈反对却难以禁止⑦。徐吉军、伊沛霞（Patricia Ebrey）等则具体分析了宋元时期丧葬风俗方面的变革，强调了火葬习俗以及纸质明器的盛行⑧。另外，还有学者在宋代厚、薄葬的问题上提出了不同的看法⑨。丁双双则比较了唐宋丧葬支出的

---

① 徐苹芳：《宋元时代的火葬》，《文物参考资料》1956 年第 9 期。

② 冉万里：《宋代丧葬习俗中佛教因素的考古学观察》，《考古与文物》2009 年第 4 期。

③ 刘晓飞：《金代墓饰中的宗教因素》，《青海民族大学学报（社会科学版）》第 37 卷第 4 期，2011 年。

④ 张勋燎、白彬：《中国道教考古》，北京：线装书局，2006 年。

⑤ 李清泉：《佛教改变了什么——来自五代宋辽金墓葬美术的观察》，巫鸿等编《古代墓葬美术研究》第 4 辑，长沙：湖南美术出版社，2017 年，第 242～277 页。

⑥ 朱瑞熙：《宋代的丧葬习俗》，《学术月刊》1997 年第 2 期。

⑦ 张邦炜：《两宋时期的丧葬陋俗》，《四川师范大学学报（社会科学版）》1997 年第 3 期；另见朱瑞熙、张邦炜等著：《辽宋西夏金社会生活史》，北京：中国社会科学出版社，1998 年，第 177～196 页；游彪：《"礼""俗"之际——宋代丧葬礼俗及其特征》，《云南社会科学》2005 年第 1 期。

⑧ Patricia Buckley Ebrey, "Cremation in Sung China," *American Historical Review* 95, 1990, pp. 406 – 428；徐吉军：《论宋代火葬的盛行及其原因》，《中国史研究》1992 年第 3 期；徐吉军：《宋代纸质明器的盛行及其原因》，《浙江学刊》2016 年第 6 期。

⑨ 徐吉军：《论宋代厚葬》，《浙江学刊》1992 年第 6 期；吴敬：《宋代厚丧薄葬和葬期过长的考古学观察》，《贵州社会科学》2010 年第 8 期。

具体内容，指出宋人把更多的钱财投放到作佛事、卜择风水宝地、乐丧娱尸、墓祭宴游等消费当中，揭示出丧葬礼俗的重点由地下转向地上的趋势①。这些新葬俗的出现不仅受到宗教的影响，另外也与阴阳堪舆观念相关。徐苹芳、冯继仁、雷玉华、沈睿文等学者都曾探讨堪舆对宋金时期丧葬习俗的影响，这对于我们了解宋陵布局乃至一般士庶家族墓地的整体规化具有重要的意义②。

目前学界有关宋代死后世界观的讨论也主要基于对文献材料的分析。余英时在《中国古代死后观念的演变》一文中就曾指出死后观念是文化与民族特性的反映③。余欣对墓葬神煞的研究颇具启发性，他提出中国本土信仰不断掺入外来宗教的因素，层累式地创造出中国人的生死观④。刘静贞、宋光宇注意到宋代普遍流行的冥世信仰，并针对果报观念进行了深入地探讨⑤。沈宗宪的《宋代民间的幽冥世界观》通过梳理大量的笔记资料与志怪文学，详细分析了宋人的死后世界观，并说明了该时期民众对于阴阳往来、地狱审判以及幽冥世界的认知⑥。廖咸惠则深入考察了宋代士人的死后世界观，讨论了有关死亡和冥世的流行观念如何被士人接受并融入其日常的生活。他提出宋代士人和庶民都相信死后世界的存在，但在共同的信仰之下，士庶之间仍存在许多微妙的分歧，而士人在自身的认知和实践上也往

---

①　丁双双：《唐宋时期民间的丧葬消费习俗》，河北师范大学硕士学位论文，2002 年；丁双双、魏子任：《论唐宋时期丧葬中的佛事消费习俗》，《河北学刊》2003 年第 6 期。

②　徐苹芳：《唐宋墓葬中的"明器神煞"与"墓仪制度"——读〈大汉原陵秘葬经〉札记》，《考古》1963 年第 2 期；冯继仁：《论阴阳勘舆对北宋皇陵的全面影响》，《文物》1994 年第 8 期；雷玉华：《唐宋丧期考——兼论风水术对宋金时期丧葬习俗的影响》，《四川文物》1999 年第 3 期；沈睿文：《〈地理新书〉的成书及版本流传》，北京大学中国考古学研究中心等编《古代文明》第 8 卷，北京：文物出版社，2010 年，第 313～328 页；沈睿文：《吕才与〈阴阳书〉》，沈睿文著《唐陵的布局：空间与秩序》，北京：北京大学出版社，2009 年，第 63～84 页。

③　[美] 余英时：《中国古代死后观念的演变》，余英时著《中国思想传统的现代诠释》，台北：联经出版社，1987 年，第 123～143 页。

④　余欣：《神道人心：唐宋之际敦煌民生宗教社会史研究》，北京：中华书局，2006 年，第 104～130 页。

⑤　刘静贞：《宋人的果报观念》，台湾大学历史研究所硕士学位论文，1981 年；刘静贞：《宋人的冥报观——洪迈〈夷坚志〉试探》，《食货月刊》1980 年第 9 期；宋光宇：《中国地狱罪报观念的形成》，《省立博物馆科学年刊》第 26 期，1983 年。

⑥　沈宗宪：《宋代民间的幽冥世界观》，台北：商鼎文化出版社，1993 年。另外，贾二强的《唐宋民间信仰》一书也论及唐宋时期鬼神之间、鬼与坟墓等观念，并指出民间信仰的多样性、功利性等特征。贾二强：《唐宋民间信仰》，福州：福建人民出版社，2002 年。

往存在差异①。上述研究提示我们，只有关注不同社会群体的观念与实践之间的差异，宋金时期的冥世想象以及它们对世俗民众的穿透力和影响力，才能得到更加全面的理解。

我们通过对宋金时期丧葬习俗和观念信仰的研究回顾可以看到，这些从社会、思想层面对墓葬的讨论，为本研究建立了一个历史文化的框架，有助于理解宋金时期墓葬的含义、功能，以及丧葬文化的总体特征。然而，为了更加有效地探讨墓葬与死后世界观之间的联系，我们仍需在研究的层面和方法上进一步深化。

第三节　论题与研究方法

目前学界对中原北方地区宋金时期装饰墓的研究已经取得了相当的成果。需要指出的是，面对这批内容丰富的墓葬，我们如何从不同角度对其进行历史的解读，如何深入挖掘考古材料背后的意义，进而管窥当时的社会与文化，仍具有一定的挑战。

传统的考古学、艺术史学通常对墓葬内容进行相对孤立的分类研究，例如抽取墓葬中的某种器物或是图像展开讨论。这在增加特定知识的同时，也消解了墓葬所赖以存在的空间环境，阻碍了墓葬中文化寓意的整体表达。对此，巫鸿提出墓葬艺术作为一种综合性的"总体艺术"（total art），应将其"整体视为研究的对象和分析的框架，进而在这个框架中讨论墓葬的种种构成因素及其关系，包括墓葬中建筑、雕塑、器物和绘画的礼仪功能、设计意图和观看方式"②。该方法的主要目的是揭示墓葬设计、装饰以及随葬品的潜在逻辑，并将墓葬解释为社会结构、礼仪习俗以及宗教信仰的具象化表现。这种研究趋势有助于打破图像、器物和建筑的传统类别，消除不同学科间的界限，进而使我们对墓葬的理解转向更完整而深入的层面。

本书将遵循这一研究路径，尝试把宋金墓葬作为整体进行分析、解释。墓内的

---

① Hsien-huei Liao, "Visualizing the Afterlife: The Song Elite's Obesssion with Death, the Underworld, and Salvation,"《汉学研究》第 20 卷第 1 期，2002 年，第 399 ~ 440 页。

② ［美］巫鸿：《美术史十议》，北京：生活·读书·新知三联书店，2008 年，第 81 页；［美］巫鸿：《"墓葬"：可能的美术史亚学科》，《读书杂志》2007 年第 1 期。

图像内容以组合的形式出现并作用，组合比单个题材更为复杂，存在特定的关联，也提供了更多的视觉信息与文化意涵。在这种情况下，发现墓葬图像与其空间程序成了具体讨论中的关键方法：墓葬的图像装饰具有何种内涵？各种内涵之间是怎样相互联系的？相互关联的基本逻辑又是什么？本研究对于墓葬图像意义的追寻实际上建立在一个基本的假设之上：墓葬装饰是为埋葬死者所建的地下空间的一部分，图像内容对于墓主具有特定的意义，否则不可能被纳入墓葬体系①。换言之，墓葬中主要题材的选择、布局都有其特殊的目的，同时也反映出当时当地的丧葬文化②。

考虑到图像、随葬品、墓室建筑之间的关联，本书还将引入"空间"的概念，讨论由墓葬内容构建而成的物理空间、社会空间、观念空间三个层面③。空间理论近年来成为墓葬美术研究在关注点和解释方法上的重要转向，相关概念在艺术史研究中的重要性不断凸显④。本研究虽然关注对宋金墓葬图像内容的考察，然而在具体的论述中将会利用不同的方法和理论来分析墓葬的空间性。

首先，考察物理空间的表达和制作。宋金时期的装饰墓十分关注对地上空间的模仿与表现，这既涉及仿木构砖室墓中的建筑元素，同时还与墓葬的营建技术和物质性相关。雷德侯（Lothar Ledderose）有关中国艺术模件化的讨论对理解墓葬中多样而复杂的建筑结构和图像内容十分具有启发性。他提出古代中国人使用标准化的元素来制作器物、建筑、艺术品，这类标准化的构件称作"模件"（module），可以通过不同的方法组合，创造出形式丰富的图像系统⑤。本书将借鉴这一方法来考察宋金

① 蒲慕州在论及汉代的墓葬材料时，也提出墓中壁画在某种程度上反映了宇宙观，但是那些画之所以被采用，其主要原因是由于它们对死者有益。蒲慕州：《墓葬与生死：中国古代宗教之省思》，台北：联经出版事业公司，1993 年，第 272 页。

② 正如郑岩在研究魏晋南北朝壁画墓时所提出的，墓葬艺术是为了埋葬死者而修建的空间中的重要组成部分，几乎所有的题材都"围绕墓葬设计者的主观意愿来选择和组织"。郑岩：《魏晋南北朝壁画墓研究》，第 13 页。

③ 有关空间建构理论的重要研究，见 Henri Lefebvre, *The Production of Space*, Translated by Donald Nicholson-Smith, Cambridge：Blackwell, 1991.

④ 巫鸿新近的研究试图在方法论层面上对空间概念在美术史中的应用进行整体的反思与总结，将"空间"在研究方法上的功能凸显出来。[美]巫鸿著，钱文逸译：《"空间"的美术史》，上海：上海人民出版社，2018 年，第 7～12、159～203 页。

⑤ [德]雷德侯著，张总等译：《万物：中国艺术中的模件化和规模化生产》，北京：生活·读书·新知三联书店，2005 年。

时期装饰墓在不同层面上所具有的相似性，并探讨墓葬营建的大致过程以及工匠所采用的建造、装饰技术。通过对墓葬营建工艺的分析，我们可以更好地理解墓内特定的建筑结构、画面的组合方式乃至整个图像系统的程式化特征。工匠如何在各类模件化的建筑元素、图像题材中进行选择，并对装饰模件加以组合运用，墓室建筑本身如何最终成为模式化生产的结果，都是本研究将要讨论的问题。

其次，探讨墓葬体现出的社会空间。墓室建筑、装饰、随葬品提供了有关家庭与社会的丰富信息。科林·伦福儒（Colin Renfrew）等考古学研究者指出器物和图像作为社会地位的象征物，当它们被广泛使用时，有助于增加社会结构的稳定性[1]。该方法着重揭示了考古材料的社会性，并将墓室空间视为一种社会结构的产物。通过采用这一方法，本研究将考察宋金墓葬中所反映的社会化倾向。一方面，我们可将其视为社会生活的空间；另一方面，探讨墓葬如何成为该时期庶民的身份与信仰表达。与此同时，这样的生活空间内还可能包含着对家庭角色和社会分工的强调。墓葬的社会化趋向与大多数墓主所代表的社会群体紧密相关，富庶的平民阶层在营建、装饰墓葬的过程中不仅引领了该时期墓葬艺术的新风尚，也加强了家族的延续，提高了自身的社会地位。

再次，思考墓葬中的观念空间。墓葬材料是对该时期礼俗信仰的视觉化呈现。为了更好地理解墓葬图像在观念上的表达，本研究将充分运用历史文献，尤其是丧葬礼俗史料，思考经典文献、丧葬艺术与民俗活动在观念上的同一性。唐五代至宋元时期的文献资料为我们进一步探寻墓葬设置的深层内涵、图像与观念信仰间的互动提供了重要信息。然而，需要注意的是，历史时期的考古学研究与历史背景的结合，并不意味着我们可以简单地套用文献得出一致的结论。相反，墓葬遗存与文献材料在反映冥世观念方面可能存在着差异，这些差异涉及史料的不同性质或是文化脉络。不同的史料也恰好反映出历史的多元面向。本研究在宋金时期历史背景的基础上，还会充分考虑到各种类型史料的特性与生成过程，并将努力探索研究这些材料的方法。

建立图像与观念之间的关联一直以来都是墓葬艺术研究中最具难度的环节。针对这一问题，巫鸿提出了"中间层次"的阐释方法，并以此探讨视觉资料与思想观

---

① Colin Renfrew, "Varna and the Emrtgence of Wealth in Prehistoric Europe," in A. Appaudurai ed., *The Social life of Things*, Cambrdige, 1986, pp. 141 – 168.

念的联系①。罗森也曾指出艺术品揭示了制造者与使用者的设想与意图，思想与信仰虽先于艺术品存在，但后者并不只是简单地储存信仰与观念。它们创造了想象的空间，也是塑造信仰的基本要素②。空间与艺术的能动性也是墓葬研究需要关注的内容。

　　本书是在上述研究视角和方法之上而作的尝试，希望通过考察墓葬装饰与随葬品在具体空间结构中的组合关系，探讨图像系统的内在逻辑，将墓葬建筑与艺术视为该时期社会关系与丧葬观念的视觉化表达，在"空间"的不同层面上理解特定群体的关系与活动。具体章节将按照如下思路展开。

　　前两章主要涉及墓葬空间的表达、生产以及空间的社会构成。第一章首先对中原北方地区的仿木构砖室墓进行分期分区研究，探讨其发展脉络与墓内装饰题材的时代、区域特征，以及墓主群体的身份与阶层。其次，通过分析典型案例，考察墓葬中的主要图像题材，并解读各种题材的组合规律和图像程序的不同层次。另外，在墓葬图像内容与风格相似性的基础上，该章还将展开对墓葬营建流程、工艺的分析，指出建墓者对模式化元素的采用是特定区域内墓葬图像系统较为相近的主要原因。第二章将主要考察宋金时期装饰墓对地面建筑、家居陈设的模仿和再现，理解这些元素如何反映出富民阶层的身份表达。墓内的整体图像不仅呈现出一个充满了吉庆、富足意味的生活空间，也反映出日益强烈的家庭观念和社会化倾向。另外，通过对特定器物图像的细致分析，我们还可以发现这样的生活空间内暗含着对性别元素的强调，并反映出特定的家庭分工和社会结构。宋金墓葬中的图像系统并不是对现实生活的全面呈现，而是有选择地刻画出与理想的死后世界相关的社会内容。

　　后三章将集中讨论象征性的空间，从宋金装饰墓的图像组合出发，解读墓葬整体空间的设计思路。第三章集中分析宋金墓葬中的主要图像题材，指出墓主画像作

---

① ［美］巫鸿：《黄泉下的美术：宏观中国古代墓葬》，第9页。"中间层次"的方法论既不同于对具体器物或图像的考证，也不同于"高层"的对整个艺术传统的宏观思辨，而是属于"中间层次"的礼制结构，与一个时代的社会和宗教思想具有最直接的关系。见［美］巫鸿著，郑岩、王睿译：《礼仪中的美术：巫鸿中国古代美术史文编》，北京：生活·读书·新知三联书店，2005年，上册，第7页。

② ［英］杰西卡·罗森：《中国的丧葬模式——思想与信仰的知识来源》，杰西卡·罗森著，邓菲等译《祖先与永恒：杰西卡·罗森中国考古艺术文集》，北京：生活·读书·新知三联书店，2011年，第173页。

为整个图像系统的中心，通过中晚唐以后的一桌二椅陈设发展而来，具有与灵座相关的礼仪内涵。为了更好地理解墓主像与其他装饰题材之间的联系，该章还联系了民间神祠等地上建筑中的壁画装饰来思考图像空间的设定，这种方法为理解墓葬装饰与丧葬仪式之间的联系提供了新的视角。宋金墓葬中围绕墓主夫妇展开的活动，既强调家宅之中的生活氛围，同时隐含了供养、奉常的深层象征意义，在墓内呈现出了一个礼仪空间。第四章将关注点放在墓壁上方的孝行、孝子图像，通过对其内容和位置的分析可知，孝子故事的视觉表现，一方面可以辅助丧家与孝行之间建立起具体的联系，另一方面，它们虽看似脱离墓室图像系统，作为装饰图案独立存在，但却以特定的视觉形式整合了孝道与升仙题材，承载着"昭孝事祖"与"感通神明"等多种内涵。另外，有关孝行图的研究还使我们注意到，宋金时期的仿木构砖室墓中发现了孝子故事、妇人启门、墓主画像、宴饮场景等一系列与东汉墓葬艺术相关的图像题材，或许可以将它们视为丧葬礼仪和墓葬内容的"历史化"。第五章在连接孝子题材与升仙场景的基础上，也将妇人启门题材纳入了墓葬空间的讨论中。该题材是理解墓葬内容和含义的关键因素。虽然，从总体来看，中原北方地区宋金墓葬中的启门图体现出浓郁的现实意味，暗示着墓室空间的进一步延伸。然而，在豫中、豫西北、晋东南等地的许多墓葬中，墓室上、中、下层装饰内容之间存在特定的联系，天顶部分常表现出天宫、仙人、菩萨等题材，展现出仙人接引墓主升天的情景。墓葬或为死者提供了通往神仙世界的入口，或将地下空间营造成净土、仙境般的美好所在。这些场景的出现是宗教观念与丧葬理念互动的结果，也为我们提供了关于理解墓葬和冥世的重要信息。

本书试图通过分析宋金时期砖雕壁画墓中的装饰题材、组合方式、空间设置、功能意义，讨论丧葬艺术如何以视觉的形式表现出时人有关冥世的观念信仰。古代中国人在宗教信仰上持有实用主义的态度，不仅相信死后世界的存在，同时也为墓主提供有关死后理想世界的多种选择。总体而言，这批墓葬材料，一方面可以帮助我们了解时人在营建墓葬过程中的选择与取向，及其对死后世界的理解与构建，是以"死亡"为中心的材料；另一方面，墓葬还是该时期社会生活与习俗的关键信息，也可以反映出"生活"的时代，展现出宋金时期社会、经济、文化及宗教的多重面向。

第一章　墓葬艺术的时代特征与区域传统

第一节　中原北方地区宋金装饰墓特征

仿木构砖室墓自北宋中晚期开始在中原北方地区流行，至金代中后期成为该区域内最具代表性的墓葬形式。根据目前的考古发现可知，这类墓葬主要分布在河南、山西、河北、山东、陕西等地，其中河南、山西两地为出土最为集中的区域[①]。附表1与附表3为中原北方地区宋金装饰墓的总表，由二表可了解到墓葬的时段与分布情况。此类墓葬不仅限于北方地区，偶尔也出现在湖北、江苏、安徽等地（见附表2）[②]。川渝贵地区也发现了带有雕刻的石室墓，常双室并列，形制十分独特（图1.1）。通过考察不同时期与地区的墓葬材料，本节将简要介绍中原北方地区宋金时期仿木构砖室墓的时代及区域特征，以及与墓主身份相关的重要信息。

宋金时期的仿木构砖室墓通过砖砌、砖雕、彩绘等不同方式表现出木结构建筑的柱、枋、斗拱、门窗等，将墓室装饰为居室和庭院的样子（图1.2）[③]。这类墓

[①] 关于北方地区宋代装饰墓的全面研究，见韩小囡：《宋代墓葬装饰研究》；陈章龙：《北方宋墓装饰研究》。

[②] 其他地区的宋墓发掘情况，见徐苹芳：《宋代墓葬和窖藏的发掘》，第597～601页。另外，吴敬、叶俊峰等对南方地区宋墓的发现及研究进行了专门探讨，见吴敬：《南方地区宋代墓葬的区域性及相关问题研究》；叶俊峰：《东南地区宋墓研究》；陈云洪：《四川地区宋代墓葬研究》，第279～304页。

[③] 秦大树：《宋元明考古》，第142页。

葬通常由斜坡墓道、墓门、甬道、墓室
几个部分组成。其中单室墓最为常见，
偶有双室、多室墓的情况。墓室平面可
分为方形、圆形、六角形与八角形（表
1.1）。墓内装饰大多分布在墓门、甬道、
墓壁、斗拱、墓顶等部分。图像内容主
要包括建筑元素、家具陈设、墓主夫妇
像、家居生活、乐舞杂剧、妇人启门、
孝子故事、升仙等各类题材。

图 1.1 四川泸县青龙镇一号墓石室（采自《泸县宋墓》，彩版 1.2）

　　不少学者都曾讨论过中原北方地区
宋代装饰墓的分期分区情况①。如前文
所述，徐苹芳最先提出"中原北方地区"的概念，并以宋神宗熙宁元年（1068 年）
为界将仿木构砖室墓分为前后两期②。秦大树延续并扩展了这一地域概念，进一步

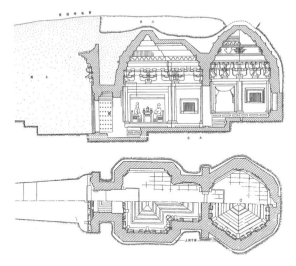

图 1.2 河南禹县白沙一号宋墓剖面图与透视图（采自《白沙宋墓》，图版 16）

---

① 许多学者都以考古类型学为基础对这批墓葬资料进行了分期分区研究。例如，陈朝云：《我国北方地
　区宋代砖室墓的类型和分期》，《郑州大学学报》1994 年第 6 期；秦大树：《宋元明考古》，第 143～
　145 页；韩小囡：《宋代墓葬装饰研究》，第 70～92 页；杨远：《河南北宋壁画墓的分期研究》，《考古
　与文物》2007 年第 3 期；易晴：《登封黑山沟宋墓图像研究》，第 9～12 页。
② 徐苹芳：《宋元明考古》，第 489 页。

表 1.1　仿木构砖室墓的主要类型

类型		时代	墓葬形制	装饰	代表案例
方形墓室		第一类 晚唐五代 至北宋中 前期	这类墓葬形制较为简单，墓室近方形，墓内砌简单的仿木构建筑元素	墓内装饰也十分简洁，壁上砌家具与器用砖雕	河南郑州二里岗宋墓（970年）、南关外宋墓(1056年)
		第二类 北宋中后期至金代中后期	此类墓葬有斜坡式墓道，墓门为门楼形式，墓室近方形，顶为攒尖顶。墓葬形制较为复杂，墓内流行各类仿木构建筑元素	与第一类相比，装饰题材更为丰富，内壁表现了家居场景以及孝子故事图等题材	河南林县城关宋墓（1070年）、山西屯留金墓（1135年）
圆形墓室		第一类 晚唐五代 至北宋中 前期	墓葬形制较为简单，墓室圆形，穹隆顶。墓内表现仅有简单的仿木建筑构件及假门	墓葬装饰也较为简单，以砖雕表现家具、器用等	河北迁安韩相墓（1017年）
		第二类 北宋中后期至金代中后期	此类墓葬形制较为复杂，有斜坡式墓道，墓门为门楼形式，墓室近圆形，攒尖顶。墓内流行斗拱、立柱等仿木构建筑元素	墓内装饰题材丰富，许多特征与多角形墓室内的情况相似	河南巩义涉村宋墓（1070年）
多角形墓室	六角形墓室	北宋中后期至金代	墓葬形制更为复杂，多带有阶梯式斜坡墓道，墓门上方筑门楼。墓室为多边形，攒尖顶或穹隆顶。墓内砌各类仿木建筑构件，壁上饰彩绘或砖雕装饰，图像题材十分丰富	墓葬装饰包括墓主夫妇像、备食宴饮、散乐杂剧、内寝场景、孝子故事图、升仙图以及花卉图案	河南登封司村宋墓 河南登封黑山沟宋墓（1098年）河南焦作老万庄金墓(1198年)
	八角形墓室				

将该区域内的装饰墓细分为三个小的区域，以及如下三个发展阶段：北宋开国至宋仁宗天圣年以前（960～1022年）；宋仁宗天圣元年至宋哲宗元祐元年以前（1023～1085年）；元祐元年到北宋末年（1086～1127年）①。韩小囡将"北方地区"的地域范围扩大，并细分为五个主要区域，同时她依据墓葬形制、装饰题材将仿木构砖室墓以宋哲宗元祐元年（1086年）为界分为两期，前期为装饰墓的形成期，后期为鼎盛期②。虽然学者们对北方地区宋代仿木构砖室墓的分期分区研究不尽相同，但是有关这批考古资料的基本框架已有共识，具体的分歧主要在于中原北方地区的细致划分以及此类墓葬在北宋神宗、哲宗时期的发展变化。

一方面，本研究在进行墓葬的分期时，将不受朝代所限，进一步上溯至晚唐五代，下延到金代中后期。因此，在本书中该类墓葬的发展变化可大致划分为三期：第一期从晚唐五代至北宋前中期（以神宗时期为界），为仿木构砖室墓的形成期；第二期从北宋中后期至金代前期（以金熙宗时期为界），为此类形制的成熟期；第三期集中于金代中后期（正隆年间至大安年间），为装饰墓的持续发展期。另一方面，本研究在分析墓葬的区域传统时更为聚焦，集中探讨该类墓葬出土数量最多、图像内容最具代表性的河南、山西地区，同时也将涉及河北、山东等地的墓葬材料。另外，鉴于不同地区的墓葬艺术特征，中原北方地区装饰墓又可划分为四个小的区域：豫西北、豫中；豫北、晋东南；晋中、晋南；冀中、鲁北地区。

一 时代特征

墓葬艺术的发展总是经历着继承与变化的过程。宋金时期的仿木构砖室墓在大体延续汉唐墓葬艺术传统的基础上，融入了新的时代特色，形成了非常独特的墓葬形式。这一时期装饰墓的时代特征主要包括如下四个方面③。

首先，汉以来形成的室墓和类屋样式在宋金时期中原北方地区的装饰墓中得到

---

① 秦大树：《宋元明考古》，第143～145页。
② 韩小囡：《宋代墓葬装饰研究》，第70～89页。
③ 易晴讨论了北宋砖雕壁画墓的时代特征，并将多角形墓葬、仿木构建筑元素以及世俗生活题材作为该时期墓葬艺术的重要特征。见易晴：《登封黑山沟宋墓图像研究》，第59～68页。

图 1.3　河南新安县李村二号宋墓墓室北壁与墓顶（采自《洛阳古代墓葬壁画》，第 412 页，图 2）

了极大的发展，墓中仿木建筑装饰普遍流行。早在新莽时期，室墓中就已经出现了绘制而成的仿木构建筑元素，并通过这些元素来模拟建筑空间①。此后，采用红彩影作木构的方式频现于汉唐之际的壁画墓。随着建筑技术的发展、砖雕工艺的提高，从中晚唐开始，中原北方地区开始出现砖砌仿木构建筑的样式。至北宋，砖砌、砖雕建筑构件的形式已完全取代了影作木构，通过砖作在地下空间中塑造出倚柱、阑额、斗拱、门窗等多种建筑结构（图 1.3）。砖雕建筑元素成为了中原北方地区装饰墓中最为突出、也是最为普遍的特征。

　　其次，宋金时期装饰墓的墓室平面呈现出非常有趣的变化。若以墓室类型来进行区分，可大致分为单室墓、双室或多室墓两大类。其中依据墓室形状，单室墓又可细分为方形单室墓、圆形单室墓、多角形单室墓（包括六角形、八角形墓室）三类②（见表 1.1）。方形、圆形墓室常见于晚唐五代至北宋前期，墓室的结构和装饰较为简单。从北宋中后期开始，墓室平面发展出六角形、八角形样式，随着这种墓室形制的出现，墓葬结构变得更加复杂，装饰题材也愈加丰富（图 1.4）。例如，河南邓州北宋哲宗元祐元年（1086 年）赵荣墓提供了有明确纪年的六角形单室墓的较早例证③。此后，多角形墓在中原北方地区逐渐增多，主要流行于河南地区，另外

---

① 例如，河南洛阳伊川新莽壁画墓的中室内部以红彩绘制梁与立柱，并在二者之间画出灰色的斗拱。见洛阳市第二文物工作队：《洛阳尹屯新莽壁画墓》，《考古学报》2005 年第 1 期。

② 虽然学者们对墓葬形制的类型学划分持有不同意见，但大部分学者都以墓室数量与平面形状作为墓葬形制的分类标准。有关中原北方地区墓葬形制的讨论，见郝红星、于宏伟：《辽宋金壁画墓、砖雕墓墓葬形制研究》，郑州市文物考古研究所编《郑州宋金壁画墓》，北京：科学出版社，2005 年，第 252~269 页。

③ 南阳市文物研究所：《河南省邓州市北宋赵荣壁画墓》，《中原文物》1997 年第 4 期。

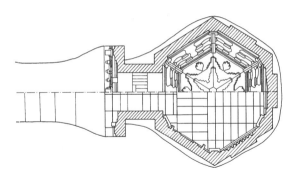

图 1.4　河南禹县白沙三号宋墓平面图（采自《郑州宋金壁画墓》，第 261 页，图 294）

在山西、河北等地也有发现①。

　　再次，宋金时期的装饰墓内流行以砖雕或彩绘表现各种家居环境及场景。除了砖砌的建筑构件外，大部分墓葬还根据地上居室的样式砌出桌椅、灯檠、衣架、箱柜等家具，以及注子、盏托等生活用具。同时，在许多墓例中，墓壁上还多绘有以墓主人为中心的家居活动，包括墓主夫妇宴饮、庖厨散乐、杂剧表演、妇人启门等一系列充满生活趣味的图像题材（图 1.5）。整个墓葬展现出日常家居侍奉的各种场面，营造出“一堂家庆”的气氛，使得这个属于亡者的空间宛若“人间家宅”②。

图 1.5　河南新安石寺李村宋四郎墓墓内装饰（采自
《洛阳古代墓葬壁画》，第 399 页，图 2）

① 有关多边形宋墓的分布与特征，可见秦欢：《北宋多边形墓类型分区与墓室装饰初探》，中央民族大学硕士学位论文，2012 年。

② 李清泉：《“一堂家庆”的新意象——宋金时期的墓主夫妇像与唐宋墓葬风气之变》，《美术学报》2013 年第 2 期。

　　关于宋金装饰墓的另外一个显著的特征是墓中的随葬品很少,最常见的仅是一两件陶瓷碗盏或罐。如果与唐墓相比,该时期的墓葬在随葬观念方面发生了很大的变化,随葬品数量变少,且种类单一。这具体表现为:一方面,唐代高等级墓葬中标准化的随葬墓俑转变为了宋墓中更具个性化的日常用品;另一方面,宋金装饰墓似乎以壁画或砖雕装饰代替了实际的随葬品或明器①。需要注意的是,该时期对于明器的表达方式更加多样化,不仅出现了"示意性"的图像类明器,还有用纸、木制作的暂时性明器。这种多样性与墓主人的身份、等级直接相关,也反映出该社会群体在随葬品选择上的自由度,礼制似乎并未起到明显的限定作用②。

　　虽然仿木构建筑元素以及世俗生活的图像题材都可以从汉代的丧葬艺术传统中找到先例,然而,宋金时期的墓葬艺术还融入了新的时代风貌以及艺术形式,充满了世俗生活的意味,形成了一种独特的视觉语汇。仿木构砖室墓的发展可大致按如下三个时段进行讨论。

　　第一,中晚唐五代至北宋前期,为这类墓葬的形成期。形制、内容特征相似的墓葬最早见于中晚唐时期的河北地区。例如,北京唐代乾元二年(759 年)何府君夫妇墓为仿木构单室砖墓,平面方弧形,墓室北壁砌棺床,南壁砌一桌二椅与衣架③。又如北京海淀区八里庄唐大中六年(852 年)王公淑及夫人吴氏墓为方弧形单室砖墓,墓中除了表现仿木构门楼外,墓室东西两壁还砖雕木构假门,壁面施彩绘,描绘了家居生活的场景(图 1.6)④。这似乎说明,自中晚唐时期开始,一种区别于关中唐代贵族墓的墓葬形式在冀、京、津地区开始兴起,并逐渐扩散⑤。北方其他地区也发现了这种新型墓葬⑥。此后,河北、河南地区出土的五代墓葬也多继承了上述

① 秦大树:《宋元明考古》,第 150 ~ 151 页。
② 秦大树:《宋代丧葬习俗的变革及其体现的社会意义》,《唐研究》第 11 卷,第 331 ~ 332 页。
③ 高小龙:《北京清理唐砖室墓》,《中国文物报》1998 年 12 月 20 日第 1 版。
④ 北京市海淀区文物管理所:《北京市海淀区八里庄唐墓》,《文物》1995 年第 11 期。
⑤ 易晴:《登封黑山沟宋墓图像研究》,第 65 页。
⑥ 例如,河南禹县白沙颖东 171 号墓以及山东临沂药材站唐墓等都属于这一类型。见陈公柔:《白沙唐墓简报》,《考古通讯》1955 年创刊号;邱博、苏建军:《山东临沂市药材站发现两座唐墓》,《考古》2003 年第 9 期。

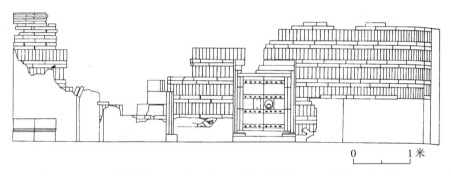

图 1.6　北京海淀区八里庄唐墓墓室西壁展开图（采自《文物》1995 年第 11 期，第 48 页，图 4）

特征。例如，河南伊川后晋天福四年（939 年）墓为砖砌仿木构圆形单室墓，除了在墓内表现倚柱、斗拱、阑额等，周壁上还砌出桌椅、灯檠、门窗①。

　　从上述材料中我们可以发现，河北地区的中晚唐墓似乎是仿木构砖室墓的发展源头。仿木构砖室墓从河北地区开始扩散的确有其可能。正如崔世平提出的观点，晚唐五代时期，随着中央权威的衰落，中原地区的墓葬开始受到河北丧葬文化的影响，墓葬形制与装饰也因此发生了重要的变化。宋代装饰墓正是对这一丧葬文化走势的持续发展②。北宋前期（宋太祖建隆元年至宋神宗熙宁年间）发现的墓葬较为零星，基本延续了晚唐五代仿木构砖室墓的形制，多为圆形或方形单室墓，墓葬装饰简单，仅以砖砌门窗以及家具陈设。例如，河南郑州地区发现的二里岗宋墓与南关外宋墓（1056 年），都是北宋前期营建的砖室墓，由墓道、甬道、墓室构成，墓室近方形，四角攒尖顶，墓壁砌倚柱，上设转角铺作，四壁各有一补间铺作，斗拱形式较为简单。墓室北壁砌假门与两直棂窗，其余三壁表现一桌二椅、灯檠、衣架、柜等家具陈设，另外还装饰有熨斗、剪刀、尺子等器用（图 1.7）③。

---

①　四川大学历史文化学院考古系、洛阳市第二文物工作队：《洛阳伊川后晋孙璠墓发掘简报》，《文物》2007 年第 6 期。

②　崔世平提出了墓葬中"河北因素"的概念，他认为唐宋墓葬制度演进的过程，也是河北政治、军事势力壮大、扩张的过程，"河北因素"起到了决定性的作用。见崔世平：《河北因素与唐宋墓葬制度变革初论》，北京大学中国考古学研究中心编《两个世界的徘徊：中古时期丧葬观念风俗与礼仪制度学术研讨会论文集》，北京：科学出版社，2016 年，第 282~312 页。

③　两墓的发掘简报，见裴明相：《郑州二里岗宋墓发掘记》，《文物参考资料》1954 年第 6 期；另见郑州市文物考古研究所：《郑州宋金壁画墓》，第 8~12 页；河南省文化局文物工作第一队：《郑州南关外北宋砖室墓》，《文物参考资料》1958 年第 5 期。

图 1.7　河南郑州南关外胡进墓墓壁展开图（采自《郑州宋金壁画墓》，第 14 页，图 16）

　　第二，从北宋中后期（神宗年间）开始至金代前期，中原北方地区的仿木构砖室墓迅速发展并普遍流行。这时期的墓葬仍发现有圆形和方形单室墓，但多角形墓室兴起，并在特定区域内成为主要的墓葬形制。仿木构建筑元素更加复杂，出现了四铺作、五铺作重拱斗拱，假门假窗也发展为复杂的格子门和棂花窗。墓内壁面装饰变得非常华丽，图像题材也不断丰富，包括墓主夫妇对坐、伎乐、备宴、孝行和升仙等各类场景。另外，北宋晚期、宋末金初的砖雕壁画墓不仅在墓葬建筑和装饰上更为复杂精美，呈现的方式和工艺也更为多样，包括砖砌、砖雕、彩绘、浮雕等不同形式。例如，河南新密平陌宋墓建于北宋大观二年（1108 年），整个墓葬由墓道、墓门、甬道、墓室组成，墓室为八边形，穹隆顶，直径 2.36 米，高 3.6 米，北壁砌倒"凹"字形棺床。墓室八角砌倚柱，柱间砌阑额，普拍枋上砌转角铺作，上为垂花饰（图 1.8）。墓室内壁遍施彩绘，可分为上、中、下三层，分别为人物壁画、木作彩画、墓顶壁画三部分。墓壁上表现墓主家居、备宴、梳妆等各类场景；墓室中部装饰花卉图案，墓室上部绘孝子故事、升仙图①。如果我们将北宋前期的郑州南关外宋墓与北宋晚期的新密平陌宋墓进行比较，可以观察到建筑形制和装饰题材复杂化这一明显趋势②。

　　第三，金代中后期（正隆年间至大安年间），装饰墓在中原北方地区继续发展，

①　郑州市文物考古研究所：《河南新密市平陌宋代壁画墓》，《文物》1998 年第 12 期；另见郑州市文物考古研究所：《郑州宋金壁画墓》，第 41 ~ 54 页。

②　箭沟宋墓的发掘简报可见郑州市文物考古研究所：《郑州宋金壁画墓》，第 136 ~ 158 页。

山西地区集中出土了不少砖雕壁画墓①。总
体而言，金墓大体沿袭了北宋中后期的墓葬
艺术特征，营建工艺与技术不断进步。在仿
木构建筑方面，金代墓葬变得更加复杂，有
的墓葬砌出重檐式屋顶，还有的模仿地上建
筑的移柱造和减柱造，斗拱形式十分多样②。
晋东南地区的金墓延续了北宋晚期两京地区
的墓葬艺术特征，流行砖雕壁画墓，墓室以
方形、八角形为主，墓内以壁画或雕砖装饰，
采用分栏式布局，图像题材仍包括墓主夫
妇、妇人启门、花卉图案等。这表明了墓葬
营建工艺与丧葬艺术题材在不同地区间的传

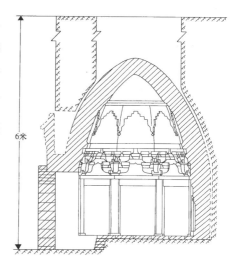

图 1.8　河南新密平陌宋墓剖面图（采
自《郑州宋金壁画墓》，第 42
页，图 52）

播与发展。另外，这些墓葬多为家族迁葬墓，常带有耳室，墓壁上以孝行图、人
物劳作场景较为常见。例如，长治故漳金代大定二十九年（1189 年）墓为方形带
耳室的仿木构多室墓，四壁饰彩绘，南壁两侧绘门神，其余三壁绘"二十四孝"
故事图（图 1.9）③。

图 1.9　山西长治故漳金墓东壁壁画（采自《考古》1984 年第 8 期，图版 8）

---

① 有关山西地区金墓的研究，参见马金花：《山西金代壁画墓初步研究》，《文物春秋》2002 年第 5 期；
　许若茜：《山西金墓分区分期研究》；任林平：《晋中南地区宋金墓葬研究》。
② 卢青峰：《金代墓葬探究》，第 26 页。
③ 长治市博物馆：《山西长治市故漳金代纪年墓》，《考古》1984 年第 8 期。

晋南地区在金代中后期也流行仿木构方形单室墓，但营建工艺出现了明显的变化，墓中壁画的比重减少，砖雕大量增加，同时还出现了高浮雕的人物形象或图案。墓内装饰繁复精美，题材丰富，一般可分三层，下层多砌须弥座，饰力士柱、莲花、狮子等图案，中层雕砌墓主夫妇、杂剧等题材（图1.10），上层砌仿木构建筑元素。如稷山马村二号墓墓室为长方形，砌回廊勾栏、须弥基座，北壁正中砌门楼，内雕一桌，墓主夫妇对坐两侧，南壁砌舞台表现杂剧，东西壁雕格子门①。该地区金墓具有十分独特的艺术形式和风格，这不仅源于时代的发展，更与地域传统紧密相关。

图1.10　山西稷山马村四号墓北壁（采自《平阳金墓砖雕》，第87页，图38）

总体而言，装饰墓自晚唐五代时期简单的仿木构砖室墓发展而来，至北宋中晚期逐渐成熟，建筑构件趋于繁复、图像题材更加丰富，到金代中后期砖雕工艺臻于极致。宋金时期的墓葬艺术不仅表现出技术的更新，还反映出墓葬艺术传统在中原北方地区不同小区域之间的传播与发展。

二　区域传统

宋金时期的装饰墓可见于北方多个地域，但目前所发现的此类墓葬主要集中于豫中、豫西北、晋东南、晋南等地。它们虽然体现出宋金时期丧葬艺术的整体特征，但是从墓葬形制、图像题材、内容分布等方面来看，各个地区发现的墓葬情况都不尽相同。

---

① 　山西省考古研究所：《山西稷山金墓发掘简报》，《文物》1983年第1期。

因此，梁庄艾伦早在 1976 年探讨宋辽金元时期的墓葬时便提出，区域性因素对于理解墓葬装饰具有相当重要的意义①。

如前所述，不少学者已经进行了该类墓葬的分区研究，并对部分区域内的墓葬进一步细分②。学者们划分考古材料时采用的标准稍有变化，细分后的区域在具体范围上也存在一定的差异。本研究较为关注以下四个装饰墓相对集中的地区：第一，洛阳、登封为中心的豫西北、豫中；第二，以林县、长治为中心的豫北、晋东南；第三，以侯马、稷山为中心的晋南与以汾阳为中心的晋中地区；第四，冀中、鲁北地区。考察上述地区出土的墓葬材料可知，各区装饰墓的墓葬形制与图像内容并不完全一致，尤其在装饰题材和布局方面具有明显的地域特色。

首先，仅豫西北、豫中地区就已经发现了近百座仿木构砖室墓。该地区位于北宋时期的两京之间，开封为北宋的都城，登封、新密、洛阳等属于京西北路河南府，整个区域是当时政治、经济和文化的中心，也是目前发现宋金装饰墓最为集中的地区，且墓葬年代跨度较长，从北宋前期一直延续至金代后期。由于两京作为时代中心的缘故，该地区的丧葬业蓬勃发展，并逐渐传播、影响至周边其他区域。总体而言，豫西北、豫中一带的仿木构砖室墓形式多样，墓葬类型包括单室、双室、多室等，墓室平面有圆形、方形、多角形，尤以多角形在该区域内最为常见。墓内或施彩绘，或饰砖雕，除了表现倚柱、斗拱、门等仿木构建筑元素和家具陈设外，还普遍流行与墓主世俗生活相关的各种场景，包括对坐宴饮、庖厨、备酒、乐舞表演等等，另外孝子、升仙等图像也多见于该地区，是墓葬装饰题材最为丰富的区域。

然而，豫西北、豫中区域内的墓室形制和图像题材也存在不同的特征③。从墓葬形制来看，该区从北宋中后期开始流行多角形墓室，而多角形墓也分布于不同地区。八角形墓室常见于洛阳、郑州之间的北宋河南府东部，例如洛阳新安、嵩县与郑州登封是八角形墓室最集中的地区；六角形墓葬多流行于当时京西北路、

---

① Ellen Johnston Laing, "Patterns and Problems in Later Chinese Tomb Decoration," p. 3.

② 秦大树、韩小囡等学者讨论了宋墓的分区情况，见秦大树：《宋元明考古》，第 123 ~ 165 页；韩小囡：《宋代墓葬装饰研究》，第 70 ~ 92 页。另外，有关各个地区的墓葬特征概述，参见易晴：《登封黑山沟宋墓图像研究》，第 26 ~ 59 页。

③ 有关河南地区宋墓的墓葬形制与装饰特征的概述，见孙广清：《河南宋墓综述》，《中原文物》1990 年第 4 期；孙望：《河南地区宋金时期墓葬壁画初探》，第 16 ~ 50 页。

图 1.11　河南登封高村宋墓南、西南、西、西北壁展开图（采自
《郑州宋金壁画墓》，第 66 页，图 83）

京西南路的豫中、豫南地区。另外，从墓内装饰题材来看，郑州地区宋墓常见家具陈设和宴饮场景，并作分层设置，比如登封、新密、荥阳等地的砖雕壁画墓多在墓壁上展现门窗、宴饮、庖厨等家居生活，在拱间壁装饰孝子故事图与花卉图案，仙人、升仙的场景常出现在墓顶部分，展现了从世俗到升仙的图像进程（图 1.11）①。洛阳、新安地区流行装饰繁复的格子门、直棂窗，格子门障水板上常饰有各类花卉图案，人物场景也多表现庖厨、侍女、出行等题材②。例如，新安石寺乡李村宋四郎墓为八角形墓室，墓室北壁绘墓主夫妇对坐图，东南、西南壁砌直棂窗，窗下绘杂剧图与牡丹图案，东、西两壁砌格子门，东北、西北砌棂窗，窗下为庖厨场景（图1.12）③。而焦作、温县等地的宋墓则多采用砖雕装饰墓壁，杂剧、散乐题材成为这

① 郑州地区出土宋金墓例的具体信息，可见郑州市文物考古研究所：《郑州宋金壁画墓》。
② 有关洛阳地区宋金砖雕壁画墓的概述与研究，可见朱世伟、徐婵菲：《洛阳宋金时期墓葬雕砖概述》，《荣宝斋》2017 年第 12 期。
③ 俞莉娜等：《新安县石寺李村北宋宋四郎砖雕壁画墓测绘简报》，《故宫博物院院刊》2016 年第 1 期。另外，洛阳七里河宋墓中突出表现了格子门、直棂窗等装饰，见朱世伟、徐婵菲主编：《砖画青史：洛阳古代艺术博物馆藏宋金雕砖》，郑州：河南美术出版社，2016 年，第 147 页。

一地区最为流行的图像内容（图 1.13）。如温县前东南王村宋墓墓室前部、中部砌棂窗和板门，后部两侧壁为人物活动，分别饰有侍女温酒、备食以及杂剧演员砖雕[①]。总体来看，豫西北与豫中地区仿木构砖室墓的形制和图像题材都呈现出多样化的面貌。

图 1.12　河南新安石寺李村宋四郎墓墓内装饰（采自《洛阳古代墓葬壁画》，第 401 页，图 4）

其次，以林县、安阳为中心的豫北地区的宋金仿木构砖室墓与临近的晋东南地区的装饰墓较为相似，在墓葬形制和图像内容方面都有具有一些共性，表明这两个地区的丧葬艺术存在一定的联系。该区域包括河南安阳、新乡

图 1.13　河南温县西关宋墓西北壁杂剧砖雕线描图（采自《华夏考古》1996 年第 1 期，第 20 页，图 5）

和山西长治、晋城等，主要属于宋代的河北西路南部、河东南路。仿木构砖室墓在这一地区的分布相对集中，多室墓较为流行，不少墓室带有多个小龛或耳室，主墓室平面常为方形。例如，河南林县一中宋墓为北宋晚期的多室壁画墓，

_____

① 张思青、武永政：《温县宋墓发掘简报》，《中原文物》1983 年第 1 期。又如温县西关宋墓出土了精彩的杂剧人物砖雕，该墓的考古报告可见：罗火金、王再建：《河南温县西关宋墓》，《华夏考古》1996年第 1 期。

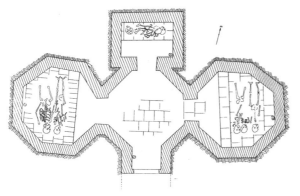

图 1.14　河南林县一中宋墓平面图（采自《中原文物》
1990 年第 4 期，第 90 页，图 1）

图 1.15　山西长治故县一号宋墓西、东壁彩绘
（采自《文物》2005 年第 4 期，第 56
页，图 11、12）

由墓道、墓门、前室、后室以及东西侧室组成，后室平面呈长方形，前室与两耳室为八边形（图 1.14）①。同时，该区域内的宋墓装饰题材十分特殊，出现了四神、门吏等图像②。又如，长治地区出土的一座北宋中后期的壁画墓墓室平面近方形，墓内四壁下部砖砌须弥座，墓室南壁东侧开一耳室，其余三壁均砌门窗，门开挖为耳室。整个墓室遍布彩绘，北壁绘玄武；南壁墓门上绘朱雀，两侧为劳作场景；东壁窗上画青龙，右侧耳室门上绘飞天；西壁中间耳室门上绘白虎，左侧绘飞天（图 1.15）；门窗两侧均绘侍者与守孝人③。

至金代，长治、壶关、潞城等地的装饰墓中常见墓主夫妇、孝子故事等题材。如长子县石哲正隆三年（1158 年）金墓平面呈正方形，主室北壁带两壁龛，为多人合葬墓（图 1.16）。墓壁满施彩绘，表现了二十四孝故事图以及墓主夫妇、备茶备宴题

①　林县文物管理所：《林县一中宋墓清理简报》，《中原文物》1990 年第 4 期。

②　有关长治地区宋金墓葬艺术的研究，参见闫晓英：《山西长治地区金代墓室壁画研究》；王进先：《长治宋金元墓室建筑艺术研究》，第 73、105、198、209 页。

③　朱晓芳、王进先：《山西长治故县村宋代壁画墓》，《文物》2005 年第 4 期。

材①。该地区的金墓在图像题材的布局上，似乎沿袭了北宋晚期两京地区墓葬的分栏式构图方式，反映出不同区域间艺术传统的交流与扩散。

再次，晋南、晋中地区属于宋代河东路所辖的太原府、汾州、晋州、河中府等地，整个区域位于汾河流域的狭长河谷平原。本区也集中发现了成批的宋金时期的仿木构砖室墓。尤其是侯马、新绛、稷山、闻喜等晋南地区的宋金墓葬具有独特的建筑与装饰特征，而且墓葬的时段也相对集中②。该地区装饰墓多为方形单室砖室墓，只有少量多角形墓或双室墓，采用以砖雕为主的装饰手法，浮雕突起较高，雕饰细腻、逼真。墓室周壁分层装饰，图像题材丰富。通常下部为繁复的束腰须弥座③；中部砌雕格子门，或饰回廊栏杆，图像题材包括墓主夫妇、散乐、杂剧、妇人启门等；上部为重重叠叠的铺作垂昂。整个墓室装饰得富丽堂皇（图1.17）。例如，

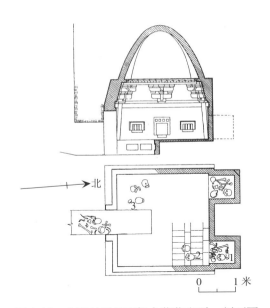

图1.16　山西长子县石哲金墓墓室平、剖面图（采自《文物》1985年第6期，第45页，图版1）

图1.17　山西稷山马村七号墓南壁砖雕（采自《平阳金墓砖雕》，第53页，图3）

---

① 山西省考古研究所晋东南工作站：《山西长子县石哲金代壁画墓》，《文物》1985年第6期。

② 刘耀辉对晋南地区的宋金墓葬进行了细致而深入的探讨，见刘耀辉：《晋南地区宋金墓葬研究》。有关晋南地区金墓砖雕艺术的研究，参见吴垠：《晋南金墓中的仿木建筑：以稷山马村段氏家族墓为中心》。

③ 例如，山西新绛地区的宋墓就提供了须弥座装饰的例子，见杨富斗：《山西新绛三林镇两座仿木构的宋代砖墓》，《考古通讯》1958年第6期。

侯马董氏墓平面呈方形，北壁正中雕一桌，上置牡丹，墓主夫妇对坐，两侧各置屏风，屋檐上砌一小型戏台，东西壁雕六扇格子门。墓壁下方砌须弥座，墓顶雕八仙图[1]。

另外，以汾阳、太原为中心的晋中地区则表现出不同的特征。该地区常见多角形单室墓，墓壁以砖雕进行装饰，辅以彩绘，图像内容以墓主生活场景、妇人启门、格子门为主，较少出现孝子故事题材。例如，汾阳五号金墓为八角形单室墓，东南壁砌立屏，南壁、西南壁、西北壁雕妇人启门，西壁正中为墓主夫妇宴饮场景，两侧为格子门；北壁中雕一老者，两侧为格子门；东北壁砌直棂窗、灯檠、桌与衣架；东壁为墓门，两侧雕小桌（图1.18）[2]。

0　　30厘米

图 1.18　山西汾阳五号金墓东北、东南、南壁展开图（采自
《文物》1991 年第 12 期，第 22 页，图 13）

最后，冀中、鲁北地区在宋代属于河北西路、河北东路及京东东路北部，该区内也发现了不少宋金时期的仿木构砖室墓。首先，平山、曲阳、武邑等地的墓葬以圆形、方形穹隆顶单室墓为主，至北宋晚期多角形墓室开始增多。仿木结构较为简单，墓内多装饰门窗、桌椅、灯檠等家具陈设，砖砌之上再加彩绘，图像题材主要包括人物劳作以及户外场景，墓顶常表现日月星辰[3]。该地区墨绘壁画也比较常见。

①　山西省文管会侯马工作站：《侯马金代董氏墓介绍》，《文物》1959 年第 6 期。

②　山西省考古研究所：《山西汾阳金墓发掘简报》，《文物》1991 年第 12 期。

③　有关河北地区宋金墓区域特征的研究，见夏素颖：《河北地区宋金墓葬研究》，《文物春秋》2012 年第 2 期。

例如，河北井陉柿庄墓群发现了若干座宋金时期的壁画墓，都为仿木构单室墓。其中柿庄六号宋墓被推测为北宋晚期所建，墓室平面呈弧正方形，穹隆顶。墓壁上砌出家具、门窗等构件，南壁绘牧羊、牧牛图；东壁绘捣练图；西壁上表现墓主夫妇观赏伎乐的场景（图1.19）①。其中的牧羊图、捣练图十分少见，在河南、山西地区尚未发现相似的例子。

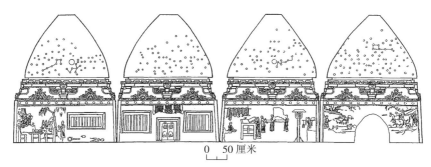

图1.19　河北井陉柿庄六号宋墓墓壁展开图（采自《考古学报》1962年第2期，图4）

另外，山东地区也出土了一些仿木构砖室墓，数量相对较少，时代跨度较大，而且主要集中在济南附近。这些墓室多为圆形穹隆顶，与河北地区砖室墓的建筑形制较为相似。在装饰题材方面，该地区墓葬内容比较简单，墓壁主要以建筑元素与家具陈设为主，北壁常砌一门二窗，南壁为墓门，东壁设桌椅，西壁砌衣架、灯檠（图1.20），表明了河北、山东地区墓葬艺术特征上的相关性②。北宋中后期以来，墓内建筑渐趋繁复，壁画偶尔表现人物活动，墓室上部、天顶部分常饰有花卉图案。例如，山东济南地区发现的大官庄泰和元年（1201年）金墓中不仅包括精美的仿木构建筑元素、家具，还描绘出墓主夫妇、侍者侍奉场景，墓顶绘大幅折枝花卉（图1.21）③。

宋金时期仿木构砖室墓在上述地区具有不同的建筑及装饰特征。这些差异的原因不仅在于时代的变化，同时也源于各个地区本身的丧葬艺术传统。其中，装饰墓在时空分布与变化上的两条重要轨迹，即仿木构砖室墓从晚唐五代河北地区

---

① 河北省文化局文物工作队：《河北井陉县柿庄宋墓发掘报告》，《考古学报》1962年第2期。

② 易晴：《登封黑山沟宋墓图像研究》，第50、51页。

③ 济南市博物馆等：《济南市宋金砖雕壁画墓》，《文物》2008年第8期。

北　　　　　　　　　　　　　　东　　　　　　　　　南

图 1.20　山东济南山东大学宋墓墓室北、东壁展开图（采自
《文物》2008 年第 8 期，第 35 页，图 3）

甬道　南　　　　　　　　　　西　　　　　　　　　北

图 1.21　山东济南大官庄金墓墓室及甬道壁画展开图（采自
《文物》2008 年第 8 期，第 40 页，图 14）

向北宋前期河南、山东等地的传播，以及宋末金初豫西北、豫北墓葬艺术向金代晋
东南的扩散，值得我们进一步的思考。丧葬艺术的区域性传统不仅与各个地区内的
社会经济、文化艺术、丧葬礼俗紧密相关，同时也体现出了建筑营建技术的发展、
流动与传播。

三　墓主身份

上文提到仿木构砖室墓最初出现于中晚唐的河北北部和北京地区。北京海淀
区大中元年（847 年）的纪制之妻张氏墓为目前所见的较早的一例仿木构砖室墓，
墓室为圆形穹隆顶，墓内四壁用朱砂影作木结构，并有斗拱、直棂门窗以及其他

彩绘装饰①。墓主张氏为游击将军纪制之妻，该墓属于官宦阶层。

　　从五代至北宋初期，皇陵和品官墓葬之中也偶见此类形制。例如，洛阳伊川的五代后晋天福四年墓为官至检校尚书左仆射兼御史大夫的孙璠所有，墓主属于中、高级官吏，身份地位较为显赫②。河南巩县的元德李后陵（1000 年）中也发现有仿木构砖雕。该陵祔葬于宋太宗永熙陵西北方，墓室平面接近圆形，直径 7.95 米，墓顶作穹隆状，高 12.26 米。周壁砌抹角倚柱，柱头上表现单昂四铺作斗拱，拱眼壁上有墨线勾勒的盆花图案，墓壁上还砌有门窗、桌椅、灯檠、衣架、箱柜等砖雕（图 1.22）③。上述两例说明此类墓葬在五代北宋前期并未与特定的社会群体相关，墓主人的身份特征也较为多样，其中既有皇室王族，也有品官平民。

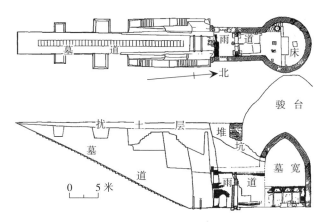

图 1.22　河南巩义元德李后陵墓室平、剖面图（采自
《华夏考古》1988 年第 3 期，第 24 页）

　　有趣的是，仿木构砖室墓自北宋中期开始出现了墓主身份与等级上的变化。品官贵胄等高等级墓葬不再使用这种形式④。宋哲宗元祐年间以后，北方地区大部分的品官墓皆为墓内无装饰的简单砖室墓。这种情况可能与宋代官方的政令禁止有关⑤。

---

① 洪欣：《北京市近年来发现的几座唐墓》，《文物》1990 年第 12 期。

② 四川大学历史文化学院考古系等：《洛阳伊川后晋孙璠墓发掘简报》，《文物》2007 年第 6 期。

③ 河南省文物研究所等：《宋太宗元德李后陵发掘报告》，《华夏考古》1988 年第 3 期。

④ 狄特·库恩认为宋代高等级墓葬的简单化可能与宋代士人对薄葬的提倡有关，由士人对于社会上层文化的影响力所致。Dieter Kuhn, *A Place for the Dead: An Archaeological Documentary on Graves and Tombs of the Song Dynasty (960 – 1279)*, pp. 53 – 54.

⑤ 秦大树：《宋金元考古》，第 142 ~ 143 页。

《宋史》卷一二四《礼二七》中明确规定："诸葬不得以石为棺椁及石室，其棺椁皆不得雕镂彩画、施方牖槛，棺内不得藏金宝珠玉。"① 中原北方地区的宋代品官墓大体遵循了官方丧葬礼制的规定。许多官员墓葬虽无装饰，但墓室尺寸较大，并随葬数量较多的器物②。例如，山西忻县出土的一座北宋晚期墓，其墓主名为田子茂，由武状元官至武功大夫、河东路第六将正将，于宋徽宗政和四年（1114 年）卒于驻扎地隆德府（现山西长治）。该墓为八角形单室砖墓，长 3.5 米，墓内无任何装饰，出土了一方墓志，以及包括铜镜、博山炉、茶杯、小碟等在内的数十件铜器与瓷器③。

在北宋中后期，仿木构砖室墓开始被有一定经济地位的平民所采用，墓葬与该社会群体之间的关联也在逐渐固化。正是在这个时期，随着北宋中期以来商业贸易的繁荣，新兴的庶民群体不断涌现④。他们虽无官品，但却拥有足够的财力兴建精美繁复的地下墓室⑤。据目前的考古发现来看，可以确定墓主身份的墓葬有近 40 座。墓中出土的少量墓志、地券以及部分榜题、题记可以反映出墓主人的大致身份，主要包括地主、乡绅、富商等几类。

例如，河南焦作地区发现了一座仿木构砖室墓，建墓年代为北宋晚期政和三年（1113 年）。墓中出土了一合青石墓志，提供了有关墓主身份与时代的具体信息。

宋故冀闰墓志铭

　　君讳吉，祖居怀州河内县清期乡第四管小向人也。平生气直，廉信不忽，世以务农治生，常足于家。凡干乡党治事，其余人也无毒，其舆亲也有义。于

---

① ［元］脱脱等：《宋史》卷一二四《礼二十七》，北京：中华书局，1977 年，第 2909 页。

② 当然，中原北方地区也出土了一些比较特殊的品官墓。例如，河南洛阳地区发现了北宋中期宰相富弼夫妇及其家族墓地，其中富弼夫妇墓为圆形单室砖室石椁室墓，甬道两侧及墓室西北部均残留壁画。详见洛阳市第二文物工作队：《富弼家族墓地发掘简报》，《中原文物》2008 年第 6 期；洛阳市第二文物工作队：《富弼家族墓地》，郑州：中州古籍出版社，2009 年。

③ 冯文海：《山西忻县北宋墓清理简报》，《文物参考资料》1958 年第 5 期。

④ ［日］斯波义信著，庄景辉译：《宋代商业史研究》，台北：稻禾出版社，1997 年；田欣：《宋代商人家庭》，北京：社会科学文献出版社，2013 年；Richard Von Glahn, *The Economic History of China: From Antiquity to the Ninteenth Cenuty*, Cambridge: Cambridge University Press, 2016, pp. 208 – 254.

⑤ 秦大树：《宋金元考古》，第 141、145 页。

是乡人见者，靡不奇之。后万居于南封作，迄今六十余年，资产大进，家积巨万。闰乾兴元年生，二十七岁娶大贾村于氏为妻。于氏明道二年生，生二子一女。［女］嫁与王封村都家为亲，生二子一女，寿而死也。长子冀晗，身丧，引婚得大涧作部氏为亲。二曰冀湮，娶聂庄村梁氏为亲，生二子二女。一曰男冀平，娶大贾村董氏为妻，生一女名菊花；二曰六斤，定得聂村李氏为亲。一曰大姐，嫁与陆村秦家为亲，生一女；二曰白姑，定与上院村母家为亲。长曰："二男二女，亦是冀君之孙也"。……润（闰）享年八十六岁，大观元年六月廿二日而终；妻于氏亦享年七十九岁，政和元年九月十七日而丧……

仍（乃）父子召师议葬，钜庄南一里之塬，附祖茔东之隔，卜其宅兆，以安措之父母也，则春秋祭祀传于后矣。固作名曰：次西祖茔者，曾祖父母、祖父母。次北茔者，伯叔父母。廉信不忽，气直远曲。性则如山，心亦同烛。生德若冰，死行齐玉。生死无瑕，葬出官禄。

皇宋政和三年癸己岁十一月戊寅朔十三日庚寅葬，为首冀湮书。①

从墓志来看，墓主冀闰祖居怀州河内，务农为生，由于勤俭治家，冀家逐渐成为当地家积巨万的地主乡绅，家族兴旺，也因此有能力营建带有砖雕装饰的地下墓室。以务农为业的富庶之家可依靠勤俭持家，进行财富的累积。然而，仅凭勤劳致富的机会实际上十分有限，真正要成为富户，还需要经营资产的手段。积累田产、增值资产都是"家积巨万"的重要方式。

焦作地区还发现了另一座宋墓，墓室平面呈六边形，墓壁饰有简单的门窗砖雕，墓中仅出土一方青石墓志与一个梅瓶。墓志为正方形，中间阴刻"宋故安定梁君墓志铭"（图1.23），其志曰：

君讳全本，修武孝廉乡苏蔺村人也。少以垦辟锄耨给其家。及壮，慨然叹曰："兹安足以奋身"。欲谋别居，用广治生之计，遂徙于邑下。君与长子恭同力营运资产，不数年，积累钜万，乃君与长子恭之力也。平日喜饮酒，虽至斗余而不乱。禀性淳直，与人交，必有信。治家严恪，毅然有不可犯之色。崇宁

---

① 焦作市文物工作队：《河南焦作小尚宋冀闰壁画墓发掘简报》，《文物世界》2009年第5期。

图 1.23　河南焦作出土梁全本墓志（采自
　　　　《中原文物》2007 年第 5 期，第
　　　　28 页，图 5）

三年四月十三日终于家，享年八十二，至四年乙酉岁三月戊戌朔二十四辛酉日，葬于孝廉乡孝义里恩村之原。少娶刘氏，生子二人，长曰恭，次曰闰，皆亡。女四人，皆适人而早卒。孙男四人，长曰琮，次曰章，次曰彦，次曰筠。孙女六人，长曰大姑，适进士麻直夫；次曰五姑，适进士竹屿；次曰小姑，适武陟县市户冯迪；次曰七姑，适武陟县市户徐恭；次曰大娘，许进士牛公雅；次曰二娘，幼。曾孙男二人，长曰萝头，次曰婆奴。曾孙女六人，皆幼。恭之妻成氏既营葬事，欲纪其翁与夫之勤俭艰难，

以立其家，又不能彰明其德，以贻子孙，乃求为文于余，不得已故述其事。铭曰：家寝而昌，必大其后。乃立斯文，垂之不朽。①

　　由墓志可知，梁全本葬于北宋崇宁四年（1105 年），少时耕种，壮年时由泾州安定郡迁至焦作修武县，与长子梁恭同力营运资产，不数年便积累过万。梁全本及其子孙虽未持有官职，但确为相当殷实的家族，在当地具有一定的社会地位。至其孙辈时，已经开始与进士文人联姻②。这些信息一方面说明仿木构砖室墓在北宋晚期流行于豫北地区的富民之中，另一方面也体现出富民阶层社会地位的逐渐提高，以及该时期家族产业的经营、社会流动性的发展③。

　　在河南安阳发现的一座仿木构砖室墓中，出土墓志也明确提到墓主人为商贾市

---

① 焦作市博物馆等：《宋代梁全本墓》，《中原文物》2007 年第 5 期。

② 相关讨论，另见刘亚玲：《宋代富民阶层生活探究——以北方地区宋代墓葬的考古发掘为视角》，郑州大学硕士学位论文，2016 年，第 81~83 页。

③ 有关宋代家族与社会流动的议题，也有不少学者进行过专门的研究。重要论著可见：黄宽重：《宋代的家族与社会》，北京：国家图书馆出版社，2009 年；邢铁：《宋代家庭研究》，上海：上海人民出版社，2005 年。

户，因经营得当，勤俭持家，而升为上户之家，甚至跻身士人行列：

宋故市户王君墓志之铭

君讳现，姓王氏，其（先）相人也。祖讳荣，父讳贵。自曾高而不继，世以小商贾为业。君少失父母，义从二兄长曰庆次曰元之所训而不倦，严命愈勤。利路日有曾（增）加，其所出入之物，靡有私心，以至营运其货贸，迁而升进上户之家。侄男五人，侄女四人，侄孙四人，内一人，全，应进士举。共聚五十余口……①

实际上，经商更容易致富。许多庶民通过从商来振兴家门，他们在产业达到一定规模之后，除了与士人联姻外，更是培养子弟读书，使其后人走上科举的道路。

另外，部分墓志或是地券虽没有说明墓主的身份，但也未曾提到墓主或其家族成员有任何仕宦经历。这些墓葬很可能也同样属于家境殷实的平民阶层。例如，河南鹤壁故县出土的一座北宋时期的壁画墓（1094 年），墓室平面呈八角形，壁上绘墓主家居生活场景。棺床上发现了一方墓志，竖行阴刻，共 101 字。志文大致说明了墓主人张展的家庭情况以及择墓与入葬时间：

大宋第七帝河北民，相州汤阴县西四十里之中故县，张演长男张展年七十四而薨。同妻王氏有长子八人具芳名者，张简、张宣、张成、张旻、张倩、张愚、张定、张兴。召良师卜，通年有女子一人。时绍圣改年初岁季冬月中旬有七日坤时葬于祖坟故铭记于后子。永记□。②

买地券在仿木构砖室墓中更为常见。例如，据河南禹县白沙宋墓不远的禹县颍东 158 号宋墓（1124 年）中出土了一方石质买地券：

维大宋宣和六年……高通奉为故亡祖父高怀宝、祖母谢氏及亡父高中立并亡兄高政妻李氏，各见在浅土，载谋迁座，选拣得今年十月初六己酉之晨，安葬以于五月十四日庚寅之晨，祭地斩草破土，□□□□龟策协从，相地悉吉，

① 中国社会科学院考古研究所安阳工作队：《河南安阳新安庄西地宋墓发掘简报》，《考古》1994 年第 10 期。
② 司玉庆等：《鹤壁故县北宋纪年壁画墓鉴赏》，《文物鉴定与鉴赏》2015 年第 8 期。

宜于当乡本村赵□地内安葬。仅用钱玖万玖千玖佰玖拾玖文省，并五色□□，买的葬茔一所。东西阔壹拾壹步，南北长壹拾叁步。①

高氏将亡故的祖辈、父辈与兄嫂一同迁葬至这座墓中，地券中提到的"当乡本村赵□"很可能就是指白沙宋墓的墓主赵氏家族，墓葬所择之地正好位于赵氏的土地之内，暗示了赵氏为拥有土地的富庶地主。

这种情况延续至金代，晋南、晋东南地区流行的装饰繁复的砖雕墓也多为当地富民所有。例如，山西侯马地区出土了一座方形砖雕墓（1212 年），墓室北壁上写有题记，提到墓主马垦由子孙安葬于自己家族的土地之内，指明了马氏家族作为地主的身份：

　　□□□□□□□曲沃县分上村篆户马垦。生二男，大男马清，生二男喜喜四四；二男马广，生二男念二念僧，同发愿心，自己地内建坟，壹亩贰分四厘，□巳午岁大安庚午年六月初一日□砖墓式空□□祖卒，子孙奋铭选谦吉日，自备棺椁地财□□□父母祖。祖先灵不可亏怀，后奋金志文□安祖为照，堪可亭选之处。祖灵方便巳葬，意巳后子孙为碑。大小无灾天□□□四世深渊□张中葬子父三人小卜。大安四年六月□□日砌造巳为记工毕。②

侯马地区发现的另一座金代双室砖雕墓，装饰华丽，墓中的文字信息十分丰富。墓室前室南壁墓门上方砌砖质地碣一方，写明墓主、建墓时间、建墓者信息。此墓为董海与三个儿子的家族合葬墓，墓内发现了人骨架 11 具，分别置于前后二室的砖床之上。除此之外，后室南壁门上方砌有墨书砖质买地券，以程式化的形式写明买地协议。前室北壁门楼的左侧角柱上还写有三行题记，其文如下：

　　上判交百姓忙种区田，每一亩要一千五百区，每区打约一升，本家刷到物四百石。时明昌柒年捌月日入功，自年前十月内有至到六月十九日，得雨米麦，计价二百五十。到二十二日种下秋田，每亩收谷一石，绿豆每亩一石，枣约五分，由差官遍行刷物。③

① 宿白：《白沙宋墓》，第 63 页，注 95。
② 山西省文物管理委员会侯马工作站：《山西侯马金墓发掘简报》，《考古》1961 年第 12 期。
③ 山西省考古研究所侯马工作站：《侯马 102 号金墓》，《文物季刊》1997 年第 4 期。

　　这段题记非常少见地记录了当时的旱情和收成，墓中文字对于年景的关注似乎也指明了墓主家族的地主身份，以及家族成员务农治生的特征。

　　除了前述几则墓例外，许多宋金时期的装饰墓均未出墓志或地券，墓中也没有书写任何题记，仅可以通过墓葬形制、装饰以及随葬品等方面来推断墓葬的大致时代。首先，如果根据宋代非品官不得用志的规定来看，这些墓主可能均无仕宦经历。其次，即使一些出土了墓志的装饰墓，若考察其墓志内容，墓主也多属于庶民阶层。墓志的书写成为了北宋中后期以来庶民家族的社会文化活动，墓志内容渐趋生活化、个性化①。另外，从墓葬的壁画内容来看，这些墓主人也"既不类官吏，又不像士大夫家"②。由上述情况基本可以推断，宋金时期装饰墓的墓主大多为殷实、富裕的市户、地主、乡绅，他们通过务农、经商等形式积累了财富，社会地位也随之提高。正是因为如此，有学者将他们定义为"非士人"类的地方精英，以此区别于传统意义上的"士人"精英群体，后者也是过去学界进行宋代社会研究时关注的主体③。这些"非士人"的地方精英实际上正是本书试图考察和探讨的主要对象。

　　北宋中后期以来，随着商品经济的繁荣、民间财富的积聚、人口的增加、技术的发展，仿木构砖室墓的使用范围不断扩大，数量激增，呈现出平民化的趋势。大部分装饰墓主要在非官吏、非士人的平民阶层中流行。官方的礼制、等级规定在此类墓葬的修建上未起到有效的限制和约束。一方面，这批考古材料体现了唐宋之际

---

① 陈玲：《养生送死：从墓志看北宋潞州民庶的生活世界》，北京大学硕士学位论文，2014 年，第 27 页。陈玲对北宋潞州地区出土的庶民墓志进行了专门的研究，提出无论是生活化的墓室装饰还是墓志内容，背后体现了同一个群体的同一套知识基础和观念模式。

② 宿白：《白沙宋墓》，第 103～104 页。

③ 此处我同意洪知希对于"非士人"群体的定义，这一概念并非与"士人"泾渭分明。对于"非士人"概念的使用不是作为明确的社会范畴，而是作为一个分析工具，用来解释和描述该时期丰富的社会面向和文化特征。相关讨论见 [美] 洪知希：《"恒在"中的葬仪：宋元时期中原墓葬的仪礼时间》，巫鸿等编《古代墓葬美术研究》第 3 辑，长沙：湖南美术出版社，2015 年，第 201 页。另外，关于宋金时期社会精英的研究，可见 Robert Hartwell, "Demographic, Political, and Social Transformations of China, 750—1550," *Harvard Journal of Asiatic Stdies*, vol. 42, no. 2, 1982, pp. 365 - 442; Patricia Ebrey, *Family and Property in Sung China: Yuan Ts'ai's Precepts for Social Life*, Princeton: Princeton University Press, 1984; Peter Bol, *"This Cluture of Ours": Intellectual Transitions in T'ang and Sung China*, Stanford University Press, 1992; 中译本见 [美] 包弼德著，刘宁译：《斯文：唐宋思想的转型》，南京：江苏人民出版社，2017 年。

的丧葬变革。宋金时期墓葬的内容和装饰明显有别于唐代的例子，这反映出丧葬理念层面的重要变化，而该变革也同时伴随着社会习俗以及宗教信仰的发展。另一方面，这类墓葬在中原北方地区的广泛流行，与丧家的社会地位、经济状况有着密切的联系，同时也体现了不同地区的工匠、工坊传统。

第二节　图像程序的布局与设置

前文概述了中原北方地区仿木构砖室墓的时代与区域特征，以及墓主的社会阶层与身份信息。虽然以墓内图像内容为中心进行观察，不同的墓例之间仍存在一定的差异，但总体而言，大部分墓葬在图像题材方面具有较为相似的选择和布局方式。对这些程式化、格套化图像的认识可能正是解读墓葬图像寓意较为可靠的出发点。本节将从图像组合与布局的角度出发，具体分析宋金装饰墓中的图像程序以及空间表现。

一　案例分析

本节将关注点集中于两京地区的装饰墓，通过具体分析登封地区出土的一组北宋晚期的砖雕壁画墓来理解宋金装饰墓的主要图像程序。

河南登封黑山沟宋墓是目前豫中地区发现的一座有明确纪年的宋代砖雕壁画墓，十分具有代表性①。该墓位于登封市城关镇以南的黑山沟村，墓室坐北朝南，为仿木构单室墓，由墓道、墓门、甬道、墓室组成，墓门上砌砖雕门楼。根据墓中出土的朱书带字砖和石质买地券可知，黑山沟宋墓修建年代为北宋绍圣四年十二月（1098年），墓主人记名为"李守贵"，是西京河南府登封县天中乡人。墓室平面呈八角形，直径约 2.5 米，高 3.3 米。棺床位于墓室北壁下部，呈倒"凹"字形。墓室自下而上分为四部分：下部内壁连接处砖砌八个抹角倚柱，柱间砌阑额、普拍枋，壁面彩绘人物场景；中部转角处柱头上设八个转角铺作，为五铺作单抄单昂重拱计心造；

---

① 正是由于该墓的典型性和重要性，易晴撰有专书分析该墓，详见易晴：《登封黑山沟宋墓图像研究》。

铺作以上为八个梯形界面，其中砖砌垂花饰；顶部为攒尖顶（图 1.24）①。

图 1.24　河南登封黑山沟宋墓墓壁展开图（采自《文物》2001 年第 10 期，第 62 页，图 3）

墓室内满施彩绘。除了木作彩画和墓顶装饰外，墓室内的图像可依据建筑空间分成三个部分：

第一个部分为下层装饰，主要位于墓室下层倚柱间的壁面之上。北壁砖砌假门，上饰门簪，门上有卷帘。除北壁外，其余七壁绘墓主家居生活场景。西南壁画侍者备茶图，上悬幔帐，幔下为一直足直枨方桌，桌上放托盘、茶盏、盏托、果品。桌左侧立一侍女，右手捧罐，左手正在搅茶。桌后站另一侍女，正抬手指点，其身后为一屏风，屏心书写墨书（图 1.25）。西壁上画伎乐和备饮场景，在幔帐下方绘三名女子。右边二人为女乐，分别持笙、拍板。旁边立一侍女，

图 1.25　河南登封黑山沟宋墓西南壁壁画（采自《郑州宋金壁画墓》，第 96 页，图 119）

① 郑州市文物考古研究所等：《河南登封黑山沟宋代壁画墓》，《文物》2001 年第 10 期；另见郑州市文物考古研究所：《郑州宋金壁画墓》，第 88 ~ 116 页。

站在火炉后，炉上置汤瓶，正在端瓶备茶①。

西北壁上表现墓主夫妇对饮的场景。壁
面上方画赭色幔帐、绿色横帐，及青、赭色
组绶。幔帐之下为一张四直足直枨方桌，桌
上摆二茶盏、二果盘，桌旁对坐夫妇二人。
左侧男主人头戴黑色无脚幞头，着白色团领
宽袖袍，袖手坐于靠背椅上；女主人头梳高
髻，身穿赭色褙子，也坐在靠背椅上。二人
背后各立一屏风。两屏风间立一名侍女，梳
包髻，穿橘黄色褙子，双手端注碗和注子，
正在一旁侍奉墓主夫妇（图1.26）。

图1.26　河南登封黑山沟宋墓西北壁壁
画（采自《郑州宋金壁画
墓》，第98页，图121）

东北壁上绘家居场景。幔帐下为两妇人，
各抱一儿童。左侧一方几，几上蹲一狸猫，
颈系红带，口衔一黄雀。东壁画幔帐，下绘
罗汉床，床围上画群山。床前立一侍女，双手捧衾正准备铺床。东南壁画面左侧描绘一
面盆架，一女子双手持木桶，正弓身往盆中倒水；画面右侧立一灯架（图1.27）。

图1.27　河南登封黑山沟宋墓东北、东、东南壁彩绘（采自《郑州宋金壁画墓》，第99～101
页，图122～124）

---

① 原报告认为该场景为宋代温酒的表现，但结合西南壁的点茶内容，可能为候汤备茶图。相关讨论见隋
璐：《宋墓"茶道图"探析》，《农业考古》2014年第2期。

第二部分为中层装饰，位于墓壁中上部的拱间壁或拱眼壁上。共存8幅孝子故事图，部分附有榜题。从西南壁顺时针至东南壁，分别表现了曾参、王武子、董永、丁兰、王祥、孟宗、郭巨、王裒的行孝故事（图1.28）。

第三部分为上层装饰，主要位于墓室上部斗拱与垂花饰之间的梯形界面内，共8幅（图1.29）。西南壁壁画已残，西壁绘

图1.28　河南登封黑山沟宋墓东北侧拱眼壁王祥卧冰图（采自《郑州宋金壁画墓》，第104页，图129）

五彩祥云中的菩萨，带头光和背光；西北壁表现祥云之上男女二人，拱手而立；北壁则绘云中楼阁一座，正面门楼三间，厢房为清水脊，两端有鸱吻；东北壁画云中两仙女，双手执莲；东壁绘云中二道士，头戴莲花冠，双手击钹；东南壁也表现二位云中仙女，双手持幡；南壁祥云上有拱桥一座，桥上立二仙女，双手持幡。另外，墓顶垂花饰以上的界面内绘团花与方胜图案。墓室的仿木构建筑构件上均绘彩画。

图1.29　河南登封黑山沟宋墓西南、西侧墓室上部彩绘（采自《郑州宋金壁画墓》，第113页，图144）

　　黑山沟宋墓提供了相当重要的信息。首先，该墓出土买地券和带字砖，为纪年明确的砖雕壁画墓。其次，该墓的建筑形制和图像装饰在登封、新密地区十分典型。仿木构多角形单室墓的形制和多层的图像装饰模式也见于登封唐庄宋墓、登封城南庄宋墓、登封高村宋墓、登封箭沟宋墓、新密平陌宋墓、登封刘碑宋墓等。

　　尤其是位于登封市东北的唐庄二号宋墓的图像题材与黑山沟宋墓非常相似。该墓平面呈六边形，东南壁设一耳室，墓门、甬道和墓壁满绘壁画，其中墓主夫妇对饮图位于西北壁，图像的位置和画面都与黑山沟宋墓基本相同。在墓顶上层装饰部分，两墓都描绘了男女墓主在天人、菩萨的引领之下升天的场景（图1.30）①。豫西北、豫中等地的墓例体现了北宋晚期该地区在墓葬形制、图像内容上的一致性。

图1.30　河南登封唐庄二号宋墓墓顶彩绘（采自《文物》2012年第9期，第44页，图28）

　　需要注意的是，并非该地区所有的墓葬都饰有黑山沟宋墓中那样繁复华丽的图像内容。不少宋金墓并未表现墓主及其侍从的生活场景，而仅是在墓壁上装饰门、窗等建筑元素。然而，如果我们将黑山沟宋墓和登封地区发现的其他宋墓相比较，可以发现它们在墓葬图像的布局方面仍十分相似（表1.2）。例如，若将登封黑山沟宋墓与登封城南庄宋墓比对可知，城南庄宋墓中的墓壁装饰虽相对简单，但该墓装饰从下至上也可分为三层：墓壁上表现墓主家居生活；中、上层装饰花卉图案。墓中仅有二幅画面表现了人物场景，图像题材较为单一，整座墓可视为黑山沟宋墓的简化版②。

---

① 唐庄宋墓的发掘简报，可见郑州市文物考古研究院等：《河南登封唐庄宋代壁画墓发掘简报》，《文物》2012年第9期。

② 另外相似的例子可见洛阳地区出土的墓例，洛阳市文物工作队：《河南新安县古村北宋壁画墓》，《华夏考古》1992年第2期；洛阳市文物管理局、洛阳古代艺术博物馆编：《洛阳古代墓葬壁画》，郑州：中州古籍出版社，2010年，第372~381页。

表 1.2　豫西北、豫中地区多角形宋墓及其装饰

墓葬	南壁	西南壁	西壁	西北壁	北壁	东北壁	东壁	东南壁
河南登封黑山沟宋墓	墓壁｜墓门	备饮图	伎乐图	墓主夫妇宴饮图	砖砌假门	育儿图	侍寝图	待洗图
	拱间壁｜王衰行孝	曾参行孝	王武子妻行孝	董永行孝	丁兰行孝	王祥行孝	孟宗行孝	郭巨行孝
	墓顶拱桥之上立二仙女	壁画已残	菩萨	祥云之上似为墓主夫妇二人	天宫楼阁	二仙女	二仙人	二仙女
河南新密平陌宋墓	墓壁｜墓门	梳妆图	墓主夫妇宴饮图	书写图	砖砌假门	梳妆图	备宴图	书写图
	拱间壁｜	花卉图案	花卉图案	花卉图案	花卉图案	花卉图案	花卉图案	花卉图案
	墓顶｜彩画已脱落	彩画已脱落	闵子骞行孝	四（泗）洲大圣度翁婆	天宫楼阁	仙人引领墓主夫妇过桥	鲍山行孝	赵孝宗行孝
河南登封城南庄宋墓	墓壁｜墓门	砖砌盆架，绘女子梳妆图	砌一案二椅，绘墓主宴饮图	砖砌烛台、柜	砖砌假门	砖砌镜架	砖砌衣架	砖砌灯檠、剪刀、熨斗
	拱间壁｜	花卉婴戏	花卉婴戏	花卉婴戏	花卉婴戏	花卉婴戏	花卉婴戏	花卉婴戏
	墓顶彩画已脱落	彩画已脱落	备宴图	牡丹莲花图案	牡丹莲花图案	牡丹莲花图案	彩画已脱落	彩画已脱落
河南登封高村宋墓	墓壁｜墓门	侍者与升仙图	赵孝宗行孝	墓主夫妇宴饮图	砖砌假门	备宴图	侍洗图	侍者与升仙图
	拱间壁｜王祥行孝	蔡顺行孝	王武子妻行孝	丁兰行孝	王武子行孝	舜行孝	韩伯愈行孝	孟宗行孝
	墓顶｜一仙女	一仙女	一仙女	一仙女	祥云上立一女子，有头光，似为菩萨	祥云上立一男子拱手施礼	一仙女	一仙女

续表 1.2

墓葬	南壁	西南壁	西壁	西北壁	北壁	东北壁	东壁	东南壁
河南登封箭沟宋墓	墓壁｜墓门	侍奉图	墓主夫妇宴饮图	备侍图	砖砌假门	家宴图	伎乐图	备洗图
	拱间壁｜花卉图案	花卉图案	花卉图案	花卉图案	花卉图案	花卉图案	花卉图案	花卉图案
	墓顶｜垂花饰,彩画脱落	彩画脱落	彩画脱落	彩画脱落	彩画脱落	彩画脱落	彩画脱落	彩画脱落
河南新密下河庄宋墓	墓壁｜墓门	出行图	散乐表演	墓主夫妇宴饮图	砖砌假门	砖砌方桌,桌下雕剪刀、熨斗	备宴图	奉食图
	拱间壁｜花卉图案	彩画已损毁	花卉图案	花卉图案	花卉图案	花卉图案	部分损毁	彩画已损毁
	墓顶｜一门半掩	二马一僧	一门内立二僧	上绘祥云,一人一僧	中部一佛二弟子,左侧一人双手合十跪于佛前	似为升仙图	彩绘脱落	上绘祥云,下三僧盘坐
河南登封唐庄二号宋墓	墓壁｜墓门	备宴图		墓主夫妇宴饮图	妇人启门图	起居图		上绘幔帐横帐,下砌一耳室
	拱间壁｜牡丹图案	牡丹图案		牡丹图案	牡丹图案	牡丹图案		牡丹图案
	墓顶｜祥云上立一道士二僧人	祥云上立一道士二僧人		祥云之上立墓主夫妇二人	祥云上立二道士	祥云上立二僧人		祥云上立二僧人

从表格中的图像内容来看，该地区的装饰墓都采用了较为相似的图像题材，也都存在上、中、下分层构图的布局形式，只是墓葬装饰的繁复程度不一。这种差异取决于多种原因，除了时代的发展与区域特征之外，丧家的经济状况、审美品位，以及建墓者的技术水平等因素可能都需要考虑在内。

二　图像程序

通过上文的分析可知，豫西北、豫中宋墓在选择、布局图像方面的基本原则大体一致，都具有分层排布墓葬装饰的特征：墓壁上通常表现家居场景，假门多出现在后壁的位置；花卉图案或孝子故事图常常见于墓壁上方；仙人、仙鹤、祥云也多绘在墓顶等上部空间。以往的研究常按照题材、主题对墓内的图像内容进行解读，但该方法很多时候无法完整地呈现出墓葬的"原境"①，也难以说明不同画面之间的关系。事实上，任何一幅图像或一类题材都不是独立存在的，它们仅作为整个图像系统中的组成元素。墓内图像的一个重要特征是：它们通常以组合的形式出现并作用。组合比单个题材更为复杂，也因此提供了更多的视觉信息与文化意涵。因此，墓葬内容也需要在大的视觉、空间语境中进行分析、诠释。

本研究提出，在解读墓葬图像系统时，或许可以从四个不同层次进行考察：第一个层次，每幅画面都可视作一个基本的单元，或表现特定内容，或为装饰图案，它们本身也是由具体的图像元素所构成的。第二个层次，水平方向的场景可以组成一个更大的单元，它们占据墓壁的同一层面，图像之间不仅显示出统一的主题，同时也存在特定的联系。第三个层次为墓内从下到上竖直的图像组合，在一些墓例中，墓壁下部至天顶部分的装饰内容紧密相关，具有逐渐推进的顺序。最后一个层次为墓葬中整个的图像系统，它由不同的题材和内容组合而成，与墓葬建筑、随葬品一起构建出墓主的死后居所。

我们可以尝试使用上述方法来分析宋金装饰墓中的图像内容。首先，在这类墓

---

① "原境说"（Original Context）的方法对于理解墓葬美术具有重要的意义。巫鸿最早提出墓葬研究需要将墓葬整体作为研究的对象和分析的框架，并在这个框架中讨论墓葬的构成因素和关系。［美］巫鸿：《"墓葬"：可能的美术史亚学科》，《读书杂志》2007 年第 1 期。

葬中，墓主夫妇画像是十分常见的图像题材。秦大树提出，墓主夫妇对坐、并坐的场景最初可能由唐末宋初仿木构砖室墓中"一桌二椅"的陈设方式发展而来，在宋代中晚期成为墓葬中最为重要的图像内容①。通过分析大部分宋金墓葬中的墓主画像可发现，墓主夫妇对坐宴饮的场景包括较为固定的图像元素，具有特定的组合方式，呈现出模式化、标准化的趋势。然而，该题材的构图与所处位置在不同的墓葬中存在一定的差异，主要元素的表现方式与组合关系也有动态的变化②。例如，对墓主夫妇的描绘包括半身像、全身像，以及夫妇共坐、并坐、独坐等不同的形式；侍者的数量与位置在不同的墓中也有所变化；而室内家具陈设、器物摆放也会有所差别。

　　其次，墓主画像在宋金装饰墓中通常为整个图像系统的中心，壁面上的其他题材围绕其展开。不同的墓葬以各种形式在墓葬空间内强调这一场景的重要地位。墓主夫妇对饮图常出现于墓室内壁上较为突出的位置：有时设置在正对墓门的后壁上；有时以砖砌或浮雕的形式使宴饮画面更具立体感，强调墓主夫妇的特殊地位；有时还以各壁图像题材间的联系凸显出墓主画像作为图像系统的中心地位。我们可以在登封箭沟宋墓中观察到墓葬装饰题材间的有机组合。箭沟宋墓为单室砖券墓，墓室呈八角形，室内自下而上布满彩绘，壁画可分为墓室彩绘、木作彩画和墓顶彩画三种。墓主夫妇的宴饮图出现在西壁之上。画面上方绘横帐、幔帐等，帐下椅上端坐男女二人，左侧为男性墓主，右侧为女性墓主，前后立六名侍从。墓主夫妇与周围的侍者相比，身形明显较大，表明了他们二人的特殊身份与中心位置（图 1.31）。墓主夫妇宴饮图

图 1.31　河南登封箭沟宋墓西壁线描图（采自《郑州宋金壁画墓》，第 140 页，图 176）

---

① 秦大树：《宋元明考古》，第 145～146 页。

② 有关中原北方地区墓主画像不同样式的讨论，见张鹏：《勉世与娱情——宋金墓葬壁画中的一桌二椅到夫妇共坐》，《美术研究》2010 年第 4 期。

的两侧，分别绘有其他家居生活内容。墓室西南壁表现庖厨题材；西北壁上绘出侍者的活动；该墓的北壁表现了半开的影作大门，门扇半开；墓室东北壁为备宴图，正中画置放盘、碗的长案，案前后共立十人，皆为侍者，手捧盘、果盒等各种器物；墓室东壁为伎乐图，画十七名男子，展现了乐伎、舞者表演散乐的场景（图 1.32）；墓室东南壁则绘备侍图①。

图 1.32　河南登封箭沟宋墓东北、东壁线描图（采自
《郑州宋金壁画墓》，第 142 页，图 177）

　　箭沟宋墓内的装饰以墓壁上的墓主画像为中心展开，涉及家居生活的多个方面，包括宴饮、乐舞、庖厨、备侍等内容。如果我们仔细分析图像题材在墓葬空间中的分布情况，可获得关于该墓墓壁装饰的设置规律。虽然正对墓门的北壁上绘有半开的假门与人物，但是整个图像系统的核心仍是位于西壁上的墓主夫妇。首先，在其两侧的西南壁与西北壁上分布着侍者为墓主备食、备侍的场景。其次，在西壁的正对面，即墓室东壁上，十七名乐者演奏伎乐、表演舞蹈，似乎正在给墓主呈现一幕精彩的演出。另外，在墓主夫妇侧对面的东北壁上，侍者们摆好了各种酒食器具，也正为墓主人的宴饮做准备。墓壁上的图像题材都是围绕墓主夫妇展开的活动，虑及他们的各类生活需求。以上述方式设置的图像系统不仅仅出现在登封箭沟宋墓中，也是许多宋金砖雕壁画墓中的主要图像程序。

① 郑州市文物考古研究所：《郑州宋金壁画墓》，第 136 ～ 158 页。

再次，在许多墓例中，除墓壁彩绘之外，墓壁上方的斗拱间以及墓顶部分也都装饰孝子、花卉、仙人题材。它们与墓壁图像之间看似没有直接的联系，多作为装饰元素出现，但若从下而上通观整个壁面，依托于空间的图像之间也存在逻辑上的联系。例如，登封地区发现的几座北宋晚期的墓葬都可证实墓内壁画在垂直方向上的关联。在河南登封唐庄二号宋墓中，墓壁上表现以墓主夫妇为中心的侍奉、备食等场景，拱间壁部分绘黑枝红心牡丹图案，墓顶为祥云之上的神仙人物，正中绘覆莲①。以墓室西北侧为例，墓壁绘幔帐之下墓主夫妇对坐宴饮的场景（图1.33）；其上阑额、斗拱饰建筑彩画，拱间壁绘花卉；之上的墓顶壁画表现男女二人立于云中，双手合拢于胸前，根据其衣着可推测，二人很可能为升天后的墓主夫妇。整个垂直壁面上蕴含着从下至上逐渐飞升的进程。

图 1.33　河南登封唐庄二号宋墓西北壁壁画局部（采自《文物》2012 年第 9 期，第 39 页，图 12）

黑山沟宋墓与唐庄二号宋墓十分相似，也可进一步证实这种时空上的演进。黑山沟宋墓的西北侧同样表现了墓主夫妇对坐图像，其上拱眼壁部分为董永行孝的故事图，墓顶部分绘立于祥云之上的墓主夫妇二人。墓主夫妇的世俗生活和升仙历程由处于中层位置的孝子故事图连接起来。墓室北侧更是在墓壁的假门之上绘丁兰行孝故事，墓顶画天宫楼阁，暗示着由墓壁上的假门进一步飞升，最终可以到达美好的仙境（图1.34）。这种图像装饰在纵向上的关联不限于上述几座墓葬。新密平陌宋墓在墓顶部分提供了孝子故事、佛教超度、道教升仙等图像题材，而画面之间又存在特定的解读顺序②。河南嵩县北元村宋墓中的图像也具有从下而上逐渐飞升的顺序，墓壁表现墓主生活场景，中部画孝子图，墓顶正中彩绘覆莲图案，下方画仙鹤祥云，同样象征着神仙世界③。

---

①　郑州市文物考古研究院等：《河南登封唐庄宋代壁画墓发掘简报》，《文物》2012 年第 9 期。

②　郑州市文物考古研究所：《郑州宋金壁画墓》，第 41～54 页。

③　洛阳市第二文物工作队：《嵩县北元村宋代壁画墓》，《中原文物》1987 年第 3 期。

一些时代稍晚的金元时期的装饰墓也包含了上述关系的图像组合。虽然河南、山西地区的金代墓葬在建筑形制与墓葬装饰方面有许多发展，但其大体上承袭了宋代仿木结构砖室墓的传统。豫北地区金墓中的备食供酒与散乐、杂剧等场景通常以墓壁上的墓主画像为中心对称分布。晋南地区的金墓

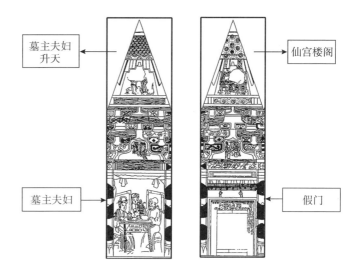

图 1.34　河南登封黑山沟宋墓西北、北侧壁画纵向展开图（采自《郑州宋金壁画墓》，第 93 页，图 117，作者自制）

则更明显地体现了这种图像设置。它们以砖雕为主要的墓内装饰手法，墓壁上的图像题材包括墓主夫妇并坐、杂剧演出、孝行故事等。整个墓室由这些场景与墓壁上方的房屋外檐构成前厅、后堂、左右厢房式的院落，大体呈现出"南廊北堂、东西厢房"的整体布局。例如，稷山马村的一组北宋晚期至金代前期的墓葬很具代表性，北壁多雕墓主夫妇端坐堂屋正中，或设宴饮、面南赏戏。南壁则于前厅背面排列杂剧艺人进行表演①。墓室北壁的墓主夫妇像与南壁的杂剧作场，可以与整个墓室的天井式结构相结合，构成了一个宴享演剧的立体空间。

　　而晋东南、晋中地区的金元墓延续了墓内图像在纵向上的演进关系。长治地区发现的若干座金墓都具有上、中、下三层设置的图像程序。例如山西沁源县正中村金墓和东王勇村元墓在拱间壁的部分表现孝子故事图，斗拱以上的部分绘制仙人、祥云、仙鹤等题材（图 1.35），墓内图像与登封地区宋墓在布局上存在明显的一致性②。

　　综上所述，宋金装饰墓内的图像题材之间具有空间与视觉逻辑，画面场景的安排也确实存在特定的规律：墓壁横向上的图像通常以墓主夫妇画像为中心展开；纵

---

① 稷山墓群的发掘简报，见山西省考古研究所：《山西稷山金墓发掘简报》，《文物》1983 年第 1 期。

② 王进先：《长治宋金元墓室建筑艺术研究》，第 209 页。

图 1.35　山西沁源县正中村金墓墓室上部砖雕彩绘（采自《长治宋金元墓室建筑艺术研究》，第 211 页，图 26）

向的墓葬装饰之间互相关联；后壁的假门也可提供不同空间的联系。一方面，各类图像题材在墓葬空间中的位置较为固定；另一方面，同属一类的装饰题材又能够相互替换。这种相对的固定与变化实际上涉及装饰墓的设计与营建过程，下文将通过分析宋金墓葬的营建工艺进一步探讨丧葬艺术的图像模式。

第三节　宋金装饰墓的营建工艺

本节将从宋金时期装饰墓营建技术的角度入手来探讨墓葬图像、空间的选择与制作。虽然目前有关仿木构砖室墓的研究成果颇为丰富，墓内的图像题材也广受关注。然而，关于宋金墓葬营建及工艺的研究一直未能得到足够的重视，学者们鲜少讨论这些内容①。一方面，由于资料所限，墓葬的建造过程很难被复原；另一方面，对墓内图像及其功能的探讨历来是墓葬研究的重点，这使得整体的研究旨趣更为偏重墓葬的文化史研究。但有关建墓技术、经济背景的研究也可为理解这些考古资料提供新的视角，需要引起我们更多的关注。

----

① 相比之下，汉代墓葬营建的研究目前已有一定的积累。例如，曾蓝莹通过分析汉画像石的制作痕迹，重建了汉墓营建的过程，并探讨了该过程中工匠对格套的使用以及工坊的参与情况；李安敦（Anthony Barbieri-Low）在其有关汉代工匠的论著中也讨论了墓葬的营建工艺；杨爱国考察了汉代石刻匠人的流动和迁移；郑立君则分析了汉画像石的雕刻工艺以及技法的流传。这些研究对于宋金时期墓葬营建的讨论十分具有启发性。参见［美］曾蓝莹：《作坊、格套与地域子传统：从山东安丘董家庄汉墓的制作痕迹谈起》，《美术史研究集刊》第 8 期，2000 年；Anthony Barbieri-Low, *Artisans in Early Imperial China*, Seattle：University of Washington Press，2007；杨爱国：《固守家园与远走他乡——汉代石刻艺人的活动区域》，《齐鲁文化研究》第 4 辑，济南：齐鲁书社，2005 年，第 163～169 页；郑立君：《剔图刻像：汉代画像石的雕刻工艺与成像方式》，重庆：重庆大学出版社，2010 年。

一　砖雕工艺

首先，我们将从一例特殊的墓葬图像出发来讨论砖雕的制作工艺。2009 年，河南洛阳市文物工作队在配合基建中发掘了一座宋代墓葬。该墓位于洛龙区关林庙东南，为仿木结构单室墓，由墓道、甬道和墓室三部分组成。墓室平面呈八边形，正中砌一座长方形棺床。墓室转角砖砌仿木倚柱，柱上承阑额、普拍枋及斗拱。除南壁外，墓内各壁均砌有砖雕（图 1.36）。东南、西南两壁各设一破子棂窗；东、西两壁砌板门；东北、西北两壁阑额之下各嵌三幅大型砖雕，东北壁为散乐和备宴场景，西北壁为杂剧图；北壁则用砖雕砌出四扇格子门。阑额中间还嵌有 23 幅孝子故事砖雕[①]。这些砖雕线条流畅，制作规整，刻绘十分精美。

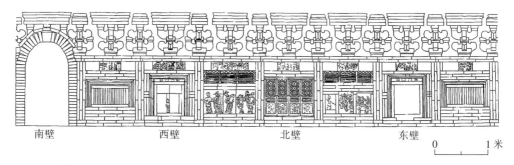

南壁　　　西壁　　　北壁　　　东壁　　　0　　1 米

图 1.36　河南洛阳关林庙宋墓墓壁展开图（采自《文物》2011 年第 8 期，第 33 页，图 3）

根据关林庙宋墓的形制及砖雕内容，可以推断该墓的大致年代为北宋晚期。墓壁上的砖雕场景也都颇具时代特征。例如，西北壁上嵌三幅杂剧雕砖。第一幅砖长 43、宽 35.9 厘米。左侧一人戴幞头，腰间束带，右手捧印匣，右侧一人戴展翅乌纱帽，穿圆领袍服，左手持牙笏。第二幅砖长 43、宽 22 厘米，表现一人戴簪花幞头，着圆领袍服，展开画卷示人。第三幅砖长 43、宽 35.8 厘米，左侧一人头裹巾，袒胸束腰，左手托鸟笼，右侧一人戴软包巾束其上端，簪花，右手食拇两指置口内作哨声（图 1.37）。三幅砖雕一同表现了杂剧演出的场景，通过五位扮演不同角色的演员，展示出宋代杂剧的表演风貌。

① 洛阳市文物工作队：《洛阳洛龙区关林庙宋代砖雕墓发掘简报》，《文物》2011 年第 8 期。

图 1.37　洛阳关林庙宋墓西北壁砖雕（采自《文物》2011 年第 8 期，第 39 页，图 20～22）

图 1.38　河南偃师酒流沟宋墓杂剧砖雕拓片（采自《宋元戏曲文物与民俗》，图版 2）

　　值得注意的是，这些杂剧砖雕在以往的考古工作中早有发现。发掘于 1958 年的河南偃师酒流沟宋墓中就出土了三幅相同的雕砖。该墓的墓壁下部嵌六幅砖雕。右侧三幅表现备食、执役的侍女，左面三幅刻画五位杂剧人物：左侧一人手持鸟笼，另一人簪花吹口哨，中部一人双手展画，右侧为捧印匣与持笏二人（图 1.38）①。酒流沟宋墓中的三幅杂剧砖雕除了顺序上稍有变化外，其大小、画面、构图、细部竟然与关林庙宋墓出土的雕砖完全一致。两墓相距约 20 公里，且分布于伊河两岸，分属不同的区域。墓中却发现了完全相同的装饰内容，这也引出了一系列问题：两座

① 董祥：《偃师县酒流沟水库宋墓》，《文物》1959 年第 9 期。

宋墓为何饰有同样的画像砖雕？如何解释不同墓葬中图像的相似性？这是否与砖雕工艺有关？墓葬砖雕又是如何制作的①？

更有趣的是，关林庙宋墓中的散乐与庖厨雕砖也曾在以往的发掘中出现过相同的例子。关林庙宋墓的东北壁从左至右依次镶嵌三幅砖雕，第一幅画面中，一人头戴花冠，双臂做起舞状；第二幅右上方为屏风，屏风前六名男子面向同一方向演奏乐器，右下方两人腰间横置长鼓，中间一人面前圆凳上置筝，左侧一人双手持杖，左后方一人手持觱篥，右后方一人持小槌敲击方响（图1.39）；第三幅描绘五位女性侍者，右后方女子正在烹煮食物，左侧两女子向桌上的锅中倒入液体，右前方女子双手捧盏，左前方女子双手捧物，以背侧影面对观者（图1.40）②。该壁上的第二、三幅砖雕都曾发现于距关林庙宋墓90多公里外的焦作温县前东南王村宋墓。前东南王村宋墓也为八角形砖室墓，墓内以水磨青砖砌仿木构件，墓壁饰画像雕砖。正南为墓

图1.39　洛阳关林庙宋墓东北壁第二幅砖雕拓片（采自《文物》2011年第8期，第45页，图40）

图1.40　洛阳关林庙宋墓东北壁第三幅砖雕拓片（采自《文物》2011年第8期，第45页，图41）

① 以往研究对于上述砖雕的关注点主要集中于杂剧人物角色、场景的辨识，以及杂剧题材在该时期流行的原因。相关的重要论著，参见徐苹芳：《宋代的杂剧雕砖》，《文物》1960年第5期；周贻白：《北宋墓葬中人物雕砖的研究》，《文物》1961年第10期；廖奔：《宋元戏曲文物与民俗》，第137~144页；徐婵菲：《洛阳关林庙宋墓人物持画杂剧雕砖考》，《中原文物》2016年第3期。
② 洛阳市文物工作队：《洛阳洛龙区关林庙宋代砖雕墓发掘简报》，《文物》2011年第8期。

门，西南、东南壁砌棂窗；东、西两壁为妇人启门，正北为四扇四抹隔扇门；东北、西北壁下部镶嵌多幅砖雕。其中东北壁雕砖左侧刻画六位头戴幞头、身穿圆领长袍的乐工演奏乐器；右侧则表现了侍女五人，围绕厨案温酒、烹饪的场景（图1.41)①。

图1.41　河南温县前东南王村宋墓东北壁砖雕拓片（采自
《宋元戏曲文物与民俗》，图版4、5）

这两幅雕砖竟然也与关林庙宋墓出土的伎乐、庖厨场景完全相同。通过细致地比对可以发现，两墓的雕砖大小相近，伎乐图都为39～40厘米长、27～28厘米宽，庖厨图均为36～37厘米长、28厘米宽。砖厚约1厘米，青灰色，质地坚硬。雕砖图像皆为平面浅浮雕，表面无明显刻痕，人物线条圆润流畅（图1.42)。两组画面在设计、构图方面几乎没有任何差异。这说明不同墓葬中镶嵌的雕砖并非单独凿刻，很可能采用了模制技术。前东南王村墓中出土的散乐、庖厨砖雕的青砖底胚上还留有明显的模框痕迹，我们可以通过这些痕迹推测制作者曾使用砖雕模具，将模具与木板拼接成整幅版框后，在泥胚上压制出像②。

关林庙宋墓、酒流沟宋墓、前东南宋墓中发现的几组同模砖雕说明北宋晚期的洛阳、焦作等地可能存在批量生产墓葬雕砖的行业或手工作坊。这些雕砖的尺寸与

---

① 张思青、武永政：《温县宋墓发掘简报》，《中原文物》1983年第1期。

② 廖奔：《宋元戏曲文物与民俗》，第142、143页。

图 1.42　洛阳关林庙宋墓东北壁第二、三幅砖雕（采自
《文物》2011 年第 8 期，第 40 页，图 24、25）

细节完全一致，且留有模框痕迹，表明制作过程中曾采用整幅模具进行全砖模印。
同时，砖雕上的人物表现得相当细腻、细部尤为生动，说明工匠可能先通过模具压
出砖胚，之后再剔刻人物的面部、动作、衣物、器物等细节，雕刻技艺相当精妙。
另外，从砖雕的细密构图、流畅线条来判断，模勒的作品超出了民间画匠的水平，
因此有学者提出砖雕模具可能源自宫廷的绘画范本，在画本的基础上加工而成①。当
这些结合模印与剔刻工艺的砖雕制成后，会由砖作匠人镶嵌在墓壁之中，其上还会
覆以白灰，再加彩绘。

　　前东南王村宋墓中的砖雕上可发现彩绘的痕迹。该墓的西北壁上嵌有杂剧人物
雕砖，自左至右为：一人头戴东坡巾，左手斜握长柄金瓜；身旁一人头戴展翅乌纱
帽，双手持笏；中间一人，戴插花幞头，左手挥一蕉扇；身侧一人头裹巾，头后插
一竹枝，右手正在嘴边做口哨动作；右侧一人头戴幞头，身穿短袍，也在做滑稽表
演②。整幅场景展示了杂剧中的全部角色：末泥、装孤、引戏、副净与副末，与关林

----

① 廖奔：《宋金元仿木结构砖雕墓及其乐舞装饰》，《文物》2000 年第 5 期。另外，张帆提出雕砖细节可
　能反映出砖雕技术与雕版、制版工艺之间的联系，见张帆：《豫北和晋南宋金墓杂剧形象的比较研
　究》，《中原文物》2009 年第 4 期。

② 张思青、武永政：《温县宋墓发掘简报》，《中原文物》1983 年第 1 期。

庙宋墓中的杂剧雕砖一样，也是以人物角色来展示杂剧的演出场景。杂剧青砖的底色上残存少量的颜色，可见原有彩绘。例如，中间引戏人物所执扇子为赭黄色，副净幞头为蓝色，眉、发等部分则有墨染。虽然这幅杂剧图在人物形态方面，与关林庙宋墓、酒流沟宋墓中的杂剧雕砖略有区别，但从图像的风格、青砖的形状质地以及雕刻技法来看，很可能也是由模印技术制作而成的①。

　　另外，距前东南王宋墓不远的温县西关宋墓也发现了杂剧、伎乐砖雕。虽然该墓中的图像场景与上述几座宋墓中的人物雕砖相比，存在一定的差异，但这两组砖雕也都镶嵌在东北、西北壁上，形制大小与上述墓例中的雕砖相同，砖上都曾涂有彩绘。其中的杂剧砖雕同样展示了末泥、装孤等五个角色。另外，在墓葬的形制与装饰题材方面，西关宋墓也与关林庙宋墓十分相似，都为八角形仿木结构砖室墓，除南壁券门外，东南、西南两壁为棂窗；东西两壁相对砌假门；北壁雕刻四抹隔扇门；西北、东北壁镶嵌杂剧、散乐人物砖雕（图 1.43）②。这两座墓葬虽未采用同模的砖雕，但在图像的整体布局上表现得相当一致。只不过关林庙宋墓装饰得更为繁复，砖雕也更加精美。

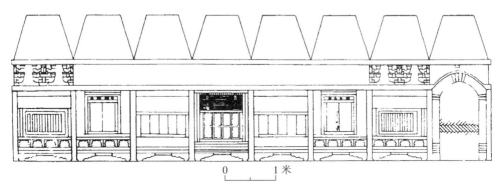

图 1.43　河南温县西关宋墓墓壁展开图（采自《华夏考古》1996 年第 1 期，第 19 页，图 3）

---

① 有趣的是，2005 年温县地区发现的另外一座宋墓中也出土了与前东南王村宋墓中散乐、杂剧场景完全相同的雕砖，只是这组雕砖仍未发表，目前陈列于焦作博物馆中。相关讨论参见 Jeehee Hong，"Theatricalizing Death：In Performance Images of Mid-Imperial China," Ph. D. Dissertation, University of Chicago, 2008, pp. 59 – 60. 另外，有学者发现，酒流沟宋墓中出土的两块侍女备食雕砖与捷克学者恰彼克（Abe Capek）在 1962 年出版的中国画像石专著中收录的两幅砖雕也完全一样，参见 Robert Maeda，"Some Sung, Chin and Yuan Representations of Actors," p. 136.

② 罗火金、王再建：《河南温县西关宋墓》，《华夏考古》1996 年第 1 期。

图像内容与风格的相似性是特定区域内装饰墓的显著特征。洛阳、偃师、焦作等地的墓葬多采用模制的雕砖装饰墓壁，这是不同墓葬内出现相同图像的主要原因。除此之外，建墓者对墓葬题材的选择、布局，以及营建过程中涉及的砖作、彩绘工艺等，也都较为相似。为了更好地理解这种图像的程式化，下文将尝试复原宋金墓葬的建造过程，讨论砖室墓营建的流程与工艺。

二　墓室营建

虽然目前尚未发现有关宋金时期墓葬营建的文献记载，但通过墓葬材料，尤其是墓壁的工作痕迹、墓内的记工铭①，以及《营造法式》等建筑技术文献，我们可以大致复原出仿木构砖室墓的制作流程。例如，河南新安李村一号墓墓门题记中提到了建墓工匠的相关信息：

> 宋四郎家外宅坟，新安县里郭午居住。砖作人贾博士、刘博士，庄住张窑，同共砌墓。画墓人杨彪，宣和捌年二月初一日大葬记。②

从该题记可知，墓主为新安县的宋四郎，入葬年代为宣和八年（应为靖康元年，1126年）。该墓墓砖由专人烧制，而后由两位砖作博士砌成，之后再由一名画工在墓壁上施彩。建造一座砖雕壁画墓通常涉及不同的工艺，包括砖作、彩绘，有时还包括雕塑与刊石。在这种情况下，许多墓葬都是由工坊或是工匠团队合作完成的。

从墓葬的工作痕迹可知，工匠通常先开挖斜坡墓道，墓道十分狭窄，这样既可方便建墓时的上下工作，又可少取土方③。之后在墓道末端挖空，形成墓室。墓室上部开

---

① 墓葬题记或记工铭为研究墓葬营建情况提供了相当重要的信息，通常包括纪年、墓主、丧家，以及建造墓葬的时间、经过、工匠等。有关墓葬题记的研究，参见赵冉：《宋元墓葬中榜题、题记研究》，《南方文物》2012年第1期；杨爱国：《墓壁题诗——中国古代墓葬诗歌装饰初探》，《中国美术研究》第17辑，2006年。

② 洛阳古墓博物馆编：《洛阳古墓博物馆》，北京：朝华出版社，1987年，第49~51页。

③ 晋南一带的宋金墓多采用这样的墓道，如山西侯马董氏家族墓可提供相关证据，见山西省文管会侯马工作站：《侯马金代董氏墓介绍》，《文物》1959年第6期。先行开挖墓道并非营建的唯一方式，墓葬的建造方式因地区、工匠而异。例如山东济南大官庄一号金墓建造时，可能先将墓室及墓道的土圹各自挖好，然后再掏洞打通，见济南市博物馆等：《济南市宋金砖雕壁画墓》，《文物》2008年第8期。

图1.44　山西汾阳东龙观六号金墓墓圹与墓道（采自《汾阳东龙观宋金壁画墓》，彩版135.1）

口设天井，可通风透光，挖掘取土，以利施工（图1.44）①。一旦墓室的大致形状完成，砖作工匠会开始用砖加固土壁，从地面向上铺砖。砖石与土壁之间的空隙，也用黄土和碎砖充填，以保持墙体的稳定性。墓壁常以单砖平铺顺砌，内施白泥浆或黄泥黏合，地面则多为错缝平铺。墓室用砖主要包括长方形条砖和方砖两种。砖石的采用对于建造墓室相当重要②。例如，在宋四郎墓中，墓壁的主体部分由长约31厘米、宽16厘米、厚6厘米的青砖构成，砖作博士还使用了另外两种长方形砖与方形砖砌出壁面（图1.45）③。宋金时期的砖雕壁画墓在建造前都有周密计划。斗拱、栏板、隔扇、柱子、门扇等仿木建筑构件，以及饰有各种场景、图案的雕砖（图1.46），大部分都按规格预制，还有个别部分为特形砖加工而成，搭建时对合就成，通常十分准确。如洛阳伊川葛寨金墓北壁上的男女侍者形象就由两块预制方砖对合拼接而成，磨砖对缝，光洁整齐（图1.47）④。整个墓室的砖作过程可能更为复杂，尤其是在修建墓顶以及斗拱部分时，可能需要相当熟练的砖作工艺⑤。

---

① 相关信息可由侯马金墓的材料可知，见山西省考古研究所侯马工作站：《山西稷山马村4号金墓》，《文物季刊》1997年第4期。

② 地下砖室墓与地上建筑的用砖制度有许多共通之处。北宋官方颁布的建筑施工典籍《营造法式》记录了地上建筑的用砖之制，例如铺地时如何用方砖、如何砌成须弥座、方砖的烧制技术等等，见［宋］李诫：《营造法式》卷十五《砖作制度》，北京：中国书店，2006年，第314~323页。

③ 洛阳市文物管理局等编：《洛阳古代墓葬壁画》，第398~409页。

④ 洛阳市第二文物工作队：《洛阳伊川雕砖墓发掘简报》，《文物》2005年第4期。在一些墓例中，墙砖还经过细致加工，不论雕砖还是素面砖，朝外的部分大，朝里部分小，砌起来可使墙面不露泥土，以白灰泥黏合后十分稳固，见山西省文管会侯马工作站：《侯马金代董氏墓介绍》，《文物》1959年第6期。

⑤ 虽然墓内空间在结构方面试图模仿地上建筑，但铺作等细部的尺寸和比例大多与《营造法式》不合，可能因受砖本身限制所致，见宿白：《白沙宋墓》，第32页。

墓葬营建流程中的另一步骤通常为平整墓壁与彩绘。工匠会在砖壁上覆以地仗层，进一步平滑、保护墓壁。例如《营造法式》中的"泥作制度"对彩绘画壁进行了具体的规定：

图 1.45　河南新安石寺李村宋四郎墓西南壁方形墓砖（采自《洛阳古代墓葬壁画》，第 405 页，图 9）

　　造画壁之制，先以粗泥搭络毕，候稍干，再用泥横被竹篾一重，以泥盖平……方用中泥细衬，泥上施沙泥，候水脉定收，压十遍，令泥面光泽①。

图 1.46　洛阳关林庙宋墓出土牡丹砖雕（采自《文物》2011 年第 8 期，第 34 页，图 6）

这种方法多用于宫室、寺观壁画的制作，壁面常覆以多层，每一层晾干后再涂抹下一层，为了壁面的平滑，底层被不断压平②。许多壁画墓也以这种形式平整壁面，但在制作上可能较寺观壁画更为简单一些，有时仅在砖墙上抹麦草泥作底，因此每座墓的地仗厚度也有差异，如宋四郎墓壁面

图 1.47　洛阳伊川葛寨金墓北壁侍者砖雕（采自《洛阳古代墓葬壁画》，第 458 页，图 3、4）

底层的厚度约为 1 厘米。当墓壁平整后，画匠会被即刻召入。画匠在墓壁上涂白灰作为彩绘底稿，若墓壁为装饰砖雕，很多时候无地仗，直接在雕砖上粉刷白灰

---

① ［宋］李诫：《营造法式》卷十三《泥作制度》，第 282～283 页。

② 秦岭云：《民间画工史料》，北京：中国古典艺术出版社，1958 年，第 41～46 页。

图 1.48　河南巩义涉村宋墓南壁东侧下部
　　　　　壁画（采自《郑州宋金壁画墓》，
　　　　　第 165 页，图 208）

图 1.49　河北平山两岔宋墓西南壁壁画局部（采自《中国
　　　　　出土壁画全集·1·河北卷》，第 139 页，图 132）

（图 1.48）。之后，画工会将整个壁面分成不同的层次和画面，勾出画框，先起底稿。底稿常以墨线或靛青勾画，有时也会几经修改。例如，河北平山两岔一号宋墓的西南、东南壁都曾两次起稿，可见灰浆涂掩底稿的痕迹（图 1.49）①。画工将底稿作为基础，再加以彩绘，上色的方法也较为复杂。人物、场景等多以墨线勾勒，后用平涂法敷土红、黄、蓝等色。例如，北宋晚期的新密平陌宋墓中使用了勾描、平涂、晕染、没骨法等方式施彩，用彩复杂，构图艳丽②。

不少豫西北、豫中、豫北的宋墓还采用砖雕、浮雕、彩绘相结合的方式表现图像题材。例如在洛阳新安宋村墓中，墓内装饰至少由三种不同的工艺制作而成：墓壁上的桌椅家具由长条形砖石砌成，浮出壁面约 5～10 厘米（图 1.50）；单体图案或场景多为长方形或方形雕砖；墓主夫妇及侍从的形象则由工匠在墓壁上以白灰打底，

① 河北省文物研究所：《河北平山县两岔宋墓》，《考古》2000 年第 9 期。
② 有关登封地区宋金墓葬壁画用彩、风格、技法的分析，可参见郑州市文物考古研究所：《郑州宋金壁画墓》，第 248～250 页。

再以红、绿、赭色绘制①。在白沙一号宋墓中，工匠不仅将墓壁上的家具、日用器物以条砖砌成并施以彩绘，前室西壁上的墓主夫妇肖像更是以浮雕呈现，打磨平滑后再敷颜色，凸显出墓主像的重要性②。与上述装饰方式相关的技术，包括砖雕、彩绘、浅浮雕、透雕、雕塑等多种形式③。其中砖雕在墓中的应

图1.50　河南新安宋村宋墓西南角（采自《洛阳古代墓葬壁画》，第367页，图3）

用最为广泛，布满墓室四壁，表现不同的图像内容。雕砖的材质与普通青砖相近，色泽呈黛青，质地细腻，坚而不脆（图1.51）④。砖雕的制作技法不尽相同，有时还融合减地、浮雕、透雕等形式，但通常都会经过制坯、烧炼、雕刻等几道工序：有的是在烧制好的砖上雕刻；有的则是在未烧的砖胚上先雕后烧；还有的是通过使用模具来制作雕砖⑤。

　　砖雕工艺在晋南地区的金墓中更是臻于极致，雕刻技法由偃师、焦作宋墓中的浅浮

图1.51　洛阳关林庙宋墓出土狮子衔牡丹雕砖（采自《文物》2011年第8期，第35页，图10）

① 洛阳市文物工作队：《河南新安县宋村北宋雕砖壁画墓》，《考古与文物》1998年第3期。

② 宿白：《白沙宋墓》，第34～59页。

③ 相关的工艺，可见《营造法式》卷十二《雕作制度》，第250～255页。

④ 有关砖雕材质的讨论，见田银梅：《山西晋南墓葬戏曲砖雕浅探》，《文物世界》2010年第3期。

⑤ 洪知希曾对宋金时期的杂剧砖雕工艺进行过专门研究，她提出当时可能存在两种不同的模印技术：全砖模印与部分模印。第一种方式多用于一些轮廓、构图相对简单的砖饰或俑像；第二种包括按模、模印，同时还涉及手塑、雕刻，可以呈现出更为复杂的构图以及细节。Jeehee Hong, "Theatricalizing Death: In Performance Images of Mid-Imperial China," pp. 57–61.

图 1.52　山西稷山化肥厂金墓出土杂剧人物雕砖（采自《生死同乐：山西金代戏曲砖雕艺术》，第 156 页）

雕发展为侯马、稷山金墓中的高浮雕与圆雕。许多人物形象突出，仅背面粘贴在砖面上，之后再进行剔刻与上色（图 1.52）[1]。例如在山西沁县地区发现的一座金墓中，二十四孝人物都是先将范模附着于砖坯上，用铁钉固定，待入窑烧烘成砖后，再以白色刷底，敷红、黄、赭、青、黑等色，并用墨线勾勒细部[2]。至金代中晚期，以圆雕或泥塑形式表现的立体俑像逐渐增多。比如稷山金墓中出土了一套二十四孝塑群，人物均高 20 厘米，先用黄泥塑好，入窑焙烧而成，传神地刻画出不同的故事情节[3]。山西侯马董氏墓北壁上方砌有一座单檐歇山式戏台，戏台之上立有五个立体的

图 1.53　山西侯马金代董氏墓北壁装饰（采自《平阳金墓砖雕》，第 74 页，图 25）

杂剧戏俑，形象生动、色彩绚丽（图 1.53）[4]。有趣的是，这些泥塑陶俑也都为模

① 张帆：《豫北和晋南宋金墓杂剧形象的比较研究》，《中原文物》2009 年第 4 期。

② 商彤流、郭海林：《山西沁县发现金代砖雕墓》，《文物》2000 年第 6 期。

③ 山西省考古研究所：《山西稷山金墓发掘简报》，《文物》1983 年第 1 期。

④ 山西省文管会侯马工作站：《侯马金代董氏墓介绍》，《文物》1959 年第 6 期。

制，距董氏墓不远的另外两座金墓中也发现有相同的杂剧俑。如侯马104号金墓南壁上方砌有同样的戏台模型，台上立四个同模戏俑，而该墓中的墓主夫妇雕像也与董氏墓圆雕同出一模①。这说明模制技术在宋金时期的砖雕壁画墓中应用广泛，不仅用于雕砖生产，另外还涉及雕塑与陶俑的制作。模印、模制是砖作行业或"拊匠"进行批量生产的有效手段。晋南金墓中砖雕的普及、工艺的定型以及批量化生产等特征，又反过来说明了民间需求的不断增多。

手工业的发展的确推动了此类葬俗的流行，一些区域中心出现了许多与丧葬业相关的工匠，说明葬礼的准备与墓葬的营建在当时已经相当商业化。例如《东京梦华录》中名为"杂赁""修整杂货及斋僧请道"与"筵会假赁"的部分描述了不同类型的工匠，其中提到东京汴梁参与丧葬业的各类匠人：

> 即早辰桥市街巷口，皆有木竹匠人，谓之杂货工匠，以至杂作人夫，道士僧人，罗立会聚，候人请唤，谓之"罗斋"。竹木作料，亦有铺席，砖瓦泥匠，随手即就。②

市场、工匠、技术以及流行的葬俗都推动了装饰墓的大量营建，匠人们运用砖砌、雕刻、绘画等多种工艺修建复杂的仿木构砖室墓；而这些因素也反过来促成了墓葬内容的程式化。因此，墓葬营建虽工艺繁复，但是模制砖雕的使用有助于缩短工匠的建造工期。例如，山西侯马102号金墓（1196年）墓门上的地碣明确提到了该墓的建造时间以及修墓工匠的情况：

> 时明昌柒年捌月初四日入功，九月□日功毕，砌匠人张卜、杨卜、段卜、敬卜。③

这座墓为仿木构双室墓，二室内皆砌砖雕，表现墓主夫妇对坐、出行、人物故事、马球、槅窗、隔扇等，砖雕上还遍施彩绘（图1.54）。虽然墓室建筑精美，砖雕华丽，但通过题记可知，该墓竟然只用一月有余就建造完成，工期之短令人惊讶。这种情况的出现一方面可能由于四名砌匠人的熟练技艺，另一方面也因为墓内

---

① 杨富斗：《山西侯马104号金墓》，《考古与文物》1983年第6期。
② ［宋］孟元老著，邓之诚注：《东京梦华录注》卷四，北京：中华书局，1982年，第125页。
③ 该墓的发掘简报，见山西省考古研究所侯马工作站：《侯马102号金墓》，《文物季刊》1997年第4期。

图 1.54　山西侯马 102 号金墓后室北壁（邓菲拍摄）

的大部分建筑材料，如砖石构件以及砖雕装饰，都为批量化生产，而且提前制作以备营建，大大提高了营建效率。

模制技术以及工匠间的合作为墓葬建筑的迅速发展提供了有利的条件。工匠完成施工后可以迅速投入到另外的工作，当特定区域内的不同丧家雇用同一批工匠时，他们通常会采用相同的技术，也因此会建造出风格相近的墓葬空间。除了上文中提到的北宋中后期以河南洛阳、偃师为中心的豫西北一带外，金代以山西稷山、侯马、新绛、襄汾为中心的晋南地区，也发现了多座仿木构砖室墓，结构大致相同，采用图案相似的雕砖①。工匠的流动可能也是同一区域内墓葬风格相近的主要原因。

三　粉本与格套

如前文所述，宋金装饰墓中的许多图像题材在风格和工艺方面都呈现出一定的相似性。其中孝子故事图是一个非常突出的例子。以河南荥阳地区的司村宋墓与孤伯嘴宋墓为例。我们可以发现两墓中的孝子图具有十分相近的构图，每幅图皆附有榜题，标明故事主题。例如两墓中的"舜子行孝"场景，舜与大象的位置基本一致，舜被表现为相同的身形姿态，身前绘一黑猪，另有三只鸟在空中盘旋（图 1.55）。两幅图都描绘了舜之孝行感动上天、象猪为耕鸟为耘的故事。孝子人物有时被描绘为

---

① 例如，山西襄汾侯村金墓所出的散乐雕砖，其中拍板人、吹笛人等形象与襄汾南董村金墓和荆村沟金墓出土的同类雕砖几乎完全一样。三墓的发掘简报，见李慧：《山西襄汾侯村金代纪年砖雕墓》，《文物》2008 年第 2 期；陶富海：《山西襄汾县南董金墓清理简报》，《文物》1979 年第 8 期；戴尊德：《山西襄汾金墓清理简报》，《文物》1989 年第 10 期。

同样的衣着和姿态，但朝向稍有不同。比如"曾子行孝"图都表现为曾子拱手立于曾母前，二人间横置一捆木柴，但曾子与曾母的位置在两墓中正好相反。同时，榜题也呈现出相反的情况：孤伯嘴墓的字序从右至左，司村墓则是从左至右（图1.56）①。除此之外，这两座墓在建筑形制、图像内容、题材布局方面也都表现出相似的特征，加之两墓相距不远，我们或许可以推测两墓的丧家雇用了同一批工匠营建墓室。另外，通过上述图像的比对可知，当时也可能存在一系列孝子故事图的粉本，画工在墓中作画时参照了这类画稿，对其进行正反运用，并稍作移改②。

图 1.55　河南荥阳司村宋墓西北壁与孤伯嘴宋墓西南壁的舜子行孝图（采自《郑州宋金壁画墓》，第 21 页，图 22；第 26 页，图 29）

上述推论可以帮助我们理解另外一个例子。河南嵩县北元村宋墓和荥阳司村宋墓相距百余公里，但两墓中却发现了相同的孝子故事图，如"王祥卧冰""董永行孝""田真行孝"等

图 1.56　河南荥阳司村宋墓北壁与孤伯嘴宋墓北壁的曾参行孝图（采自《郑州宋金壁画墓》，第 21 页，图 23；第 27 页，图 31）

① 两墓的发掘简报，可见郑州市考古所：《郑州宋金壁画墓》，第 17～23、24～30 页。
② "粉本"的基本含义是以粉制造复本，即在原作线条上戳出小孔，用粉袋轻拍表面，粉通过孔洞洒落在下方的纸上形成点线状的轮廓，供临摹者依样作画。但是，"粉本"也被广泛地用来指代其他种类的摹本、画稿。《唐朝名画录》等画学文献中已出现了"粉本"一词。相关讨论，可见［美］高居翰著，杨宗贤等译：《画家生涯：传统中国画家的生活与工作》，北京：生活·读书·新知三联书店，2012 年，第 99～107 页。

图的画面几乎完全一致，似乎出自同一粉本①。当时的工匠很可能通过参照画样进行墓壁彩绘，遗憾的是，目前尚未发现宋金时期墓葬壁画的草图或粉本②。石窟寺与寺观壁画或许可以提供有关工匠使用粉本的相关信息。例如，甘肃敦煌莫高窟保存有大量的绘画底稿，这批资料既包括壁画的粉本，也包括壁画构图与主要人物的草图，十分接近画工的工作笔记③。又如山西崇善寺中保留了释迦牟尼八十四龛的佚名画本，这种画本并不是绘画草图，而是壁画的小型完整版，又称"小样"。它们通常制作于壁画完成时，作为壁画构图的记录，留待修缮时使用④。

但是，这些也许并不是民间画工制作墓葬壁画的主要形式，虽然画本很早就出现在中国古代的墓葬艺术中。例如，汉代画像石的制作就曾采用固定的底稿，邢义田对此进行过专门研究，将这种底稿称之为"格套"，提出徐州等地发现的画像石可能依据同一个设计粉本刻出，但同时工匠在画像的构图上仍做出了许多创新与变化⑤。从不同时期的墓葬中风格一致但充满变化感的图像来看，我们需要考虑，建墓

---

① 洛阳市第二文物工作队：《嵩县北元村宋代壁画墓》，《中原文物》1987 年第 3 期。

② 艺术史学界对于粉本相当关注，研究成果也颇为丰富。有关墓葬壁画或线刻粉本的研究是其中的重要内容。例如，李清泉：《粉本——从宣化辽墓壁画看古代画工的工作模式》，《南京艺术学院学报（美术与设计版）》2004 年第 1 期；张鹏：《"粉本"、"样"与中国古代壁画创作——兼谈中国古代的艺术教育》，《美苑》2005 年第 1 期；徐涛、师小群：《石椁线刻与粉本的形成方式——兼论唐陵墓壁画图像的粉本来源》，巫鸿等编《古代墓葬美术研究》第 2 辑，长沙：湖南美术出版社，2013 年，第 233 ~ 251 页。

③ 敦煌粉本的研究已有相当的积累。相关的重要论著，可见 ［日］秋山光和：《弥勒下生经变白描粉本（S 二五九 v）和敦煌壁画的制作》，《西域文化研究》（六），西域文化研究会，1963 年；杨泓：《意匠惨淡经营中——介绍敦煌卷子中的白描画稿》，《美术》1981 年第 10 期；姜伯勤：《论敦煌的"画师"、"绘画手"与"丹青上士"》，姜伯勤著《敦煌艺术宗教与礼乐文明》，北京：中国社会科学出版社，1996 年，第 32 ~ 54 页；［美］胡素馨著，唐莉芸译：《模式的形成——粉本在寺院壁画构图中的应用》，《敦煌研究》2001 年第 4 期；Sarah Fraser, *Performing the Visual*: *The Practice of Buddhist Wall Painting in China and Central Asia*, 618 – 960, Stanford：Stanford University Press, 2004；沙武田：《敦煌画稿研究》，北京：民族出版社，2006 年。

④ 柴泽俊：《山西寺观壁画》，北京：文物出版社，1997 年，第 10 页。

⑤ 邢义田：《汉碑、汉画和石工的关系》，邢义田著《画为心声：画像石、画像砖与壁画》，北京：中华书局，2011 年，第 47 ~ 68 页。另外，他对"七女为父报仇"汉画故事的研究，也涉及了格套在画像制作过程中所起的作用。他提出"格套"不是一套僵硬的规范，而是随概念、空间和时间有不同的变化，见邢义田：《格套、榜题、文献与画像解释——以一个失传的"七女为父报仇"汉画故事为例》，邢义田著《画为心声》，第 92 ~ 137 页。

者到底在多大程度上依赖于粉本或格套？画工或许在设计与起稿时会将画本作为参照，根据墓壁的尺寸与形状对图像进行布局。然而，他们不会满足于一套固定不变的画稿，而是对原有格套不断进行补充和翻新。正如李清泉在分析河北宣化辽墓画工使用粉本时提出的观点：粉本在不同的墓葬中重复使用，它不仅仅是图像的模本或画稿，同时也是"可供画家灵活搭配、拼凑使用的一套相对固定的绘画参考资料"，可以创造出相似却又不同的图像内容①。很多时候，工匠仅将粉本、格套视为记忆图像题材的工具，而不是将这些材料作为精确的构图指南。

上一节提到，宋金装饰墓中的一些单幅画面具有十分相近的构图与形式。例如，墓主夫妇像在中原北方地区的许多墓例中表现为相似的元素与组合方式，暗示出较为固定的图像模式。构成这一场景的主要元素包括：墓主夫妇、侍从、一桌二椅、桌上所置托盏、花卉，以及卷帘、幔帐、屏风等室内装饰。洛阳新安宋村宋墓、禹县白沙一号宋墓中的墓主夫妇场景都属于这类模式化的图像。墓主夫妇的画像在不同的墓中繁简不同，但其特征都较为统一。与孝子图的例子不同，这种相似性可能并非基于粉本的使用，而是工匠对于格套的灵活运用或是对特定题材的模式化呈现。

另外，除了构图与风格相近的单幅画面外，不少宋金墓葬的题材选择与布局也十分相似。前文提到，河南登封地区发现的一系列北宋晚期壁画墓，如下庄河宋墓、平陌宋墓、高村宋墓、黑山沟宋墓、唐庄二号宋墓在整体的图像内容方面展现出相当的一致性。五座墓内的图像从上到下都可分为三个层次：天顶、拱眼壁、墓壁。天顶处都表现了与仙界相关的场景；拱眼壁部分或装饰花卉图案，或描绘孝子故事图；墓壁上绘有墓主夫妇宴饮、庖厨、宴乐等家居生活内容；墓壁上方的斗拱部分以砖砌仿木构件，枋、铺作等均用墨线勾出轮廓，并绘制建筑彩画。由于五墓内的单幅画面、主要题材和布局都颇为相近，所以不论部分场景如何变化，仍然保持了整体图像的一致性。

---

① 李清泉认为宣化辽墓群可能由多个画工班子完成，他们拥有相同的粉本，在具体操作时根据不同墓葬的需要对画稿做出不同程度的选择和改造。这种对粉本的灵活运用包括原样复制或稍作移改、粉本的反转运用、人物位置的腾挪闪让与打散重组、不同粉本的拼合利用与借用等。见李清泉：《粉本——从宣化辽墓壁画看古代画工的工作模式》，《南京艺术学院学报（美术与设计版）》2004 年第 1 期。

　　雷德侯有关中国艺术模件化的讨论对理解上述情况十分具有启发性。他提出古代中国人使用标准化的元素来制作器物、建筑、艺术品，这类标准化的构件称作"模件"，可以大量预制，并且能以不同的方式迅速组合，从而通过有限的模件创造出变化无穷的视觉形式①。宋金时期的装饰墓在不同层面上也具有这种模件化的特征。首先，一些画面或场景由特定的元素组合而成，经常呈现出程式化特征。例如孝子图与墓主夫妇像都属于这一类图像。其次，墓内水平或垂直层面上的图像内容可视作由一系列模件化的题材组合而成，工匠可在墓主对坐、宴饮、杂剧、散乐、庖厨、孝子故事、升仙等内容中选择墓壁装饰，是对题材类模件的组合运用。另外，砖室墓建筑也由多种预制的砖作构件搭建而成，从斗拱到须弥座，加上尺寸与比例的规制，使得墓室建筑本身也成为规模化的生产。在这种情况下，装饰墓的营建不仅仅涉及图像粉本与格套的直接利用，更多的时候可能是工匠熟知一系列图像、建筑模件以及组合这些模件的基本规则。

　　这种题材库应该被视为功能性的集合，因为每个题材都蕴含特定的意义，它们的位置很多时候由其功能决定。只有具有专业知识的建墓者才了解它们的寓意，在设计墓葬内容时会根据每类题材的内容及相关含义进行布局。对这些格套与模件的认识可能也是了解墓葬图像寓意较为可靠的出发点。

　　然而，工匠对模式化元素的采用并不意味着否认他们的艺术创造性。实际上，建墓者在题材选择、场景表现方面具有一定的自由度。虽然特定类型题材的位置相对固定，但工匠可以对同一类图像进行构图与布局上的改变，以求视觉上的变化，也可将同一类题材安排在墓壁的不同位置，或改变场景的搭配组合，或创作出特殊的题材与形式。一个有趣例子可见于陕西甘泉地区发现的一座金代壁画墓。该墓内壁遍施彩绘，表现门窗、孝子故事、侍者、花卉等常见的装饰题材，内容十分丰富。然而，在甬道左侧的上部还绘有一位老年男子的半身像，头戴无檐软帽，

----

① ［德］雷德侯：《万物：中国艺术中的模件化和规模化生产》。在该书中，作者考察了青铜器、兵马俑、漆器、瓷器、建筑、绘画的创作加工，对其中蕴含的模件体系与规模化生产进行了系统的论述。这一研究方法对五代至宋金的职业画坊创作与大量版画的制作，也具有示范意义。例如黄士珊将艺术模件称为"子模设计"，讨论了佛教版画中的子模，以及它们如何被运用、传播、转换，见［美］黄士珊：《唐宋时期佛教版画中所见的媒介转化与子模设计》，石守谦、颜娟英主编《艺术史中的汉晋与唐宋之变》，台北：石头出版社，2014 年，第 385～434 页。

身着白色圆领袍服，长脸高鼻，面部赤红，蓄短髭，旁边墨书题记"此是李亭士"五字（图1.57）①。该图很可能就是建造此墓的工匠形象，我们虽无法得知画像的具体用意，但将工匠形象绘于墓室之中相当罕见，确为画工自由创作的结果。

图1.57　陕西甘泉柳河湾金墓甬道左侧彩绘（采自《文物》2016年第11期，第43页，图8）

　　训练有素的工匠能够将模件化的图像库转化为一座座装饰精美的砖雕壁画墓。他们对模件的采用也是创新的一种方式，在组合变化格套的同时，工匠们也致力于视觉表现的探索，有时受到其自身经历、艺术灵感的影响，创作出独具风格的作品。

小　结

　　中原北方地区的仿木构砖室墓自晚唐五代时期发展而来，至北宋中晚期逐渐成熟，建筑构件趋于繁复、图像题材更加丰富。墓葬艺术的发展不仅体现了技术的更新，还反映出艺术传统在中原北方不同小区域之间的传播与发展。装饰墓从晚唐五代的河北地区到北宋前期河南、山东等地的传播，以及从宋末金初豫西北、豫中、豫北等地向金代晋东南地区的扩散，是两条重要的发展轨迹，并促成了此类墓葬在中原北方地区的广泛流行。

　　装饰墓的流行同样伴随着北宋中后期以来商品经济的繁荣、民间财富的积累，根据墓中出土的墓志与地券可知，大部分墓主属于富庶的平民阶层。正是因为如此，一方面，墓葬内容呈现出平民化的趋势。墓主社会阶层的变化使得宋金时期装饰墓

---

① 西北大学文化遗产学院、甘泉县博物馆：《陕西甘泉柳河渠湾金代壁画墓发掘简报》，《文物》2016年第11期。

的内容明显有别于唐代的壁画墓，反映出唐宋之际丧葬理念和习俗的变革。另一方面，装饰墓中的图像题材和布局也明显存在着程式化的倾向，而这些格套不仅有助于我们理解墓葬的图像程序，另外还涉及墓葬的设计与营建。该时期流行的模制技术、工匠间的合作、丧葬活动的商业化都为此类装饰墓的迅速发展提供了有利的条件，同时也是特定区域内墓葬内容、风格相近的主要原因。

　　需要注意的是，宋金时期仿木构砖室墓的图像模式并非绝对固定，它们会因时段、地区、葬俗、工匠等多方面因素而发展、改变。总体而言，墓葬是工匠和丧家之间沟通、协调的结果，这种互动有时决定了墓葬的形制与装饰①。然而，在具体的营建过程中，除非丧家对图像内容有特殊的构想，否则在很大程度上，墓葬内容并不一定是丧家意志的直接表达，而是在该时、该地信仰与葬俗影响之下，由砖作匠人、画工或刻工规划与创作的结果。工匠遵循习俗与格套，同时也在创造改变，带动了区域性的流行风尚，也塑造了新的行业传统②。

---

① 墓葬的营建有可能是丧家和工匠之间互动的结果，对此巫鸿、包华石（Martin Powers）、曾蓝莹等学者已论之甚详，参见 Wu Hung, "Four Voices of Funerary Monuments," in *Monumentality in Early Chinese Art and Architecture*, Stanford: Stanford University Press, 1995, pp. 189 – 250; Martin Powers, *Art and Political Expression in Early China*, New Haven: Yale University Press, pp. 1 – 30; ［美］曾蓝莹：《作坊、格套与地域子传统》，《美术史研究集刊》第 8 期，2000 年。

② 这种情形普遍存在于中国传统的工艺和艺术传统中。邢义田在讨论汉代碑刻画像的制作时提出，石工起到了相当重要的作用，对具体题材的呈现和安排都由工匠本身完成，他们的创造变化可以体现出自身的技术与能力，见邢义田：《汉碑、汉画和石工的关系》，第 47 ~ 68 页。

第二章　墓葬装饰与社会空间

第一节　宋金墓葬中的建筑空间

宋金时期的仿木构砖室墓多以砖雕或彩绘表现建筑元素与家居环境，试图模仿地上建筑及生活空间。这种做法体现了中国古代"事死如生"的丧葬理念。在宋金时期，墓葬内的建筑元素越来越多地受到关注，呈现出复杂而多样的形式，不仅反映出建筑工艺的进步，也流露出时人对于社会、家庭的设想以及死后信仰的发展。

一　建筑元素

墓室空间对地上建筑的模仿明确出现于汉代[①]。许多墓葬通过建筑、装饰、随葬品等形式构建出具有特定功能的独特空间。公元前 2 世纪左右，横穴墓开始流行，这种墓葬形制拥有类似于地上建筑的空间感[②]，墓中还出现了斗拱、立柱、梁架等仿木构建筑元素。魏晋南北朝的墓葬中也不乏此类装饰，如河西地区的墓门照墙上砖

[①] 古代的中国人似乎很早就将墓葬视为死后的居所。从东周晚期开始，一些高等级的椁墓中已经开始划分出不同功能的空间。汉代室墓的出现更是明确体现了这种观念。从椁墓到室墓的转变可能反映了当时丧葬观念的实践与变化。参见［美］巫鸿：《黄泉下的美术：宏观中国古代墓葬》，第 13 ~ 30 页。

[②] 有关从竖穴墓到横穴墓演变的讨论，见黄晓芬：《汉墓的考古学研究》，长沙：岳麓书院，2003 年，第 70 ~ 95 页。

雕有斗拱、立柱和假门，说明了建筑题材的渊源久远①。唐代关中地区高等级壁画墓中常影作立柱、斗拱、阑额等建筑构件，塑造出贵族府邸或皇室宫苑的景观（图2.1）②。中晚唐以来，墓葬中开始出现砖作的仿木建筑构件，对于建筑元素的表现也变得更加细致。这种特征在宋金时期不断得到加强，该时期的仿木构砖室墓中发展出复杂而多样的木作、砖作、瓦作等视觉表现。郑岩将仿木建筑构件称为"建筑元件"，指出它们利用了建筑的局部形象，试图将墓室或葬具转化为一种完整的建筑③。建筑元素与墓葬空间的有机结合，的确达到了视觉上的真实感，既有助于墓葬整体对于地上家宅的模仿，也有特定的象征意义。

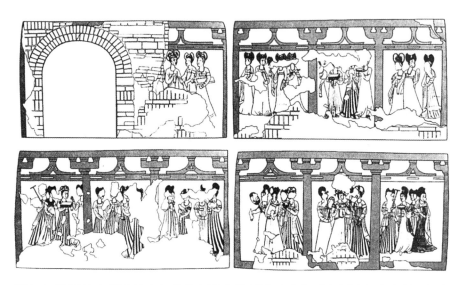

图2.1　陕西礼泉新城长公主墓墓室四壁展开图（采自《唐新城长公主墓发掘报
　　　告》，第109、110、112、114页）

从中晚唐至北宋前期，仿木构砖室墓中的建筑构件逐渐增多。这类墓室以砖构筑，墓门多采用门楼样式，墓壁及墓顶也表现各类木建筑元素。这些仿木结构并不

---

① 敦煌、酒泉、嘉峪关等地魏晋十六国墓的照墙上常装饰斗拱、门阙。相关研究见孙彦：《河西魏晋十六国壁画墓研究》，北京：文物出版社，2011年，第54～79页。

② 唐代墓葬中多影作建筑构件，例如唐代懿德太子墓就在过洞用土朱色画出柱子、地栿、阑额等。相关讨论见傅熹年：《唐代隧道型墓的形制构造和所反映出的地上宫室》，傅熹年著《傅熹年建筑史论文集》，北京：文物出版社，1998年，第245～263页。

③ 另外，郑岩还提出了"绘画元件"的概念，用其指代画面中的建筑形象，这类建筑并未使墓葬和葬具的意义发生根本性的变化，见郑岩：《论"半启门"》，《故宫博物院院刊》2012年第3期。

是单独出现，而是由不同建筑部件组
合搭配而成①。例如，河南伊川的五
代天福四年墓为圆形单室墓，墓壁上
对称砌出八根方形抹角倚柱，将壁面
分出八个空间，上承八朵一斗三升铺
作，之上依次表现橑檐枋、檐椽、板
瓦等，板瓦以上为叠涩顶（图
2.2）②。北宋早中期的河北临城岗西
村宋墓在墓室东、西、北三壁砌出倚

图2.2　河南伊川后晋孙璠墓墓内砖雕（采自《洛
阳古代墓葬壁画》，第350页，图6）

柱二根，柱顶为一斗三升砖雕铺作。倚柱和墓门将墓内壁面分割成七个空间，之间
以砖雕彩绘装饰。北壁中间砌板门，表现门框、立颊，两侧砌直棂窗。东壁中间砖
雕门楼，门楼内雕出板门，同样砌出椽头和门簪（图2.3）③。该墓呈现出木构建筑
的基本特征，砖作构件依附于墓室内部空间而存在，将整个墓葬"转化"为与地上
建筑相似的家宅。

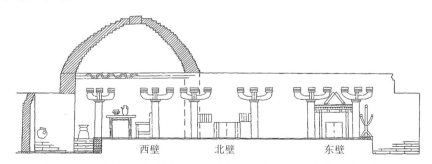

图2.3　河北临城岗西村宋墓墓壁展开图（采自《文物》2008 年第 3 期，第53 页，图1）

　　随着时代的发展与砖雕工艺的进步，北宋中晚期至金代晚期的装饰墓愈加强调
仿木建筑构件，墓葬中的建筑元素也不断复杂化。例如，建于北宋中晚期的河南禹

---

①　郑以墨探讨了唐五代墓葬中的仿木建筑构件，提出地上建筑的兴盛以及时人对建筑的迷恋为仿木建筑
　　提供了原型和模仿动机；地上仿木砖塔的兴起则为仿木建筑提供了重要的技术来源。郑以墨：《五代
　　墓葬美术研究》，中央美术学院博士学位论文，2009 年，第 118～178 页。
②　四川大学历史文化学院考古系等：《洛阳伊川后晋孙璠墓发掘简报》，《文物》2007 年第 6 期。
③　邢台市文物管理处、临城县文物保管所、北京大学中国考古学研究中心：《河北临城岗西村宋墓》，
　　《文物》2008 年第 3 期。

图 2.4 河南禹县白沙三号宋墓平、剖面图（采自《郑州宋金壁画墓》，第 261 页，图 294）

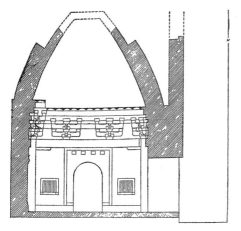

图 2.5 山西长治故漳金大定二十九年墓剖面图（采自《考古》1984 年第 8 期，第 738 页，图 2）

县白沙三号宋墓的墓室呈六边形，攒尖顶，北壁下方设倒"凹"字形棺床，饰壸门。墓壁六角砌倚柱，柱间施阑额、普拍枋，柱头转角铺作，栌斗之上出泥道拱、琴面昂，昂上承慢拱、耍头，慢拱上承素枋、橑檐枋，上砌两层垂花饰（图 2.4）①。山西长治故漳金大定二十九年墓为仿木构多室墓，主室及东、西侧室平面均为方形。主室四角砌倚柱，柱头为普拍枋，柱头铺作与补间铺作共计十二朵，北壁表现为五铺作，其余三壁均为四铺作（图 2.5）。北壁正中砌格扇门，东西二侧壁中部砌门，门额上有方形门簪，门两侧有对称的破子棂窗②。虽然仿木建筑构件不断趋于繁复，但其比例关系和组合搭配还是相对合理的，而且仿木构件在装饰方面也模仿了现实的建筑彩画，试图呈现建筑外观的真实感。

如果我们参考《营造法式》中的建筑制度，大致可将宋金装饰墓中的建筑元素分为两类：第一类是大木作类元素，包括立柱、阑额、斗拱、屋檐等；第二类为假门、格子门、窗、藻井、门罩、须弥座等小木作、瓦作或砖作类的

① 宿白：《白沙宋墓》，第 70～72 页。
② 长治市博物馆：《山西长治市故漳金代纪年墓》，《考古》1984 年第 8 期。

构件①。下面将分类介绍墓葬中建筑元素的基本情况。

　　柱子是承支地上建筑空间的重要构件，它将建筑分隔成"间"。在仿木构砖室墓中，墓室的内壁也由立柱进行分隔。中原北方地区的宋金装饰墓大多砌柱，并根据墓室结构的差异，分为转角柱、间柱等不同形式，柱子也分为方形、圆形、多角形几类（图2.6）。工匠在砌造立柱时，尽可能模仿木构立柱的特征。例如，晋南金墓中的立柱塑造得十分立体，表现出柱头的卷杀收分，或在下部砌出柱础，再雕刻出仰覆莲瓣等样式（图2.7）。

　　立柱上方通常为阑额。宋代以后，地上建筑中阑额和普拍枋的使用非常普遍。宋金时期的装饰墓也多在柱间砌出二层，表现阑额和由额（图2.8）。有时柱头上既有普拍枋，也有阑额；还有时柱头上不设普拍枋，直接砌栌斗。例如，在晋东南地区的一些金墓中，柱子两侧只砌出通间阑额，不砌普拍枋，柱头之上直接置栌斗，表现斗拱铺作。柱间阑额加厚，墓室开间增

图2.6　河南新安梁庄宋墓墓室东壁立柱及开间（采自《洛阳古代墓葬壁画》，第389页，图10）

图2.7　山西稷山马村八号金墓南壁西次间（采自《平阳金墓砖雕》，第64页，图16）

---

① 吴垠根据《营造法式》将宋金墓葬中的仿木建筑元素分为大木作和小木作两类，见吴垠：《晋南金墓中的仿木建筑——以稷山马村段氏家族墓为中心》，第18页。

图 2.8 河南新安梁庄宋墓斗拱、拱眼壁（采自《洛阳古代墓葬壁画》，第 392 页，图 13）

图 2.9 河南新安宋村宋墓墓内仿木建筑元素（采自《洛阳古代墓葬壁画》，第 408 ~ 409 页，图 13）

大，这可能是移柱造及减柱造做法在墓中的体现①。

斗拱是木构建筑中最为重要的部分。斗拱通常由拱、昂、枋、额梁等部件组合而成，作为铺作层，起到支撑木构屋架的作用。墓葬中仿木建筑构件的变化也主要体现在斗拱上。墓室中的斗拱虽不承重，但还是会根据部位的不同采用相应的斗拱，例如柱头斗拱、补间斗拱、转角斗拱等等，以适应具体的墓室结构。唐五代至北宋早期仿木构砖室墓中的斗拱都比较简单，主要是一斗三升托替木式或把头绞项造。从北宋中晚期开始，斗拱结构变得越来越复杂，四铺作、五铺作的情况非常普遍，细部也表现

得十分精致，包括昂、要头、替木、角神等等种种细节（图 2.9）。少量宋金装饰墓中还出现了六铺作、七铺作类的重拱斗拱。例如，山西长治中村金墓采用了华拱三跳六铺作的做法（图 2.10），此例斗拱的等级很高，而且非常夸张②。长治安昌金墓中采用了四跳华拱双杪两下昂七铺作的形式，做法特别，也是目前发现墓室斗拱最复杂的一例③。斗拱作为建筑构件极大地丰富了墓壁立面造型，增加了表现力。

---

① 相关讨论，见王进先：《长治宋金元墓室建筑艺术研究》，第 54 ~ 55 页。

② 王进先：《长治宋金元墓室建筑艺术研究》，第 67 ~ 68 页。

③ 商彤流：《长治市安昌村出土的金代墓葬》，中山大学艺术史研究中心编《艺术史研究》第 6 辑，广州：中山大学出版社，2004 年，第 407 ~ 420 页。

墓室斗拱之上仿照木构建筑的样式建造出檐，表现为飞椽、檐椽、瓦等具体部分。基本做法是在枋上先砌圆形椽子，上部再铺设方形飞子以及板瓦（图2.11）。但也有一些墓中不砌椽，直接铺瓦。对出檐的处理也根据墓室的不同情况而变化。墓内出檐虽为示意性的表现，飞椽、檐椽、瓦做得并不深远，无法完全遮盖住斗拱的部分，但整体上还是力求形象逼真，尽可能地表现出纵深感（图2.12）。

图 2.10　山西长治中村金墓六铺作斗拱（采自《长治宋金元墓室建筑艺术研究》，第68页，图38）

大木作类建筑构件是木构建筑的基本组成部分，也是墓室建筑元素中最为重要的内容。除此之外，小木作类建筑构件在墓内也十分常见，其中重要的元素包括板门、格扇门、棂窗等。唐五代北宋早期砖室墓中的门、窗表现得较为简单，很少见到装饰，墓门多为板门，窗子均为直棂窗和破子棂窗。从北宋中晚期开始，门、窗的结构逐渐变得复杂。一方面，墓内对于门窗的表现更加细致。例如，墓门的门额上常砌出四瓣蒂形门簪，墓门后侧也会砌出对应的门簪后尾（图2.13）。板门上饰有门钉，并雕以门环（图2.14）。另一方面，墓内门窗的装

图 2.11　山西汾阳东龙观二号墓西南壁（采自《汾阳东龙观宋金壁画墓》，彩版68）

图 2.12　山西沁源县西关村宋墓垂尖瓪瓦（采
自《长治宋金元墓室建筑艺术研究》，
第 93 页，图 66）

图 2.13　山西汾阳东龙观三号墓南壁墓门（采自
《汾阳东龙观宋金壁画墓》，彩版 86）

饰性也不断增强。墓壁上常砌格子门，分为格眼、腰华板、障水板等部分，并在其上砖雕、彩绘出花草、人物等图案。例如，河南新安宋村宋墓的墓室北壁饰有五扇格子门，格眼部分透雕四层四瓣柿蒂纹、方孔圆钱形、五方联规矩纹等，腰华板为素面，下部障水板壶门内表现折枝牡丹图案，上施红绿彩（图 2.15）①。山西侯马董海墓东壁砌有六扇隔子门，各部分雕饰皆不同，格心雕簇六填华、龟背等纹饰，腰华板为牡丹纹，障水板开壶门雕花卉及人马交战图，十分精美（图 2.16）②。另外，假窗也变得更为繁复，出现了棂花窗等形式。例如，在河南洛阳涧西地区发现的一座宋墓中，墓壁上的花窗均饰以图案，北壁两侧花窗雕十字方格纹、亚字棱形罗纹③。门窗等小木作元素随着装饰性加强，进一步丰富了墓室空间的艺术表现力。

另外，宋金装饰墓的墓室下部常砌须弥座，这种形式模仿了地上建筑的台基部分，也是台基中等级

①　洛阳市文物工作队：《河南新安县宋村北宋雕砖壁画墓》，《考古与文物》1998 年第 3 期。

②　山西省考古研究所侯马工作站：《侯马 102 号金墓》，《文物季刊》1997 年第 4 期。

③　有关该墓的发掘简报，见洛阳博物馆：《洛阳涧西三座宋代仿木构砖室墓》，《文物》1983 年第 8 期。

较高的形式。墓内的须弥座根据墓室结构和形制变化，有繁有简，分为五层、七层、九层等不同的表现。总体来看，大部分须弥座的上下涩较为简单，以砖铺砌。壶门柱子砌得较高，表现出以壶门柱子层为主体的特征。壶门内雕如意框，框内或镶砖雕或施彩绘。该层上下的仰莲、合莲等部分也常细致雕凿。金代晋南地区非常流行在墓壁下部表现须弥座，有的须弥座甚至多达十几层，饰有莲花、力士、狮子、

图 2.14　河南洛阳史家屯金墓彩绘板门（采自《洛阳古代墓葬壁画》，第 440 页，图 13）

图 2.15　河南新安宋村宋墓北壁砖雕彩绘（采自《洛阳古代墓葬壁画》，第 369 页，图 5）

图 2.16　山西侯马董海墓后室东壁格子门（采自《平阳金墓砖雕》，第 72 页，图 23）

图 2.17 山西稷山马村一号金墓门楼基座（采自
《平阳金墓砖雕》，第89页，图40）

图 2.18 山西沁源西关村宋墓建筑彩画（采自
《长治宋金元墓室建筑艺术研究》，
第202页，图9）

仙鹿等图案，繁复华丽，坐上另设勾栏（图2.17）。

需要注意的是，为了更接近地面建筑的外观，宋金时期的工匠还会在砖砌的斗拱、立柱、门窗、须弥座等构件的基础之上，先刷白灰，再施彩画。彩画的风格与地上建筑大体一致，既呈现了木构建筑的视觉效果，也起到了装饰墓室的作用。墓中的建筑彩画通常根据墓室的形制、结构变化表现出繁简不一的情况，在总体色调上采用朱红、黄色为主的暖色调，技法以平涂、勾勒、填彩为主；彩画的题材包括牡丹、卷草等各式花卉，有时也出现仙人、仙兽等图案（图2.18）[1]。宋金装饰墓中的许多建筑彩画都可与《营造法式》的彩画制度相比较（图2.19）。例如，根据宿白的分析，白沙一号宋墓中的大部分建筑彩画（除后室墓顶斗拱部分外）的图案、位置都与五彩遍装制度类似[2]。河南、山西地区宋金墓中的斗拱彩画不仅包括五彩遍装这种等级较高的形式，另外还有丹粉刷饰、碾玉装、解绿结华装、杂间装等多种做法。

---

① 有关长治地区建筑彩绘的全面研究，见王进先：《长治宋金元墓室建筑艺术研究》，第125～148页。

② 宿白：《白沙宋墓》，第41页，注93。

从上述分析可知，在这一时期，中原北方地区装饰墓中的建筑结构呈现出两个显著的特征。首先，墓内塑造的建筑元素非常丰富；其次，建墓者或工匠格外注重对建筑细节的表达。在这样的语境之下，建筑似乎成为了墓葬空间中的重点表现对象。问题也由此产生：这些丰富而精美的仿木结构仅仅是对地上建筑的模仿吗？建筑元素在墓葬中具有何种意义？

二 墓室空间

从晚唐五代到宋金时期，仿木构砖室墓中的建筑元素不断丰富和细化，这种趋势也使得仿木建筑显得更加真实。然而，需要注

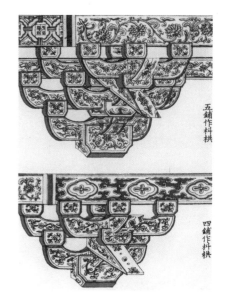

图 2.19 宋《营造法式》碾玉装彩画图样（采自《营造法式》卷三十四，第 1022 页）

意的是，墓中的建筑构件全部由砖石砌筑，建造方式也与木构建筑不同。木构房屋的重量由立柱、梁枋等构架承担；墓室则是由砖墙承重，仿木建筑元素主要作为一种装饰。鉴于地上、地下建筑结构和材质的不同，建墓者对于木构建筑的模仿，主要关注于建筑元素与空间表达的合理性①。

首先，墓内的立柱、斗拱、阑额等部分都出现在合乎建筑结构的位置。中国古代建筑由木结构承重，建筑的转角处常设有立柱。墓中的立柱虽然没有起到结构支撑的作用，可以不受实际建筑结构的限制，但它们也往往出现在转角处，既表现为承托墓内的梁架，同时每两根立柱之间正好也形成了一个建筑开间。其次，建墓者也会根据墓室结构的变化，灵活运用不同的建筑元素，营造出空间的连续性。例如，在白沙一号宋墓中，工匠为了表现前室和过道的两个连续转角，采用了转角铺作、内转角铺作等元素，合理地砌出立柱与斗拱，使得仿木结构显得更加真实。

---

① 吴垠有关晋南金墓中仿木建筑的研究十分具有启发性。她指出，墓中仿木立柱和斗拱出现的位置说明建墓者对建筑结构真实感的追求。具体讨论，见吴垠：《晋南金墓中的仿木建筑——以稷山马村段氏家族墓为中心》，第 12～13 页。

图 2.20　山西侯马董明墓墓顶仿木构建筑元素（采自
《平阳金墓砖雕》，第 86 页，图 36）

再次，由于墓壁承重的关系，宋金装饰墓中的建筑元素相对平面化，立体感并不突出。然而，为了表现出构件的前后关系，工匠变换不同的砌筑方法来区分建筑结构，呈现出一定的层次。例如，建墓者运用形状特殊的砖来砌造斗拱中的元素，如栌斗、华拱、昂、耍头等（图 2.20），它们大多为提前订制。预制而成的构件使斗拱的造型更有真实感，然而从制作的流程来看，使用特殊形状的构件比用规格相同的砖砌垒更加费工费力。工匠需要提前设计每块砖的形状及其组合方式，同时由于运用了特殊造型的构件，为了使其与其他部分严丝合缝，工作难度也更大。另外，在一些墓例中，工匠还改变了斗拱的搭建方式，不在同一平面上叠加，而是表现立体的出跳。这种做法突破了砖的材质限制，使得建筑立面更具层次感。除此之外，建墓者不仅使用砖砌、砖雕的立体造型，还会采用颜色来区分不同的建筑元素，增强了仿木建筑的视觉效果。

在设计和营建的过程中，建墓者不断追求建筑外形的合理性与真实感，使得墓室空间保持了木构建筑的理念，这是宋金时期装饰墓的重要特征。然而，即使地下墓室力求呈现地上建筑的视觉效果，但与之相比还是存在结构、空间方面的不同，甚至产生了看似矛盾的内容。

第一个矛盾即宋金装饰墓内建筑所象征的内外空间。墓室是建筑的内部空间，那么墓内就应该表现室内的建筑结构①。但事实上，墓内的斗拱、出檐、门窗等大多表现了从屋外看到的建筑构件，即建筑的外立面。许多学者都曾注意并探讨过这一

---

① 大多数宋金时期的装饰墓都表现了室内场景，但也有一些特例。河北等地的宋金墓偶尔会在墓壁上描绘室外的景观。例如，河北井陉柿庄家族墓中就有牧羊、牧牛图等室外活动的题材，见河北省文化局文物工作队：《河北井陉县柿庄宋墓发掘报告》，《考古学报》1962 年第 2 期。

问题。例如，梁庄爱伦指出宋金墓内的基座、格子门模仿了建筑的外立面，墓室看起来更像是一个庭院①。林伟正和郑以墨也通过墓内斗拱的下昂部分确定出铺作的外向性，提出这些构件表现了建筑的外部形象②。吴垠进一步指出不少宋金墓顶上的藻井呈现了室内的结构，与此同时部分墓顶则描绘了室外的星象图，不同的处理方式说明了人们对于墓室空间的不同想象③。上述元素也暗示出墓内仿木建筑和墓室空间的关系问题。

　　有关内外空间的矛盾并不意味着墓内的建筑元素毫无逻辑，亦或是墓内的建筑属于完全虚拟的空间。一些学者点明了墓室建筑的双重"性格"。例如郑岩认为仿木构砖室墓具有建筑内部和外部的双重特征，是理想与现实之间抗衡的结果④；林伟正也提出内部和外部可以同时存在，死后世界的想象可以不受现实空间的束缚，墓葬创造了一种新的现实⑤。上述思路有助于进一步探讨仿木建筑构件与墓室之间的关系。实际上，墓内的建筑外观具有一定的合理性。一方面，建筑元素与壁上表现的卷帘、幔帐、家居陈设等等，都可以理解为从外向内的观看视角（图2.21）。从墓室正中的视点出发，墓壁上的内容并不突兀。同时建墓者还尽量协调建筑外观和内部家居之间的关系。卷帘和幔帐位于斗拱的外立面与室内场景之间，将外部建筑自然地过渡到室内家具陈设之上。另一方

图2.21　河南新安李村宋四郎墓北壁的帐幔卷帘（采自《洛阳古代墓葬壁画》，第400页，图3）

①　Ellen Johnston Laing，"Patterns and Problems in Later Chinese Tomb Decoration," p. 17.

②　郑以墨：《内与外 虚与实——五代、宋墓葬中仿木建筑的空间表达》，《故宫博物院院刊》2009 年第 6 期；Wei-Cheng Lin，"Underground Wooden Architecture in Brick：A Changed Perspective from Life to Death in 10th-through 13th-Century Northern China," pp. 3 – 36.

③　吴垠：《晋南金墓中的仿木建筑——以稷山马村段氏家族墓为中心》，第 17 页。

④　郑岩：《论"半启门"》，《故宫博物院院刊》2012 年第 3 期。

⑤　Wei-Cheng Lin，"Underground Wooden Architecture in Brick：A Changed Perspective from Life to Death in 10th-through 13th-Century Northern China," pp. 3 – 36.

面，内部与外部元素的结合既展现了从外到内的丰富景观，内外兼具，还营造出了一种视觉上的纵深感，暗示壁面上的空间向内延伸。这不仅拓展了墓室内的空间，也使得壁上的生活场景显得更加真实可信。

　　第二个看似矛盾的内容是墓中建筑构件的大小与比例。总体而言，墓室内的建筑元素基本合乎木构建筑的逻辑，尺度大致符合比例。然而，北宋中后期以来的仿木构砖室墓大多为平民阶层所有，墓内空间十分有限，不少墓室的直径仅有 2 米左右（图 2.22）。所以，整个墓葬远比实际的居室要小，更像是一个微缩的建筑空间。

针对此特征，郑以墨指出墓葬似乎按照地上建筑规模的二分之一等比例缩小①。巫鸿认为宋辽金墓中狭小的空间体现了中国丧葬中的"微缩的传统"，墓本身如同一座建在地下的微型房屋②。王玉冬和吴垠进一步提出宋辽金仿木构砖室墓并非表现了某种普通的建筑，而是塑造了一个神性的空间③。

图 2.22　山西汾阳东龙观二号墓俯视图（采自《汾阳东龙观宋金壁画墓》，彩版 61.2）

　　此处暂不讨论微缩的墓室是否具有神龛等特殊的意味，但墓室空间的微型化可能与该类墓葬墓主身份的变化相关。晚唐至北宋前期的仿木构砖室墓的墓主身份地位较高，墓室的尺寸并不小。例如宋初元德李后陵的仿木构圆形墓室直径近 8 米，具有相当的规模④。然而，随着时代的发展，至北宋中后期，富庶的平民也开始采用

---

① 郑以墨探讨了五代宋金时期的工匠如何按照木建筑的规格进行等比例缩小，通过模仿木构件的外形、内部构造、比例、甚至是制作的程序，来达到视觉上的真实。郑以墨：《缩微的空间——五代、宋墓葬中仿木建筑构件的比例与观看视角》，《美术研究》2011 年第 1 期。

② 巫鸿曾讨论过地下墓葬建筑的微型化，提出墓葬中的微型模型指涉、构建和隐喻了灵魂，见［美］巫鸿：《无形的微型：中国艺术和建筑中对灵魂的界框》，巫鸿等编《古代墓葬美术研究》第 3 辑，长沙：湖南美术出版社，2015 年，第 1～17 页。

③ 王玉冬：《蒙元时期墓室的"装饰化"趋势与中国古代壁画的衰落》，巫鸿等编《古代墓葬美术研究》第 2 辑，长沙：湖南美术出版社，2013 年，第 350 页；吴垠：《仿木建筑的"事神"意味——以稷山马村段氏家族墓及晋南金墓为中心》，第 101～141 页。

④ 孙新民、傅永魁：《宋太宗元德李后陵发掘报告》，《华夏考古》1988 年第 3 期。

相似特征的墓葬形制。他们虽保持了墓内的装饰，甚至砖雕彩绘更加华美，但却有意识地缩减了墓葬的体量，墓室的尺寸明显变小。这种做法在一定程度上节省了建墓成本，也使得工匠在开挖土圹、准备砖料等方面工作量大大减小，可以将更多的时间、精力放在墓室内的装饰上。

对于该时期的墓葬设计来说，空间的大小似乎并不重要，建墓者也没有严格地按照地面建筑等比例进行缩小。在一些墓例之中，建筑构件的比例存在问题。根据《营造法式》，木构建筑的各部分之间应具有相对严格的比例关系。例如，铺作与间广有具体的规定："凡于阑额之上坐栌枓安铺作者，谓之补间铺作。当心间须用补间铺作两朵，次间及梢间各用一朵。其铺作分布，令远近皆匀。若逐间皆用双补间，则每间之广丈尺，皆同如只心间用双补间者，假如心间用一丈五尺，则次间用一丈之类。或间广不匀，即每补间铺作一朵，不得过一尺。"① 又如，柱高一般不越间广："若副阶廊舍，下檐柱虽长，不越间之广。"② 然而，在一些墓中，斗拱的尺寸常被加大，甚至达到了柱高的二分之一；柱高与开间的比例也有些失调，有时柱高超出了间广，有时柱高的比例只是间广的二分之一或三分之一③。部分宋金墓中的这些做法都和地上建筑以及《营造法式》的规定相差甚远。究其原因，可能由于墓室不同于地上建筑，更重视空间感和壁面装饰，同时在营建的过程中工匠常根据墓室的大小、结构来处理柱高、间广等具体比例。其中，斗拱是地面建筑中最为精彩的构件，为了突出这一特点，铺作部分常被着重刻画。因此，在宋金装饰墓中，建墓者更为关心的是如何尽可能细致繁复地表现地上建筑的主要构件，并通过这些特征使墓内建筑达到视觉上的真实或是震撼。

第三个矛盾之处在于墓内建筑等级与墓主身份之间的差异。晚唐五代至北宋早期的砖室墓墓主身份较高，多为皇室或官员，仿木建筑构件相对简单，很少具有等级地位的明确标识。从北宋中晚期开始，墓主多为富庶的平民，墓中表现的斗拱规格越来越高，已不再与他们的社会地位相符合。在很多墓例中，墓中的仿木建筑呈

---

① ［宋］李诚：《营造法式》卷四，第 87、88 页。
② ［宋］李诚：《营造法式》卷五，第 99 页。
③ 相关讨论，另见郑以墨：《缩微的空间——五代、宋墓葬中仿木建筑构件的比例与观看视角》，《美术研究》2011 年第 1 期；王进先：《长治宋金元墓室建筑艺术研究》，第 37、38 页。

现出很高的等级：墓室台基为高达十几层的须弥座；墓壁上砌有歇山顶的龟头殿；立柱之上设五铺作、六铺作，并砌出重檐的屋顶；墓室顶部装饰藻井；建筑彩绘使用五彩遍装制度等等。然而，这时期官方对于庶民阶层的建筑、居室、器用都有明确的规定。如《宋史·舆服志》规定：

> 凡民庶家，不得施重栱、藻井及五色文采为饰，仍不得四铺飞檐。庶人舍屋，许五架，门一间两厦而已。①

又如《续资治通鉴长编》中提到：

> 天下士庶之家，屋宇非邸店、阁楼临街市，毋得为四铺作及斗八；非品官毋得起门屋；非宫室寺观，毋得彩绘栋宇，及间朱黑漆梁柱、窗牖，雕镂柱础。②

宋金装饰墓中所使用的建筑等级远远超越了当时制度对于平民建筑居室的限定。这种所谓的"逾制"，一方面说明北宋中后期以来富民阶层经济实力的增强及其社会地位的上升，使得他们在墓葬营建上不断超越其庶民的身份，另一方面也反映出政府对于民间丧葬习俗等方面控制力的削弱③。需要注意的是，墓葬所模仿的并非是庶民的住宅，墓中高等级的建筑构件暗示出工匠并没有考虑该如何构筑一个墓主生前的居室，而是为了营造一个理想化的建筑空间。具有经济实力的平民将仿木构砖室墓作为他们财富的象征，通过墓葬内容来表达他们有关死后世界的想象④。在这样的表达中，他们并不受身份和地位所限，运用层层叠叠的仿木构件和华丽的装饰图案，将建筑形象逼真地、有时甚至是十分夸张地展现了出来。

因此，墓中的仿木建筑并不仅仅是对地上建筑的模仿，虽然工匠不断力求表现建筑外观的真实感。他们对于建筑元素的强调体现了营建工艺上的发展，更重要的是，这些墓中的建筑结构还反映出家族的财富以及死后观念的变化。宋金时期的富

---

① ［元］脱脱等：《宋史》卷一五四《舆服六》，第3600页。
② ［宋］李焘：《续资治通鉴长编》卷一一九，北京：中华书局，1979年，第2798页。
③ 刘亚玲认为"保富论"的出现使得富民阶层得到相应的保护与关照，也使得其社会地位有所提升，进一步为其家庭宅院的逾制提供了条件。见刘亚玲：《宋代富民阶层生活探究——以北方地区宋代墓葬的考古发掘为视角》，第25～27页。
④ 吴垠：《晋南金墓中的仿木建筑——以稷山马村段氏家族墓为中心》，第18～28页。

民阶层在装饰墓中为其墓主营造出了一座座富丽堂皇的地下宅邸。建筑成为这种想象与表达中相当重要的内容。

第二节　丧葬内容的社会化

一　家居陈设

墓葬作为死后家宅的传统不仅通过建筑元素来表达，也由家具、器用以及人物活动场景等更好地展现出来。除了砖砌柱、枋、斗拱、屋檐等元素外，幔帐、卷帘、桌椅、灯檠、箱柜、衣架、镜架也是宋金时期装饰墓中常见的内容，学者视这类家具题材为墓室对地上宅第的模仿。仿木建筑元素塑造了居室空间的视觉效果，墓壁上还进一步地刻画出家宅的各种陈设和人物活动。

从中晚唐时期开始，室内陈设就成为仿木构砖室墓中主要的装饰内容。在河南登封唐庄乡发现的一座中唐时期的砖室墓中，墓内不仅砌有斗拱等建筑元素，东壁上还雕有灯檠、衣柜、剪刀、熨斗、直尺，西壁砌有一桌二椅[①]。这种模仿居室布局的题材成为北方宋金墓中的基本配置，旨在将墓室构建成生活空间。

通过观察宋金装饰墓中的室内陈设，我们可以发现家具类装饰经历了种类与形式逐渐多样化的发展，表现出由简至繁的总体趋势。唐五代至北宋早期墓室内的家具装饰类型较少，仅见桌、椅、柜、灯檠等，样式也较为简洁。例如，河南新乡丁固宋墓的墓室东壁仅砌一桌二椅，桌上刻出壶和碗，椅后砌一灯檠；西壁下部为一桌一柜，刻出剪刀和熨斗[②]。北宋中晚期以来，墓室内的陈设种类不断增多，出现了屏风、床、盆架、衣架、几案等各类家具，样式也更加繁复。如河南洛阳邙山宋墓墓室南壁侧窗下砖雕一圆腿小方桌，桌两侧用墨线绘靠背椅；东壁上砖雕一灯檠，灯柱上部有两层灯盏，旁边砌一衣架，架顶横木两端上卷为云头形，架腿横撑上有装饰；西壁券门北侧为灯檠，壁龛内砌梳妆台，台架涂红色，架顶曲卷，雕饰五角

---

① 张德卿、耿建北：《登封清理唐砖室墓》，《中国文物报》1998 年 6 月 10 日第 1 版。
② 河南省文物研究所等：《河南省新乡县丁固城古墓地发掘报告》，《中原文物》1985 年第 2 期。

形花瓣，两端作云头形，台上砌长方形粉盒（图 2.23）。另外，该墓的东西耳室中也表现有长方桌、灶、矮几等家具①。

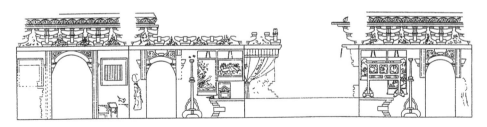

图 2.23　河南洛阳邙山宋墓墓室展开图（采自《洛阳古代墓葬壁画》，第 361 页，图 2）

　　总体来看，宋金装饰墓中表现了以高足桌椅为中心的家庭陈设，配置有屏风、灯檠、衣架、箱柜等各种类型。图像中的家具大多为框架结构，可按照功能分为坐具、承具、屏具、架具等②。这些内容与地上居室中高足家具的流行相吻合。首先，高桌、靠背椅被视为中晚唐以来出现的陈设风尚。正是在这一时段，人们开始从席地而居逐渐转向垂足而坐，随着起居方式的改变，家具的形态也发生了变化，从以低型床榻为中心转变为以高型桌椅为中心的家具组合③。唐五代时期的绘画之中已经出现了高桌、椅等家具样式，如五代顾闳中《韩熙载夜宴图》中所绘的各式桌椅可以表明当时室内家居环境的大致情况（图 2.24）。宋金装饰墓中的宴饮场景更是反映出高足坐具的流行，室内常设高桌、案几，墓主人以靠背椅、交椅、墩子作为日常坐具，并配以脚床子等辅助家具。比如，河南禹县白沙一号宋墓的前室西壁表现了墓主夫妇对坐宴饮，二人落座于靠背椅上，椅圆脚，着赭色，椅前下端各设一赭色

图 2.24　五代顾闳中《韩熙载夜宴图》局部，绢本设色，北京故宫博物院藏

---

① 洛阳市第二文物工作队：《洛阳邙山宋代壁画墓》，《文物》1992 年第 12 期。

② 有关宋代家具发展的详细研究，见邵晓峰：《中国宋代家具：研究与图像集成》，南京：东南大学出版社，2010 年，第 12～80 页。

③ 陈章龙：《宋墓装饰映射的宋代家庭陈设风尚》，《民俗研究》2012 年第 3 期。

脚床子，当中置桌，桌亦圆脚（图 2.25）①。此外，床榻等卧具也偶尔出现在宋金墓葬的图像场景之中。例如山西汾阳四号金墓西壁上描绘了帐床，床帐向两侧卷起，外侧有系帐彩带，两带之间悬挂绣球，床上有床围，围子分为三个界格，格内饰花纹（图 2.26）②。

图 2.25　河南禹县白沙一号宋墓前室西壁（采自《白沙宋墓》，图版 5）

　　其次，该时期的高型桌椅之后还常设屏风。屏风既具装饰性，也承担着分隔空间的实用功能，在当时的日常生活中十分普遍，也因此出现在墓内的人物

图 2.26　山西汾阳四号金墓墓壁展开图（采自《文物》1991 年第 12 期，第 26 页，图 21）

场景之中③。墓中的桌椅常摆放在独屏背景之前。比如在禹县白沙一号宋墓前室西壁的宴饮图中，墓主夫妇身后各有一架单扇插屏，屏心淡蓝色，其上绘水波纹。屏风之后立四位手捧器皿的侍者，通过插屏与前方的墓主夫妇相区隔，产生了画面上的层次感④。类似的陈设多见于宋金时期的装饰墓中，许多墓主都端坐于座屏、插屏之前。比如山西长子县小关村金墓的北壁就描绘了墓主夫妇分别坐于靠背椅上，背后

---

① 宿白：《白沙宋墓》，第 24 页。

② 山西省考古研究所：《山西汾阳金墓发掘简报》，《文物》1991 年第 12 期。

③ 关于宋金墓葬中屏风的材料综述，见赵凡奇：《宋金时期的屏风——以北方宋金墓资料为中心》，《文物世界》2014 年第 3 期。

④ 宿白：《白沙宋墓》，第 24 页。

各有一黑色宽边插屏,屏上竖题诗文(图2.27)①。另外,宋金时期的仿木构砖室墓中还出现了画屏、挂轴等装饰形式。河南洛阳邙山宋墓的主室东、西壁上饰有并列悬挂的两幅花鸟挂轴,上下两端涂黑,上端中部画两条呈八字形分开的挂绳(图2.28)②。

图2.27　山西长子县小关村金墓北壁墓主夫妇像(采自《文物》
2008年第10期,第65页,图11、12)

　　另外,宋金墓葬的居室陈设中还包括其他家具图案。首先,灯檠是墓内常见的家具类型。灯檠的高度较高,样式多样,底座形状有曲足形、支架型等;灯檠上部的造型也十分丰富,包括直杆形、S形、双鱼形等等(图2.29)。例如,河南新安庄西地宋墓的东南壁上雕砌出双鱼形灯架③;洛阳邙山宋墓墓室东壁砖雕一灯檠,灯柱上部有两层灯盏④。其次,衣柜、衣架也多见于宋金装饰墓之中。衣架主要用作搭挂衣巾,常由座和架两部分卯合而成;衣柜则为存放衣物之用,多表现为方形柜体。二者有时单独出现,有时相互搭配,衣柜摆放于衣架之下。如河南登封双庙小区宋

①　长治市博物馆:《山西长子县小关村金代纪年壁画墓》,《文物》2008年第10期。

②　洛阳市第二文物工作队:《洛阳邙山宋代壁画墓》,《文物》1992年第12期。有关屏风、挂轴在墓葬中的讨论,见[美]巫鸿:《墓葬考古与绘画史研究》,巫鸿等编《古代墓葬美术研究》第4辑,长沙:湖南美术出版社,2017年,第16~22页。

③　中国社会科学院考古研究所安阳工作队:《河南安阳新安庄西地宋墓发掘简报》,《考古》1994年第10期。

④　洛阳市第二文物工作队:《洛阳邙山宋代壁画墓》,《文物》1992年第12期。

图2.28　河南洛阳邙山宋墓中的挂屏（采自《中国宋代家具》，第69页，图2-6-7）

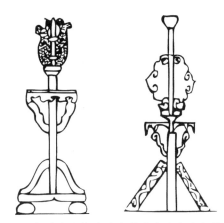

图2.29　河南安阳新安庄宋墓和山东高唐金代虞寅墓壁画中的灯檠（采自《中国宋代家具》，第443页，图7-12、7-13）

墓东壁和洛阳涧西宋墓东壁上都表现了衣柜放置于衣架之下的组合搭配（图2.30）①。再次，巾架、盆架、镜架和梳妆台等梳洗类的家具、用具也常作为宋金时期墓葬中的装饰题材。其中盆架和镜架大多表现为组合样式，例如河南登封高村宋墓东壁的盆架上放置圆形浅盆，旁边立一落地式巾架②；新密平陌宋墓的西南壁正中绘长方形案，案上置椅形镜架，镜架台面上斜放一面圆镜（图2.31）③。

　　除了家具陈设外，该时期的装饰墓中还表现有各类生活器用。它们与家具摆设、人物活动相关，暗示出具体的生活场景。有两类器物多与家具一同出现在墓壁之上，展现墓主的生活细节。第一类是与饮食有关的器皿，包括注子、盏托、碗、盘、瓶等，常出现在墓壁雕绘的桌案之上。其中最主要的器皿为注子和盏托为代表的茶酒器，以及以碗盘为代表的食器。这些器物也与壁面上的备食和备饮等图像题材紧密相关。比如，安阳新安庄宋墓的西北壁上砌破子棂窗，窗下为长方形低桌，两旁各砌一曲足低几，左侧低几上雕花瓶和插花，右侧低几上砌带

①　宋嵩瑞等：《河南登封市双庙小区宋代砖室墓发掘简报》，《文物春秋》2007年第6期；洛阳博物馆：《洛阳涧西三座宋代仿木构砖室墓》，《文物》1983年第8期。

②　郑州市文物考古研究所、登封市文物局：《登封高村壁画墓清理简报》，《中原文物》2004年第5期。

③　郑州市文物考古研究所：《河南新密市平陌宋代壁画墓》，《文物》1998年第12期。

图 2.30　河南登封双庙小区宋墓东壁砖雕（采自《文物春秋》2007 年第 6 期，第 36 页，图 6）

图 2.31　河南新密平陌宋墓西南壁梳妆图（采自《郑州宋金壁画墓》，第 44 页，图 55）

图 2.32　河南安阳新安庄宋墓西壁砖雕图案（采自《考古》1994 年第 10 期，第 914 页，图 6.1）

盖宽腹罐一个；西壁砌一桌二椅，桌面上嵌雕砖三块：左右各为一套带盏托的荷叶盏，中间为温碗及注子，盏托与温碗之间摆水果各一盘（图 2.32）①。值得注意的是，在该时期的墓葬中，此类饮食器常表现为砖雕的形式，镶嵌在墓壁之上，其上再施彩绘。这种做法似乎蕴含着以墓室壁面装饰来代替实物或明器的意图。

第二类属于工具类的器用，其中有剪刀、熨斗、直尺、针线笸箩等小型用具，另外还包括梳妆盒、镜奁等梳妆类用具，以及笔架、笔洗等文房用具。例如，河南郑州卷烟厂发现了一座宋代砖雕墓，该墓东壁正中砌衣架，架上悬挂腰带，下雕剪刀、熨斗、镰斗；衣架南侧雕梳妆台，台

① 中国社会科学院考古研究所安阳工作队：《河南安阳新安庄西地宋墓发掘简报》，《考古》1994 年第 10 期。

上有一镜架，台下雕妆奁，表面上下饰两朵云纹；衣架北侧砌一柜，柜中部雕锁和钥匙，柜上南侧雕笔架、笔、裁纸刀，北侧浮雕一砚，砚上方有长条形墨锭（图2.33）①。剪刀、熨斗、镜架、妆奁、笔架、笔砚等都是该时期的家居生活用具，剪刀、熨斗与裁衣、制衣有关；镜架、妆奁是梳妆类器用；笔架、笔砚、墨锭则是书写类的工具。它们虽然看似普通，是对现实

图2.33　河南郑州卷烟厂54号宋墓东壁砖雕（采自《中原文物》2014年第3期，第16页，图9）

生活的模仿或反映，但事实上可能还具有特殊的内涵或意义，下一节将从这类器物入手，来考察墓葬装饰对生活空间的具体呈现。

二　生活场景

家居生活化是中原北方地区宋金装饰墓的重要特征。墓中的家具、器用既反映了该时期的陈设风尚，又通过砖雕、彩绘等形式构建出了地下的生活空间。除了家居陈设外，许多墓葬在内壁上还直接绘出宴饮、备食、梳妆、伎乐、杂剧等生活场景。和睦的家居生活与成群的侍从是中国墓葬艺术自汉代起就形成的重要主题。宋金时期的装饰墓持续描绘着墓主的幸福家园，多种多样的家居活动成为该时期墓葬图像的主要内容②。

人物活动经常表现在立柱间的墓壁上，家居陈设也作为他们的背景。墓葬并非完全模仿一个特定的住宅，更多的是表现家居生活的理想片段。总的来说，晚唐五代至北宋早期的装饰墓中很少出现人物类场景，自北宋中后期开始，此类图像越来越多地被刻画在墓壁之上，并展现出丰富的内容和形式。与墓中的

---

① 郑州市文物考古研究院：《郑州卷烟厂两座宋代砖雕墓简报》，《中原文物》2014年第3期。

② ［美］巫鸿：《黄泉下的美术：宏观中国古代墓葬》，第35～46页。

仿木构建筑元素和家具陈设一样，人物活动类题材也经历了由简至繁的发展过程。

北宋中后期至金代后期，墓内以墓主为中心的人物类场景种类繁多，主要包括墓主宴饮、侍奉、庖厨、散乐、杂剧、内寝等等，通常以砖雕、壁画或两者相结合的方式呈现。首先，墓主夫妇宴饮的场景在北宋中期开始出现，并迅速成为中原北方地区最为流行的装饰题材。该题材以夫妻二人宴饮的场景为基本内容，还包括卷帘、幔帐、一桌二椅、桌上器皿、饮食等固定的元素，并通过特定的组合方式呈现。河南、河北等地的许多宋金墓中刻画了夫妇对坐的场景；晋中与晋南地区的金墓有时则表现了墓主正面并坐的例子。例如，山西侯马董明墓的北壁为厅堂形式，上砌花罩，下雕夫妇并坐，二人中间为曲足桌，桌上饰盛开的牡丹花。男墓主左手置膝，右手持念珠；女主人左手捧着经卷（图 2.34）①。此类题材虽然在不同的地区存在构图、形式上的变化，但基本上已形成固定模式②。另外，墓主宴饮题材还常与侍者备食图、备饮图、散乐图、杂剧图搭配出现。

备食类题材主要包括备馔图、备饮图，表现了侍者为墓主准备宴饮的庖厨场景。其中备馔图多描绘侍仆烹制食物的场面，画面由厨案、食材、忙碌的仆人以及火炉等组成，既有制作面食的活动，也有烹饪肉类食材的内容。例如，河南登封高村宋墓的甬道西壁上画三位女子，展现了生动的烙饼场景：南侧女子坐于鏊前，双袖挽起，右手持铁条翻饼，鏊右侧放一圆盘，内

图 2.34　山西侯马董明墓北壁砖雕（采自《平阳金墓砖雕》，第 134 页，图 90）

---

①　杨富斗：《山西侯马 104 号金墓》，《考古与文物》1983 年第 6 期。

②　对北方各个地区宋金装饰墓中宴饮图特征的讨论，见薛豫晓：《宋辽金元墓葬中"开芳宴"图象研究》；王丽颖：《中国北方地区宋金墓葬中宴饮图装饰研究》。

盛烙饼；中间女子身前为矮案，挽袖持杖，在长方形面板上擀面饼，一旁为散放的面团；北侧女子双手托盘，似正欲将烙好的饼献给主人（图2.35）①。

备饮图则可分为备茶、备酒两类，主要表现了侍者为墓主人准备和进献茶汤、或是温酒与进献酒水的场景。由于该时期存在一器多用的情况，作为茶具的汤瓶、托盏与作为酒具的注子、台盏单独出现时很难区分。所以二者常有混淆的情况发生。

图2.35　河南登封高村宋墓甬道西壁庖厨图摹本（采自《郑州宋金壁画墓》，第68页，图86）

备茶图有时会刻画碾茶、候汤、点茶流程，绘出茶碾、火炉、汤瓶等等。该题材在同时期河北地区的辽墓壁画中十分显著，偶尔也出现在宋金墓葬装饰之中。例如，河南安阳小南海宋墓西壁上绘有侍者持扇煽火，炉上置汤瓶的候汤画面（图2.36）②。登封黑山沟宋墓西壁上画一名侍女站在炉后、炉上置汤瓶的候汤环节，该墓西南壁则绘一女侍右手捧茶罐，左手持茶匙搅茶的点茶场景③。备酒图也常通过描绘侍者及酒器来展现温酒的场景。例如，河南温县西关宋墓东北壁上饰有砖雕，刻画三名侍女立于案后温酒、烹饪，另有一女子运送酒坛，一位侍女手捧圆盘，上置高脚海碗，正要进献酒水的画面④。山西汾阳东龙观二号金墓西南壁上刻绘二侍女，一人手中持温碗、酒壶，另一人手持梅瓶，表明了进奉酒水之意⑤。这类备饮类题材往往与备馔图组合，一同表现出准备宴席的场面，寄托了墓主对美满、富贵生活的向往。

---

①　郑州市文物考古研究所、登封市文物局：《登封高村壁画墓清理简报》，《中原文物》2004年第5期。

②　李明德、郭艺田：《安阳小南海宋代壁画墓》，《中原文物》1993年第2期。该简报将这一画面命名为温酒图，隋璐指出该场景表现了宋代点茶候汤的活动。见隋璐：《宋墓"茶道图"探析》，《农业考古》2014年第2期。

③　郑州市文物考古研究所等：《河南登封黑山沟宋代壁画墓》，第62页。

④　张思青、武永政：《温县宋墓发掘简报》，《中原文物》1983年第1期。

⑤　山西省考古研究所等：《汾阳东龙观宋金壁画墓》，第62页。

图 2.36　河南安阳小南海宋墓西壁候汤图（采自《中原文物》1993 年第 2 期，第 75 页，图 2）

　　除了宴饮之外，乐舞戏曲表演也是宋金墓葬中流行的图像题材，内容包括杂剧、大曲、舞蹈、说唱、社火装扮等等，其中以大曲和杂剧两类最为常见。这些场景常与墓主人遥遥相对或紧密相邻，表明墓主一边宴饮一边观赏演出，营造出宴饮与表演的视觉空间。大曲原为包含器乐、声乐和舞蹈的宫廷乐舞形式，后在民间广受欢迎，相关场景也频繁出现在该时期的墓葬之中①。例如，山西平定姜家沟宋墓东南壁

图 2.37　山西平定姜家沟宋墓东南壁乐舞图（采自《文物》1996 年第 5 期，封二，图 2）

绘大曲图，画面正中排列 7 名奏乐女子，分别演奏方响、长箫、笙、排箫、琵琶、拍板、架鼓，前场画两名起舞的女童，双手绞袖举于头侧，侧身相向而舞（图 2.37）②。杂剧是宋金时期新兴的戏曲艺术形式，也成为当时装饰墓中重要的图像题材。例如，上文中提到的河南洛阳关林庙宋墓

---

① 对于宋金墓葬中乐舞题材的概述，见廖奔：《宋金元仿木结构砖雕墓及其乐舞装饰》，《文物》2000 年第 5 期。

② 山西省考古研究所等：《山西平定宋、金壁画墓简报》，《文物》1996 年第 5 期。

和偃师酒流沟宋墓中都砌有杂剧雕砖，表现五位不同扮相的演员，似为末泥、装孤、引戏、副末、副净①。该时期杂剧以滑稽对白为主，也开始融合音乐舞蹈向综合性戏剧过渡。如山西稷山马村二号金墓南壁上雕有杂剧图像，站四名演员，分别为副净、装孤、副末、末泥，他们有站有坐，主次分明，构成一幅生动的杂剧演出场面（图2.38）②。这类图像再现了当时流行的娱乐活动，为墓主而设，使其不仅可以享受宴饮，还能够欣赏到不同类型的演出。

图2.38　山西稷山马村二号墓南壁杂剧砖雕（采自《平阳金墓砖雕》，第152页，图126）

此外，墓中表现家居生活的题材有时还包括女性梳妆、梳洗、侍婴等内寝场景，画面多描绘女性墓主、侍女及各类梳妆、梳洗用具，充满了内宅生活的气息。河南登封地区出土的不少装饰墓中都刻画了此类图像。例如，登封刘碑宋墓东北壁绘一侍女，手持铜镜，望向身旁的妇人，妇人位于长案前，案上置冠饰，仿佛正准备梳妆③。在登封黑山沟宋墓中，东南壁画一女子正往盆中倒水；东壁展现一女子侍立床前，手捧衾被准备铺床；东北壁则描绘两名女性各抱一儿童，逗弄婴孩④。这类题材涉及女性的日常活动，具象地表现出私密的内寝场景，在很大程度上突破了墓室空间的局限，将前堂和后寝都纳入了地下家宅之中⑤。

上述图像题材组合出现在墓中，通过宴饮、备馔、备饮、伎乐、侍洗等画面模仿了现实的生活方式，营造出和睦、欢庆的家宅。墓室本为亡者的阴宅，但宋金时

---

① 洛阳市文物工作队：《洛阳洛龙区关林庙宋代砖雕墓发掘简报》，《文物》2011年第8期；董祥：《偃师县酒流沟水库宋墓》，《文物》1959年第9期。

② 山西省考古研究所：《山西稷山金墓发掘简报》，《文物》1983年第1期。

③ 郑州市文物考古研究所：《郑州宋金壁画墓》，第57页。

④ 郑州市文物考古研究所等：《河南登封黑山沟宋代壁画墓》，《文物》2001年第10期。

⑤ 李清泉指出宋辽金壁画墓中的布局和装饰暗示着"前堂后寝"的空间逻辑意味。见李清泉：《空间逻辑与视觉意味——宋辽金墓"妇人启门"图新论》，《美术学报》2012年第2期。

期的人们却将其装饰得歌舞升平、宴饮欢愉。这种吉庆的氛围成为家庭祥和、富足的象征，也是家族兴旺的反映。不同于唐代墓葬壁画对身份、等级的强调，宋金时期装饰墓将图像内容的重心转向了对个人小家庭的关注，赋予了墓葬以"家"的意味①。这与该时期考古材料所体现出墓葬性质和葬俗紧密相关，下文将进一步讨论此类墓葬体现出的家庭观念。

三　家族合葬

宋金装饰墓中以墓主夫妇像为中心的欢庆场景，确实使地下空间呈现出家宅般的生活氛围。这种墓葬装饰的内容和趣味是与当时盛行的合葬、迁葬等习俗紧密相关的。一方面，"聚族而葬"的观念在宋金时期的富庶平民阶层中得到了很好的实践，反映出以家庭为核心的生产关系和生活方式。另一方面，出于堪舆等方面的考虑，该时期也多存在为择吉地入葬、亡者停柩不葬或是反复迁葬改葬的现象。在这样的社会风气之下，中原北方地区流行家族合葬的葬式，并可大体分为家族成员同墓合葬、家族成员异墓聚葬两类。

首先，宋金时期的装饰墓大多属于夫妇双人合葬墓，这也是家庭墓葬中最常见的情况。根据裴志昂对晚唐至元代仿木构砖室墓中葬式的统计，除葬式不明的墓例外，近八成的装饰墓都为夫妻合葬墓②。许多墓内的棺床上发现了两具或两具以上的人骨。前文中提到的河南登封黑山沟宋墓，因墓中出土的人骨残迹，被考古发掘者推断为合葬墓③。又如河南禹县白沙一号宋墓在后室棺床上发现两具人骨，男北、女南，面皆向东，为夫妻合葬墓葬，而该墓前室西壁上的墓主夫妇画像正好可与亡者遗骨相吻合④。这也解释了为何此类墓葬的内壁之上常绘有墓主夫妇二人对坐宴饮的场景。山西闻喜下阳村的金明昌二年（1191 年）墓东壁假门上方的墨书题记写道：

---

① 李清泉：《"一堂家庆"的新意象——宋金时期的墓主夫妇像与唐宋墓葬风气之变》，《美术学报》2013 年第 2 期。

② ［美］裴志昂：《试论晚唐至元代仿木构墓葬的宗教意义》，《考古与文物》2009 年第 4 期。裴志昂在其研究中强调夫妇合葬墓是家族延续、世代慈孝的纪念堂。

③ 郑州市文物考古研究所等：《河南登封黑山沟宋代壁画墓》，《文物》2001 年第 10 期。

④ 宿白：《白沙宋墓》，第 44～47 页。

"建置砌坟墓主卫通，为功孝父母，勤憨慈孝，积费己资，请到工匠，将父母迁葬，后传子嗣。时大金明昌辛亥岁仲春二月庚辰朔甲申日葬记。"① 题记文字表明该墓是卫通在父母亡故之后为他们所建的合葬墓。该墓北壁彩绘幔帐与卷帘，帐下砌一桌二椅，桌上绘牡丹，两侧画墓主夫妇袖手端坐于椅上，身后立男女侍者。整个墓葬寄托了子女希冀父母生同室、死同墓的愿望。

其次，山西、陕西等地的不少宋金墓中还常出现同一家族内多人合葬一墓的情况，即"祔葬墓"。祔葬墓指多代、多人共埋一墓的葬式，表现出若干人因血缘关系、长幼之别聚集在一起埋葬的情况②。山西侯马 102 号金墓为双室墓，墓内以砖雕彩绘装饰，其中合葬了董氏家族的 11 位成员，分布于墓室中的不同位置。根据骨架的位置及其附近的榜题可知，后室东侧安放董海夫妇的遗骨，西侧葬董海长子董靖夫妇，东西两侧以砖石相隔；前室东侧安放董海次子董楼喜夫妇三人，西侧葬董海三子董念五夫妇三人，西南侧安放董念五之女。从该墓来看，墓室内的尸骨安放以后室、东侧为上，整体上长幼有序，次序分明，是一座多代家庭祔葬墓③。也正是因为葬式如此，山西、陕西等地发现的宋金墓中可见到祖孙三代的墓主夫妇对坐像。一般来说，墓室中所葬亡者的人数或性别，常常也会反映在墓主画像之上。例如，陕西甘泉地区发现的一座金墓中彩绘两幅宴饮图，分别表现了朱俊夫妇、子媳朱孜夫妇及孙子孙媳喜郎夫妇三代的画像，并墨书人物姓名（图 2.39），墓主之间的关系明确。清理该墓时在墓室中发现了 4 具骸骨，另外结合墓中尸骨散乱不全、墓门未封堵等情况，考古发掘者推断此墓为一座多代多次合葬墓④。这些祔葬墓通常由家族内不同辈分的多个小家庭共同出资修建，墓主的埋葬位置也按照长幼、男女、尊卑等方式排列。

家族合葬的习俗既反映出时代特征，也属于区域性的传统。根据齐东方的研究，山西和陕西地区的家庭祔葬习俗历史悠久，自汉代以来一直流行于该区域内⑤。宋金

---

① 山西省考古研究所、山西省闻喜县博物馆：《山西省闻喜县金代砖雕壁画墓》，《文物》1986 年第 12 期。

② 齐东方探讨了汉唐之际的祔葬墓与家庭关系，提出祔葬墓的流行源于社会组织中血缘关系的加强。见齐东方：《祔葬墓与古代家庭》，《故宫博物院院刊》2006 年第 5 期。

③ 山西省考古研究所侯马工作站：《侯马 102 号金墓》，《文物季刊》1997 年第 4 期。

④ 甘泉县博物馆：《陕西甘泉金代壁画墓》，《文物》2009 年第 7 期。

⑤ 齐东方：《祔葬墓与古代家庭》，《故宫博物院院刊》2006 年第 5 期。

图 2.39　陕西甘泉一号金墓东壁、西壁中部宴饮图（采自《文物》2009 年第 7 期，第 30 页，
　　　　图 8、10）

时期的祔葬墓与前代的案例相比，墓内空间稍显拥挤，但墓中的图像装饰更为突出，并且与家族合葬的葬式相对应。这种家族合埋的习俗强调墓主之间的亲缘关系，体现出了强烈的家族意识。

　　夫妻合葬墓和家庭祔葬墓的一个重要特征，即迁葬者、改葬者较多①。很多情况表明墓主死后已安葬，出于特定原因再次迁葬。前文提到的闻喜金墓的墨书题记中明确写到卫通"建置砖坟……将父母迁葬"。山西地区的金墓中常发现迁葬的案例。例如，山西侯马地区发现的一座金墓中共葬有九人，侧室内葬两具骨架，保存完好；正室内置七具骨架，均散乱，并且没有棺椁葬具，均为二次迁葬②。另外，山西沁县上庄出土的一座金代砖雕墓之中发现了 13 具人骨，分为两堆置于墓室东、西部，堆放无序，似乎也是迁葬所致③。后期营建的家庭祔葬墓很多都存在迁葬的情况。迁葬的做法一方面受到了堪舆观念的影响，请葬师择时择地安葬是宋金时期相当流行的风俗，为了选择吉地吉时，一些家庭或久而不葬，或进行改葬、迁葬。另一方面，由于营建此类墓葬花费颇多，因此不少家族在具有一定的经济基础之后才开圹安茔、营建葬所，并将家族各代成员都迁移或埋入装饰华美的墓室之中。

　　除了家族成员合葬一墓的现象外，宋金时期的装饰墓也存在家庭成员从葬的情况，例如河南白沙宋墓、河北井陉柿庄宋金墓、山西汾阳东龙观宋金墓等考古发现

①　刘耀辉：《晋南地区宋金墓葬研究》，第 20～22 页。

②　山西省文物管理委员会侯马工作站：《山西侯马金墓发掘简报》，《考古》1961 年第 12 期。

③　山西省考古研究所、沁县文物馆：《山西沁县上庄金墓发掘简报》，《文物》2016 年第 8 期。

都属于家族墓地。这些墓地中常有若干座墓葬，各墓之间相距较近，并且有一定的排列规律。同时，它们在营建的时间上也有一定的连续性，墓主多为同一家族的两代至三代人。山西稷山马村段氏墓地共发掘了9座宋金装饰墓，分成三排，自北向南排开。除几座葬式不明的墓葬外，大部分墓也都为夫妻合葬墓①。异墓聚葬既说明了墓主之间的家庭结构与社会关系，也与其富庶平民的身份相符合。这些家族财力雄厚，有能力营建装饰精美的墓葬群，同时也通过这些墓葬实现了聚族而葬的丧葬理念。

　　虽然以往的报告和研究都并不关注宋金时期装饰墓的葬式，但是从目前的考古发现来看，中原北方地区的大部分仿木构砖室墓都应是夫妻或家族合葬墓。这种合葬与聚葬的形式强化了家族关系，象征着家庭结构、社会地位、礼仪习俗的延续，寄托了丧家子孙兴盛的希望。李清泉提出，宋金时期这种以墓主夫妇对坐像为核心题材的墓葬装饰，正是应"体现一个最小家庭单元的夫妇合葬墓的需求而产生、发展起来的"，也由于这样的墓葬设计方案，地下的空间更好地表达出了家宅的意象②。新兴的富民阶层通过在墓室内修砌建筑构件、绘制图像、装饰砖雕引领了该时期墓葬艺术的新风尚，并营造出了日益明确的"社会化"的丧葬空间。

第三节　性别角色的设定

　　宋金时期的仿木构砖室墓将墓室建造为庭院或居室，通过桌椅、箱柜、衣架、灯檠等元素来模拟室内空间，并在其基础之上绘出宴饮、备食、伎乐、杂剧等生活场景。值得注意的是，除了与备馔、备饮有关的饮食器外，剪刀、熨斗、直尺等小型用具也时常出现在墓壁之上。早在20世纪50年代，宿白在对河南禹县白沙宋墓的发掘及研究中，就已经注意到墓壁上的剪刀、熨斗砖雕，并提出河南唐宋墓中还出

① 山西省考古研究所：《山西稷山金墓发掘简报》，《文物》1983年第1期。
② 李清泉：《"一堂家庆"的新意象——宋金时期的墓主夫妇像与唐宋墓葬风气之变》，《美术学报》2013年第2期。

土有剪、熨斗、尺等成组的器物，这些图像是以砖雕代替实物①。由于此类器物为日常用具，加上相关图像在墓室中非常普遍，学者们一直将它们视为日用器在墓葬空间里的视觉再现。因此，很少有研究者专门对这类装饰进行分析，讨论建墓者为何会在众多的流行器用中选择剪刀、熨斗？对这些元素的强调是否暗含特定的目的？它们与其他壁面装饰的关系如何②？本节将从装饰墓中的这一图像细节出发，希望通过解读剪刀、熨斗等图像组合来探讨家庭角色和性别因素在墓内空间中的呈现。

一　剪熨组合

　　剪刀、熨斗、直尺等图像常见于中原北方地区的宋墓装饰，偶尔也出现在金墓之中。例如，河北武邑龙店发现了一座北宋仁宗庆历二年（1042年）砖室墓，墓室平面呈圆形，四壁皆有装饰：南壁中间为券门，西侧砖砌假门；西壁砌衣架，架下砌衣柜，柜上一罐，北侧上部雕刻圆镜，旁边墨绘一名女子，下方绘熨斗和剪刀各一，衣架两侧绘花卉；北壁砌假门，门侧各绘一人；东壁砌一桌二椅，桌上绘注子、杯盏等，椅后绘一人（图2.40）③。该墓在西壁上砌出衣架、衣柜的大体形状，剪刀、熨斗与家具搭配出现。这种组合情况相当普遍。时代略晚于此墓的河南郑州南关外胡进墓中也发现了类似的墓室装饰，只是图像设置的方位稍有区别，改为在东壁上砖砌衣箱、衣架，架下浮雕一剪刀、一尺、二熨斗，并砌出镜台（见图1.7），表明家具和器物的配置方式在当时的墓葬中较为固定，同时也突显出剪刀、熨斗、直尺组合的重要性④。

---

① 宿白：《白沙宋墓》，第38页，注74。

② 郑以墨在讨论五代墓葬美术时提出，晚唐、五代墓中也出现了剪刀、熨斗、注、盏等日常器物，它们多为女性家居劳作的工具，似可看作女性墓主的象征。黄小峰延续了这一论断，通过分析张萱《捣练图》，提出"熨帛"在五代以后成为新的图像样式，10至12世纪的北方砖雕墓中流行的剪刀、熨斗等图像，也是为了营造女性活动的空间。上述研究对本文具有一定的启发。见郑以墨：《五代墓葬美术研究》，第168～178页；黄小峰：《四季的故事：〈捣练图〉与〈虢国夫人游春图〉再思》，《美苑》2010年第4期。

③ 河北省文物研究所：《河北武邑龙店宋墓发掘报告》，第323～329页。

④ 河南省文化局文物工作队第一队：《郑州南关外北宋砖室墓》，《文物参考资料》1958年第5期。

图 2.40　河北武邑龙店二号墓西壁、南壁线描图（采自《河北省考古文集》，第 326 页，图 4）

　　类似的布局在晚唐、五代时期的砖室墓中就已经出现。河北故城西南屯的几座晚唐墓与河南濮阳段庄、西佛店地区发现的五代墓中都出现了东壁桌椅、北壁门窗、西壁剪与熨斗的图像装饰①。根据目前收集到的墓葬资料来看（附表 4），剪刀、熨斗图案自晚唐开始出现，五代逐渐发展，在北宋时期作为墓葬装饰中常见的图像组合，一直延续至金代初期。就其空间分布来看，该图像组合主要分布于河北、河南。另外，北京、内蒙古、湖北、安徽等地也偶有发现。

　　一方面，这种时空分布与墓葬形制的发展基本一致。如前文所述，仿木构砖室墓自中晚唐以来开始出现在河北地区，历五代、宋初，至北宋中晚期广泛流行于中原北方地区的平民之中。有学者将该形制的流行视为河北因素在五代、宋初时期的继承和影响②。如果把墓葬装饰放在这样的脉络中来观察，也有助于我们理解不同时段、区域间墓葬艺术的变化。另一方面，也正是从晚唐、五代开始，桌椅、衣架、盆架、镜台等高型家具开始流行，北宋中叶以后相当普及，并且成套出现。新兴的陈设风尚同样影响了墓内的视觉空间。

　　目前所收集的大部分墓例都延续了晚唐、五代时期砖室墓的图像配置。宋金墓中的剪刀、熨斗组合具有两个重要特征。首先，这些器物多表现为浅浮雕砖雕，与门窗、家具一同作为墓内重要的装饰元素（图 2.41）。它们并非随机所作，通常提前预制备好，在建墓时镶嵌于墓壁之上。剪刀、熨斗组合有时甚至会作为唯一的器物

①　相关报告见：衡水市文物管理处：《河北故城西南屯晚唐砖雕壁画墓》，河北省文物考古研究所编《河北省考古文集（三）》，北京：科学出版社，2007 年，第 129~138 页；张文彦主编：《濮阳考古发现与研究》，北京：中国科学技术出版社，2005 年，第 83~88、147~150 页。

②　崔世平：《河北因素与唐宋墓葬制度变革初论》，第 282~312 页。

图 2.41 河南焦作宋墓出土熨斗砖雕（采自
《河南省南水北调工程：考古发掘
出土文物集萃（一）》，第 113 页）

类装饰出现。例如，河北井陉地区发现的一座宋墓内壁雕饰门窗、桌椅、衣架、灯檠，北壁饰两扇砖雕版门，门两侧各塑一小龛，龛内雕剪刀、熨斗，该组合为墓壁上仅有的器物图像（图 2.42）[1]。

其次，剪、熨斗、直尺常与搭挂衣巾之用的衣架、放置衣物的衣柜同置一壁。这种搭配为解读图像意义提供了重要的线索，提示我们不应孤立地看待装饰元素，而需结合其他内容，以组合的方式来观察墓内图像。例如，在河南郑州地区发现的一座宋墓中，墓室东壁砌出衣架，衣架下浮雕熨斗、尺、簧剪、镟斗，衣架南部砌梳妆台，台上雕镜架，台下为梳妆盒，南侧立三足灯台[2]。这些装饰图案同处一壁，在形式和内容上存在许多关联。剪、熨斗、尺皆与缝纫、剪裁衣物有关，也因此与衣架形成固定搭配；另一侧的镜台、镜架和妆奁，作为与梳妆活动相关的家具、用品，暗示着梳妆类的场景或空间。

此外，河南荥阳槐西宋墓也提供了相似的布局。该墓为长方形土洞墓，墓室四壁

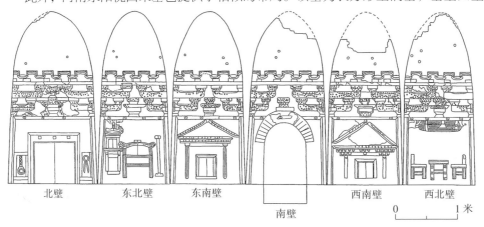

北壁　东北壁　东南壁　南壁　西南壁　西北壁

0　　　1 米

图 2.42 河北井邢北防口宋墓墓壁展开图（采自《文物》2018 年第 1 期，第 50 页，图 4）

---

① 河北省文物研究所、石家庄市文物保护研究所、井陉县文物保护管理所：《河北井陉北防口宋代壁画墓发掘简报》，《文物》2018 年第 1 期。

② 郑州市文物考古研究所：《郑州市北二七路两座砖雕宋墓发掘简报》，《中原文物》2012 年第 4 期。

未设砖雕，皆以彩绘装饰。墓壁
上层画孝子故事图，下层描绘了
以墓主为中心的家居场景。西壁
表现墓主宴饮、僧侣做法。北壁
正中绘妇人启门，两侧为侍者。
东壁则与前文所述的郑州南关外
宋墓东壁构图一致：左侧绘直尺、
交股剪、熨斗；中部画衣架，架
下绘一柜，正面设锁和钥匙；右

图 2.43　河南荥阳槐西宋墓东壁彩绘（采自《中国出土壁画全集·5·河南卷》，第 187页，图 173）

侧则直接绘二名女子，其间立一镜架，架上悬镜，对镜梳妆（图 2.43）①。此墓壁画
虽绘制得较为粗糙，但整体的图像内容涵盖了宋墓装饰中最为主要的题材，从宴饮、
侍奉、梳妆、启门到孝子故事。其中东壁上彩绘剪刀、熨斗、直尺的主要目的很可
能与它们的日常功能相关，而这些用具又与女子梳妆场景搭配在一起，二者共同呈
现出一个象征剪裁、熨烫、梳妆活动的空间。

二　图像与器物

　　墓壁上表现的剪刀、熨斗、直尺都是唐宋时期常见的生活用具。剪刀，又称
"翦刀""剂刀"，最早可见于先秦，为截裁布帛之工具。至汉代，出现两刃相交的屈
环弹簧剪，五代时期开始流行后刀与柄间装轴的支轴剪②。熨斗，也称"火斗""铜
斗"，自汉代开始出现，多用于熨烫纺织品。一般为圆形平底，似斗勺，长柄，可将
火置于斗中，从上按下，使布帛平帖③。尺作为度量之物，起于先秦，主要为测量布
帛之用，在唐宋时期尺的形式有明确规定④。

---

① 郑州市文物考古研究所等：《荥阳槐西壁画墓发掘简报》，《中原文物》2008 年第 5 期。

② 皇甫江、周新华等：《刀剑（剪）春秋》，杭州：中国美术学院出版社，2010 年，第 15 页。

③ 张晓东：《漫话熨斗》，《紫禁城》1987 年第 6 期。另外，汉唐墓葬中出土的熨斗与鐎斗很容易混淆，
熨斗为熨烫布匹之用，鐎斗则是用来温煮食物的器具，功能与器形都不相同。相关讨论见徐家珍：
《"熨斗"和"鐎斗"、"刁斗"》，《文物》1958 年第 1 期。宋墓中有时会将两者一同表现出来。

④ 矩斋：《古尺考》，《文物参考资料》1957 年第 3 期。

这类剪刀、熨斗、直尺图案很可能显示出当时流行的器用样式（图2.44）。剪刀有时表现为交股曲环式，有时则为支轴式。熨斗常作圆形侈口斗，带长柄，偶尔还会在斗中绘出炭火。尺多浮雕或彩绘为长直尺，正面分若干等分，标出刻度。整体来看，这些图像都描绘出器物的轮廓，虽然简洁，但也相当直观。河北武邑龙店两座宋墓的西壁上都砌衣架、衣柜，柜右侧竖直雕出直尺、剪刀、熨斗的大致形状，同时注意细节化的处理，不仅将器物涂黑，还在熨斗中绘出炭火的痕迹①。又如河北平山两岔五号宋墓的西南壁上浮雕剪刀和熨斗，熨斗柄部两侧出有花牙，剪刀也表现得极为逼真（图2.45）②。

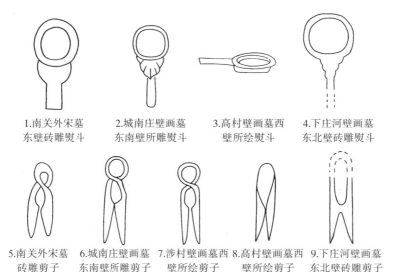

1.南关外宋墓 2.城南庄壁画墓 3.高村壁画墓西 4.下庄河壁画墓
东壁砖雕熨斗 东南壁所雕熨斗 壁所绘熨斗 东北壁砖雕熨斗

5.南关外宋墓 6.城南庄壁画墓 7.涉村壁画墓西 8.高村壁画墓西 9.下庄河壁画墓
砖雕剪子 东南壁所雕剪子 壁所绘剪子 壁所绘剪子 东北壁砖雕剪子

图2.44 郑州地区宋代壁画墓中所见熨斗、剪刀图案（采自《郑州宋金壁画墓》，第240页，图281）

图2.45 河北平山两岔五号宋墓出土剪刀、熨斗砖雕（采自《考古》2000年第9期，第55页，图11）

---

① 河北省文物研究所：《河北武邑龙店宋墓发掘报告》，第323～329页。

② 河北省文物研究所：《河北平山县两岔宋墓》，《考古》2000年第9期。

器物图像均可在出土实物中找到对应的形式。实际上，唐宋时期的墓葬中也发现有剪、熨斗等实物。湖北宜城皇城村唐墓出土的铁剪呈"8"字交股形，与湖北襄樊油坊岗宋墓中的剪刀图案基本一致①。河南洛阳涧西地区的一座北宋熙宁五年（1072 年）墓中出土了两把铁剪，一把作交股曲环式，另一把后端绕成双环，刃把之间安装支轴，正好对应了墓壁上常见的两类剪刀图像②。辽宁建平辽墓出土一件铸铁熨斗，斗呈圆盘形，直柄，折口起沿，口沿部有花纹，内底有卷草和花纹图案③。该器虽略有装饰，其大体的形式还是与宋墓中的熨斗砖雕相同。另外，宋墓中也常出土木制或漆制的直尺实物④。例如，江苏江阴孙四娘子墓随葬了一枚雕花木尺，尺面等分十寸，每寸均浮雕海棠图案，可与直尺图像相对应⑤。所以，正如宿白在讨论白沙宋墓时提出的看法，剪刀、熨斗、直尺砖雕皆是对实际器用的视觉化表现，主要目的是以图像来代替实物之用⑥。

这实际上也是宋金时期仿木构砖室墓的重要特征：墓内通常随葬极少的物品，墓葬的主体内容由砖雕和彩绘来呈现。许多学者也探讨过壁面装饰与随葬器物之间的关系，注意到了墓葬中的壁画和随葬品为同一内容的不同表现，二者之间存在着彼此对应、相互补充的关系，拥有共同的目的，依托题材选择及其所在的位置营造出一个完整的场景模式⑦。从这个角度来说，墓壁装饰不仅以像代物，另外还具有与

① 相关报告，可见襄樊市博物馆：《湖北襄樊油坊岗七座宋墓》，《考古》1995 年第 5 期；张乐发：《宜城县皇城村出土唐代文物》，《江汉考古》1992 年第 2 期。

② 皇甫江、周新华等：《刀剑（剪）春秋》，第 15 页。

③ 冯永谦：《辽宁省建平、新民的三座辽墓》，《考古》1960 年第 2 期。

④ 陆雪梅：《从苏州博物馆藏宋尺谈起》，《东南文化》2002 年第 11 期。

⑤ 苏州博物馆等：《江阴北宋"瑞昌县君"孙四娘子墓》，《文物》1982 年第 12 期。

⑥ 宿白：《白沙宋墓》，第 54 页。

⑦ 李清泉认为，宣化辽墓与同时期的宋墓相比较，虽没有描绘夫妇对坐图，但却随葬木供桌和木椅，将同一内容表现为不同的形式；刘未也提出辽墓中流行的饮食器和剪刀、直尺等用具在宋墓中往往表现为砖雕和壁画；袁泉则探讨了蒙元墓葬中随葬品与壁画之间的对应关系，提出二者共同营造出由墓主之位、茶酒备献和车马仪仗组成的场景。见李清泉：《宣化辽墓：墓葬艺术与辽代社会》，第 71 页；刘未：《辽代墓葬的考古学研究》，北京：科学出版社，2016 年，第 105 页；袁泉：《物与像：元墓壁面装饰与随葬品共同营造的墓室空间》，《故宫博物院院刊》2013 年第 2 期。

明器相关的属性，即可交换性①。无论是绘画的图像，还是实物的随葬品，它们的功能都是将墓葬变为"永恒、延续的家庭"②。

实际上，在墓中随葬剪刀、熨斗的传统可追溯至汉代。早在西汉时期，熨斗就已经作为随葬器物。例如，长沙汤家岭汉墓出土了一件铜斗，圆形，外折沿，敞口，直柄，柄上翘，底上墨书"张端君熨斗一"，明确标明器物的名称与功用③。随后的东汉墓中也出土有熨斗，大多为铜质④。至北朝，西北地区发现了随葬熨斗、剪刀的墓例。宁夏固原北周李贤夫妇墓中曾出土银制熨斗、剪刀各一件，用材相当考究⑤。相关组合在 5~7 世纪的新疆吐鲁番、阿斯塔纳地区十分常见，许多墓葬都随葬有剪刀、尺、针线等。如吐鲁番发现的北凉彭氏墓中出土了 5 件铅质微型明器，包括刀、尺、熨斗、剪刀等，可能为一组缝纫、裁剪类用品⑥。

这类用具与女性的活动紧密相关，常被记录在随葬的衣物疏中⑦。另外，衣物疏中出现"右上所条悉是年年所生用之物"⑧ 的表述，说明它们为墓主生前所用之物。生器对于其所有者来说具有相当重要的意义。敦煌文书 S.5381 背面的 10 世纪左右的康氏遗书中就明确提到，死后应随葬康氏生前常用的木尺与剪刀：

> 日落西山昏，孤男流（留）一群。
>
> 剪刀并柳尺，贱妾随身。
>
> 盒令残妆粉，流（留）且与后人……⑨

---

① 洪知希将宋金时期的墓葬整体视为明器，提出明器作为死者与亡者之间关系的物质化呈现，具有虚拟化的功能性。见 Jeehee Hong, "Mechanism of Life for the Netherworld: Transformations of Mingqi in Middle-period China," *Journal of Chinese Religions*, 43:2, 2015, pp. 161 – 193.

② ［美］裴志昂：《试论晚唐至元代仿木构墓葬的宗教意义》，《考古与文物》2009 年第 4 期。

③ 湖南省博物馆：《长沙汤家岭西汉墓清理简报》，《考古》1966 年第 4 期。

④ 徐家珍：《"熨斗"和"鐎斗"、"刁斗"》，《文物》1958 年第 1 期。

⑤ 宿白：《宁夏固原北周李贤墓札记》，《宁夏文物》1989 年第 3 期。

⑥ 吐鲁番地区文物保管所：《吐鲁番北凉武宣王沮渠蒙逊夫人彭氏墓》，《文物》1994 年第 9 期。

⑦ 相关出土材料，见国家文物局古文献研究室等：《吐鲁番出土文书》，北京：文物出版社，1981 年，第三册，第 9、66、69 页。

⑧ 国家文物局古文献研究室等：《吐鲁番出土文书》，第三册，第 69 页。

⑨ 黄永武主编：《敦煌宝藏》第 42 册，台北：新文丰出版社，1982 年，第 288 页。

此类器物在中古时期可能确实暗示着女性活动。需要注意的是，据学者研究，唐墓中常见的实物组合主要以铁剪与铜镜为主，并未包括尺、熨斗。唐代两京、河北、辽宁以及西北地区盛行随葬交股式铁剪与铜镜。它们多出现在女性墓中，属于女性用具，可能分别象征着"女功"与"女容"的意涵①。

剪刀继续出现于辽金时期的墓葬中。辽宁、河北等地的辽墓常随葬各式铁质生活用具，其中包括剪与熨斗。例如，辽宁朝阳地区发现的一座辽墓中出土了铁质熨斗、剪刀各一件，其中熨斗为圆形盘，折口起沿，执柄上有圆孔，剪刀把作环状，刃身有心形镂孔，似为实用器②。除了随葬实用器外，辽金墓中还放入了相关的陶质明器。辽宁朝阳马场村辽墓中出土了一套泥质灰陶的生活用具，其中包括一件陶熨斗和一件陶剪（图 2.46）③。另外，河北宣化下八里辽墓、北京大玉胡同辽墓、北京北程庄辽金墓中也都随葬有剪、熨斗等陶明器④。在辽金墓中，鉴于剪刀、熨斗仅仅作为整套铁质或陶制器物中的一部分，所以对于其功能的理解需要考察整套随葬器物，并分析它们与其他随葬品间的关系。

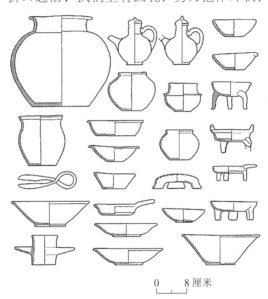

0　　8 厘米

图 2.46　辽宁朝阳马场村辽墓出土灰陶明器（采自《文物春秋》2016 年第 5、6 期，第 56 页，图 7）

① 范淑英：《铜镜与铁剪——唐墓随葬品组合的性别含义及丧葬功能》，北京大学中国考古学研究中心编《两个世界的徘徊：中古时期丧葬观念风俗与礼仪制度学术研讨会论文集》，北京：科学出版社，2016 年，第 59 ~ 96 页。

② 靳枫毅：《辽宁朝阳前窗户村辽墓》，《文物》1980 年第 12 期。另外，内蒙古宁城小刘杖子辽墓、内蒙古昭乌达盟上烧锅辽墓、河北官庄辽墓等都出土了包括剪刀、熨斗在内的成组铁器。相关报告可见宁城县志编委会：《宁城县志》，呼和浩特：内蒙古人民出版社，1992 年，第 1045 页；项春松：《上烧锅辽墓群》，《内蒙古考古文物》1982 年第 2 期。

③ 于俊玉等：《辽宁朝阳马场村辽墓发掘简报》，《文物春秋》2016 年第 5、6 期。

④ 张家口市文物事业管理所等：《河北宣化下八里辽金壁画墓》，《文物》1990 年第 10 期；北京市文物管理处：《近年来北京发现的几座辽墓》，《考古》1972 年第 3 期；北京市文物研究所：《大兴北程庄墓地：北魏、唐、辽、金、清代墓葬发掘报告》，北京：科学出版社，2010 年，第 24 ~ 160 页。

　　虽然这一传统看似具有延续性，但是剪熨组合的形式和意涵在不同的时期、区域、文化之中都不断发生着变化。唐代流行铜镜与铁剪的随葬组合，至辽金时期墓中则多配置包括熨斗、剪刀在内的一系列实用器或明器。即便是在 10 ~ 11 世纪同一时段中，不同地区或群体也通过多样的形式来表现同类用品。铁质、陶制的剪刀、熨斗主要见于辽地，而宋墓则偏好以砖雕或壁画来呈现相关组合①。它们是同一内容的不同表现形式。可以确定的是，不论其材质如何，该组合出现在墓中的主要原因既源于这类用具的实际功用，同时还和它们所象征的"女功"意涵有关；不论是器物还是图像，它们都与特定的组合共同营建出了完整的场景和空间。

三　"性别空间"

　　由上文可知，剪刀、熨斗，偶尔也包括直尺、针线筐箩，时常与衣架、衣柜、镜架、巾架组合在一起，共同装饰特定壁面（表 2.1）。前文中提到的河北故城西南屯晚唐墓就在西壁上浮雕剪刀、熨斗，旁砌一柜，上置针线筐箩②。剪、尺、熨斗、针线等作为女性常用的裁衣、熨烫、缝纫用具，它们与衣架、衣柜的组合，首先具有功能上的相关性，即都与衣物、丝帛有关。这类器物至稍晚时期的金墓中则直接表现为女红的场景，展示出正在缝纫的女性形象以及身边的剪刀与针线③。

　　类似的组合形式在稍后时期冀东、山东等地的元墓中继续保留，并发展出西壁表现衣架衣柜、东壁刻画谷仓粮屯的题材组合，其中虽未直接描绘剪刀、熨斗等器用，但东西壁分别暗示了"衣帛满柜"和"粮粟满仓"之意④。我们目前尚难判定唐宋墓葬中的剪、熨斗与衣架组合是否也隐含着衣帛丰足的意涵，但就整个墓室的图像

---

① 这种材质、媒介上的差异源于各地不同的丧葬传统。中原北方地区的乡绅富民多采用仿木构砖室墓，墓内随葬器物极少，似乎有意以墓壁上的彩画或砖雕器物来代替实物。另外，这也许与当时纸质明器的流行有关。

② 衡水市文物管理处：《河北故城西南屯晚唐砖雕壁画墓》，第 129 ~ 138 页。

③ 该例发现于山西屯留宋村金墓，相关报告见王进先、杨林中：《山西屯留宋村金代壁画墓》，《文物》2003 年第 3 期。

④ 袁泉讨论了蒙元时期北方墓葬中的"东仓西库"图像组合，见《生与死：小议蒙元时期墓室营造中的阴阳互动》，《四川文物》2014 年第 3 期。

表 2.1　剪刀、熨斗图像以及其他各壁题材

墓例	时代	南壁	西壁	北壁	东壁
河北故城西南村屯一号墓	晚唐	券门、假窗、倚柱	假门、剪刀、熨斗、衣柜	假门	一桌二椅
河北武邑龙店二号宋墓	北宋庆历二年	券门、假门	衣架、衣柜、罐、圆镜、熨斗、剪刀、花并及一女子	假门、门侧人物	一桌二椅、酒瓶、注子、杯以及侍者
河北武邑龙店三号宋墓	北宋	券门、人物、灯檠、假门	衣架、衣柜、乌靴、熨斗、剪刀及一人	假门、门侧人物	一桌二椅、酒瓶、注子、杯以及侍者
河南郑州南关外胡进墓	北宋至和三年	券门	一桌二椅、注子、杯盏等、三足灯台	假门、二窗	衣架、剪刀、尺、二熨斗、梳妆台、镜架、箱、笔架、砚台与墨锭
河南郑州卷烟厂宋代54号砖雕墓	北宋早中期	券门、灯檠、盆架	一桌二椅、注子、杯盏、食盒、小口瓶、灯架	北壁已毁	衣架、黄剪、尺、熨斗、镳斗、梳妆台、镜架、妆奁、砚台、墨锭
河南郑州二七路 88 号宋墓	北宋	券门	一桌二椅、注子、杯盏、柜、笔架	假门、二窗	衣架、熨斗、尺、黄剪、镳斗、梳妆台、镜架、妆奁、三足灯台
河南荥阳槐西宋墓	宋末金初	券门、一人一马、盆架	一桌二椅、注子、杯盏等、及四位僧侣	妇人启门、二窗、四名侍女、黑猫	直尺、交股剪、熨斗、柜、衣架、镜架、二女子
河南泌阳对外贸易总公司一号墓	北宋中后期	南壁：券门	西南壁：一桌二椅、注子茶盏盏托 / 西北壁：弓箭、箭囊、直棂窗	北壁：假门与两窗	东北壁：直棂窗、灯台
河南登封城南庄宋墓	北宋后期　南壁：券门　西南壁：盆、架、梳妆图	西壁：一桌二椅、女性墓主及侍从	西北壁：灯台、柜	北壁：假门	东壁：衣架、箱、花卉
河南井陉柿庄四号宋墓	宋末金初　南壁：妇人启门　西南壁：乌靴、幞头、剪刀、熨斗	西壁：墓主宴饮图	北壁：妇人启门、假窗	东北壁：妇人启门	东南壁：灯檠、短案及素绢

配置来看，宋金时期的砖室墓仅是通过相关陈设、器用来呈现与制衣活动有关的空间①。

　　另外，与缝纫类用具、衣架柜等一同出现的还包括镜架、铜镜、妆奁等，偶尔还搭配巾架、盆架。这类元素均与女性的梳妆、梳洗活动有关②。荥阳槐西宋墓的东壁上除了彩绘剪、尺、熨斗与衣架外，还在右侧直接绘出二名女子，中间立镜架，上悬一枚圆镜。镜左的女子梳高髻，正在对镜梳妆，右边女子双手合于胸前，回眸望镜。在该场景的右侧，即墓门东侧绘一盆架，束腰鼓腿，上置一盆，架上搭一条碎花毛巾（图2.47）③。从图像题材的角度来看，两幅画面都是对闺阁之中女性生活用具、场景的描绘，兼具女功与女容的象征寓意，生动地构建出了女性的日常家居环境。

南壁　　　　　　西壁　　　　　　北壁　　　　　　东壁

0　　　　　　1米

图2.47　河南荥阳槐西宋墓墓壁展开图（采自《中原文物》2008 年第 5 期，第 22 页，图 3）

　　"墓葬空间"近些年来成为讨论墓葬美术史的基本概念，它既指代墓室的实际空间，也可将墓室作为研究框架，讨论墓室中的元素如何有机地整合在墓室方位、空间的关系之内。这一视角有助于帮助我们打破图像、器物和建筑的传统类别，也可以将关注点从孤立的图或器转移到它们之间的关系上④。与此同时，"性别空间"也是空间讨论中的重要概念，被用于讨论墓葬中呈现的性别元素及活动。河南登封城

---

① 另外，洪知希还提出墓壁上常见的悬挂衣物的衣架和梳妆的场景，可能表现了葬礼中的"袭"，为尸体清洁穿衣的仪式。见［美］洪知希：《"恒在"中的葬仪：宋元时期中原墓葬的仪礼时间》，第210～213 页。

② 王静：《中国古代镜架与镜台述略》，《南方文物》2012 年第 2 期。

③ 郑州市文物考古研究所等：《荥阳槐西壁画墓发掘简报》，《中原文物》2008 年第 5 期。

④ ［美］巫鸿：《黄泉下的美术：宏观中国古代墓葬》，第13～88 页；［美］巫鸿：《"空间"的美术史》，第11 页。

南庄宋墓为此提供了一个非常特殊的
例子。该墓墓室为八角形，各壁面均
有装饰：西南壁砌盆架；西壁砌一桌
二椅，绘女性墓主及侍女（图2.48）；
西北壁砌灯台、柜，柜上设锁；东北
壁下砌镜架；东壁砌一衣架；东南壁
左侧砌交股剪、熨斗，右侧砌三足灯
檠（图2.49）。城南庄宋墓除了明确
绘出女性墓主外，各壁上的陈设也可
视作与性别有关的视觉元素，整个墓
室通过暗示梳洗、梳妆、缝纫、熨帛
等场景，营造出了一个属于女性的特
殊空间。

图2.48　河南登封城南庄宋墓西壁（采自
《郑州宋金壁画墓》，第124页，
图156）

图2.49　河南登封城南庄宋墓墓壁展开图（采自《郑州宋金壁画墓》，
第121页，图152）

　　"性别空间"在墓葬中的呈现确实值得关注，然而，仅仅从图像角度出发是否可
以推断出墓主人的性别身份？答案很可能是否定的。与性别相关的图像题材有助于
展现和塑造男女墓主的活动和空间，但墓葬是装饰、随葬品、葬具、建筑空间的完

整组合，过于关注某些孤立的元素有时可能会导致过度诠释，我们也不应强调墓葬环境中男女性别的二元对立。

实际上，宋金时期的砖室墓中并不只是描绘出与女性活动相关的内容，许多墓例表现出双重的性别元素。上节中提到的河南郑州卷烟厂宋墓中，墓室西壁雕一桌二椅、灯台，北壁砌一门二窗，东壁砌衣架、梳妆台等。整体来看，图像的布局十分精简，但墓室东壁上的细节仍值得进一步分析。东壁正中为衣架，衣架上悬挂一根腰带，下有三块竖砖分别浮雕剪刀、熨斗、镰斗；衣架南侧雕梳妆台，台上有一镜架，架上挂圆镜，台下雕妆奁；衣架北侧砌衣柜，柜中部雕锁和钥匙，柜上雕笔架、笔、裁纸刀，北侧浮雕墨砚，砚上为墨锭。以上图像皆为砖雕，其中梳妆台及镜架涂朱红色，锁和砚台涂为黑色①。如果从器物的种类与功能进行解读，东壁南侧的衣架、镜台、妆奁、剪刀与熨斗表明了与女性相关的场景，而另一侧箱子上的笔架、笔、砚与墨锭象征着书写场景，似乎与男性的日常活动有关，它们可能分别象征着女性、男性墓主的活动及存在②。非常有趣的是，墓室中部的棺床上发现了两具人骨，虽保存较差，无法确认性别，但至少说明该墓为合葬墓，在一定程度上与墓内装饰题材中的性别元素相对应。

河北井陉柿庄四号宋墓提供了类似的例子，只是象征男性活动的元素稍作改变。墓室东壁砌一桌二椅，绘出男女墓主及侍从；西北壁正中砌衣柜，上置八角形盒，盒上放一双长靿乌靴，再上倒悬黑色展脚幞头，左上侧雕熨斗、剪刀（图 2.50）③。这种布局似乎也在视觉层面上对应了墓主性别，以器物作为图像符号来表示男女墓主的生活空间。另外，河南泌阳地区发现的一座宋墓也证实了上述图像布局。该墓西南壁砌一桌二椅，桌上雕注盏。西北壁左侧刻弓一张、箭四支、箭囊一个，右侧砌直棂窗（图 2.51）。东北壁砌直棂窗和灯台。东南壁左侧砌矮足柜，上置两盒，中部砌衣架，之下砌一箱，箱右下角砖雕剪刀、熨斗（图 2.52）④。泌阳宋墓的西北、东南两壁分别以弓箭和箭囊、熨斗和剪刀两组元素来指代不同性别的活动场景。

---

① 郑州市文物考古研究院：《郑州卷烟厂两座宋代砖雕墓简报》，《中原文物》2014 年第 3 期。

② 另外，郑州南关外胡进墓中的墓壁装饰与其十分相似，见河南省文化局文物工作队第一队：《郑州南关外北宋砖室墓》，《文物参考资料》1958 年第 5 期。

③ 河北省文化局文物工作队：《河北井陉县柿庄宋墓发掘报告》，《考古学报》1962 年第 2 期。

④ 驻马店市文物考古管理所：《河南泌阳县宋墓发掘简报》，《华夏考古》2005 年第 2 期。

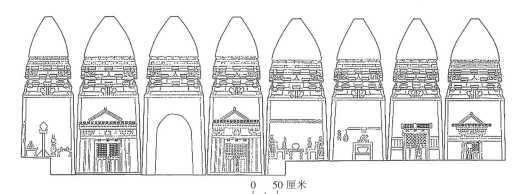

图 2.50　河北井陉柿庄四号宋墓墓壁展开图（采自《考古学报》1962 年第 2 期，图 14）

图 2.51　河南泌阳一号宋墓西北壁砖雕（采自《华夏考古》2005 年第 2 期，第 30 页，图 3.1）

图 2.52　河南泌阳一号宋墓东南壁砖雕（采自《华夏考古》2005 年第 2 期，第 30 页，图 3.3）

　　这种将器物图像作为男女墓主象征符号的做法出现在时代更早的墓葬中。河北曲阳出土的五代王处直墓（924 年）的前室北壁绘一幅山水画，东西两壁各有一个耳室，室内布满彩绘。其中东耳室东壁上部画山水屏风，屏风前表现长案，案上自北向南依次放置帽架、黑色展脚幞头、长方形盒、圆盒、瓷器、镜架、箱、扫帚、葵口瓶（图 2.53）；西耳室西壁的上部绘花鸟屏风，前面长案上依次绘盒子、镜架、箱、瓷枕、如意形盒、细颈瓶、大奁、圆盒和饰花小盒（图 2.54）[①]。一方面，耳室中描绘的器物有可能分别为男女墓主生前所用之物，也或许是建墓者有意选择作为象征男女墓主的视觉符号。另一方面，壁上的山水画和花鸟画可能也具有特定

[①]　河北省文物研究所：《五代王处直墓》，北京：文物出版社，1998 年，第 15～31 页。该墓一经出土便引起了许多学者的关注，有关其墓葬壁画、浮雕的研究颇为丰富。相关研究，见郑以墨：《五代王处直墓壁画的空间配置研究——兼论墓葬壁画与地上绘画的关系》，《美苑》2010 年第 1 期。

图 2.53　河北曲阳五代王处直墓东耳室东壁壁画
（采自《五代王处直墓》，彩版 18）

图 2.54　河北曲阳五代王处直墓西耳室西壁壁画
（采自《五代王处直墓》，彩版 23）

的性别指代①。西耳室壁上的牡丹图案衬托着屏前的镜架、奁盒、枕等物品，营造出女性化的氛围。图中的器物和屏风的主题都突出了它们对性别的象征，使得该墓的两侧耳室分别呈现出男女墓主的私人化的起居环境。

王处直墓中的现象是否为五代时期河北地区墓葬的新特征，仍有待考察。但值得注意的是，这种形式确实从地方性的墓葬艺术风尚发展而来，并对辽、宋墓葬都产生了不同程度的影响②。不少墓例将位于两耳室的装饰元素或合并一壁，或分置两壁，通过特定的器物图像，视觉化地呈现出分属男女墓主的生活空间。从整体结构来看，宋金装饰墓极力模仿地上居所；从图像装饰来说，这些墓葬也反映出了富民阶层的生活场景、家庭组成。我们接下来需要思考的是，建墓者为何着重选择熨斗、

---

① 巫鸿提出王处直墓中的山水图像为男性墓主的象征，而花鸟屏风则可能与女性空间对应。见［美］巫鸿：《中国墓葬和绘画中的"画中画"》，上海博物馆编《壁上观——细读山西古代壁画》，北京：北京大学出版社，2017 年，第 304～333 页；另见［美］巫鸿：《中国绘画中的"女性空间"》，北京：生活·读书·新知三联书店，2019 年，第 222～231 页。

② 例如，宝山辽墓中的绘画题材也依据墓主的不同性别进行布局，宝山一号墓和二号墓的石室内部分别被塑造成为男性和女性空间。见巫鸿、李清泉：《宝山辽墓：材料与释读》，上海：上海书画出版社，2013 年，第 23～47 页。

剪刀、直尺等用具作为女性活动的象征？虽然该时期墓葬中的镜台、妆奁等元素也与女性活动相关，但是裁衣、熨烫、缝纫类用具似乎受到格外的重视。与此同时，象征男性墓主的视觉元素既包括笔架、笔、砚与墨锭等书写用具，偶尔也出现了长靿乌靴、展脚幞头等服饰，有时还以弓箭和箭囊等武器作为指代物，器用类型及其涉及的活动十分多样。

首先，熨斗、剪刀等用具所象征的活动皆与纺织生产有关，这实际上属于墓葬中表现妇功类内容的视觉传统，并非宋金时期的独创。纺织作为中国古代女性的基本生产活动，早在汉代时期就已经进入丧葬艺术的传统，与其内容相关的图像题材也多具有象征性的意涵，代表了该时期社会对理想女性的期待①。其次，不同时期、不同阶层的人们对于女性家庭角色的设想也存在着一定的差异。而就装饰墓所反映的情况来看，一方面，女性墓主在宋金时期富民阶层的家庭内具有非常重要的地位，这可由墓主夫妇二人对坐宴饮等画面所体现；另一方面，作为社会主导的男性对于生活模式以及女性的行为活动也有着特定的要求②。在该阶层中，人们期待女子勤俭持家，因此以女功类为主的活动在这种理想的生活模式与家庭分工中起到了关键性的作用③。同时，社会的外在要求也逐渐内化为女性的自我认知和评判标准。剪刀、熨斗等女红类用具也成为她们个人身份与家庭角色的重要象征。

四　视觉符号

河北井陉地区的一组墓群为我们理解熨斗、剪刀类组合的象征意义提供了进一步的信息。在井陉柿庄家族墓地发现的 14 座宋金墓中，8 座墓内都装饰了剪刀、熨

---

① 陈长虹考察了汉画中的纺织图，并梳理了纺织类图像的发展，指出女性纺织场景具有明确的象征意义。见陈长虹：《纺织题材图像与妇功——汉代列女图像考之一》，《考古与文物》2014 年第 1 期。

② 李会：《从宋代墓葬壁画看女性的地位与作用》，《中国国家博物馆馆刊》2011 年第 5 期。

③ 郑以墨也曾提出，中唐以后，社会中下层家庭的结构由"唐型家庭"转向"宋型家庭"，家庭女主人扮演着重要的角色，与之相适应，当时也出现对下层女性行为规范的约束。见郑以墨：《五代墓葬美术研究》，第 168 ~ 178 页。有关宋代女红在妇女生活中重要性的讨论，见［美］伊沛霞，胡志宏译：《内闱：宋代的婚姻和妇女生活》，南京：江苏人民出版社，2004 年，第 116 ~ 133 页；［美］巫鸿：《中国绘画中的"女性空间"》，第 233 ~ 277 页。

斗图像。最为有趣的是柿庄六号墓，其大致时代推测为北宋政和年间之后，墓内的壁画内容非常丰富。南壁东侧绘树木坡石，一牧童手持长鞭，身旁十只羊，其后尾随一犬；西侧画芦苇河边，一牧童赶牛三头、驴马各一匹，向东徐行。西壁南侧表现一树垂柳下，男墓主坐在椅上观赏伎乐，旁有侍者；北侧为长窗，窗下墨绘小猪，两侧雕剪刀、熨斗。北壁正中砌假门，两侧各辟一窗。墓室东壁画面右边绘一男子担水，旁砌三足灯檠，中间部分绘三名女子，其中二人双手拉帛，另一人熨帛，左侧为二名女子，一人开柜取衣，另一人作捶衣状，上部悬挂布帛衣物（图2.55）①。

图2.55　河北井陉柿庄六号墓东壁捣练图摹本（采自《考古学报》1962年第2期，彩版）

柿庄六号墓东壁上的壁画尤为引人注意，整个场景表现出捶打、熨烫纺织品的主要步骤，也因此被称作"捣练图"。其中在熨烫布帛的画面之中，熨帛女子还手持熨斗，展示出该器物在实际生活中的使用情况。更有趣的是，该墓不仅绘出了女性熨帛场景，还在与画面相对的西壁上直接雕出剪刀、熨斗，似乎不断在墓中强调裁剪、熨烫、缝纫等生产活动。

剪刀、熨斗是否与捣练的场景有关？我们首先需要了解捣练的文学与图像传统。捣练，有时又称"捣衣"，是唐宋时期制衣的重要工序。古代的"练"是一种生丝织品，需要煮熟后用砧杵捣练，以便脱去丝帛中的丝胶，使其柔软、更有光泽、更易于着色，然后熨平使用。这原本只是一种生产活动，后来逐渐被赋予了诗意化的内涵。中古时期流行一种以"捣衣"为名的诗歌，常常将捣衣活动进行文学化的加工，

---

① 　河北省文化局文物工作队：《河北井陉县柿庄宋墓发掘报告》，《考古学报》1962年第2期。

使其成为表达女性闺怨的重要题材①。唐代诗人王建的《捣衣曲》属于此类诗歌：

> 月明中庭捣衣石，掩帷下堂来捣帛。
>
> 妇姑相对神力生，双揎白腕调杵声。
>
> 高楼敲玉节会成，家家不睡皆起听。
>
> 秋天丁丁复冻冻，玉钗低昂衣带动。
>
> 夜深月落冷如刀，湿着一双纤手痛。
>
> 回编易裂看生熟，鸳鸯纹成水波曲。
>
> 垂烧熨斗帖两头，与郎裁作迎寒裘。②

诗中既有对浸练、捣练、熨练流程的生动记述，同时也包含了"秋天丁丁复冻冻"的闺怨意象。"捣衣"在文学中成为一种象征和符号。捣衣诗也带动了捣衣图类绘画的出现。根据张彦远《历代名画记》中的记载，东晋、南朝的不少名家如张墨、陆探微等都画过此类题材，可惜都未能留存下来。目前可见的最早的捣练图，发现于长安兴教寺遗址中的一个石槽上，石槽两边各刻一幅初唐时期的线刻画，表现立于庭院中的数名宫廷女性，身旁有山石、树木、修竹环绕，画面正中的四名女子手执细腰木杵，正在捣衣（图2.56）③。

图 2.56 长安兴教寺出土初唐石刻（采自《文物》2006 年第 4 期，第 71 页，图 2）

---

① 相关研究，见李晖：《唐诗"捣衣"事象源流考》，《华东师范大学学报（哲学社会科学版）》2000 年第 2 期；衣若芬：《闺怨与相思：牟益＜捣衣图＞的解读》，《中国文哲研究集刊》第 25 期，2004 年；石润宏：《宋词"捣衣"意象的变化》，《文学界》2011 年第 12 期。

② ［清］彭定求等：《全唐诗》，北京：中华书局，1999 年，第 3382 页。

③ 刘合心：《陕西长安兴教寺发现唐代石刻线画"捣练图"》，《文物》2006 年第 4 期。

另外一幅重要的作品是美国波士顿美术馆所藏的《捣练图》，传为宋徽宗摹唐代张萱之作。据学者研究，该图是一件 12 世纪初的摹本，底本可能出自 8 世纪中期[①]。整幅画面可分为三组人物：右侧描绘四名女子，两人一组，各执一木杵捣练；中间表现了两名女性团坐，正在络线、缝纫；左侧则展现烫熨的场景，两名女子将一匹练伸展开来，中间一妇人手持熨斗，身旁穿插煽火的少女和幼童，充满生活的意趣（图 2.57）[②]。如果我们将波士顿美术馆的《捣练图》与井陉柿庄六号墓中的捣练场景相比可以发现，两图在内容的表现上既有差异又有相似之处。

图 2.57　传宋徽宗摹唐张萱《捣练图》局部，绢本设色，美国波士顿艺术博物馆藏

首先，两画中的捣衣场景较为不同。波士顿美术馆的《捣练图》中描绘宫女对立持杵，布帛平铺于盆内，四人两两轮番进行捣杵。柿庄六号宋墓东壁左侧表现一女子坐于盆边，捶打浸泡在盆中的布帛，右侧绘挑水之人，应是挑水作浸泡、捶洗之用。这种差异在一定程度上反映出唐代以来丝绸精炼工艺的发展。唐代以前的精炼工艺主要是灰练、煮练和捣练。唐代开始采用胰酶剂精炼工艺对蚕丝中的丝胶进行溶解。至宋代，这一工艺得到普及[③]。所以，宋代以后的捣练法，由原来的四人站立执杵发展为两人对坐捶打，劳动强度大大减轻。晚唐以来的文献中也都记载有双人双杵对坐捣练的情况，"捣衣"已不再是制衣流程中最为重要的步骤。

① 黄小峰：《四季的故事：〈捣练图〉与〈虢国夫人游春图〉再思》，《美苑》2010 年第 4 期。

② 相关研究，另见陈继春：《唐张萱〈捣练图〉及其相关问题》，《文博》2007 年第 2 期；Lara Blanchard，"Huizong's New Clothes: Desire and Allegory in Court Ladies Preparing Newly Woven Silk," *Ars Orientalis*, vol. 36, 2009, pp. 111 – 135.

③ 钱小萍主编：《中国传统工艺全集·丝绸织染卷》，郑州：大象出版社，2005 年，第 168、169 页。

其次，这两幅作品都表现了女性熨烫布帛的活动。熨帛场景在波士顿美术馆《捣练图》中占据很大的比重。井陉柿庄六号墓则将熨帛场景置于整个东壁的中心。二者都反映出"熨帛"活动及其图像在中晚唐以来的流行。丝织物在脱水晾干后，往往还需熨烫处理，才能达到伸展平顺的效果。因为捣练在制衣工艺中的地位下降，熨烫丝帛的步骤开始凸显。据黄小峰的研究，也正是在晚唐以后，"熨帛"这一场景开始逐渐诗意化，成为一种独立的图像样式，既可以与捣衣图组合成序列，也可以单独成幅[1]。北宋郭若虚在《图画见闻志》中谈到周文矩时，曾提到"熨帛"图在当时作为单独的画题出现：

有"贵戚游春""捣衣""熨帛""绣女"等图传于世。[2]

元代柯九思在看过其画作之后，曾作《题周文矩〈熨帛士女图〉》

熨开香雾细裁缝，蜀锦吴绫五色浓。
云母屏前秋冷澹，自将纤手折芙蓉。[3]

"熨帛"意象在文学与图像中都成为了一种重要的题材。至明代，该题材发展为宫廷女性活动的代表，可与弈棋、观画等活动并列。

井陉柿庄六号墓东壁的捣练、熨帛场景就是在这样的文化背景中产生的。画面不仅图绘出了制衣的工艺流程，还在对面西壁上砖雕剪刀和熨斗器物。而这两个元素作为日常器用，代表了与"熨帛""裁衣"有关的女性活动。此类活动不仅在五代宋金制衣生产中发展为重要的步骤，而且由于文学化的加工，更是成为了具有象征意涵的视觉符号。也正是因为如此，熨斗和剪刀的重要性逐渐凸显，取代了其他与女功类相关的用具。同时，随着富民阶层的兴起以及理想家庭模式的建立，它们也逐渐成为了该阶层女性活动与空间的象征符号。

综上所述，宋金墓中装饰的剪刀、熨斗等组合反映了时人对家庭中女性角色、

---

① 黄小峰：《四季的故事：〈捣练图〉与〈虢国夫人游春图〉再思》，《美苑》2010年第4期。

② ［宋］郭若虚：《图画见闻志》卷三，于安澜编《画史丛书》，上海：上海人民美术出版社，1982年，第一册，第42页。

③ 宗典编：《柯九思史料》，上海：上海人民美术出版社，1985年，第134页。

行为的设定，它们与梳洗图等题材共同营造出一个具有象征意义的家居环境。需要特别注意的是，这类图像组合在墓葬中的出现，带有鲜明的地域、时代特征。剪刀、熨斗砖雕从最初见于晚唐、五代冀南与豫北地区的砖室墓，发展至北宋早中期豫中地区的仿木构砖室墓，其原本的寓意很可能与女性活动密切相关。然而，随着墓葬工艺、格套的传播，剪熨组合的象征性意涵在北宋后期豫中、豫西北、晋东南等地的砖雕壁画墓中逐渐消解，转而发展出了各类表现内寝环境的图像题材，并增添了人物的活动，包括女子梳妆、梳洗、侍婴等场景，更加直观且多样。

小　结

宋金时期的富民群体通过装饰墓来表达他们有关死后世界的想象。他们不仅仅在墓中模仿地面建筑，追求建筑外形的真实感，运用繁复的仿木构件和华丽的装饰图案，将墓室塑造成富丽堂皇的死后空间，同时还通过砖雕、彩绘等形式表现家庭陈设，描绘出宴饮、备食、伎乐、杂剧等人物场景，营造出吉庆家宅的建筑与视觉效果。这种家居化的特征与该时期盛行的夫妻合葬、家族合葬习俗相关联，人们通过营建丧葬进一步加强了家族意识与家庭延续。

本章还通过对墓壁上所表现的熨斗、剪刀等器物图像的考察，试图从墓葬中的元素和组合来看丧葬观念的发展。宋金装饰墓虽极力模仿生人的住宅，但对于建筑元素、家居陈设以及生活器用的选择大多包含特定的意图。墓内不仅描绘了以男女墓主宴饮为中心的家居活动，通过对器物元素的分析，还可以发现分属男女墓主的活动空间，其中女性墓主在家庭生活中扮演着十分重要的角色。这类与性别有关的元素体现出该时期庶民阶层理想化的家庭分工和角色设定。研究虽然聚焦于宋金墓葬中的图像细节，但由此可知，器物类图像不只是对器物的直观表现，还包含着深层次的象征内涵。这一推断实际上也可以扩展至墓葬中的其他图像题材，从墓内的仿木建筑构件到砖雕的家具和彩绘的人物，它们不仅仅是对地上家居生活的模仿，更是建墓者有意识选择的结果。

　　因此，毋宁说宋金时期装饰墓具有所谓的"世俗化"倾向，该时期的墓葬内容呈现出更加家居化、平民化的视觉特征。与唐代的装饰墓相较，它们既包含许多个性化的组成元素，墓葬的装饰和内容也暗含着丧葬空间的共通性与社会属性①。

---

① 洪知希在其有关五代宋金墓葬的研究中，也提出将墓葬的"世俗化"理解为"社会化"更为合理。见 Jeehee Hong, "Virtual Theater of the Dead: Actor Figurines and Their Stage in Houma Tomb No. 1, Shanxi Province," pp. 106 – 109.

第三章　家居场景与礼俗空间

第一节　墓主画像释读

中原北方地区的宋金装饰墓整体上表现出社会化的特征。建墓者通过仿木建筑构件、家具砖雕、人物图像营造了一个个生活空间，为墓主提供可以安居的幸福家园。前章中对于建筑、图像细节的讨论提示我们，图像背后往往具有更为丰富的内涵。本章需要进一步思考的是，墓葬中生活化的场景是否仅仅只是对现实生活的反映或对墓主死后享乐的设想？墓葬图像程序背后的逻辑又是什么？本研究将从墓主画像展开，集中考察宋金时期装饰墓中的主要图像题材，进一步理解这些题材的多层含义，探讨丧祭礼俗对墓葬空间设计与布局方面的具体影响。

一　墓主夫妇像

在宋金时期的装饰墓中，墓主夫妇画像是十分常见的图像题材。这类图像约从北宋中期开始在两京地区出现，随后逐步向周边扩散，成为中原北方地区广为流行的墓葬装饰[1]。有学者将墓主像出现的地域范围划为若干小区域，认为各个地区既有

---

[1]　有关墓主画像的重要讨论，张鹏：《勉世与娱情——宋金墓葬壁画中的一桌二椅到夫妇共坐》，《美术研究》2010 年第 4 期；易晴：《宋金中原地区壁画"墓主人对（并）坐"图像探析》，《中原文物》2011 年第 2 期；李清泉：《"一堂家庆"的新意象——宋金时期的墓主夫妇像与唐宋墓葬风气之变》，《美术学报》2013 年第 2 期。

时段上的差异，也有着不同的区域特色①。这一题材虽影响至河北、山东、陕西、内蒙古等地，但分布最为集中的地区主要包括豫西北、豫中与晋南地区。目前在洛阳、郑州一带发现的近百座带有壁画或砖雕的宋金墓葬中，过半数的墓内都表现了墓主夫妇对坐或共坐宴饮的场景。

宿白最早注意到墓主画像在宋金仿木构砖室墓中的流行。他在《白沙宋墓》中将白沙一号宋墓前室西壁上的墓主夫妇对坐图像与东壁上的乐舞图合称为"开芳宴"，并引罗烨《醉翁谈录》壬集卷一中所记载的张官人夫妇宴饮的情况加以说明："彩云更探消息，忽至一巷，睹一宅稍壮丽，门前挂斑竹帘儿，厅前歌舞，厅上会宴。……见一女子对坐一郎君儿似张官人……遂问青衣，此是谁家。青衣曰：此张解元宅……常开芳宴，表夫妻相爱耳。"② 唐代以来饮宴多奏乐，伴以乐色百戏等表演，墓室中宴饮、乐舞兼备的特征与当时伎乐之风的盛行可能存在一定的联系。单纯就图像来看，夫妇宴饮与乐舞场景作为墓葬中常见的图像题材，是否着重体现墓主夫妇恩爱、其乐融融，仍有待推敲③。然而，可以肯定的是，墓主夫妇像与宴饮、乐舞等题材的组合方式在中原北方地区的宋金墓中具有相当的普遍性，值得进一步探究。

宋金装饰墓中的墓主画像多表现为夫妇二人对坐或并坐，中间或前方设置一桌，桌上摆放食物、器皿，墓主身旁有侍者。例如，位于河南登封市西南部的箭沟宋墓，为南北向坐落的八角形单室砖券墓。墓主夫妇的宴饮图出现在西壁之上（图3.1）。画面上方绘横帐、幔帐、组绶与五彩香球。帐下椅上端坐男女二人，桌右侧为女性墓主，黄巾包头，着蓝色褙子；左侧的男性墓主头戴无脚幞头，身穿蓝色团领袍。两人身后立一名女侍，双手捧折沿盘，内放四盏。男性墓主身侧立三名侍者；女性

---

① 薛豫晓对墓主画像题材进行了分期分区研究，提出这些图像在北宋中期到晚期集中于豫北地区，在北宋晚期和金代集中于晋南地区，在元代集中于晋北、鲁北、河北与内蒙古地区；王丽颖则分析了河南、山西、河北、山东等地的墓主夫妇宴饮图，将其分成墓主夫妇二人共坐、对坐、分开就座或一人就座等不同的图像类型。见薛豫晓：《宋辽金元墓葬中"开芳宴"图象研究》，第40～43页；王丽颖：《中国北方地区宋金墓葬中宴饮图装饰研究》，第13～24页。

② 宿白：《白沙宋墓》，第48、49页。引文见［宋］罗烨：《醉翁谈录》壬集卷一，观澜阁藏孤本宋椠，东京：玉润馆印刷所，1940年。

③ 有学者认为开芳宴的图像题材着力于表现夫妇恩爱、家庭和睦的场面，应与其他的墓主夫妇画像区别，见薛豫晓：《宋辽金元墓葬中"开芳宴"图象研究》，第4、5页。

图3.1　河南登封箭沟宋墓西壁墓主夫妇宴
饮图（采自《郑州宋金壁画墓》，
第146页，图181）

墓主身前站立两名侍女，左侧侍女手捧
一枚圆形铜镜①。

　　墓主画像所处位置具有一定规律。
大部分宋金时期的仿木构装饰墓都坐北
朝南，墓门在南壁。北宋中后期的墓主
画像多位于墓室的西壁、西北壁上，偶
尔出现在北、东壁之上；北宋末期至金
代后期，墓主画像则大多占据主壁即北
壁的位置。墓主画像的位置不仅与时代
特征有关，同样也是区域传统的产物。
例如，在豫北至河北、山东等地的宋金
墓中，墓主夫妇像有时出现于东壁；晋
南地区的宋金墓倾向将墓主像置于北壁
之上②。从目前的考古发现来看，该场
景虽然因时代发展、地域特征而有所差
异，但在宋金时期，大部分墓室图像拥有相似的布局，墓主画像也多出现在西侧壁
或北壁上，并从西侧壁逐渐进入主壁③，保持了该场景在墓壁上的中心位置④。

　　河南济源东石露头村宋墓中的墓主夫妇宴饮图出现在墓室北壁之上（图3.2）。
画面上绘朱红、湖蓝横帐，横帐下两侧为方框屏风，屏风内为淡青垂帐。帐下中央
有一方桌，方桌后画折枝牡丹。桌上中央竖排四盏莲花盘，盘两侧有两个盏托，盏
托上放葵口带把盏。桌两侧有两把搭红色椅衣的直足直杖椅，椅上分别坐有墓主夫
妇二人，其两侧各立有一名侍女。桌左侧男主人头戴黑色方巾，外着白色窄袖襦和

---

① 郑州市文物考古研究所：《郑州宋金壁画墓》，第136～158页。
② 豫西北、豫中等地情况则较为复杂，西、北、东壁皆有出现。材料的梳理可见易晴：《宋金中原地区
　壁画墓"墓主人对（并）坐"图像探析》，《中原文物》2011年第2期。
③ 张鹏：《勉世与娱情——宋金墓葬壁画中的一桌二椅到夫妇共坐》，《美术研究》2010年第4期。
④ 虽然有学者提出了以假门或夫妇共坐图像为轴心的两种图像布局，但事实上，在不少例子中，假门被
　安排在主壁的位置，墓壁上的人物场景仍是以墓主为中心展开的。有关不同轴心图像布局的讨论，见
　刘未：《门窗、桌椅及其他——宋元砖雕壁画墓的模式与传统》，第227～235页。

图3.2　河南济源东石露头村宋墓北壁墓主夫妇宴饮图（采自《中原文物》2008 年第 2 期，
　　　　封三）

黑色团领袍，内穿紫红色内衣，足穿黑色幞头履。男主人身后侍女，双手托一个白
瓷唾盂，面向主人。桌右侧女主人，头梳包髻，白色高冠髻，系紫巾，外穿白色宽
袖褙子，内穿紫色、白色交领襦，下穿白色长裙，足穿白色云头履。女主人身后侍
女，双手托莲花形温酒碗，碗内放一个白瓷长嘴注子，亦朝向墓主夫妇①。

　　箭沟宋墓与济源宋墓中的墓主夫妇画像在中原北方地区的宋金墓葬中十分典型，
表现相似的画面元素与组合方式，暗示出固定的图像模式。该画面构成的主要元素
包括：墓主夫妇、侍者、一桌二椅、桌上所供托盏，以及卷帘、幔帐、屏风等室内
装饰。前文中提到，墓主夫妇对饮的场景在许多墓例中虽简繁不尽一致，但都具有
较为统一的特征：男女墓主多对坐或并坐于方桌两侧，男性墓主在左，女性墓主在
右；墓主人身侧各立一到二名男女侍者；桌上置有食物、器用或花卉；画面上方绘
有幔帐、组绶等，主人身后有屏风装饰。由于这类场景存在程序化的倾向，因此不
仅许多画面的组合方式与构成元素相近，很多时候墓主夫妇在面部与着装方面的刻
画也十分相似。

　　虽然墓主像的基本图式类似，但该题材的构图、形式在不同的墓葬中仍存在一
定的差异，图像元素的表现方式与组合关系也有变化。对墓主夫妇的描绘包括半身
像、全身像，以及夫妇共坐、并坐、独坐等不同的形式。部分装饰墓设置墓主夫妇
共坐场景。如山西汾阳五号金墓中在西壁的三开间格子门中表现了墓主夫妇二人端

---

① 　赵宏、高明：《济源市东石露头村宋代壁画墓》，《中原文物》2008 第 2 期。

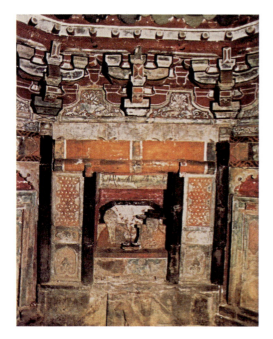

图 3.3　山西汾阳五号金墓西壁（采自《中国出土壁画全集·2·山西卷》，第 182 页，图 175）

坐椅上，面前至案，上置二盏，背后设屏风，上方为帷幔（图 3.3）①。也有墓例表现墓主夫妇一人一桌，分置两壁的情况。河南新安县梁庄宋墓中男女墓主分别绘于东、西两壁，为二人单桌独坐的表现形式（图 3.4）。墓主夫妇侧身落座于高椅上，身前为一方桌，方桌上摆托盏与盘，其身后各立三名侍者，皆面向墓主②。还有墓中设置一桌二椅，座椅空置或只绘出一位墓主人，前文中提到的河南登封城南庄宋墓便是如此。这种画面虽未直接绘出墓主夫妇，但却通过其他元素暗示了家具、器皿与侍者的拥有者，其功能也与墓主夫妇宴饮图基本相同③。

图 3.4　河南新安县梁庄宋墓墓壁展开图（采自《考古与文物》1996 年第 4 期，第 12 页，图 6）

① 山西省考古研究所：《山西汾阳金墓发掘简报》，《文物》1991 年第 12 期。
② 洛阳市文物工作队：《河南新安县梁庄北宋壁画墓》，《考古与文物》1996 年第 4 期。
③ 有关中原地区墓主画像不同样式的讨论，参看张鹏：《勉世与娱情——宋金墓室壁画中的一桌二椅到夫妇共坐》，《美术研究》2010 年第 4 期。

另外，在墓主宴饮场景中，侍者的数量与位置在不同的墓中也有所变化；室内家具陈设、器物摆放也有差别；对该题材的呈现分为彩绘、砖雕、雕绘结合、圆雕等多种方式。墓主人身后多以屏风作为背景，常见一桌二椅二屏的陈设。屏风是寻常的厅堂陈设，不仅模仿了地上家居环境，置于座位之后的屏风更是衬托了前方的人物，凸显出墓主夫妇在整个空间中的重要地位。山西汾西地区新近出土的大定二十二年（1182 年）金墓在墓室西北、东北两壁分别绘出男女墓主宴饮，二人各据一壁，袖手端坐于靠背椅上，两侧立侍者，前方一桌，桌上绘茶盏、果盘，身后立一屏风，屏风内墨绘山水画，屏风后可见栏杆，栏杆后为庭院盆景，绘有芭蕉、竹石等（图 3.5）①。墓主夫妇虽被分置两壁，但建墓者仍以桌椅、屏风的组合搭配来衬托主要人物。两幅画面笔法流畅、形态逼真，构图也与同时期的南宋宫廷人物画有相似之处，可能受到类似粉本的影响。

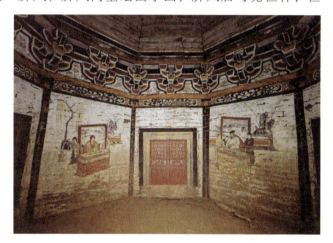

图 3.5　山西汾西郝家沟金墓墓室西北、北、东北壁彩绘
（采自《文物》2018 年第 2 期，第 14 页，图 5）

二　一桌二椅

宋金时期的墓主夫妇像普遍流行于中原北方地区。实际上，早在东汉时期，亡者的肖像便已出现在墓葬装饰之中。河北安平发现的熹平五年（176 年）墓中室右侧室内绘有墓主凭几端坐于帐中的肖像（图 3.6）②。这类画像是东汉至魏晋南北朝墓葬艺术中重要的图像题材，多于墓室正壁表现墓主端坐榻上、周围侍者环

① 山西省考古研究所、汾西县文物旅游局：《山西汾西郝家沟金代纪年壁画墓发掘简报》，《文物》2018 年第 2 期。

② 此墓的发掘报告参见河北省文物研究所编：《安平东汉壁画墓》，北京：文物出版社，1990 年。

图 3.6　河北安平逯家庄壁画墓中的墓主画像（采自《中国墓室壁画全集 1·汉魏晋南北朝》，第 84 页，图 94）

绕的场景①。有趣的是，墓主画像却鲜少见于唐代时期的墓葬。陕西地区的高元珪墓（756 年）②和北京宣武区发现的何府君墓③为目前仅见的两例绘有墓主像的唐墓。除此之外，数量众多的唐代壁画墓中都未曾发现对墓主形容的描绘④。该题材在五代时再度出现于墓葬空间，墓主多以石雕、铜像等形式塑造。例如，五代前蜀王建墓（918 年）后室石床上塑有端坐的墓主石雕，表现了王建身穿常服、头戴幞头的形象（图 3.7）⑤。我们虽可将其视为墓主题材的重新回归，但需要注意的是，这种三维立体的雕塑并不完全等同于魏晋南北朝时期以壁画形式表现亡者肖像的传统。

　　然而，至北宋中期，两京地区的墓葬中开始流行墓主夫妇对坐的画像，并迅速发展为中原北方地区墓葬装饰的核心题材。这里首先需要提出的问题是：墓主夫妇

---

① 郑岩考察了汉代至魏晋南北朝时期墓主画像的考古材料和相关文献，对画像禁忌、模式以及墓主画像与宗教偶像之间的关系进行了探讨。郑岩：《墓主画像研究》，山东大学考古学系编《刘敦愿先生纪念文集》，济南：山东大学出版社，1998 年，第 450～468 页。

② 贺梓城：《唐墓壁画》，《文物》1959 年第 8 期。

③ 王策、程利：《燕京汽车厂出土唐墓》，《北京文博》1999 年第 1 期；高小龙：《北京清理唐代砖室墓》，《中国文物报》1998 年 12 月 20 日。

④ 目前尚未有学者对墓主像少见于唐墓内的原因进行讨论，但汉唐墓葬中心与空间布局的差异很可能折射出丧祭文化的变革。相关问题仍有待研究者结合考古遗存与文献资料，从隋唐之际的社会文化出发进行深入分析。

⑤ 冯汉骥：《前蜀王建墓发掘报告》，北京：文物出版社，1964 年，第 38、39 页。王建墓并非孤例，杭州发现的吴越武肃王十九子钱元玩以及成都西门外王建妃嫔墓等同时期的墓葬中都出土了墓主石像。而这类墓主像既与唐代的写真艺术传统有关，另外也可能受到了佛教寺院塑像的影响，反映了死者企图永久保留有形之躯的愿望。相关讨论见李清泉：《墓主像与唐宋墓葬风气之变——以五代十国时期的考古发现为中心》，《美术学报》2014 年第 4 期。

像为何自北宋中晚期盛行于中原北方地区的墓
葬之中？这一题材再度出现的动因是什么？鉴
于目前有限的材料，若想全面回答上述问题仍
十分困难。但仅就墓葬艺术的发展而言，存在
几条线索可循：一是墓葬形制、工艺的发展引
发图像装饰题材的变化；二是当时社会的丧祭
文化对墓内空间的影响；三是宗教因素对整体
丧祭传统的激发和影响。有关这些内容的讨论，
可能有助于我们理解墓葬空间布局的改变与特
定图像题材的出现及流行。

图3.7 五代前蜀王建墓后室王建造
像及谥宝等出土情况（采自
《前蜀王建墓发掘报告》，图
版44.2）

墓主夫妇像中的核心要素是墓主夫妇与桌
椅。几乎所有的墓主夫妇宴饮场景中都出现了
桌椅的组合，尤以一桌二椅的陈设最为常见：
方桌常居于画面正中，桌两侧置两把直足直杖
椅，桌上摆放器皿与果品。许多研究者都曾注
意到"一桌二椅"的图像配置。宿白在《白沙
宋墓》中讨论过北宋中叶桌椅的普遍使用与一桌二椅的布局①。扬之水也提出一桌二
椅壁饰与晚唐至北宋高足家具的传入及广泛使用密不可分②。秦大树进一步指出，唐
末宋初仿木构砖室墓中桌椅的陈设方式可能直接影响了北宋以来的墓主夫妇对坐、
并坐的场景，该场景由"一桌二椅"题材发展、演变而来③。事实上，桌椅家具的确
是仿木构砖室墓中最为主要的装饰题材，这种陈设方式最初见于8世纪中期的唐墓。
例如，北京地区的唐代何府君墓中就在南壁上砌一桌二椅及衣架④；河北永年唐时清
墓（831年）西壁上砌有方桌，北壁上砌椅子与茶几⑤；山东临沂药材站一号唐墓则

---

① 宿白：《白沙宋墓》，第114页。

② 扬之水：《唐宋时代的床和桌》，《艺术设计研究》2012年第2期。

③ 秦大树：《宋元明考古》，第146页。

④ 高小龙：《北京清理唐砖室墓》，《中国文物报》1998年12月20日。

⑤ 董振修：《河北永年清理一座唐墓》，《考古》1966年第1期。

在西壁砖砌一桌二椅（图3.8）①；另外，河南登封唐庄中唐墓也在西壁上塑一桌二椅，桌上砖雕注壶、盏托②。上述区域的中晚唐墓中都出现了桌椅等高型家具，组合和位置并未固定，可将其视为一种刚刚兴起的模式③。而这一图像配置逐渐发展为墓室装饰的新题材，并影响了五代宋初的仿木构砖室墓④。

图3.8　山东临沂药材站一号唐墓墓壁展开图（采自《考古》2003年第9期，第94页，图4）

河南郑州二里岗北宋初年墓⑤与南关外宋墓⑥的西壁上都影塑有一桌二椅，北壁砌门窗，东壁塑衣架、灯檠。其中南关外宋墓的桌面上还雕有碗、盘、盏托、注壶等器皿。河北武邑龙店二号墓中的一桌二椅组合，除了在桌面上设注子、托盏外，桌右侧椅后还绘有一女性侍者的形象（图3.9）⑦。北宋神宗朝以后，这类题材在砖砌一桌二椅及杯盏的基础上，又加入彩绘或砖雕的墓主画像，最终形成了北宋中后期至金元时期广为流行的夫妇宴饮图。例如，河南新安城关镇宋村壁画墓在西壁上先砖砌一桌二椅，再在砖雕之上描绘墓主形容，以浮雕与彩绘一同呈现该场景（图3.10）⑧。与此同时，许多墓内虽出现了墓主夫妇形象，但仅设一桌二椅的墓例在中原北方地区仍有出现，具体可见河南安阳新安庄西地宋墓（1109年）⑨、河南辉县百

---

① 临沂市博物馆：《山东临沂市药材站发现两座唐墓》，《考古》2003年第9期。

② 张德卿、耿建北：《登封清理唐砖室墓》，《中国文物报》1998年6月10日第1版。另外，目前发现的饰有桌椅组合的唐五代墓葬还包括河北宣化唐张宗庆墓（877年）、河南洛阳伊川后晋孙璠墓等。

③ 庄程恒曾探讨过桌椅组合在中晚唐墓葬中的兴起，见庄程恒：《北宋两京地区墓主夫妇画像与唐宋世俗生活风尚之新变动》，第87页。

④ 例如，河南洛阳地区发现的五代墓都出现了一桌二椅的装饰，有学者甚至称其为"洛阳样式"。相关讨论，见黄剑波：《五代十国洛阳地区壁画墓设计样式研究》，《创意与设计》2016年第1期。

⑤ 裴明相：《郑州二里岗宋墓发掘记》，《文物参考资料》1954年第6期。

⑥ 河南省文化局文物工作队：《郑州南关外北宋砖室墓》，《文物参考资料》1958年第5期。

⑦ 河北省文物研究所：《河北武邑龙店宋墓发掘报告》，第323～329页。

⑧ 洛阳市文物工作队：《河南新安县宋村北宋雕砖壁画墓》，《考古与文物》1998年第3期。

⑨ 中国社会科学院考古研究所安阳工作队：《河南安阳新安庄西地宋墓发掘简报》，《考古》1994年第10期。

泉金墓①等。

就考古材料来看，宋代以降墓主夫妇对坐像的形成的确与影塑的"一桌二椅"题材紧密相关。需要注意的是，这种唐宋砖室墓中出现的桌椅组合并不仅仅是对家居陈设的模仿，与中原北方地区的丧祭仪式也颇为相关。桌椅陈设在唐宋时期民间的丧葬与祭祀活动中具有灵座的特殊寓意②。北宋欧阳修《归田录》载：

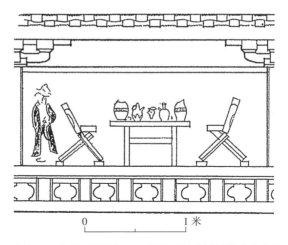

图 3.9　河北武邑龙店二号宋墓东壁线描图（采自《河北省考古文集》，第 326 页，图 5）

　　秘府有唐孟诜《家祭仪》、孙氏《仲飨仪》数种，大抵以士人家用台桌享祀，类几筵，乃是凶祭。其四仲吉祭，当用平面毡条屏风而已。③

文中提到的《家祭仪》《仲飨仪》都说明唐代士人的家祭仪式中已出现用台桌、几

图 3.10　河南新安县宋村壁画墓墓主夫妇宴饮图（采自《洛阳古代墓葬壁画》，第 368 页，图 4）

筵来享凶祭的做法。该传统在北宋中原地区的祭祀仪式中进一步发展。一些士庶之

---

① 新乡地区文物管理委员会、辉县百泉文物管理所：《河南辉县百泉金墓发掘简报》，《考古》1987 年第 10 期。

② 许多学者都提出墓中一桌二椅具有灵座的意义。见秦大树：《宋元明考古》，146 页；刘耀辉：《晋南地区宋金墓葬研究》，第 29～30 页；易晴：《宋金中原地区壁画墓"墓主人对（并）坐"图像探析》，《中原文物》2011 年第 2 期；李清泉：《"一堂家庆"的新意象——宋金时期的墓主夫妇像与唐宋墓葬风气之变》，《美术学报》2013 年第 2 期。

③ ［宋］欧阳修：《归田录·佚文》，北京：中华书局，1981 年，第 49 页。

家采取以桌椅魂帛设灵座的方式，摆香炉、杯注、酒果于桌上，将桌椅陈设作为重要的礼仪道具，使祭祀围绕着代表死者之位的灵座展开。而仪式中的元素正与墓壁上砖砌的方桌、托盏、酒注、果品相呼应①。有关宋代丧仪中灵座的记载，司马光的《书仪》有详尽描述，如卷五《丧仪一·魂帛》记：

> 魂帛结白绢为之，设椸于尸南，覆以帕。置倚卓其前，置魂帛于倚上，设香炉杯注酒果于卓子上，是为灵座倚。铭旌于倚左，侍者朝夕设栉额奉养之具，皆如平生俟。②

灵座在丧祭仪式之中代替亡者接受享祀，其中魂帛置于椅上，桌上则摆放注子、果品、香炉等。这些仪式中的用品或元素也都可见于墓壁装饰之中。除了桌椅与杯注酒果外，丧仪中设置的椸（衣架）也出现在仿木构砖室墓的砖雕与彩绘中。这种对应关系或许同样透露出墓壁装饰与丧仪相关的迹象。

司马光《书仪》卷八《丧仪四·虞祭》记：

> 是日虞……设酒一瓶于灵座东南，旁置卓子，上设注子及盏一，别置卓子于灵座前，设蔬果、匕箸、茶酒盏、酱楪、香炉。③

卷十《丧仪六·祭》再次提到桌椅设置：

> ［祭］前期一日，主人帅众丈夫及执事者洒扫祭所，涤濯祭器，设倚卓，考妣并位，皆南向西上。④

文献中频频出现的设桌椅、盏注、茶酒，表明以桌椅象征的灵座在当时的丧仪中扮演着重要角色。桌椅组合与灵座之间的联系也说明，唐宋时期的丧祭文化对中晚唐至北宋的仿木构砖室墓产生了相当的影响，使得一桌二椅与杯注酒果等

---

① 庄程恒在其文中也指出了墓壁上桌椅组合与杯注果品等物的丧仪、祭祀功用，见庄程恒：《北宋两京地区墓主夫妇画像与唐宋世俗生活风尚之新变动》，第 91～93 页。

② ［宋］司马光：《书仪》卷五《丧仪一·魂帛》，景印文渊阁四库全书，台北：台湾商务印书馆，1983年，第 142 册，第 487 页。

③ ［宋］司马光：《书仪》卷八《丧仪四·虞祭》，第 510 页。

④ ［宋］司马光：《书仪》卷十《丧仪六·祭》，第 521 页。

逐渐进入墓葬空间。而这种图像场景在模仿世俗家居陈设的同时，还兼具灵位的深层内涵。

北宋中期以后流行的墓主夫妇场景似乎是将墓主画像与一桌二椅元素结合起来的产物，在灵座的基础上加入墓主的肖像，以更为具象的形式再现亡者。这种结合一方面可能源于中原北方地区墓葬传统自身的延续与发展，另一方面也与唐五代以来祭祀用影的习俗有关①。将亡者画像置于室内的"像设君室"之说，早在先秦时期便已出现。关于祖先画像的记载也见于汉魏以来的文献，例如，东汉赵岐"自为寿藏"画像②，曹休"见壁上祖父画像，下榻拜涕泣"③ 等。然而，早期的祖先影像并未专用于丧祭场合，远离特定的祭祀目的。

中晚唐以来，民间逐渐兴起了将亡者的影神、写真用于祭祀的习俗。首先，这可能受到了佛寺高僧影真塑像传统的影响。据姜伯勤所考，中古敦煌地区的寺院流行僧俗写真，常称为"邈影""邈真"，主要设于寺院的真堂、净室、影堂之内供人瞻仰与祭祀④。敦煌藏经洞文书中发现的九十余篇邈真赞为我们提供了有关方面的详细资料。许多佛寺都曾设立真堂供养本宗或本寺高僧。例如，晚唐敦煌灵图寺有陈设僧官影像的真堂，在堂中"图形绵帐，邈影真堂"⑤。类似设置在当时很可能与庙堂的布局有关，为佛堂与真堂的结合。除了敦煌佛寺真堂中的僧俗影像，其他地区也出现了类似的遗像或画帐，设置在寺院中供人瞻仰。

佛教的影真传统对唐宋时期的世俗社会也造成了很大的影响。儒家庙堂、道教

---

① 易晴、李清泉在对宋金墓主夫妇画像的讨论中都考虑到地上影堂的影响。易晴：《宋金中原地区壁画墓"墓主人对（并）坐"图像探析》，《中原文物》2011 年第 2 期；李清泉：《"一堂家庆"的新意象——宋金时期的墓主夫妇像与唐宋墓葬风气之变》，《美术学报》2013 年第 2 期。

② ［南朝宋］范晔：《后汉书》卷六十四《吴延史卢赵列传第五十四·赵歧》，北京：中华书局，1965年，第 8 册，第 2124 页。

③ ［晋］陈寿：《三国志》卷九《魏书九·诸夏侯曹传第九》，北京：中华书局，2006 年，第 170 页。

④ 姜伯勤：《敦煌的写真邈真与肖像艺术》，姜伯勤著《敦煌艺术宗教与礼乐文明》，北京：中国社会科学出版社，1996 年，第 77～92 页。关于敦煌邈真像的研究，另见沙武田：《敦煌写真邈真画稿研究——兼论敦煌画之写真肖像艺术》，《敦煌学辑刊》2006 年第 1 期。除真堂、影堂外，敦煌地区还于石窟内塑绘都僧统或高僧的影像，参看张景峰：《敦煌莫高窟的影窟及影像——由新发现的第 476 窟谈起》，《敦煌学辑刊》2006 年第 3 期。

⑤ 郑炳林：《敦煌碑铭赞辑释》，兰州：甘肃教育出版社，1992 年，第 448 页。

宫观、民间的生祠都开始设像以祭①。例如，开元寺中供奉的玄宗御像，为祭祀所用，以供三时奠祭②。五代至北宋时期，祭祀用影更加普遍。如后梁太祖被杀后，旧臣寇彦卿"图御容以奠之"③。"御容"此后渐成为先帝肖像的专有名词。祭拜先朝御容的制度始于宋真宗之时，景德四年（1007 年）神御殿的创建似为该定制的确立④。皇室于敕建的殿堂及各地供奉先帝御容并如期祭祀，皇后御容也有专门的供奉场所。

除皇室外，一般的士庶之家也多祭奠用影。宋王禹偁谈到家庙之时说：

> 祭祀其先，以木为神主，示至敬也。唐季以来，为人臣者此礼尽废，虽将相诸侯多祭于寝，必图其神影以事之。⑤

宋代民间既有影祭的风俗，设置影堂也十分流行。司马光《书仪》中记载了一系列围绕影堂所展开的丧祭活动⑥。在士庶之家不可立庙的规定之下，影堂在丧祭活动中起到相当重要的作用，成为了祖先祭祀的主要场所。然而，影堂中的仪式虽受到提倡，祭祀用影在儒家的标准下并不符合礼仪，也因此遭到宋儒们的反对⑦。程颐明确提出：

> 庶人祭于寝，今之正厅是也。凡礼，以义起之可也。如富家及士，置一影堂亦可，但祭时不用影。⑧

---

① 有关唐宋高僧影真及该时期设像以祭传统的讨论，见李清泉：《墓主像与唐宋墓葬风气之变——以五代十国时期的考古发现为中心》，《美术学报》2014 年第 4 期。

② 郑炳林：《敦煌写本邈真赞所见真堂及其相关问题研究——关于莫高窟供养人画像研究之一》，《敦煌研究》2006 年第 6 期。

③ ［宋］薛居正等：《旧五代史》卷二十《梁书二十·寇彦卿传》，北京：中华书局，1976 年，第 278 页。

④ ［元］脱脱等：《宋史》卷七《真宗纪二》，第 132 页。北宋神御研究，可参看 Patricia Ebrey, "Portrait Sculptures in Imperial Ancestral Rites in Song China," *T'oung Pao*, vol. 83, 1997, pp. 42 – 92；［日］山内弘一：《北宋时代の神御殿と景灵宫》，《东方学》第 70 辑，1985 年，第 46 ~ 60 页。关于皇室影祭制度始于北宋的观点，雷闻提出异议，认为在祖先图像前献祭为唐朝流行的一种风气，且这种祭祀方式与制度性宗教相结合，见雷闻：《郊庙之外：隋唐国家祭祀与宗教》，北京：生活·读书·新知三联书店，2009 年，第 101 ~ 108 页。

⑤ ［宋］王禹偁：《小畜集》卷十四《画纪》，景印文渊阁四库全书，第 1086 册，第 138 页。

⑥ 相关讨论，见赵旭：《唐宋时期私家祖考祭祀礼制考论》，《中国史研究》2008 年第 3 期。

⑦ 关于儒家对偶像崇拜的态度，参看［日］小岛毅：《儒教の偶像観——祭礼をめぐる言説》，东大中国学会编《中国の社会と文化》第 7 号，1992 年，第 69 ~ 82 页。

⑧ ［宋］程颢、程颐：《河南程氏遗书》卷第二十二《伊川先生语八上·伊川杂录》，《二程集》，北京：中华书局，1981 年，第 286 页。

司马光《书仪》卷五《丧仪一·魂帛》中写道：

> 然世俗或用冠帽衣履装饰如人状。此尤鄙俚，不可从也。又世俗皆画影置
> 于魂帛之后。①

程颐等人虽然反对祭祀场合使用影像，并将此风气视为"鄙俚"之举，但祭祀
用影在当时未曾稍减，直至元代依然流行②。这种影堂和写真在追思与祭奠先人时相
当有效。如南宋牟巘在《题赵主簿遗像》中写道：

> 后世之俗，生则绘其像，谓之传神；殁则香火奉之，谓之影堂。礼生非古，
> 然方其彷徨四顾，思亲欲见而不得，忽瞻之在前，衣冠容貌，宛如平生，则心
> 目之间，感发深矣。像亦不为徒设也。③

在这样的社会与文化背景下，宋金时期富裕的平民阶层在丧祭活动中积极地采
用肖像的形式。虽然设置于影堂中的肖像与墓壁上的墓主画像性质并不完全相同，
但影祭的传统很可能逐渐辐射，并影响了唐宋之际的墓葬装饰，使得祖先影像不仅
用于丧仪、祭祀之中，也开始出现在墓内空间中。墓主像与祭祀的关联，正好成为
了联结地上影堂与地下墓室之间的纽带④。

墓主画像与影堂中供奉的先人肖像不仅具有相近的形式、含义，在所处位置上
也十分类似。洪知希提出，一桌二椅组合或墓主画像多出现于墓室西侧壁之上，这
个方位可能也与宋代家庙的方位有关⑤。祭祀用影和墓主画像在视觉表现上的相似

---

① ［宋］司马光：《书仪》卷五《丧仪一·魂帛》，第 487 页。

② 有关金元祭祀用影与御容的讨论，参见尚刚：《蒙、元御容》，《故宫博物院院刊》2004 年第 3 期。有
　关民间祭祀用影的讨论，另见孙晶：《历代祭祀性民间祖影像考察》，中国艺术研究院硕士学位论文，
　2009 年。

③ ［宋］牟巘：《陵阳集》卷十五，景印文渊阁四库全书，第 1188 册，第 132 页。

④ 李清泉：《"一堂家庆"的新意象——宋金时期的墓主夫妇像与唐宋墓葬风气之变》，《美术学报》
　2013 年第 2 期。

⑤ 宋儒在对家庙祖先位的探讨中提到："士大夫必建家庙。庙必东向，其位取地洁不喧处……以太祖面东。"这
　一说法而后引起质疑，刘孙对《家礼》的注释中解释为："庙向南，坐皆向东，伊川于此不审……。"而
　这些争论都流露出当时祖先位在西朝东的布局，也在一定程度上解释了墓主画像的方位意义。相关讨论
　见［美］洪知希：《"恒在"中的葬仪：宋元时期中原墓葬的仪礼时间》，第 201～203 页。

性，也可以帮助我们理解该时期丧祭文化对于墓室装饰的影响。

三　奉养对象

北宋时期的石棺前挡上也刻画了墓主夫妇对坐宴饮的场景。河南宜阳县莲花庄乡坡窑村宋墓出土一具画像石棺。该石棺上的纹饰、人物均为单线阴刻。盖顶为缠枝牡丹图案，底座四周为连续卷云纹，前挡刻墓主夫妇画像，后挡为收获图，石棺两帮各刻五幅孝子图。位于前挡的墓主画像描绘了墓主夫妇二人饮茶的场景（图3.11）。画面正中为一四足长方桌，桌上放一注、二盏、四果盘，墓主夫妇以四分之三侧面对坐于方桌两旁的靠背椅上，桌右侧女主人头戴冠，着交领窄袖拖地裙，双手捧茶杯，身后左右拱手站立两女侍；左侧男主人头戴巾，身着圆领窄袖袍服，双手捧茶杯。身侧两女侍皆面向男主人，双手捧盘与果品①。

图3.11　河南宜阳莲花庄乡坡窑村宋代画像石棺前挡线描图（采自《文物》1996年第8期，第48页，图6）

宜阳北宋画像石棺上的墓主夫妇像与宋金时期仿木构砖室墓中的墓主夫妇宴饮场景十分相近，都是以侧身对坐的形式展示墓主形容。这使我们联想到了同时期的影神与写真，台北故宫博物院所藏的宋代帝后像，或为全身，或为半身，多以相似的侧身落座方式来呈现。图3.12中的宋神宗帝后像显示出二人皆坐在靠背高椅之上，以四分之三面的角度面对观者，表现出人物的外貌特征，这也可能是当时祭祀用影的主流样式。宋代宫廷中有专写皇帝神御的肖像画家，牟谷、僧元霭、僧维真、朱

---

① 洛阳市第二文物工作队、宜阳县文物管理委员会：《河南宜阳北宋画像石棺》，《文物》1996年第8期。

渐等都曾画过皇帝御容。
这类肖像安奉于神御殿等
场所，具有供奉与祭祀对
象的功用①。例如，王端
等为宋真宗绘制遗容；而
宋哲宗晏驾后，"群臣瞻
大行皇帝画像于集英殿，
哭尽哀而出"②。

宋金时期民间也流行
专业画工写照传神，设棚

图3.12 宋神宗帝后像，绢本设色，台北故宫博物院藏

画肆任其事，例如，宋代的李云士、程怀立都为善写影神的高手③。当时虽存在为生
者画像的风俗，但许多写像在亡者死后所作，具有图形存影的功用④。元祐年间，司
马光卒，"京师之民皆罢市往吊，画其像，刻印鬻之，家置一本，饮食必祝焉"⑤。
这些画像在民间的家庙、影堂、寝室等处安放之时，前方常置时果以为祭享。墓葬
空间内虽无可能如地上家庙或影堂那般进奉时馔，但墓主夫妇间方桌上所置的杯注
果盘，正是以直观的视觉形式表现出供奉之意。

北宋至金元，墓主夫妇像的构图与表现进一步发展，越来越向祭祀用影的形式
靠拢。例如，山西汾阳东龙观王立墓（1195 年）的北壁绘墓主夫妇画像（图 3.13）。
男性墓主头戴黑色巾子，身着白色圆领袍服，右手持红色念珠，左手扶膝，以正面
端坐于画面正中。两侧各有一名女性墓主，似为墓主的妻室，皆身着长褙子，拢袖
而坐。墓主身前的方桌两侧各绘一名侍者，拱手而立，身材体量明显小于墓主⑥。在整

① 相关讨论，可参 Patricia Ebrey, "The Ritual Context of Sung Imperial Portraiture," in Cary Y. Liu and Dora
   C. Y. Ching eds., Arts of the Sung and Yuan: Ritual, Ethnicity, and Style in Painting, Princeton, N. J.: Art
   Museum, Princeton University, 1999, pp. 69 – 93.

② ［宋］李涛：《续资治通鉴长编》卷五百二十，第 12385 页。

③ 有关讨论，见陆锡兴：《影神、影堂及影舆》，《中国典籍与文化》1998 年第 2 期。

④ 有关宋代肖像画的研究，见朱志学：《两宋"写真"的社会功能研究——根据两宋史料对宋代绘像重
   构》，首都师范大学硕士学位论文，2007 年。

⑤ ［宋］李涛：《续资治通鉴长编》卷三百八十七，第 9415 页。

⑥ 山西省考古研究所等：《汾阳东龙观宋金壁画墓》，第 80～93 页。

图 3.13　山西汾阳东龙观王立墓北壁墓主夫妇像（采自《汾阳东龙观宋金壁画墓》，彩版 118）

图 3.14　内蒙古赤峰元宝山元墓北壁墓主夫妇像（采自《文物》1983 年第 4 期，彩色插页）

个画面中，作为中心的、并排而坐的墓主及妻妾三人，目光皆正视前方，与宋墓中常见的夫妇对坐宴饮形象相比，似乎更接近于稍后时期家祭时使用的先人影神。将墓主表现为正面坐像，虽是汾阳等地金墓的区域特征，但同时也暗示着金墓内墓主画像礼仪功能的渐趋加强。这种对称的、正面的墓主像被刻画于墓室后壁中心，呈现出宗教艺术中偶像式肖像的典型特征：正面危坐的画像形成开放式的构图结构，突出了图像与画面外空间的联系。在中国古代艺术中，此类"开放式"的构图与宗教功能密不可分，通常以一个假设的观者或膜拜者为前提，用画像与其直接交流①。汾阳东龙观金墓中使用这种正面偶像式的表现形式，其用意可能也与宗教偶像相近，旨在强调墓主作为整个墓葬图像系统的中心，甚至是该空间内供祀的焦点。

这种供奉之意在随后的元墓中体现得更加明确。大部分墓主像都从对坐模式转

① 巫鸿提出对称构图和正面的形象是各种宗教艺术表现神像最常见的特征，这种构图很可能是印度佛教艺术进入中国时带来的样式。参见［美］巫鸿：《武梁祠：中国古代画像艺术的思想性》，第 149～157 页。

向了正面并坐的形式，并通过壁面题记和神主牌位等元素标示其祭祀功能。内蒙古赤峰元宝山元墓墓室正壁上绘有墓主夫妇并排而坐的场景（图3.14）。画面表现了宽阔的帷帐之下，男女墓主人左右并坐，其侧后方立一男一女两名侍者。男主人居右，头戴圆顶帽，身穿右衽窄袖长袍，脚穿高靴，左手扶膝，右臂搁在座椅的卷云形扶手上。女主人居左，盘髻插簪，身穿左衽长袍，脚穿靴，袖手端坐①。除去蒙元时期的人物服饰、方位等差异外，墓主夫妇画像的场景仍继续了宋金墓中作为图像中心的特征，其形式也与同时期的御容较为相似，可推测为墓内奉养如平生的对象。

　　除了墓壁上墓主形象的明确表现，与灵座相关的桌椅也是标示墓主所在的象征符号。宋金仿木构砖室墓中还以墓壁上彩绘或砖雕的空椅形式呈现墓主的存在。这种"虚位以待"的形式在一定程度上既是一桌二椅组合的延续与发展，又与墓中奉养的礼仪功能相关。巫鸿提出，事实上，至少在东汉早期就已经出现了再现亡者的不同方式：一种是以画像直接描绘墓主；另外一种则通过空置的灵座形式标明墓主，将其表现为无形的存在②。类似的灵座见于许多汉墓，例如湖南长沙马王堆汉墓北部头箱的部分就布置出了一个没有肖像的座位，通过陈设在座位四周的器物显示墓主轪侯夫人的存在；河北满城汉墓则在墓内前室设置出由金属支架和丝织帷幕构成的空位，并通过座位四周的器物、陶俑来表现祭祀空间③。

　　在宋金装饰墓中，虚位以待的空椅可划分为两种形式。第一类为唐五代北宋早中期的简单型仿木构砖室墓，墓中常砌假门及窗，装饰一桌二椅、灯檠、衣架、柜等家具以及少量器物，却很少表现人物活动。属于这一类空椅的形式十分普遍。第二类则偶尔见于宋金时期的墓葬，墓壁上彩绘或砖雕家居陈设和人物场景，建墓者似乎有意将一桌二椅中的靠背椅空置出来，有时空椅甚至正面摆放，以强调它的中心地位。例如，在山东淄博地区清理的一座宋金时期的壁画墓中，墓室后壁上绘帷帐与二名侍女。前一名侍女手捧漆盘和托盏，后一名侍女手捧容器，皆立于帐侧。帐内两侧画隔扇，隔扇内设一空椅，椅后有山石屏风，椅前置一方桌，桌

① 项春松：《内蒙古赤峰市元宝山元代壁画墓》，《文物》1983年第4期。夏南悉也对该墓墓主像进行了讨论，参看 Nancy Shatzman Steinhardt, "Yuan Period Tombs and Their Decoration: Cases at Chifeng," *Oriental Art*, vol. 36, 1990, pp. 198–221.
② ［美］巫鸿：《黄泉下的美术：宏观中国古代墓葬》，第70~72页。
③ 有关墓中灵座的讨论，见［美］巫鸿：《黄泉下的美术：宏观中国古代墓葬》，第66~70页。

上摆盘盏与供品（图 3.15）①。方桌之后的空椅类似于丧祭之中的灵座，而屏风作
为背景家具，也暗示着墓主之位。宋陈祥道《礼书》卷四十五中明确写道："会有
表，朝有着，祭有屏摄，皆明其位也。"② 可见屏风也成为了标明尊者、祭祀之位
的道具。桌椅、供品、屏风不仅暗示出该空间内墓主的所在，更是标明了祭祀、
供养的空间。

图 3.15　山东淄博宋金墓后室壁画（采自《华夏考古》2003 年第 1 期，彩图 2）

巫鸿曾探讨过这一形式在古代中国艺术中作为特殊的视觉技术所具有的意义：
"这种'座'所标志的是一种'位'，其作用不在于表现一个神灵的外在形貌，而在于
界定他在一个礼仪环境中的主体位置。"③ 空位通常以标记而非描绘的方式表现祭祀
场合中的主体。这种视觉技术正可以解释山东淄博宋金墓中的情况。在该墓中，方
桌后空置的靠背椅代表着墓中视觉的焦点，建墓者虽然具有描绘人物形容的技术和
能力，但却仍然采用了空椅的特殊形式。这正是由墓葬的深层内涵与象征意义所决
定，旨在以常用于祭祀场合的空位来标示墓内供奉的对象。

河南焦作的金代邹瑹墓（1199 年）中也发现了相似的案例。该墓为青石筑成的
四方覆斗形顶的单室墓。墓室周壁的青石上刻有各种阴刻画像，线条流畅，刻功精

---

① 　许淑珍：《山东淄博市临淄宋金壁画墓》，《华夏考古》2003 年第 1 期。
② 　[宋] 陈祥道：《礼书》卷四十五，景印文渊阁四库全书，第 130 册，第 274 页。
③ 　[美] 巫鸿：《无形之神——中国古代视觉文化中的"位"与对老子的非偶像表现》，巫鸿著，郑岩等
　　译：《礼仪中的美术：巫鸿中国古代美术史文编》，北京：生活·读书·新知三联书店，2005 年，第
　　512～513 页。

细。北壁当中刻有修墓铭记，两侧各有一张方桌，四周帷幔，桌上置杯盏果馔，桌后置空椅，椅旁各立男女两名侍者（图 3.16）。东壁为侍者备食与温酒的场景；西壁为大曲表演；南壁上刻十一幅孝子图①。除了面积较小的孝子故事外，墓内图像以围绕空椅的宴饮、备食与散乐场景为主。墓室北壁虽未描绘出墓主形象，却通过正中的两对桌椅界定出其位所在，提供了礼仪环境中的供祀主体。此外，根据袁泉的研究，金元时期的燕云地区还出现以帷幔屏风代替墓主夫妇像的形式，也是一种"位"的塑造。墓室中屏风与墓主图像或是棺床的组合关系，很大程度上是为了供奉墓主、营造祭祀氛围②。

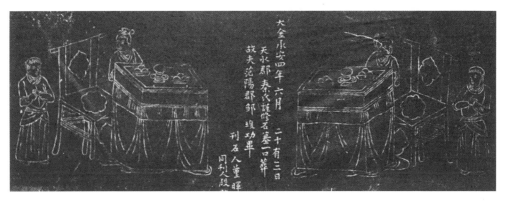

图 3.16　河南焦作金代邹瑗墓北壁石刻（采自《洛阳古墓博物馆》内部资料，第 50 页）

　　除了墓主肖像与空椅等形式，前文中还提到宋金时期的许多墓例还通过特定的视觉符号，分别呈现出男女墓主在墓葬空间中的存在。熨斗、剪刀、直尺及妆奁等器物常作为女性墓主的象征物，而象征男性墓主的图像元素包括笔架、笔、砚与墨锭等书写用具，长靿乌靴、展脚幞头等服饰，以及弓箭和箭囊等武器。这种通过用具和器物表现墓主夫妇存在及其活动的方式，并非该时期墓葬艺术的新特征。然而，不论墓葬中以具象还是非具象的形式再现、指代墓主，这些模式总体上都流露出墓内礼仪元素逐渐增多的趋势。对不同形式的选择不仅反映出个人及丧家的偏好，同时也与墓葬艺术的地域传统与时代风格紧密相关。

---

① 河南省博物馆、焦作市博物馆：《河南焦作金墓发掘简报》，《文物》1979 年第 8 期。

② 袁泉：《物与像：元墓壁面装饰与随葬品共同营造的墓室空间》，《故宫博物院院刊》2013 年第 2 期。

第二节　备食、戏曲题材的功能

上文考察了宋金时期装饰墓中的墓主像及其特征。该题材不仅描绘了墓主的形容，同时标记出墓葬空间中的供祀对象，具有奉养墓主夫妇如平生的深层内涵。墓主画像在墓内常作为整个图像系统的中心，壁面上的其他装饰题材围绕其展开。不同墓葬以各种方式在墓内强调这一场景的重要地位：有时出现在墓壁上较为突出的位置；有时以浮雕的形式使宴饮画面更具有立体感；有时则以各壁场景间的联系凸显墓主像作为墓内图像系统的核心。正是因为如此，许多宋金墓中都存在图像题材间的固定组合：墓主夫妇宴饮图的两侧常绘有室内生活场景。其中，庖厨备馔、乐舞杂剧为装饰墓中最为重要的图像题材。墓主像和宴饮、伎乐、备食等活动的组合看似与日常家居有关，但我们需要进一步考虑：这些成组存在的图像配置说明了什么？是否仅是生活场景的简单再现？它们又如何与作为供奉对象的墓主肖像相结合？整个图像题材的背后是否存在一个统一的设计理念？

一　"香积厨"与"茶酒位"

通过分析图像题材在宋金时期装饰墓中的分布情况可知，备食和戏曲类题材最常与墓主像搭配组合。根据庄程恒的统计，仅两京地区发现的20余座绘有墓主夫妇画像的宋墓中，就出现散乐题材11处，庖厨备食题材8处，二者同时出现的也有5处，足见这些题材在当时作为稳定的图像配置①。

例如，河南安阳小南海宋墓中表现了墓主夫妇宴饮与庖厨、杂剧场景的组合（图3.17）。该墓在东壁砖砌一桌二椅，椅上绘墓主夫妇对坐宴饮，屏风两侧又绘四名男女侍者以及衣架等物；西壁刻画为墓主准备酒食的四名侍者；南壁绘杂剧演员，

---

① 庄程恒：《北宋两京地区墓主夫妇画像与唐宋世俗生活风尚之新变动》，第83~122、93页。

图 3.17　河南安阳小南海宋墓墓壁展开图（采自《中原文物》1993 年第 2 期，第 75 页，图 2）

正在为墓主夫妇表演①。除此之外，河南登封箭沟宋墓②、登封黑山沟宋墓③、新密下庄河宋墓④、洛阳新安李村宋四郎墓⑤等也都在墓壁上表现出围绕墓主画像展开的备食与散乐场景，暗示着墓主夫妇宴饮与乐舞、备馔之间存在内在联系。仅就相关的文献材料来看，这种联系确实可视作墓主夫妇生活和睦的体现，正如宿白将白沙一号宋墓中墓主夫妇对坐赏乐的场景称为"开芳宴"时，提到"厅前歌舞，厅上会宴"的记载⑥。但该题材存在的意义与功能很难以"模拟或再现家居生活场景"的说法一笔带过，还是需要进一步考虑它们与丧葬礼俗的相关性。

　　河南洛宁县北宋乐重进画像石棺（1117 年）也提供了墓主与备食、散乐题材的组合配置。该石棺前挡为墓主人乐重进之像。画面背景为堂屋，正中置一靠背椅，

①　李明德、郭艺田：《安阳小南海宋代壁画墓》，《中原文物》1993 年第 2 期。

②　郑州市文物考古研究所：《郑州宋金壁画墓》，第 136 ~ 158 页。

③　郑州市文物考古研究所：《郑州宋金壁画墓》，第 89 ~ 91 页。

④　郑州市文物考古研究所：《郑州宋金壁画墓》，第 31 ~ 41 页。

⑤　洛阳市文物管理局等：《洛阳古代墓葬壁画》，第 398 ~ 409 页。

⑥　宿白：《白沙宋墓》，第 48 ~ 49 页。

上端坐一老者，笼手，头戴朝天幞头，着圆领宽袖服。老者面前置一长方形桌，桌上放台盏、果品。其两侧各恭立一名女侍，左侧女侍双手捧注。桌两侧各站立一名乐伎，桌前左右亦躬身站立一乐伎，似正在表演。散乐表演两侧，各有一架屏风。左侧屏风前为一桌，桌上放二高足杯、一台盏、一盘果品。桌后两侧各立一侍女，左侧侍女端茶杯，右侧侍女双手端盘。桌前左侧立一侍女，双手扶轮在槽中碾茶。右侧屏风前的桌后立一女侍，双手端碗，另一名侍者对面站立，手端酒杯。桌前一侍女双手端圆盘，盘上放一注子①。备茶、备酒与散乐表演一同出现在该幅画面之中，并对称布局，将墓主置于画面中心，使其成为侍者供奉、散乐表演的对象。

　　对称的布局方式在宋金装饰墓中十分普遍。位于山西大同的徐龟墓（1161 年）墓室呈方形，东、北、西三壁上皆彩绘壁画。北壁画卷起的竹帘与帷幔，下部两侧各立一侍者，西侧为男童，朝右袖手恭立，东侧侍女，面左作恭候状。西壁的散乐侍酒场面颇大，十分引人瞩目（图 3.18）。画面上方绘竹帘与帷幔，左后侧有敞开的板门。左侧置一长方形褐色高桌，四周围以带蓝色条带的浅绛色桌围。桌上放高足方盘、莲瓣形盏、荷叶形注、盒、盆等各种精美的器皿，器中还盛放着不同的果品。高台下方有一矮桌，桌上方置黑色酒坛，其上分别贴有带"琼□"和"金□"字样的签条。高桌左侧有一侍女双手捧瓶侧身注酒，右侧绘一名女子坐琴台前弹拨七弦琴。高桌及抚琴女子后有七名侍女成排站立，左起第一人执笔，第二人双手执团扇，第三人奏乐，第四人吹笛，第五人击拍板，第六人双手持注壶，第七人双手捧一上承荷叶盏的方盘。东壁壁

图 3.18　山西大同徐龟墓西壁散乐侍酒图（采自《考古》2004 年第 9 期，图版 1）

---

① 李献奇、王丽玲：《河南洛宁北宋乐重进画像石棺》，《文物》1993 年第 5 期。

画大多毁坏，仅见上部卷帘和垂幔，下部最北侧可见一侍女双手捧一盛有托子和盏碗的曲沿方盘。其右边另有一侍女，形象不能详辨①。据推测整幅壁画很可能表现备茶或备馔的内容。该墓中虽未绘墓主夫妇画像，但却仍以北壁为中心，备馔、散乐东西壁对称分布。

实际上，更加常见的配置方式是奉馔与备饮题材对称出现。河南洛阳邙山宋墓墓室平面呈方形，东西两侧各有一耳室。壁面之上皆施有彩绘。北壁壁画大部残毁；东西两壁于耳室门南侧绘手持长杆团扇的女侍。东耳室壁画绘于东壁和南北两壁，东壁中央绘一黑色曲腿长方桌，桌上摆放注壶、盖罐、盏托、方壶、鼎和长柄香炉等，方桌周围共画三名女侍，一个手捧圆盒，一个手扶盏托，另一个在向盏中注水点茶（图3.19）；南壁正中绘炉灶，其上置一细颈长流注子，灶的两旁绘二女子，年幼者居右，正手持扇躬身扇火，年长者居左，笼手侧身视向炉灶（图3.20）；北壁绘二女子款步走向室外，分别手端茶碗与注子，前方墨书"云会"二字。西耳室西壁中央部分也绘一长方形桌，上置果盘、方盒、高足杯等物，桌前绘一矮几，几上并列两个酒坛，桌子周围绘三名侍女；其他部分残损②。在该墓中，东耳室的壁画

图3.19 洛阳邙山宋墓东耳室东壁线描图（采自《洛阳古代墓葬壁画》，第362页，图5）

图3.20 洛阳邙山宋墓东耳室南壁线描图（采自《洛阳古代墓葬壁画》，第362页，图6）

---

① 大同市博物馆：《山西大同市金代徐龟墓》，《考古》2004年第9期。

② 洛阳市第二文物工作队：《洛阳邙山宋代壁画墓》，《文物》1992年第12期。

内容都围绕备茶展开,而西耳室的画面则与备酒、备馔相关,似乎是对固定形式的调整,使成组题材不仅仅限于墓室壁面,更是转化进入到对称的耳室空间之中。

河北内丘县胡里村金正隆二年(1157 年)壁画墓为八角形墓室。北壁绘墓主夫妇袖手坐于罩有帷帐的隔扇前方,两人之间安放有一四腿小桌,上置食物和杯盏;东北壁为备食图,于树下绘建筑,建筑下放置一桌案,上面摆放各种食品,桌案左侧,两个侍者手捧着盛有食物和杯盏的器皿,朝向墓主夫妇;西北壁的构图与东北壁恰好对称,屋宇下的桌案摆放酒坛、酒壶和杯盏(图 3.21)①。三幅壁面形成了围绕墓主夫妇展开的备食与备酒场景。

图 3.21 河北内丘县胡里村金墓西北、北、东北壁线描图(采自《文物春秋》2002 年第 4 期,第 40 页,图 3~5)

备食或备茶酒题材环绕墓主夫妇像在该时期的墓葬内频频出现,虽有侍奉墓主宴享之意,但模式化的背后似乎还具有更为深刻的内涵。上文中提到的山西汾阳东龙观王立墓为理解这种布局提供了十分重要的信息。该墓北壁表现墓主夫妇三人的正面并坐像,女墓主人分坐两侧,男墓主身居正中,手持念珠,似诵经念佛。西北壁上绘两位侍女,画面上方自题名为"香积厨"。左侧侍女梳高髻,外穿青绿色长褙子,内衬金色短襦,双手端大盘,盘中似为包子;右侧侍女双手持盘,盘内有三个小碗(图 3.22)。整幅画面为庖厨备食的场景,与其上方题记相吻合。在墓主夫妇左侧的东北壁上绘两名男侍,画面上方自名为"茶酒位"。左侧男侍头戴黑色巾子,身

---

① 贾成惠:《河北内丘胡里村金代壁画墓》,《文物春秋》2002 年第 4 期。

穿青绿色袍服，右侧男侍身穿白色袍服，两人之间设一方桌，上有执壶、茶盏等茶具（图3.23）①。左侧男侍正在搅茶，右侧男子捧盏回望，整个画面确为侍奉墓主夫妇的点茶场景。

图3.22　山西汾阳东龙观王立墓西北壁　　图3.23　山西汾阳东龙观王立墓东北壁彩
　　　　彩绘（采自《汾阳东龙观宋金　　　　　　绘（采自《汾阳东龙观宋金壁画
　　　　壁画墓》，彩版115）　　　　　　　　　墓》，彩版121）

　　此墓的两处题名十分关键。"香积厨"和"茶酒位"直接指出了图像场景的内涵，两侧侍者分别通过备馔、备饮来侍奉墓主夫妇三人。"香积厨"原为佛教用语，来自于"香积佛"，为佛门造办饮食之处，用来指代佛寺斋堂，常位于大雄宝殿右侧。这一概念后为俗间移用。建墓者在墓内设"香积厨"，同时将备食场景也置于墓主夫妇画像右侧，正是通过该榜题暗示出庖厨题材的供养、祭祀之意②。而位于墓主

――――――――――――

① 山西省考古研究所等：《汾阳东龙观宋金壁画墓》，第83页。

② 题有"香积厨"榜题的图像还出现在该地区的其他金墓之中，例如根据2009年"全国第三次文物普查"调查，汾阳市三泉镇赵家堡村金代墓葬中有"香积厨""钱宝库"这样的榜题，可与王立墓中的备茶酒与换钞场景相呼应。山西省考古研究所等：《汾阳东龙观宋金壁画墓》，第219页。

夫妇左侧的"茶酒位"场景，强调点茶与备饮的内容，也体现出茶酒礼在丧葬中的重要功用。

关于茶酒时馔与丧礼、祭祀的联系，上文已有所提及。茶酒为宋代以来丧礼和祭礼中的重要荐奉品，许多仪节规定可见于两宋礼制文献。例如，司马氏《书仪》卷十《丧仪六·祭》中载：

> 执事者设玄酒一瓶、酒一瓶于东阶上，西上别以卓子设酒注、酒盏、刀子、拭布于其东……设火炉、汤瓶、香匙、火筋于西方。①

朱子《家礼》提到丧礼虞祭中执事备茶酒之具：

> 凡丧礼，皆放此酒瓶并架一于灵座东南。置卓子于其东，设注子及盘盏于其上；火炉、汤瓶于灵座西南。②

> 酒瓶、玄酒瓶于阼阶上，火炉、汤瓶于西阶上，具馔如卒哭……③

《晦庵集》的许多祭文中也提到了以"香茶酒果"等作为奉奠之用④。时馔茶酒在当时确可献祭死者，奉馔、进茶酒在祭祀礼仪中扮演着重要的角色。山西汾阳王立墓中的"香积厨""茶酒位"对称出现在北壁的墓主夫妇画像两侧（图3.24），暗示出备食、茶酒题材皆具有礼仪内涵。墓葬很可能受到宋金时期丧仪、祭礼的影响，逐渐形成了对称布局的奉食与备茶酒模式。

至元代，奉茶、备酒的图像题材在北方地区的墓葬中发展为更加稳定的组合配置，或由两组人物分别备献茶酒，或以成组的茶酒用具作为象征符号表现奉茶进酒。前一种形式可见于内蒙古元宝山元墓⑤，以及赤峰沙子山元墓⑥、西安韩森寨元墓⑦等。位于陕西蒲城洞耳村的元至元六年（1269年）墓则为后

---

① ［宋］司马光：《书仪》卷十《丧仪六·祭》，第 522 页。
② ［宋］朱熹：《家礼》卷四《丧礼·虞祭》，影印文渊阁四库全书，第 142 册，第 563 页。
③ ［宋］朱熹：《家礼》卷四《丧礼·虞祭》，第 565 页。
④ ［宋］朱熹：《晦庵集》卷八十七《祭柯国材文》，影印文渊阁四库全书，第 1146 册，第 43 页。
⑤ 项春松：《内蒙古赤峰市元宝山元代壁画墓》，《文物》1983 年第 4 期。
⑥ 刘冰：《内蒙古赤峰沙子山元代壁画墓》，《文物》1992 年第 2 期。
⑦ 西安市文物保护考古所：《西安韩森寨元代壁画墓》，北京：文物出版社，2004 年。

图 3.24　山西汾阳东龙观王立墓西北、北、东北壁线描图（采自《汾阳东龙观宋金壁画墓》，图 75）

一种形式提供了很好的例证①。该墓为八角形穹隆顶砖雕壁画墓，墓室北壁上绘墓主人堂中对坐图。墓主夫妇落座于一架黄色单扇屏风之前；东北壁和西北壁上各绘一桌案，案上摆放花瓶、玉壶春瓶、托盘、酒盏、盖罐、高足碗、圆盒等物。两案前各立一侍者（图 3.25）②。根据画面中的器具组合，可推

图 3.25　陕西蒲城洞耳村元墓北壁墓主夫妇对坐图（采自《中国墓室壁画全集 3：宋辽金元》，第 144 页，图 196）

---

① 另外，山西兴县红峪村的元至大二年（1309 年）武氏夫妇墓也将茶酒图对称置于墓主夫妇像两侧，但其布局略有区别。该墓为坐西向东的八角形单室壁画墓，墓主夫妇画像位于作为墓室后壁的西壁之上，男女墓主表现为略侧身端坐。备酒图位于墓室北壁上，画面中间绘长方形桌，桌上置玉壶春瓶、罐、食盒等，桌边三人正在筹备酒食。另一幅备茶图对称出现于墓室南壁，画面中央同样为长方形桌，桌前站立两名女侍，桌上摆设盖罐、执壶、小碗、盏托等。见山西大学科学技术哲学研究中心等：《山西兴县红峪村元至大二年壁画墓》，《文物》2011 年第 2 期。

② 陕西省考古研究所：《陕西蒲城洞耳村元代壁画墓》，《考古与文物》2000 年第 1 期。

测墓主两侧桌案上为进酒奉茶之具，包含了向墓主夫妇荐献的意味。关于元墓中的茶酒题材组合，袁泉曾进行过专门的研究，提出蒲城洞耳村元墓中的奉茶、进酒场景具有空间构图上的平衡性，在具体的设位陈器和丧祭列位上都可在宋元时期的丧祭仪制中找到相符合的规定，是墓葬空间对丧祭场景的模拟、再现①。

宋金装饰墓中的茶酒备献虽未像元墓中的丧祭场景那般明确，但确实频繁出现且模式渐成。位于墓主夫妇像两侧的备食与备饮图像不仅仅是对墓主日常生活的模仿，还暗含着祭祀与供养的意味。在这样的观察之下，整个墓室看似吉庆、温馨，但实际上还营造出了一种礼仪的氛围。

二 墓中杂剧

宋金墓葬中的另一个重要题材为乐舞戏曲。墓壁装饰常采用各种表演场景，形式丰富，反映出该时期民俗文化兴盛的特征②。这些场景可表现为壁画、砖雕或浮雕，例如河南禹县白沙一号宋墓中的大曲壁画、温县前东南王村宋墓中的杂剧砖雕、焦作西冯封村金墓中的社火砖俑、山西新绛金墓中的乐舞砖雕、闻喜金墓中的伎乐砖雕等，皆在墓中展现出该时期丰富的表演艺术形式。同时，这些图像题材又与墓主夫妇像、备食图组合形成了较为稳定的空间关系③。

饰有散乐戏曲图像的宋墓主要集中于豫北、豫西北、晋南等地④。例如，河南洛阳新安县石寺乡宋四郎墓的北壁上部绘卷帘、横帐与幔帐，下方绘墓主夫妇对饮图，中间为一长案，上置果品和酒器，夫妇身侧共为三名侍者。西北壁与东北壁皆装饰

---

① 袁泉：《从墓葬中的"茶酒题材"看元代丧祭文化》，吉林大学边疆考古研究中心编《边疆考古研究》第 6 辑，北京：科学出版社，2007 年，第 329 ~ 349 页。

② 有关宋元戏曲文物分类的讨论，见廖奔：《宋元戏曲文物与民俗》，第 51 ~ 110 页。

③ 刘乐乐探讨了宋金墓葬中杂剧砖雕空间配置的稳定性，提出墓主夫妇像与杂剧乐舞并非表现了"开芳宴"，而是对丧祭场景的模拟和再现。刘乐乐：《宋金墓葬中杂剧砖雕的礼仪功能探析》，《戏剧艺术》2015 年第 3 期。

④ 尤其是河南焦作地区发现了不少装饰有戏曲图像的墓例，相关讨论见成文光：《焦作宋元墓葬装饰中的戏曲图像探讨》，《美术研究》2017 年第 4 期。

棂窗，窗下绘庖厨场景。其中一侧画四名男侍，姿态服饰各异，一人头顶盆，一人倒米下锅；另一侧画厨房内两名女侍正在准备酒食。东西两壁皆砌双扇格子门。西南壁上为直棂窗，下绘牡丹图；东南壁上，即墓主夫妇的对面，上雕棂窗，下绘一幅杂剧图（图 3.26），似为滑稽表演①。该墓内的图像题材布局十分具有代表性：备食、庖厨等场景出现在墓主画像两侧；乐舞及杂剧的演出位于墓主夫妇的对面，专为其观赏设置。

图 3.26　河南洛阳新安石寺李村宋四郎墓东南壁杂剧图（采自《洛阳古代墓葬壁画》，第 407 页，图 12）

河南温县前东南王村宋墓中虽未表现墓主夫妇像，也在西北壁上砖雕杂剧图，描绘五名杂剧演员，左侧一人头戴东坡巾，身穿圆领袍，手持金瓜，第二人戴展翅幞头，穿圆领袍，手持牙笏，中间一人幞头插花，手持蕉扇作滑稽表演，右侧一人身穿短袍，打口哨状；另一人身穿短袍，做滑稽状（图 3.27）。与该场景相对称的东北壁上砌散乐图和庖厨图，分别表现六名乐工头戴展翅幞头，身穿圆领长袍，前列

图 3.27　河南温县前东南王村宋墓杂剧砖雕拓片（采自《宋元戏曲文物与民俗》，图版 3）

---

①　该墓材料，见洛阳市文物管理局等：《洛阳古代墓葬壁画》，第 398 ~ 409 页。

瑟、鼓等各种乐器；另一侧刻画五名侍女，画面正中置厨案，案后三名侍女温酒、烹饪，旁边一人在厨房内劳作，另一人手捧圆盘①。豫北、豫西北地区的散乐杂剧题材常常与备食类的场景相搭配，共同构成家居生活的画面。

　　时代稍晚的金墓沿袭了上述图像内容的组合和布局。前文中提到的河南焦作邹瑗墓北壁当中刻有一张方桌，桌上置果馔祭品，桌后置空椅，旁边立男女侍者两名。东壁刻侍者备食与温酒的场景。西壁刻大曲图，图中二人作场，左一人头裹软巾，长衫束带，两臂在背后交叉，左脚抬起作舞步状，舞姿优美。右一人头戴花脚幞头，长袍博带，脸带面具，与左一人合拍起舞。左右两侧刻乐工九人，各分两列（图3.28）②。墓内图像也是以宴饮、庖厨与杂剧场景为主。虽然画面中没有直接出现墓主夫妇的形象，但北壁上的单桌桌椅正是其位所在，左右两侧分别为侍者备食献馔、演员表演杂剧，呈现出完整的宴享场面。

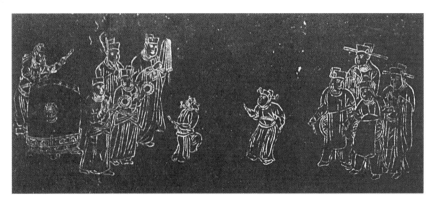

图 3.28　河南焦作金代邹瑗墓西壁石刻（采自《洛阳古墓博物馆》（内部资料），第 50 页）

　　晋南地区的金墓更明显地表现出上述图像设置。稷山、侯马、闻喜、襄汾、垣曲等地的金墓中都装饰有乐舞戏曲题材，主要包括杂剧、散乐、社火和舞伎等几类③。例

① 张思青、武永政：《温县宋墓发掘简报》，《中原文物》1983 年第 1 期。

② 河南省博物馆、焦作市博物馆：《河南焦作金墓发掘简报》，《文物》1979 年第 8 期。

③ 有关晋南金墓乐舞戏曲砖雕的研究颇多，2010 年左右集中出现了一系列以此为题的论文。见田银梅：《山西晋南墓葬戏曲砖雕浅探》，《文物世界》2010 年第 3 期；彭超、穆宝凤：《金代晋南地区墓葬中杂剧人物的艺术表现》，《艺苑》2011 年第 2 期；彭超：《河南宋墓戏曲图像与山西金墓戏曲图像的初步梳理》，《戏剧》2011 年第 3 期；冯晓琴：《晋南出土金元砖雕的音乐学研究》，山西大学硕士学位论文，2010 年；席倩茜：《晋南金墓砖雕中的戏曲图像研究》，山西大学硕士学位论文，2012 年；赵娟：《晋南金墓乐舞砖雕舞蹈学研究》，东北师范大学硕士学位论文，2014 年。

如，山西新绛南范庄村金墓的南壁上共砌砖雕人物33块，上层为孝子人物，下层为伎乐人物，包括舞伎和乐伎两类，乐者手持腰鼓、拍板、横笛、大鼓等不同乐器，舞者身穿舞衣，翩翩起舞。墓室东、西壁分别砌格子门，门上雕社火类表演，人物手持各种乐器、道具，或演奏，或舞蹈，前呼后应，形象生动（图3.29）①。

图3.29　山西新绛南范庄村金墓前室社火表演砖雕（采自《平阳金墓砖雕》，第191页，图176、177）

在晋南金墓出土的演出类图像中，杂剧最为突出。杂剧是宋金元时期兴起、兴盛的戏曲艺术，在当时的民间文化生活中占据了非常重要的地位。从北宋中期开始，随着瓦舍在城市中的出现，杂剧逐渐在汴京地区形成并扩散开来。宋金之交的战争在一定程度上破坏了该地区文化娱乐的发展，但也加速了戏曲活动向以平阳为中心的晋南地区的传播。金代前期，平阳地区的社会经济与文化得到进一步的发展，民间戏曲说唱更为盛行。该时期的杂剧以滑稽对白为主，并开始加入了歌舞表演，逐渐向综合性戏剧过渡②。这种新的娱乐因其独特的表演形式在宫廷、民间流行开来。稷山马村的一组北宋晚期至金代前期的墓葬展现出晋南地区杂剧题材的兴盛。马村金墓皆为方形单室穹隆顶的仿木构砖雕墓。各墓坐北朝南，墓门位于墓室南壁。四壁以砖雕仿木建筑结构，砌出柱额、斗拱、屋檐等。北壁多雕墓主人夫妇端坐堂

---

① 杨富斗：《山西新绛南范庄、吴岭庄金元墓发掘简报》，《文物》1983年第1期。
② 张帆：《豫北和晋南宋金墓杂剧形象的比较研究》，《中原文物》2009年第4期。

图 3.30   山西稷山马村四号墓北壁墓主夫妇像（采自《平阳金墓砖雕》，第 132 页，图 85）

图 3.31   山西稷山马村四号墓南壁杂剧表演（采自《平阳金墓砖雕》，第 153 页，图 127）

屋，或设宴饮。南壁则于前厅背面排列杂剧艺人进行表演①。例如，在马村四号墓中，北壁为墓室后壁，中部向外凸出，砌作门楼。门楼内部砌有一壁龛，龛内两侧各贴砌板门一扇，内置墓主夫妇全身正面像及男女侍童。墓主夫妇并坐椅上，男主人头戴幞头，身着圆领窄袖长衫；女主人梳高髻方额，内穿交领衬衣，外罩对襟长衫。墓主夫妇面南，神态安详；男女侍者，恭侍两侧（图 3.30）。墓室的东西两壁相互对称，均面阔三间，每间各砌格子门一合，裙板与腰华板皆雕饰牡丹、莲花、海石榴花等图案。南壁中部雕有杂剧表演和伴奏乐队，分作前后两排，前列四名演员，似为副末、副净、装旦、末泥角；后立乐队，共五名伴奏者，所执乐器为教坊鼓一、杖鼓一、笛一、拍板一、觱篥一，展现了一个既有演员表演，又有乐队伴奏的完整的杂剧演出场面（图 3.31）。除此之外，在墓室四壁回廊下，还设置了一套形象生动的二十四孝故事雕塑，共计 57 个人物②。纵观墓内

---

① 稷山墓群的发掘简报，见山西省考古研究所：《山西稷山金墓发掘简报》，《文物》1983 年第 1 期。

② 该墓的详细报告还可见山西省考古研究所侯马工作站：《山西稷山马村 4 号金墓》，《文物季刊》1997 年第 4 期。

的主要装饰，墓室北壁的墓主夫妇雕像与南壁的杂剧作场，与整个墓室的四合院内天井式结构相结合，构成了一个宴享演剧的立体空间。

墓室中的杂剧场景是对当时社会民俗文化发展的折射。另外，从墓葬艺术的角度来看，戏曲演出题材反映了时人追求阴世享乐的观念，也是汉唐墓葬传统的延续与演变①。然而，宋金时期的戏曲类图像频频出现，并与其他题材形成固定的组合，是否仅仅只是作为一种娱乐演出形式在墓中供墓主享乐，还是具有更深层次的意涵和功用？

为了更好地回答这一问题，我们需要进一步分析该时期墓内杂剧题材的图像特征与所处位置。晋南金墓中的戏曲演出常由若干名演员组成，正面站立，在舞台上一字排开，表现不同的戏剧角色；有时还分为演员和乐队，上下两排排列，生动地展现出杂剧演出和伴奏乐部的组合形式。值得注意的是，稷山马村金墓既形象地刻画了杂剧艺人的扮演角色与演出场景，同时还在墓壁上构造出类似于舞亭、舞楼的建筑元素。如稷山马村一号墓与五号墓南壁上的舞台，与北壁门楼相对称，基座向外凸出，或单檐或重檐；马村四号墓更是在南壁上设须弥座式台基，上砌单檐屋顶，并在中间置方形抹角柱两根，形似"舞厅"②。

墓葬中不仅仅出现了舞台装置的痕迹，侯马地区发现的金代董玘坚墓（1210年）中还出土了一座小型的砖雕戏台，内有五个立体彩绘的砖质戏俑。该戏台宽65厘米，进深18.5厘米，高101厘米。戏台上的五个戏俑皆着颜色，姿态生动③。据学者分析，从面部化妆、服饰等来看，左一人可能为副净；左二人为衙吏打扮；左三人扮为官员；左四女子为引戏色；左五人为净、末类滑稽角色。五人并排立于戏台之上。另外，董氏墓戏台的砌法十分特殊：建墓者于墓室北壁屋檐上竖两个八角形短柱，上托平座为台面。平台上另立两根八角砖柱，为戏台前柱。柱上托普拍枋，上为三朵一斗三升斗拱。戏台顶部为正面歇山顶，饰有搏风悬鱼等饰物（图3.32）。廖奔等学者指出，这座戏台模型并非厅堂居室建筑的反映，而很可能模仿了当时晋南神庙戏台的式样。例如，山西高平王报村二郎殿金代戏台和

---

① 相关讨论，见廖奔：《宋金元仿木结构砖雕墓及其乐舞装饰》，《文物》2000年第5期。

② 山西省考古研究所：《山西稷山金墓发掘简报》，《文物》1983年第1期。

③ 山西省文管会侯马工作站：《侯马金代董氏墓介绍》，《文物》1959年第6期。

图 3.32　山西侯马董氏墓出土戏台与杂剧俑
（采自《平阳金墓砖雕》，第 157 页，
图 131）

临汾东羊村东岳庙元代戏台（图 3.33）的正面皆为歇山式样，与墓中的戏台模型十分相似①。

另外，该戏台模型砌于董氏墓北壁的屋檐之上，即墓主夫妇像的上方。通常按照晋南金墓的设置，杂剧表演皆出现于南壁之上，这种将戏台置于宴饮场景上方的做法十分罕见②。在距董氏墓几十米外的侯马 104 号墓中，也发现了墓主夫妇雕像以及同样的戏台模型，似为董氏墓戏台同模制作的砖雕。然而，在该墓中，戏台模型砌于墓室南壁的墓门之上，戏俑面对墓主夫妇坐像，似向墓主献戏③。这种布局实际上与晋南地区其他金墓中的杂剧演出及戏台的设置一致。根据吴垠的统计，目前晋南地区发现的 50 余座金墓中，有 21 座表现了杂剧砖雕，其中 18 座将杂剧场景安排在南壁之上，2 座将其置于西南和东南壁④。这说明墓室南壁是晋南金墓中表现戏曲杂剧题材的固定所在。

---

① 廖奔：《宋元戏曲文物与民俗》，第 185～189 页。有关舞亭、戏台的样式，另见郭建设：《宋元戏曲若干问题试论》，《中原文物》1990 年第 4 期。

② 侯马董氏墓戏台位于墓室北壁上方，是目前已发现的十余座金墓舞台模型中的一个特例。许多学者都对该戏台模型进行了详细的分析，提出戏台设置于墓主雕像之上说明杂剧并非为墓主专设，而是用于娱神，以助死者升天。见 Elaine Buck, "The Eight Immortals on Jin Dynasty Tomb Tiles," in Stacey Pierson ed., *Song Ceramics: Art History, Archaeology and Technology*, London: University of London, 2004, pp. 103 – 118. 另外，刘乐乐认为董氏墓北壁戏台象征着墓主夫妇供迎先祖的场景，墓葬表现了祭祀酬神之意。见刘乐乐：《宋金墓葬中杂剧砖雕的礼仪功能探析》，《戏剧艺术》2015 年第 3 期。

③ 杨富斗：《山西侯马 104 号金墓》，《考古与文物》1983 年第 6 期。

④ 吴垠：《晋南金墓中的仿木建筑——以稷山马村段氏家族墓为中心》，第 58 页；吴垠：《仿木建筑的"事神"意味——以稷山马村段氏家族墓及晋南金墓为中心》，第 101～141 页。

实际上，从豫北、豫西
北宋墓将散乐戏曲题材置于
墓主夫妇像或备食场景的对
面，到晋南金墓把杂剧图像
安放在面对墓主的南壁，这
样的设计都使杂剧表演成为
家居环境以及丧祭氛围中的
一部分，并在该空间内承载
着特定的功能与意义。

图 3.33　山西临汾东羊村东岳庙元代戏台正面（采自
《宋元戏曲文物与民俗》，彩版 54）

三　迎神赛社

晋南金墓中的戏台模型是理解杂剧题材的重要切入点。考虑到金墓戏台模型与
神庙戏台的相似性，我们有必要将讨论的范围扩展到山西地区宋金元时期的神庙建
筑和祭祀。实际上，宋金戏曲的发展与地区性的庙会赛社传统存在紧密的联系。晋
南地区的杂剧已进入神庙的祭祀活动，其表演内容与形式受到了祀神仪式的影响，
具有一定的宗教含义。本节将通过比较墓葬与民间寺庙来深入探讨墓葬中杂剧演出
场景的意义和功能。以往的墓葬研究鲜少将这两种建筑空间联系起来①。但就其总体
功能考虑，墓葬与神庙建筑皆属"礼仪美术"的范畴②，对其进行比较研究，有助于
推动、加深理解这两类空间的内涵。

神庙中的戏台与剧场始于北宋年间，普及于金元时期。北宋天禧四年（1020 年）
《河中府万泉县新建后土圣母庙记》碑阴中写到"修舞亭都维那头李廷训等"，而元
丰三年（1080 年）《威胜军新建蜀荡寇将□□□□关侯庙记》碑阴中也提到"舞楼
一座"，标志着神庙剧场最迟在十一至十二世纪初就已经正式形成③。其中的"舞

---

① 李清泉曾在对辽墓壁画的研究中联系了地上与地下建筑遗存，并通过分析辽墓中大曲壁画的设置与山
　西神庙中戏台位置的相似性，探讨辽代后期散乐文化如何作为礼仪元素进入到墓葬之中。见李清泉：
　《宣化辽墓壁画散乐图与备茶图的礼仪功能》，《故宫博物院刊》2005 年第 3 期。
② ［美］巫鸿：《礼仪中的美术：巫鸿中国古代美术史文编》，序文。
③ 冯俊杰等：《山西戏曲碑刻辑考》，北京：中华书局，2002 年，前言。

亭"与"舞楼",以及乐亭、乐楼、舞厅、露台等提法都为宋元时期戏台之名。戏台在碑铭中有时又被称作南楼。例如,金大定二十八年(1188年)晋中平遥县《大金重建超山应润庙记》碑中写道:"葺弦歌之南楼"①。这一名称的由来是因戏台与神庙正殿通常建在同一中轴线上,并位于正殿之南,也是表其方位的俗称。

从山西地区宋金元庙宇的遗迹来看,许多庙貌图碑与戏台建筑都表明神庙中戏台常面对正殿而设,这与宋金墓中位于墓主夫妇对面的戏台、杂剧表演基本一致,暗示着墓葬中杂剧表演场景的设置与神庙中戏台的布局存在某种关联。保存下来的金元戏台大都遵循宋代建筑法典《营造法式》,采用单檐歇山顶或十字歇山顶,四角为立柱,平面接近正方形,斗拱计心造四铺作或五铺作,要头蚂蚱头或刻作昂形。这些外部特征除斗拱等细节外,均与侯马金墓中发现的两座戏台模型相仿,再次映证了墓中戏台的特殊性。

神庙中的戏台为祭祀演艺、献戏的场所。除了实际娱人外,杂剧、乐舞等艺术形式在当时有着祀神事神的功能。山西地区的许多神庙碑刻中都提到戏台在神庙的建筑结构中的重要作用。例如,金泰和三年(1203年)山西芮城县岱岳庙《岳庙新修露台记》中便写道:

> 县□□东,营修岳庙□□□矣。基址宏敞、殿宇廊庑,制度完备,□□□丽。惟有露台一所,累土为之,□律迁□,风颓雨圮,屡修屡坏,终不称于庙貌。□有时祭月享,当奏音其上,用荐庶羞。今以卑隘,不克行列□人,乐失其备……□台崇七尺五寸,方广二十四步,砖总万有六千数。边隅用石一百五十□。□砻绝疵,细功麟砌,荡人耳目。黄童白叟,□□以□□。□牲陈皿者,得以展其仪;流宫泛羽者,□□奏其雅。神人之心,由是和焉。②

碑文中的露台在该庙中起到献殿与戏台的双重功用,既可以演出节目与举行仪式,同时也为供陈祭品的场所。保存至今的宋金时期的碑刻虽未直接提到杂剧、乐舞如何在神庙祭祀活动中作为仪式内容出现,但是稍后时期的材料中谈到了杂剧伎乐为神庙祭祀仪式之所需。例如,山西壶关县神郊村真泽宫至元七年(1270年)

---

① 冯俊杰等:《山西戏曲碑刻辑考》,第44页。

② 冯俊杰等:《山西戏曲碑刻辑考》,第53~54页。

《重修真泽庙记》中记到：

> 岁正月始和，农事作，父老率男女数十百人，会于里中祠下，丰牲洁盛，大作乐，置酒三日乃罢。[①]

此处的"乐"为散乐之称，与上文中的"弦歌""流宫泛羽"等词语，都可以视作是对该时期民间乐舞、杂剧、百戏等表演形式的表述。

同样建于元代的山西洪洞县广胜寺水神庙为研究神庙格局、戏台及正殿中的壁画内容提供了重要材料。水神庙，又称明应王庙，始建于唐宋时期。其庙身曾于金泰和年间重修，金末毁于兵火。1234 年，广胜寺戒师重建主殿，之后陆续增设三门、廊庑、后宫等。该庙后几经损毁，现存主殿于元代延祐六年（1319 年）建成，而殿中壁画也于泰定元年（1324 年）绘制完成[②]。水神庙内的主要建筑包括：正殿、戏台、中门、廊庑以及三门，庙貌齐备。其中，用于献乐表演的戏台与正殿同在中轴线上，位于正殿之南，为山西地区神庙戏台一贯的布局方式。正殿内设一神龛，龛内塑明应王坐像及二侍者像，龛前两侧另有四像侍立，其神态各异。殿内四壁绘满精美的壁画。神龛背后的北壁上描绘了宫内尚宝与尚食场景。神龛西侧宫女七人，手捧各式珍玩，正在陈设奇珍异宝；而东侧的画面与之对称，描绘了宫内膳房的场景，侍者九人，案旁六人作奉送食品状，后面一人手持羽扇而立，东侧下隅为另二人烧水，仿佛都在为明应王准备膳食饮品（图 3.34）。殿内西壁主要绘祈雨图，东壁中部为龙王行雨图，这两壁壁画主题皆与水神施雨相关[③]。

明应王神像对面的南壁西侧绘霍泉玉渊亭图，东侧则为著名的"忠都秀在此作场"的元杂剧壁画。画面绘演员和乐师十一人，分前后两排站立，前排五人，后排六人，展现了散乐班在戏台上演出的场景（图 3.35）。人物上方为帐幔横额，上面墨书"尧都见爱大行散乐忠都秀在此作场泰定元年四月日"的字样。前排人物着戏装，从其扮相、道具等来看，可知生、旦、净、末、丑的角色皆备。居中

---

① 冯俊杰等：《山西戏曲碑刻辑考》，第 69 页。

② 柴泽俊、任毅敏：《中国古代建筑：洪洞广胜寺》，北京：文物出版社，2006 年。

③ 有关明应王殿壁画的全面研究，可见景安宁的论著：Jing Anning, *The Water God's Temple of the Guangsheng Monastery: Cosmic Function of Art, Ritual, and Theater*, Leiden: Brill, 2002.

图 3.34　山西洪洞广胜寺水神庙明应王殿北壁东、西侧壁画（采自《山西寺观壁画》，第 228 页，图 203、204）

图 3.35　山西洪洞广胜寺水神庙明应王殿东南壁杂剧图（采自《山西寺观壁画》，第 229 页，图 208）

的领班演员，女扮男装，根据墨书题记可知其名为忠都秀。后排所立人物为乐师，穿元代生活常服，持大鼓、笛、杖鼓、拍板等乐器。许多学者都曾对明应王殿中的杂剧图进行过细致的分析，但目前仍难以判定该图所描绘的具体剧目或场景。若结合宋金墓葬中的戏台、戏俑及杂剧演出等进一步分析，该图表现的可能并不是特定的剧目，也许是该乐班献戏前的亮台形式，或是对乐班神庙中演出场景的概括性描绘，恐怕无法与文献记载完全吻合。

　　我们虽然很难弄清乐班演出的具体内容，但可以肯定的是，这幅壁画所展现的是神庙中敬神献乐的活动。该场景很可能也是明应王迎神赛社礼仪中的重要部分。水神庙内元延祐六年的《重修明应王殿之碑》保存至今，碑中就提供了关于庙中祭祀内容的描述：

　　询之故老，每岁三月中旬八日，居民以令节为期，适当群卉含英，舞伦攸叙时也。远而城镇，近而村落，贵者以轮蹄，下者以杖履，挈妻子、舁老羸而至者，可胜既（概）哉！争以酒肴香纸聊答神惠。而两渠资助乐艺，牲币献礼，相与娱乐数日，极其餍饫，而后顾瞻恋恋，犹忘归也。此则习以为常。①

　　碑文谈到三月十八为明应王的圣诞，水神庙于每年此时办会，会期三天。洪洞、赵城两县官绅士庶都会前来致祭，仪式隆重，规模盛大。其中的"资助乐艺"便是指庙会中的演戏献艺仪式。该仪式正好可与主殿内南壁上的杂剧图相呼应，暗示着壁画内容可能与祭神活动密切相关。更为有趣的是，碑中还提到了仪式中的其他部分，例如乡人以"酒肴香纸""牲币献礼"等祭品祀神。而神龛背后北壁之上的尚食与尚宝场景似乎恰好同"酒肴""献礼"等仪式内容相吻合。我们或许可以进一步推问，北壁上的两组题材是否也如杂剧场景一样，与庙会中的供馔献礼仪式相关？

　　这里有必要介绍一下宋金元时期的祀神习俗。以歌舞娱神源于上古时期的巫觋降神活动。汉唐之际，歌舞演乐祭神的现象已经出现②。至北宋时，佛寺献乐的活动十分普遍，如孟元老《东京梦华录》卷六记开封相国寺祭神活动时，写道："寺之大殿前设乐棚，诸军作乐。"③而当时流行的杂剧表演也出现在相国寺的乐棚之中。金元时期，民间神庙或巫神小庙的祭祀献乐更是常见，乐舞与杂剧的酬神功能在祀神活动中得到了广泛的发展。例如，金代《耀州三原县荆山神泉谷后土庙记》中记后土庙会时曰：

　　　　每当季春中休前二日张乐祀神，远近之人不期而会，居街坊者倾市而来，处田里者舍农而至，肩摩踵接，塞于庙下。④

---

① 冯俊杰等：《山西戏曲碑刻辑考》，第 98 页。

② 例如，北魏杨衒之《洛阳伽蓝记》卷一中记载了景乐寺内的演出活动："至于六斋，常设女乐。歌声绕梁，舞袖徐转；丝管寥亮，谐妙入神。"见［北魏］杨衒之著，杨勇校笺：《洛阳伽蓝记校笺》，北京：中华书局，2006 年，第 51 页。

③ ［宋］孟元老著，邓之诚注：《东京梦华录注》卷六，第 172 页。

④ ［清］王昶辑：《金石萃编》卷一五八《金五》，清嘉庆十年刻本，北京：中国书店，1985 年，第 2 页。

金明昌五年（1194 年）《汾州昌宁公冢庙碑》中记：

> 于是以每岁仲夏，洁诚修祀，具牢醴牲饩，奠于堂上，作乐舞戏伎，拜于
> 堂下。是日阖邦远近，观者如市，大为聚乐，以极岁中一方之游观也。①

上述两则文献中谈到的民间祀神活动通常被称为迎神赛社仪式。自宋以降，中原北方地区的民间神庙数量众多，庙中几乎皆建有戏台，也都设有迎神之礼，赛会定期举办。许多学者已结合相关文献、文物史料，以及山西地区近世祀神活动的民俗，对宋金元时期的迎神赛社进行了详尽的考释与讨论②。尤其是山西潞城地区曹氏《迎神赛社礼节传薄四十曲宫调》手抄本的发现为研究者们提供了关于民间赛社活动的重要信息。该抄本抄定于明万历二年（1574 年），为阴阳学官记录该地区神庙祭祀仪式规范与程序的文书（图 3.36）。其中记载了完整的祭祀仪式和祭神用的队戏、正队、院本、杂剧等众多剧目，保存了许多稍早时期民间祀神的遗俗③。据廖奔的研究可知，信众每年定期举行祠神诞会以及其他仪式活动。赛会的首项活动通常为迎神，即抬出神庙中神像，在仪仗护卫下沿街游行，其间穿插着戏曲、社火等各种表演。第二项活动为神灵献送，向其供献祭品珍玩。这些物品由不同的社会团体购置、奉献，并在乐队伴奏下引迎而来，放置在神庙的献殿中。迎神赛社的第三项活动为供盏献乐。信众会向神灵供奉珍肴佳味，敬奉酒浆，同时演奏各类乐舞、杂剧。这项活动一般由主礼生担任指挥调度，按照一定的程序进行④。

该抄本虽抄定于明代，但确实保存了山西地区宋金元神庙祭祀的习俗。类似的迎神赛社仪式也可见于宋代的文献记载。例如，孟元老《东京梦华录》卷八中记载

---

① ［清］张金吾编：《金文最（下）》卷七七《碑》，北京：中华书局，1990 年，第 1121 页。有关该碑的讨论，还可参见冯俊杰：《金〈昌宁公庙碑〉及其所言"乐舞戏"考略》，《文艺研究》1999 年第 5 期。

② 有关讨论参见廖奔：《宋元戏曲文物与民俗》，第 355 ~ 421 页；黄竹三：《戏曲文物研究散论》，北京：文化艺术出版社，1998 年，第 202 ~ 224 页；车文明：《20 世纪戏曲文物的发现与曲学研究》，北京：文化艺术出版社，2001 年，第 62 ~ 74 页；Johnson, David. "Confucian Elements in the Great Temple Festival of Southeastern Shanxi in Late Imperial Times," *T'oung pao*, vol. 83, 1997, pp. 126 – 161；皮庆生：《宋代民众祠神信仰研究》，上海：上海古籍出版社，2008 年，第 97 ~ 142 页。

③ 有关《礼节传薄》资料的发表，参见山西师范大学戏曲文物研究所等编：《中华戏曲》第 3 辑，太原：山西人民出版社，1987 年，第 137 ~ 152 页。

④ 廖奔：《宋元戏曲文物与民俗》，第 365 ~ 370 页。

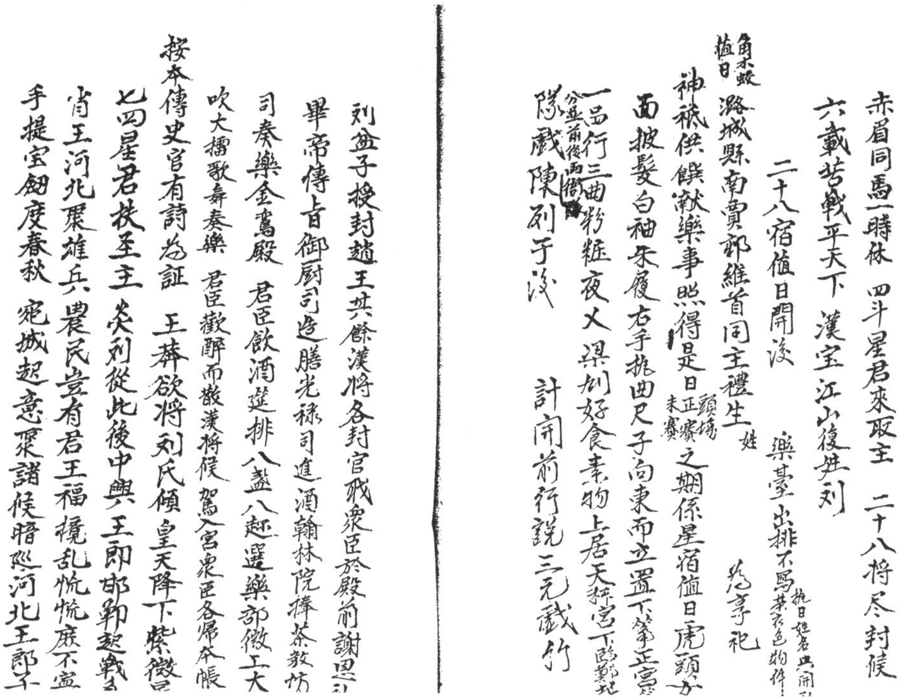

按本傳史官有詩為証 王莽欲將列氏倾皇天降下紫微
已四星君扶至主 炎刘從此後中興 王即邯郭起義
省王河北聚雄兵 農民豈有君王福 擾乱惚惚展不盡
手提宝劔度春秋 宛城起意聚諸侯 暗恐河北王郎卒

刘盆子授封趙王共叅漢將各封官戲衆臣於殿前謝恩
畢帝傳旨御厨司造膳光祿司進酒翰林院撑茶教坊
司奏樂金鑾殿 君臣飲酒逡排八盞八起選樂部徼工大
吹大擂歌舞奏樂 君臣徹酺而散 漢将候 駕入宫衆臣各属本帳

赤眉同謂一時依 四斗星君來取主
六載芳戴平天下 漢室江山復興列 二十八將盡封侯
二十八宿值日開後
潞城縣南賈邨維首同主禮生 姓
神祇供餽獻樂事照得是日正賽
面披髮白袖衣虔右手挑田尺子向東而立置下筆正賽
一品行三曲粉糚夜义误刿好食素物以居天税
隊戲陳列于後
樂臺出排不写莘杂色物件
計開前行説三元戲竹

图3.36 山西潞城地区发现的《迎神赛社礼节传薄四十曲宫调》抄本（采自《中华戏曲》，第3辑，1987年，第12、13页）

了北宋汴京灌口二郎神诞的赛会内容，其中可见献送珍玩与供盏献乐活动的具体情况：

> ［六月］二十四日，州西灌口二郎生日，最为繁盛……二十三日，御前献送后苑作与书艺局等处制造戏玩，如球杖、弹弓、弋射之具，鞍辔、衔勒、樊笼之类，悉皆精巧。作乐迎引至庙，于殿前露台上设乐棚，教坊、钧容直作乐，更互杂剧舞旋。太官局供食，连夜二十四盏，各有节次。①

文中的"献送""作乐""供食"与"二十四盏"等细节描绘出宫廷向神祇献送珍玩奇巧、演奏乐舞杂剧、敬奉酒食的程序。民间的祭神活动可能在规模和形式上不能与汴京神保观灌口二郎等国家祭祀相提并论，但是两者在迎神、献乐、供盏等程序与内容上大体相同，似为宋金元时期民间与官方祀神活动的共同特征。

---

① ［宋］孟元老著，邓之诚注：《东京梦华录注》卷八，第205、206页。

如果再次回到明应王殿中的壁画题材，我们可以发现，壁画内容与祀神仪式在某种程度上存在着相关性：北壁上的尚宝、尚食与南壁上的杂剧场景可以与赛社活动中献送、作乐、供盏、供食对应起来。事实上，宋金元时期的寺庙壁画中常有表现神庙祭祀仪式的内容。例如，寺观壁画中常饰有奏乐的场景。北宋画院待诏高益就曾在东京大相国寺绘供献乐部的壁画一堵。《东京梦华录》卷三中载：

> 大殿两廊，皆国朝名公笔迹。左壁画炽盛光佛降九曜鬼百戏；右壁佛降鬼子母揭盂；殿庭供献乐部、马队之类；大殿朵廊皆壁隐楼殿人物。莫非精妙。①

沈括在《梦溪笔谈》中称赞该壁画："相国寺旧画壁乃高益之笔，有画众工奏乐一堵，最有意。"② 这里的"众工奏乐"场面表现的可能就是赛会中的献乐仪式。又如北宋太庙中也绘有宴饮、奏乐内容的壁画，象征祭祀仪式。宋郭若虚《图画见闻志》卷六中载：

> 治平甲辰岁，于景灵宫建孝严殿，奉安仁宗神御，乃鸠集画手，画诸屏扆墙壁。先是三圣神御殿两廊，图画创业戡定之功，及朝廷所行大礼。次画讲肄文武之事，游豫宴飨之仪。③

图 3.37　山西霍州圣母庙圣母殿北壁壁画
（采自《山西寺观壁画》，第 280 页，图 344）

山西地区一些时代较晚的神庙壁画可以映证上述图像配置。汾阳圣母庙圣母殿、霍州圣母庙圣母殿、河曲岱岳庙圣母殿等殿内都描绘了燕乐、尚食、尚宝、供盏等图像题材（图3.37），而且这些题材的布局也与明

---

① ［宋］孟元老著，邓之诚注：《东京梦华录注》卷三，第 89 页。
② ［宋］沈括：《梦溪笔谈》卷十七《书画》，北京：中华书局，2015 年，第 159 页。
③ ［宋］郭若虚：《图画见闻志》卷六《近事·孝严殿》，第 88 页。

应王殿中画面位置较为相似①。还有学者通过分析汾阳圣母庙圣母殿中的壁画指出，该殿壁画所表现的应为明代民间庙会祀神的场面：殿内东壁描绘迎神仪式上盛大的迎神队伍，展现了迎请圣母娘娘出行的场景；北壁刻画伎乐与杂剧演出的场面，象征供盏献乐的内容（图3.38）；西壁一组画面表现了为圣母娘娘献送物品的活动，而另一组画面则绘迎神赛社中的送神、收灾仪式（图3.39）②。

图3.38　山西汾阳圣母庙圣母殿北壁伎乐图（采自《山西寺观壁画》，第257页，图284）

图3.39　山西汾阳圣母庙圣母殿西壁壁画（采自《山西寺观壁画》，第257页，图285）

上述文献材料与壁画实物说明，神庙内的某些壁画场景很可能描绘了赛会活动中的仪式内容。不仅杂剧壁画具有敬神献乐的礼仪功能，甚至连尚宝、奉食及乐舞、仪卫等题材也都可能与祀神活动紧密相关。这类神庙壁画可视为"一套具有隐喻和象征意义的礼的仪式"③，它们在视觉上再现了神庙祀神的场景，更为处于正殿中的神像构建出一个象征性的神圣空间。

饶有趣味的是，我们通过前文中的描述可知，部分神庙壁画题材与宋金墓葬内的装饰图像十分相似，两者皆包括了备食、杂剧、乐舞等题材。同时，这些画面在

① 有关上述寺庙壁画内容，见柴泽俊：《山西寺观壁画》，第118～121、135～136、139页。
② 见廖奇琦：《神灵与仪式：山西汾阳圣母庙圣母殿壁画研究》，中央美术学院博士学位论文，2007年，第35～46页。
③ 李清泉：《宣化辽墓：墓葬艺术与辽代社会》，第335页。

神庙中所处位置也与其在墓葬中的位置基本一致。墓葬与神庙建筑、壁画在题材选择以及布局方式之间的契合，提示我们在分析墓葬图像与空间时，同样需要注意特定题材背后所隐藏的礼仪内涵。

第三节　地下的礼仪空间

一　仪式与图像

上节谈到了中原北方地区宋金时期神庙壁画与墓葬装饰之间的关联，民间酬神、丧葬活动共同具有娱乐性的元素。山西地区的民间神庙中常以酒食、戏曲等敬神祀神。如果我们继续推问，时人在墓中设置备馔场景和杂剧表演，是否如同寺庙中的供盏献乐壁画那样，也意在以与仪式相关的图像来奉祀死者。

这一设想是很有可能的。我们已经分析过宋金时期茶酒时馔在丧礼、祭祀中的功用，而散乐戏曲也与丧祭活动相关。美国学者伊维德（Wilt Idema）在讨论晋南金墓中的杂剧场景时提出，散乐、杂剧等装饰题材，在神庙中具有事神的功用，在墓葬中则可以奉祀死者①。张帆认为墓中的演出图像不是简单的舞台形象复制，也不仅仅代表家内娱乐供墓主享用，而是用于祭祀亡者②。李清泉则提出辽墓中的散乐图与备茶图都具有礼仪性，散乐文化作为一种礼的元素进入了墓葬空间③。笔者基本同意上述观点，宋金墓室中的杂剧演出和戏台图像都可能具有献祭墓主的内涵。然而，这种内涵似乎并不是出于对神庙祀神理念的借用④，更多应是源于该时期丧葬礼俗的发展。

---

① Wilt Idema and Stephen H. West, *Chinese Theater 1100 – 1450: A Source Book*, Wiesbaden: Steiner, 1982, pp. 305 – 308. 另外，洪知希也专门考察了宋金元墓葬中的戏曲图像，提出这些演出是将死亡进一步社会化的手段。Jeehee Hong, *Theater of the Dead: A Social Turn in Chinese Funerary Art*.

② 张帆：《豫北和晋南宋金墓杂剧形象的比较研究》，《中原文物》2009 年第 4 期。

③ 李清泉：《宣化辽墓壁画散乐图与备茶图的礼仪功能》，《故宫博物院刊》2005 年第 3 期。

④ 吴垠提出晋南金墓中戏台、戏曲表演的礼仪性，认为墓中戏曲图像的位置体现了对祀神观念的借用，而非丧葬仪式。另外她还探讨了墓中仿木建筑与小木作神龛与经橱的形似性，提出墓葬是具有神性的空间。见吴垠：《晋南金墓中的仿木建筑——以稷山马村段氏家族墓为中心》，第 55 ~ 77 页。

查看文献材料中有关丧葬活动的记载可知，乐舞、杂剧等艺术表演形式不仅是迎神赛社活动的重要内容，它们同样也出现在民间的丧葬仪式中①。用乐设祭的习俗由来已久。唐代段成式的《酉阳杂俎》卷十三中载：

世人死者有作伎乐，名为乐丧。②

后晋高鸿渐云：

当殡葬之日，被诸色音乐伎艺人等作乐，求觅钱物。③

这都表明民间丧葬铺设音乐在宋金之前就已成风习。宋代开国便注意到民间丧葬用乐，并在太平兴国七年（982 年）、九年（984 年）两次颁布禁令，禁止丧葬之家"举奠之际歌吹为娱，灵柩之前令章为戏"④。宋朝政府对民间丧礼用乐的明令禁止，反过来也可以看出当时风俗的盛行。事实上，由于宋代市民经济兴起，官府对民间的禁令只能生效一时。富裕的庶民阶层竞相用乐舞、俳优为亡者设祭，该习俗在宋金时期屡禁不止，愈演愈烈。宋代庄绰的《鸡肋编》中写道：

丧家率用乐，衢州开化县为昭慈太后举哀亦然。今适邻郡，人皆以为当然，不复禁之。⑤

直到近代，晋南地区仍有这样风俗。例如，《稷山县志》中提到：

丧礼不作佛事，不用俳优，秉礼之家间有行者，然乡里或目为俭。亲诵经超度，扮剧愉尸，习为固然，骤难改也。⑥

---

①　相关讨论，参见孔美艳：《民间丧葬演戏略考》，《民俗研究》2009 年第 1 期。

②　[唐] 段成式：《酉阳杂俎》卷十三《尸穸》，北京：中华书局，1981 年，第 123 页。

③　[清] 董诰等编：《全唐文》卷八五二《高鸿渐·请禁丧葬不哀奏》，北京：中华书局，1983 年，第 8949 页。

④　[元] 脱脱等：《宋史》卷一二五《士庶人丧礼》，第 2917～2918 页。

⑤　[宋] 庄绰撰，萧鲁阳点校：《鸡肋编》卷上《近时婚丧礼文亡阙》，北京：中华书局，1983 年，第 8 页。

⑥　[清] 沈凤翔、邓嘉绅纂修：《稷山县志》卷一，《中国方志丛书》，台北：成文出版社，1976 年，第 1 册，第 121 页。

　　散乐、杂剧在该地区确实具有丧乐的特征，不仅出现在丧葬仪式之中，也常被用于祭奠之仪。后人若不依据习俗采用伎乐设祭的仪式，可能会受到他人的指责，或是被认定为不孝。由文献材料与文物遗存来看，宋元时期的民间祭祀活动更加大众化、生活化。在这种风气的影响之下，许多的民间丧葬仪式充斥着浓厚的娱乐气息，具有娱神与娱人的双重功能。

　　备食、备饮、散乐、杂剧等场景看似与墓主生前或死后的娱乐活动相关，但由于其出现的场所、位置，都表现出与民间丧葬活动的密切联系，也因此具有了供祀死者的功用。人类学、考古学中有关仪式理论和实践的研究有助于我们理解宋金时期丧祭仪式的娱乐性特征。凯瑟琳・贝尔（Cathrine Bell）、基里亚基迪斯（Kyriakids）等学者都提出了"礼仪化"（ritualization）的概念，认为仪式化的行为可以通过不同的手段得以实现①。例如，在特定时间或空间中发生的日常活动，因其"仪式化"的过程而有别于一般的行为，成为礼仪程序的一部分②。这些讨论对于思考民间神庙和墓葬中的图像题材具有十分关键的意义，备食和戏曲场景虽表现了日常家宴活动，但它们在迎神赛社、丧葬仪式中出现时作为祀神、祭奠的重要流程，其图像在神庙和墓葬中的表现也同样具有奉祀之意。

　　总体而言，宋金时期仿木构砖室墓中发现的乐舞、大曲、杂剧等图像，与备食、备饮、奉馔画面在特定区域范围内存在较为稳定的组合和配置：豫北地区的宋墓更完整地表现了茶酒进献与戏曲奉祀，而晋南地区金墓则尤其强调杂剧表演的重要性，通过设置戏台、戏曲场景来为死者设祭。这种设计变化背后的原因为何？是与时代的发展或区域的传统有关？还是反映出了丧葬仪式和理念的改变？我们要全面地理解这些问题，仍十分困难，还有待今后材料的扩展与研究的深入。通过上述考察可

---

① 宗教与仪式是人类学、考古学中重要的研究课题，涉及仪式的定义、概念及其与宗教关系等多方面的内容。重要的研究成果，参见：Cathrine Bell, *Ritual theory*, *Ritual Practice*, New York：Oxford University Press, 1992；Cathrine Bell, *Ritual*：*Perspectives and Dimensions*, New York：Oxford University Press, 1997；Timothy Insoll, *Archaeology*, *Ritual*, *Religion*, London；New York：Routledge, 2004, pp. 1 – 32；Evangelos Kyriakidis ed．, *The Archaeology of Ritual*, Los Angeles：Cotsen Institute of Archaeology, University of California, 2007；Lars Fogelin, "The Archaeology of Religious Ritual," *Annual Review of Anthropology* 36, 2007, pp. 55 – 71.

② 史密斯在对仪式理论与实践的讨论中，提出使仪式行为区别于日常行为的关键在于其发生的时间和场合。见 Jonathan Smith, *To Take Place*：*Toward Theory in Ritual*, Chicago：University of Chicago Press, 1987.

以大体确认，宋金元时期的丧祭仪式与习俗，影响了墓葬内建筑与图像的设置，使得墓葬中出现以不同形式表现、布局的侍奉与演出场面。我们或许可以将这些视觉元素视为"礼仪化的图像"，而与礼仪有关的内涵正是它们被纳入墓葬图像系统的关键原因①。这种设计也使得墓葬变成了奉祀亡者的空间，通过图像永久性地祭奠墓主。

　　然而，如果仔细观察宋金墓葬中的主要场景，所表现出的气氛，似乎并不是哀伤而严肃的丧祭氛围，而是充满着欢乐、和睦的生活气息。换言之，宋金元墓葬中的主要场景，虽具有礼仪意味，但也强调了家宅之中的吉庆祥和。墓内常常雕梁画栋、帷帘张挂，墓主夫妇对坐宴饮、歌舞升平、其乐融融，好似家庆或寿宴的场景②。例如，山西侯马金代董海墓的前室过洞外砌单檐歇山的仿木门楼，门楼上墨书题名"庆阴堂"（图 3.40）③，不仅堂号中有"庆阴"的字样，整个墓室也充满了喜庆的气氛。其他一些墓中也出现"庆堂""寿堂""福寿延长"等题刻和堂名④。这些文字加强了墓葬空间内的欢庆色彩。

　　根据李清泉与庄程恒的研究，两宋时期的文献中也有地上"庆堂"的记载，而这类庆堂多为供奉亡者画像的影堂⑤。如北宋梅尧臣在《双羊山会庆堂记》中写：

　　余以附城之地势胜，神灵所栖，故建阁曰"宝章"，以严帝书；为堂曰

---

① 另外，洪知希提出宋金装饰墓中常见的衣架和梳洗题材，并非表现了"日常生活"的场景，而是与民间丧葬仪式中的"袭"相关，是为尸体穿衣覆袭的仪式片段。在该时期墓葬艺术的礼仪化趋势下，这一观点是合理的，然而仍需进一步的分析考察。[美] 洪知希：《"恒在"中的葬仪：宋元时期中原墓葬的仪礼时间》，第 210～213 页。

② 正是由于这种喜庆的氛围，有学者将北宋中晚期两京地区的墓葬装饰以"祝寿"的角度进行理解，提出墓内图像配置模仿了寿礼活动的场景。见张凯：《中原地区宋墓图像"祝寿模式"探析》，《南京艺术学院学报（美术与设计）》2017 年第 1 期。

③ 山西省考古研究所侯马工作站：《侯马 102 号金墓》，《文物季刊》1997 年第 4 期。

④ 相关墓例见：黄秀纯等：《辽韩佚墓发掘报告》，《考古学报》1984 年第 3 期；沈仲常等：《四川昭化县妲迴乡的宋墓石刻》，《文物》1957 年第 12 期。另外，狄特·库恩、袁泉等学者提出宋金墓中的"寿堂""庆堂""福寿延长"等题记，都可能是墓主预修坟墓、祈求福寿的产物。见 Dieter Kuhn, *A Place for the Dead: An Archaeological Documentary on Graves and Tombs of the Song Dynasty (960 – 1279)*, pp. 339–345；袁泉：《宋金墓葬"猫雀"题材考》，《考古与文物》2008 年第 4 期。

⑤ 庄程恒：《北宋两京地区墓主夫妇画像与唐宋世俗生活风尚之新变动》，第 83～122 页；李清泉：《"一堂家庆"的新意象——宋金时期的墓主夫妇像与唐宋墓葬风气之变》，《美术学报》2013 年第 2 期。

图 3.40　山西侯马金代董海墓前室砖雕彩绘（采自《平阳金墓砖雕》，第 67 页，图 18）

"会庆"，以安吾先君、先叔画像……①

这些影堂称为"会庆""积庆"，也正如上述两位学者所揭示的，是出于"积善之家必有余庆"的目的而设②。墓葬中的"庆堂"类题名，也蕴含前人积善、积庆之意。

陆士衡《挽歌》曰："寿堂延魑魅。"宋人注该文时候写到"寿堂，祭祀处"。这明确指出了寿堂的祭祀功能。因此，这些充满吉庆氛围的家宅场景与地上影堂的设置相一致，与墓葬所具有的礼仪祭祀功能并不矛盾。墓内出现的堂名题记也都指向了家族影堂的设置，暗示着岁时祭享，再次印证了壁面上的"礼仪化的图像"。

二　葬礼片段

中国古代的丧葬礼仪涵盖了从死亡到葬后虞祭的整个过程，按照学者们的划分，一般可分为丧、葬、祭三个部分，其中丧规定了活人在丧期内的行为规范；葬规定了死者应享有的待遇以及埋葬方式；祭规定丧期内的各种祭祀活动③。李安宅则将丧葬礼仪分为葬前、葬、葬后三个阶段④；高崇文将整个丧葬过程概括为装殓、埋葬、葬后祭祀三部分⑤。不论划分的方式如何，墓葬仅仅只是内容繁复的丧葬活动中的一

---

① ［宋］梅尧臣：《宛陵集·拾遗》，景印文渊阁四库全书，第 1099 册，第 301～303 页。

② ［魏］王弼注、［唐］孔颖达疏，卢光明等整理：《周易正义》，北京：北京大学出版社，2000 年，第 36 页。

③ 齐东方：《唐代的丧葬观念习俗与礼仪制度》，《考古学报》2006 年第 1 期。

④ 李安宅：《〈仪礼〉与〈礼记〉之社会学的研究》，上海：上海人民出版社，2005 年，第 44、45 页。

⑤ 高崇文：《试论先秦两汉丧葬礼俗的演变》，《考古学报》2006 年第 4 期。

部分，象征着葬仪的终结。通过上文中的考察可知，宋金时期的装饰墓虽未承载丧葬礼俗的全部信息，却包含了与丧、祭仪式有关的图像题材，仪式中的重要内容通过墓葬装饰表现出来。这一改变与该时期丧葬活动重点的转移、庶民祭祀的发展密切相关①。

　　视觉图像是丧葬礼仪与墓葬之间建立联系的重要渠道②。除了上述和民间丧祭活动相关的图像题材，墓中是否还表现了具体的仪式内容？譬如葬礼的环节？总体而言，中国的墓葬艺术中很少见到对于葬礼过程的直接描绘，但是，宋金时期河南、山西、陕西等地的装饰墓中却发现了守灵图、送葬图、法事图等题材。这些材料虽然十分零散，不成体系，画面仍可以反映出葬礼的重要信息。例如，河南荥阳槐西村宋墓的西壁北侧绘一桌二椅，男女墓主人端坐于靠背椅上，二人中间立一侍女，手持注子；画面南侧绘四位僧侣，左边第一位内着僧袍，外披黄色袈裟，双手托一朵莲花，左二、三、四位僧人也都内着僧袍，身披袈裟，双手击钹（图 3.41）。四人之中，除左三僧人面向一侧外，其余三人都面向男女墓主③。整幅画面似乎描绘了僧侣在为墓主人作法事的场景。

　　这类由僧侣主导的活动在当时被称为"资冥福"，是宋金时期民间常见的丧葬仪式类型④。士庶家庭常请僧侣作法事，设

图 3.41　河南荥阳槐西宋墓西壁彩绘（采自《中国出土壁画全集·5·河南卷》，第 183 页，图 169）

---

①　齐东方：《唐代的丧葬观念习俗与礼仪制度》，《考古学报》2006 年第 1 期。

②　郑岩考察了两汉北朝时期墓中与葬礼有关的图像以及葬礼中对图像的使用。见郑岩：《葬礼与图像——以两汉北朝材料为中心》，《美术研究》2013 年第 4 期。

③　郑州市文物考古研究所等：《荥阳槐西壁画墓发掘简报》，《中原文物》2008 年第 5 期。

④　相关讨论见：Jeehee Hong，*Theater of the Dead*: *A Social Turn in Chinese Funerary Art*, pp. 24 – 28.

置佛坛诵经，供养水陆道场，主要目的是为了超度亡者。由此可见，宋代家族葬仪
中残留着浓厚的佛教色彩①。如宋王栐《燕翼贻谋录》中记：

> 丧家命僧道诵经设斋，作醮作佛事，曰"资冥福"也。出葬用以导引，此
> 何义耶？至于铙钹，乃胡乐也，胡俗燕乐则击之，而可用于丧柩乎？世俗无知，
> 至用鼓吹作乐，又何忍也。②

虽然王栐等士人对此类仪式持批评的态度，但这段文字仍反映出民间丧葬活动
中"资冥福"的普遍流行。河南荥阳出土的朱三翁石棺（1096 年）也提供了相似的
图像证据。该石棺以青石雕凿而成，棺盖上方正中竖镌"大宋绍圣三年十一月初八
日朱三翁之灵男朱允建"的行书字样。棺盖前端浮雕与棺头正面扣合为建筑屋顶。
右侧棺挡的线画由前至后分为三组：第一组为墓主人饮宴观剧图，墓主夫妇二人皆
着斜襟宽袖长袍，恭手端坐在椅子上，前方为一高足长方桌，桌上置有碗、盏、杯、
酒注、菜肴和糕点，桌旁有两件小口酒瓶；桌前四人为杂剧演员，正在为墓主夫妇表演
杂剧；中部一组三人，皆着圆领长袍，似为备食、侍奉场景；后边一组三人，为庖厨中
忙碌的场面（图 3.42）。石棺左侧线刻画由前至后分为四组：第一组三人皆为女性，身
着宽袖长衫，一人手执有柄香炉，二人持幡；第二组为四名僧人，身着袈裟，三僧双手
击钹，一僧口吹法螺；第三组五人，一人裹巾子，穿圆领长袍，束腰拱手，第二人与第
四人为女性，头戴孝巾，身着斜襟长衫，双手合十，第三人双手捧物，末一人回首牵一
鞍马；其后为一所四合院落，院内有厅堂、厢房，屋门洞开（图 3.43）③。

荥阳朱三翁石棺右侧的线刻画面正是宋金装饰墓中的主要题材，即墓主夫妇宴
饮、侍者备食、演员表演的场景。虽然该画面并未展示出墓壁装饰中以墓主画像为
中心的对称形式，但也说明这类题材不论在墓壁装饰还是石棺线刻中都存在较为固
定的组合，并随着媒介的差异而展现出不同的布局模式。石棺左侧线刻似乎表现
了一幅由宅院向墓地行进的送葬场面。虽然画面前部举幡的女性衣带飘拂，或许还

---

① ［日］远藤隆俊：《宋元宗族的坟墓和祠堂》，《中国社会历史评论》第 9 卷，天津：天津古籍出版社，
　　2008 年，第 71～73 页。

② ［宋］王栐：《燕翼贻谋录》卷三，北京：中华书局，1981 年，第 24 页。

③ 吕品：《河南荥阳北宋石棺线画考》，《中原文物》1983 年第 4 期。

图 3.42　河南荥阳东槐西村宋墓石棺右侧线刻画（采自《中原文物》1983 年第 4 期，第 94 页，图 3）

图 3.43　河南荥阳东槐西村宋墓石棺左侧线刻画（采自《中原文物》1983 年第 4 期，第 94 页，图 4）

隐含着引领墓主升仙的特殊意味，但后列的僧人佛事、哭丧人物确与送葬队伍相关，很可能是对出殡过程的图像化表现，或可称之为"仪式图像"。从这一角度理解，荥阳石棺左、右两侧刻画的场景皆具有礼仪内涵，蕴含着与丧、葬、祭相关的视觉符号，构成了一个完整的仪式空间。

除了僧侣作法外，哭丧人物也是葬礼中常见的形象。亲属哭奠反复出现在丧葬过程中，而宋金时期的墓壁装饰中也发现了与该活动相关的场景。山西长治市故漳村宋墓的北壁正中绘墓主一人，身穿圆领袍服，盘腿坐定，目视前方（图 3.44）。墓室北、东、西壁砌小龛。北壁西部、东部壁龛一侧画一名身着白色孝服、头戴孝帽、掩面作痛哭状的孝子，另一侧绘头梳高髻、手持供盘的侍女，盘中放茶具或供品。东壁、西壁北部的壁龛则绘身着白色圆领孝服的男女

图 3.44　山西长治故漳村宋墓北壁壁画（采自《考古》2006 年第 9 期，图版 6.1）

图 3.45　山西长治故漳村宋墓东壁北部
　　　　壁龛两侧壁画（采自《考古》
　　　　2006 年第 9 期，图版 7.1）

人物，头裹软巾，或手持长棍，或双手掩面哭泣（图 3.45）①。这些身着丧服的哀悼人物似乎是对哭丧场景的反映，而北壁上的墓主正襟危坐，也呈现出祭祀用影的特征。长治地区发现的另一座建于元祐三年（1088 年）的宋墓中更是直接刻画出葬礼中的哭奠环节。墓室南壁绘一组被考古发掘者称为"行孝图"的画面，表现女性人物头戴孝巾、身着孝服，拱手掩面，前方绘三名骑马人，均头戴孝巾，一手挽缰绳，一手掩面哭泣，马后为两名身穿白色孝服的男子（图 3.46）②。该图强调了死者亲属哭丧的场面，似是对葬礼活动的再现。另外，该墓北壁帷幔之下还绘出王祥、孟宗、鲁义姑等孝子故事图，东、西壁分别绘飞天、麒麟、仙羊图案。整座墓葬的图像题材在宋金时期并不常见，可能是晋东南地区墓葬艺术的独特形式。

　　长治地区的部分金墓仍延续了这一设计理念。例如，长治安昌金墓中出土的一组砖雕更加全面地表现出守灵、出殡等丧葬仪式内容。该墓内壁上砌板门、棂窗、两

图 3.46　山西长治西白兔村宋墓南壁壁画（采自《中国出土壁画全集·2·山西卷》，第
　　　　118～119 页，图 110、111）

---

① 　朱晓芳、王进先、李永杰：《山西长治市故漳村宋代砖雕墓》，《考古》2006 年第 9 期。

② 　王进先：《长治市西白兔村宋代壁画墓发掘简报》，第 131～137 页。

侧排列侍从，在仿木结构斗
拱上托出一周外突的砖雕回
廊，其中北壁作门窗，西壁
砌守灵图、散乐图，南壁另
饰一幅散乐图，东壁雕发丧
图。首先，墓室西壁中部刻
守灵图，左侧为一棺，棺盖
上立三供的灵枢，右侧立三
名女子，前者身穿对襟长袍，
拱袖于胸前，中者头戴花冠，
身着褙服，手捧博山炉，后
一名女子头戴花髻，拢袖于
胸前（图 3.47）。西壁上方
的散乐图表现横排 15 人，左
侧九人分别演奏排箫、短笛、
横笛、大鼓、腰鼓、筚篥、
排箫等，中间一人舞蹈，右
侧五人举拍板、吹筚篥、弹
琵琶等（图 3.48）。其次，
南壁上也砌散乐图，同样展
现横排的十名乐者，左侧四

图 3.47　山西长治安昌村 ZAM2 金墓西壁守灵图（采自
《文物世界》2003 年第 1 期，第 5 页，图 13）

图 3.48　山西长治安昌村 ZAM2 金墓西壁上部散乐图
（采自《长治宋金元墓室建筑艺术研究》，第
227 页，图 52）

人演奏大鼓、腰鼓等不同乐器，中间一人舞蹈，右侧五人手持短笛、琵琶等正在演
奏。另外，东壁上的发丧图表现一队 12 人，右侧领头者头戴高帽，手持铭旌，紧随
一人手捧死者灵位，之后为身穿袈裟、敲铙钹、吹法螺的僧人，后面跟一名戴斗笠、
肩担双包的行者，其后似为顶冠披帛的佛事主持，左侧为随行的男女亲属，神情肃
穆，或双手合十，或拢袖，皆作躬行状（图 3.49）①。整个场景横向布局，表现出

———————

① 商彤流、杨林中、李永杰：《长治市北郊安昌村出土金代墓葬》，《文物世界》2003 年第 1 期。

图 3.49   山西长治安昌村 ZAM2 金墓东壁上部发丧图（采自《文物世界》2003 年第 1 期，
第 5 页，图 12）

殡的送葬队伍，其中人物的排列也大致与葬礼中诸孝从柩车的顺序相符。另外，该
墓内的图像皆为模制砖雕，经过组合而成的守灵、散乐、发丧图十分特殊，都再现
了葬礼的片段。其中散乐题材反复出现，西壁上的乐队图像恰好与东壁上的送葬场
景相对，反映出丧乐在丧葬仪式中的重要作用。

宋金墓葬中所见的葬礼场面并未表现出连贯性和完整性，更像是仪式的片段，
还有一些图像场景只是刻画出了与葬礼相关的特定细节，例如僧道作法或是亲属
哭奠。由此来看，这些"仪式图像"并不一定是对真实葬礼的记录，而是趋向于
选择性地呈现重要的仪式内容。此处引发的问题是：建墓者或设计者为何要将葬
礼过程或仪式片段表现成图像？对于这一问题，郑岩和洪知希都提出了十分具有
启发性的解释。洪知希在考察宋元时期的墓葬时提出了"仪礼时间"的概念，认
为由墓内空间构建起来的时间性是双重的，既静止又流动。建墓者通过在墓中展
现丧葬礼仪来强调"现时性"，将生者的时间延伸到死后的世界，使得墓室空间的
整体设计越来越趋向社会化①。郑岩则认为，将葬礼转化为图像，既表达了丧家的
哀痛，也满足了亡者在死后世界的物质和精神需求，这种转化也使得"一次性的
葬礼仪式凝固为静态的、可视的、永恒的存在"②。上述研究提示我们从不同的视
角来思考仪式与图像的关系。笔者认为，除了时间性功能外，这些"仪式图像"
也与墓室空间中礼仪性元素的逐渐增多有关，它们与茶酒、杂剧题材一样，都是

---

① ［美］洪知希：《"恒在"中的葬仪：宋元时期中原墓葬的仪礼时间》，第 196 ~ 226 页。

② 郑岩：《葬礼与图像——以两汉北朝材料为中心》，《美术研究》2013 年第 4 期。

礼仪空间的组成部分。另外，对于特定丧葬活动的视觉呈现，比如僧侣作法和发丧题材，还在一定程度上反映出佛教对于宋金时期丧葬文化的影响。

三　永为供养

将丧葬礼俗中的场景转化为图像，是永久保存仪式的重要手段。这也同样适用于同时期的神庙祀神仪式与迎神赛社活动。出于更好地供奉墓主的考虑，宋金装饰墓中纳入了具有祭祀内涵的"礼仪化的图像"与直接表现葬礼过程的"仪式图像"。备馔、奉茶酒、乐舞、杂剧等题材与当时民间流行的丧葬礼俗相关联，既提供了墓主夫妇阴世生活的享乐，也具有献祭死者亡灵的重要意义；僧道作法、哭丧、出殡等场景再现了葬礼的重要内容，也同时可视为对墓主的供奉。墓室的内部构建出了一个富含礼仪元素的空间，融合了图像与仪式，连接了生人与亡者。

这种对祭祀意味的强调在金代中晚期以来的墓葬中更加显著。山西侯马牛村的金天德三年（1151 年）墓的北壁上刻有男性墓主的正面坐像，其前方置酒食器具，像龛的左上方刻有"香花供养"四字（图3.50），表明了该墓主作为香花供奉的对象，扮演着祭祀对象的角色①。《墨庄漫录》中曾载甘露寺植莲供养的故事，宋代以来的盆花常取"永永无迁"的意味，就是所谓的"香花永供"②。由此可见，宋金装饰墓中常见的盆花图像也可能为供养之物。新近发现的陕西甘泉柳河渠湾金明昌七年（1196 年）墓也为此提供了重要的力证。该墓西北壁与东北壁各砌一个彩绘砖雕

图 3.50　山西侯马牛村一号墓北壁线描图（采自《文物季刊》1996年第 3 期，第 67 页，图 4）

①　山西省考古研究所侯马工作站：《侯马两座金代纪年墓发掘报告》，《文物季刊》1996 年第 3 期。

②　袁泉：《生与死：小议蒙元时期墓室营造中的阴阳互动》，《四川文物》2014 年第 3 期。

图 3.51　陕西甘泉柳河渠金墓墓室东北壁彩绘砖雕（采自《中国出土壁画全集·7·陕西卷》，第 436 页，图 394）

图 3.52　陕西甘泉柳河渠金墓墓室西北壁彩绘砖雕（采自《中国出土壁画全集·7·陕西卷》，第 439 页，图 397）

的方龛，龛的左右两侧绘孝子夫妇二人，东北龛上方题有"香花供养"四字（图 3.51），西北龛两侧上部均绘插有莲花的花瓶，上方题"客位"二字（图 3.52）①。该墓之中的匾额以及壁上所绘的瓶花、孝子后人共同呈现出了一个香花永供亡者的礼仪空间。

山西侯马乔村出土的金泰和二年（1202 年）墓在北壁上雕有墓主夫妇对坐的画像，中设供案，案上置酒食器具②。墓主夫妇上方挂有垂幔，上阴刻有"永为供养"四字，似乎直接指明了建墓者在墓中塑造建筑、装饰元素的目的，就是为了永久地供养墓主。换言之，墓葬在一定程度上具有祠堂的意味与功能。"供养"的角度十分有助于我们进一步理解宋金元墓葬中的图像程序和内在逻辑③。墓内的各类装饰题材围绕"供养"主题展开，被赋予了与丧祭仪式相关的内涵，进一步丰富了地下空间，使其成为永宅奉常的场所。

---

① 西北大学文化遗产学院等：《陕西甘泉柳河渠湾金代壁画墓发掘简报》，《文物》2016 年第 11 期。

② 山西省考古研究所：《侯马乔村墓地 1959～1996》，北京：科学出版社，2004 年，第 977～981 页。

③ 刘耀辉最先提出有关论点，参见刘耀辉：《晋南地区宋金墓葬研究》，第 29～32 页。相关讨论，另见袁泉：《宋金墓葬"猫雀"题材考》，《考古与文物》2008 年第 4 期。

　　永为供养的理念在元墓中体现得更为突出。例如，前文中提到的陕西蒲城洞耳村至元六年墓北壁的墓主夫妇对坐像的正上方，有一块墨书的墓主身份题记（图3.53），其中注明了该墓为墓主张按答不花与其妻李氏而建，摄祭主礼事之人为夫妇二人的长男，体现出墓中图像的供祭色彩①。山西北峪口元墓中在北壁上表现了墓主与其妻妾并坐的画像（图3.54）②。他们中间的方桌上并未摆放酒食器皿，而是出现了莲花跌坐的祖考神主，写有"祖父之位"的字样。根据袁泉的研究，这个牌位并非代表墓主夫妇，而是象征辈分更高的祖先。整个画面描绘出奠奉祖、考、妣的场景，表明了墓葬作为一个传承有序、永享子孙祭祀的空间③。山西阳泉元墓北壁上的墓主像也表现出相似的设置，夫妇二人之间的方桌上摆放着写有"宗祖之位"的牌位（图3.55）④。另外，山西兴县

图3.53　陕西蒲城洞耳村元墓北壁上方题记（采自《考古与文物》2000年第1期，第18页，图2）

图3.54　山西北峪口元墓北壁线描图（采自《考古》1961年第3期，第138页，图4）

红峪村元至大二年墓西壁上的场景更为明确地指出了祖、考、妣的身份，画面正中为男女墓主略侧身端坐，二人之间置红色矮足小供桌，桌上方有立耳三足香炉、小盒等物。夫妇身后有一方形座屏，屏前为长条形供桌。桌上立有牌位，上

①　陕西省考古研究所：《陕西蒲城洞耳村元代壁画墓》，《考古与文物》2000年第1期。

②　山西省文物管理委员会等：《山西文水北峪口的一座古墓》，《考古》1961年第3期。

③　袁泉：《物与像：元墓壁面装饰与随葬品共同营造的墓室空间》，《故宫博物院刊》2013年第2期。

④　阳泉市文物管理处、阳泉市郊区文物旅游局：《山西阳泉东村元墓发掘简报》，《文物》2016年第10期。

图 3.55　山西阳泉东村元墓北壁墓主夫妇像（采自《文物》2016 年第 10 期，第 39 页，图 13）

图 3.56　山西兴县红峪村元墓西壁墓主夫妇像（采自《中国墓室壁画全集 3：宋辽金元》，第 123 页，图 171）

饰莲叶，下作仰莲，中间题记为："祖父武玄圭」父武庆」母景氏。"（图 3.56）①供桌上牌位的题记也是对祖先祭奠场景的呈现，再次印证了墓内礼仪空间的设置。

供养的主题也体现在元墓的堂号题记上。河南尉氏县张氏镇元墓的墓门上方有"时思堂"三字（图 3.57）②。这类题记在中原北方地区的元墓中多有发现③。宋代以后，"时思堂"一词广泛用于各种祖庙，"思"也常被作为墓葬附带的祭祀堂号④。工匠或丧家将墓室命名为"时思堂"似乎正是为了体现"春秋祭祀，以时思之"的孝道观念。除了堂号题记外，张氏镇元墓的墓室北壁龛内立砖刻有"后土之神"四字，壁龛两侧分别绘男女墓主的正面坐像，其背后各

---

① 山西大学科学技术哲学研究中心等：《山西兴县红峪村元至大二年壁画墓》，《文物》2011 年第 2 期。

② 开封市文物工作队、尉氏县文物保护管理所：《河南尉氏县张氏镇宋墓发掘简报》，《华夏考古》2006 年第 3 期。

③ 关于元墓堂号题记的整理，参见刘未：《尉氏元代壁画墓札记》，《故宫博物院院刊》2007 年第 3 期。

④ 常建华：《元代墓祠祭祖问题初探》，赵清主编《社会问题的历史考察》，成都：成都出版社，1992 年，第 68 页。

立一名侍者，墓主夫妇的画像位置与其棺木在墓中的停放位置相对应，整个墓葬环境也表现出时思之所的布局特征，成为永久祭祀墓主的礼仪空间。

　　总体而言，墓主画像与围绕其展开的各种场景作为具有祭祀内涵的题材，演化成为一套时人所广泛采纳的视觉礼仪程序①。这套具象的礼仪程序既涵盖了墓葬中的生活与娱乐，又隐含了供养、奉常的深层象征意义，通过呈现礼仪空间进一步承载了后人供祭墓主并求取先人荫庇的理念。中原北方地区仿木构砖室墓具有丰富多样的题材组合，墓葬内容与装饰随着时段、地区、丧家、工匠的不同而呈现出差异，文中的论断虽然无法适用于所有的墓例，也绝不是对宋金时期装饰墓图像程序的全面阐释。然而，不可否认的是，北宋中后期以来墓葬内的礼仪意味渐趋加强，至元代更为显著。这一过程也与宋金元时期北方庶民家族的发展、丧葬礼俗的变动相关联。

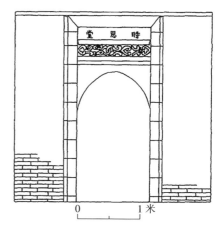

图3.57　河南尉氏县张氏镇元墓墓门上方堂号题记（采自《华夏考古》2006 年第 3 期，第 13 页，图 2）

小　结

　　齐东方指出：“八世纪中期唐代墓葬的变革，甚至可以扩展为中国古代墓葬演变上的大转折。变化的关键，在于整个丧葬中的丧、祭地位被提升，使得葬的直接表现形式——墓葬变得简陋起来。”② 这种观念的变动影响了唐宋之际墓葬的内容与形式，并开启了宋代以后庶民阶层墓葬艺术的重要转变。

①　李清泉在讨论辽代墓葬壁画时也提出了相似的观点，参见《宣化辽墓：墓葬艺术与辽代社会》，第 335 页。另外，洪知希从时间性以及仪式层面探讨了宋元墓葬的意义，［美］洪知希：《“恒在”中的葬仪：宋元时期中原墓葬的仪礼时间》，第 196～226 页。
②　齐东方：《唐代的丧葬观念习俗与礼仪制度》，《考古学报》2006 年第 1 期。

　　以往的研究常将宋金时期的墓室装饰视为世俗生活的写照，认为以墓主像为中心的场景或表现了墓主生前的生活，或可笼统地理解为墓主在死后世界中的享乐。虽然后者确实指出了墓葬中各种侍奉、娱乐场面的主旨，并点明了墓葬美术所围绕的"事死"的主题。然而，值得我们进一步思考的是，这些图像题材为何被建墓者所选择，是因为它们符合时人对死后世界理想生活的理解？还是由于它们同时与丧葬礼俗相关，从而具有了多重内涵和象征意义？本章通过考察墓壁上的主要图像题材，提出墓主夫妇像、备食、备饮、散乐杂剧等题材被纳入墓葬图像程序的根本原因，在于它们供养、祭祀亡者的重要功能。墓中不仅包括了这些"礼仪化的图像"，偶尔也直接刻画仪式的内容，地下墓室因此构建出一个蕴含多种礼仪元素的空间。在这种理解之下，所谓宋金墓葬的"世俗化"或许可以加入新的理解维度，我们也需要注意到该时期墓葬内容的重要变化，即墓内祭祀与礼仪内涵的加强。

　　宋金墓葬中围绕墓主夫妇展开的侍奉场景，虽具有礼仪意味，但绝非是对享堂或丧葬仪式的完全模仿，而是将其作为墓中图像程序的视觉资源。墓葬装饰强调并营造出的吉庆气氛，与地上庆堂、寿堂的设置相一致。一方面可能源于当时丧祭活动本身具有的娱乐化特征；另一方面也源自墓葬建筑与艺术历来模仿家宅的传统，旨在为墓主夫妇构建一个可以安居的幸福家园。幸福家园的意象在墓葬艺术中有其自身的发展脉络，虽然就墓葬装饰的题材而言，宋金墓葬中的墓主宴饮、乐舞杂剧场景并不能算是题材选择上的创新。但是，这一时期墓葬中的娱乐演出图像，在内容与形式上都表现出十分显著的特征。尤其是戏曲活动在民间的普及，促使杂剧图像既作为新兴的表演方式，又作为丧葬仪式中的重要元素，在墓葬中得以广泛流行。

　　墓内的各类装饰题材看似被组织进了一个和谐统一的图像程序，但其题材的设计与配置很可能源于不同的观念与意愿。实际上，"礼仪空间"与"幸福家园"的主题模式都是墓葬建筑所具有的独特传统。这两条线索似乎自汉代以来并行不悖地存在于墓室之中，极大地丰富了墓葬装饰的内容，体现出图像与场景的多重内涵；而墓葬又随着时段、地区等差异，通过采用流行风尚更新传统的图像系统，反映出一个不断变化演进的死后理想世界。

第四章　孝子故事与"历史"空间

第一节　宋金墓葬中的孝子图像

　　前章通过考察宋金时期装饰墓中的主要图像题材，提出围绕墓主夫妇展开的各类家居场景既塑造出死后世界的生活与享乐，同时也承载着供养、祭祀亡者的重要内涵。墓葬装饰反映出家族社会生活、礼仪结构的延续，而具有吉庆意味的地下居所也成为了后代的表达和期盼，正如河南登封黑山沟宋墓出土的买地券所云："李守贵住宅万代吉昌，一代保人如后一代保人。"①

　　宋金墓葬中表现出的慰藉先祖、繁荣家族的追求，正好与孝悌的观念相吻合，精心设计的墓室皆出于孝子贤孙之心。有趣的是，大量与孝行有关的图像也常见于宋金时期的装饰墓中，成为墓壁或葬具上重要的装饰题材。本章将从孝子故事题材出发，把它视为解读墓内图像程序的关键元素，进一步探讨由"孝"所呈现的丰富内涵和多重空间。

一　孝子故事图

　　有关孝子故事的文字记叙和视觉表现在中国有着悠久的传统。仅以《孝子传》文献为例，自西汉刘向开始，历代均有撰述或增补，比如萧广济、徐广、郑缉之、

---

① 　郑州市文物考古研究所等：《河南登封黑山沟宋代壁画墓》，《文物》2001 年第 10 期。

图 4.1　内蒙古和林格尔汉墓中室西壁摹本（采自《和林格尔汉墓壁画》，第 140 页）

宋躬、王韶之等人都著有《孝子传》。描绘孝子人物的图像遗存也十分丰富①。孝子图自东汉以来开始出现在墓室壁画、画像石等丧葬艺术中②。例如，内蒙古和林格尔汉墓中发现了舜、曾子、董永、丁兰等孝子以及孔门弟子的画像。这些孝子像位于墓中室的西、北两壁

上，每人身旁附榜题表明身份（图 4.1）③。魏晋南北朝时期，与孝行有关的图像继续作为墓葬装饰的题材出现。这在北魏时期尤为突出，许多石葬具上刻有连续的孝子故事场景。比如，洛阳地区出土的宁懋石室的山墙外壁上刻画丁兰、舜、董永故事，分别标有"丁兰事木母""舜从东家井中出去时"和"董永看父助时"等文字（图 4.2）④。值得注意的是，孝子人物的图像资料鲜见于隋唐时期的墓葬。除了陕西咸阳契苾明墓（696 年）中出土的三彩塔式罐上饰有董永卖身葬父、郭巨埋儿、曾子汲水济母等内容的浮雕外，唐代墓葬中尚未发现明确的孝行图像⑤。

从北宋开始，孝子图作为丧葬艺术的题材重新兴盛起来。墓葬中成组孝行图的

---

① 有关各个时期孝子图像的考古材料，参见段鹏琦：《我国古墓葬中发现的孝悌图像》，中国社会科学院考古研究所编《中国考古学论丛——中国社会科学院考古研究所建所 40 年纪念》，北京：科学出版社，1993 年，第 463～471 页；雷虹霁：《历代孝子图像的文化意蕴》，《民族艺术》1999 年第 3 期。

② 从目前的考古发现来看，河南、山东、四川以及内蒙古地区东汉时期的墓葬中均出土了孝子图像。对汉唐时期孝子图文物资料的完整梳理，可见［日］黑田彰著，靳淑敏等译：《孝子传图概论》，《中国典籍与文化》2013 年第 2 期；邹清泉：《汉魏南北朝孝子画像的发现与研究》，《美术学报》2014 年第 1 期。

③ 该墓中孝子图的信息，可见内蒙古自治区博物馆文物工作队：《和林格尔汉墓壁画》，北京：文物出版社，1978 年；陈永志、黑田彰主编：《和林格尔汉墓壁画孝子传图辑录》，北京：文物出版社，2009 年。

④ 有关宁懋石室的资料，参见郭建邦：《北魏宁懋石室和墓志》，《河南文博通讯》1980 年第 2 期；郭建邦：《北魏宁懋石室线刻画》，北京：人民美术出版社，1987 年。

⑤ 虽然唐代几乎不见孝子图，但赵超提出太原唐墓中的"树下老人"屏风画很可能是孝义故事的变体，参见赵超：《"树下老人"与唐代的屏风式墓中壁画》，《文物》2003 年第 2 期；赵超：《关于伯奇的古代孝子图画》，《考古与文物》2004 年第 3 期。

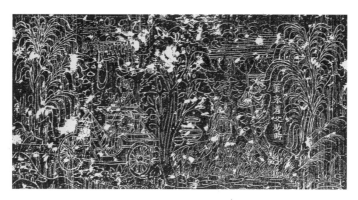

图 4.2　河南洛阳出土宁懋石室山墙外壁线刻图局部（采自《中国画像石全集·8·石刻线画》，第 9 页，图 9）

出现大致始于北宋中期，至金代中期最为流行，元代仍继续发展①。这与该时期仿木构砖室墓的发展基本一致。宋金墓葬中的孝子图主要集中于河南、山西、陕西等地②。另外，四川、湖北的墓葬或石棺装饰中也发现了孝子故事图的零星案例③。根据目前搜集到的资料，仅河南、山西两地发现并正式发表的宋金墓葬中的孝子故事图已有 70 余例（见附表 5）④。尤其在豫中、豫西北、晋东南、晋南地区，孝行题材具有相当的普遍性。

　　许多装饰墓内或葬具上都饰有成组的孝子故事图。例如，山西长治长子县小关村金墓为大定十四年（1174 年）所建的仿木构砖室墓，坐北朝南，由墓道、甬道、

①　秦大树：《宋元明考古》，第 149 页。另外，河北、辽宁地区的辽墓中也发现了孝子图，例如宣化下八里 2 区一号辽墓中绘有王武子妻、刘明达等人物故事图。见雷虹霁：《历代孝子图像的文化意蕴》，《民族艺术》1999 年第 3 期。

②　有关宋金时期孝子图研究的重心主要在中原北方地区。事实上陕宁甘一带也发现了许多孝子图像材料，据不完全统计，该地区饰有孝子题材的宋金砖雕壁画墓近 20 座。相关研究，参见陈履生、陆志宏：《甘肃的宋元画像砖艺术》，《美术》1994 年第 1 期；魏文斌、师彦灵、唐晓军：《甘肃宋金墓"二十四孝"图与敦煌遗书〈孝子传〉》，《敦煌研究》1998 年第 3 期；孙丹婕：《甘肃清水箭峡墓孝子图像研究》，中央美术学院硕士学位论文，2014 年。

③　例如，重庆井口宋墓、湖北宋画像石棺都发现有孝子故事的装饰题材。具体信息可见：重庆市博物馆历史组：《重庆井口宋墓清理简报》，《文物》1961 年第 11 期；杨大年：《宋画像石棺》，《文物参考资料》1958 年第 7 期。

④　长治地区一些已发现的宋金墓墓壁上部也刻有成组的孝子故事图，例如长治武乡县郊金墓、沁县故城中学金墓、长治潞城贾村宋墓、沁源正中村金墓等，但相关的考古简报尚未发表，参考王进先：《长治宋金元墓室建筑艺术研究》，第 73、105、198、209 页。

图 4.3　山西长治长子小关村金墓墓顶彩画（采自《文物》2008 年第 10 期，第 63 页，图 7）

主室及耳室组成。主室平面近方形，砌有柱、枋、斗拱等建筑构件，其上施有木纹、花纹。券顶彩画十分精美，下部绘仙鹤飞舞于祥云与花卉之间，上部绘日、月与二十八星宿图像，墓顶饰莲花藻井（图 4.3）。墓室四壁也均施彩绘。南壁正中为墓门，两侧各有一窗，窗下画家畜、木辕车；上部表现女子持幡引路与墓主夫妇过桥的场景。北壁砖砌假门与两窗，两侧绘墓主夫妇相对而坐，周围侍从环绕（图 4.4）。东西二壁正中为耳室，两侧各一砖砌直棂窗，窗下绘墓主夫妇对坐、家居庖厨及生产劳作。另外，在东、西两壁斗拱以下、门窗以上的位置还画有一系列人物场景。这些图像水平排列在墓壁上方，以墨线为框，在画框内表现人物故事（图 4.5）。每壁各 8 幅，共 16 幅，每幅画像右上角均附有文字榜题，可知所绘故事表现了历史上的孝子人物。这些孝子图分别标识为："丁兰刻木""鲍山背母""郭巨埋子""董永自卖""曾参问母""闵子谏父""菜（蔡）顺椹亲""刘殷泣笋""睒子取□""武妻割股""舜子耕田""韩伯瑜泣杖""曹娥泣江""杨香跨虎""田真分居""王祥卧冰"[1]。

　　小关村金墓中的孝子故事图为新近出土的一批宋金时期的孝子画像。总体来看，孝子图像遗存较为集中的时段为东汉、北魏与宋金元时期。丧葬中的孝子图一直以来都受到学界的广泛关注。早在 20 世纪 30 年代，日本学者奥村伊九良最先注意到出土的北魏孝子画像[2]。在此之后，富田幸次郎、长广敏雄、加藤直子、黑田彰等也相

① 长治市博物馆：《山西长子县小关村金代纪年壁画墓》，《文物》2008 年第 10 期。
② 奥村伊九良对北魏石葬具上孝子画像的技法与艺术成就进行了讨论。见［日］奥村伊九良：《孝子伝石棺の刻畫》，《瓜茄》第 1 卷第 4 册，1937 年，第 259 ~ 299 页；另见《镀金孝子伝石棺の刻畫に就て》，《瓜茄》第 1 卷第 5 册，1939 年，第 359 ~ 382 页。

图 4.4　山西长子小关村金墓北壁彩绘（采自《文物》2008 年第 10 期，第 62 页，图 4）

图 4.5　山西长子小关村金墓西壁彩绘（采自《文物》2008 年第 10 期，第 62 页，图 5）

继考察、分析了汉魏北朝时期的孝子图像①。近年来，国内外有关孝子图的研究不断增多并且日益深入，许多学者从不同角度对丧葬环境中的孝子图进行了探讨，涉及

---

① 参见：Kojiro Tomita, "A Chinese Sacrificial Stone House of the Sixth Century A. D. ," *Bulletin of the Museum of Fine Arts*, vol. XL, no. 242, 1942, p. 98；［日］长广敏雄：《六朝時代美術の研究》，东京：美术出版社，1969 年；［日］加滕直子：《魏晋南北朝墓における孝子伝図について》，吉村怜博士古稀記念会编《東洋美術史論叢》，东京：雄山阁，2000 年，第 113～133 页；［日］黑田彰：《孝子伝の研究》，京都：思文阁，2001 年，第 187～305 页；［日］黑田彰：《孝子伝図の研究》，东京：汲古书院，2007 年。值得注意的是，宇野瑞木近期出版的专书系统梳理了中国各个时期的孝子图像遗存，并考察了孝子图在日本的影响、流变，见［日］宇野瑞木：《孝の風景——説話表象文化論序説》，东京：勉诚出版，2016 年。

图像的考释、功能和意义①。随着宋金装饰墓的不断发现,有关这一时期孝子图的研究也相当可观。目前的讨论主要集中于孝子人物的考辨、"二十四孝"图像与文本的比较等方面②。关于孝子故事图本身的形式、内涵、功能,以及不同时期孝子图的联系比较仍有待深入③。

　　对墓葬中特定图像题材的关注一直以来都是墓葬美术研究的重要方法。图像通常是多元的历史、文化的具象呈现,很多时候无法以单一的诠释方式获得全面的理解。如何使视觉资料有效地勾连历史与社会,而不是进行简单的比附,这是目前研究的难点之一。除了对相关史料的深入挖掘外,我们也需要对孝子图本身的形式进行更加细致的分析。形式是意义的主要载体,在许多案例中,画像的构图、位置、工艺等细节可以体现出创作者的意图以及图像的特定含义。这些具体的视觉表现形

① 关于汉代墓葬艺术中孝子图的代表性研究,可参见〔美〕巫鸿:《武梁祠:中国古代画像艺术的思想性》,第181～201页;黄婉峰:《汉代孝子图与孝道观念》,北京:中华书局,2012年。有关北朝石葬具孝子图的研究成果,见宫大中:《邙洛北魏孝子画像石棺考释》,《中原文物》1984年第2期;孙机:《固原北魏漆棺画研究》,《文物》1989年第9期;Eugene Wang, "Coffins and Confucianism: The Northern Wei Sarcophagus in the Minneapolis Institute of Arts," *Orientations*, vol. 30, no. 6, 1999, pp. 56 – 64;贺西林:《北朝画像石葬具的发现与研究》,巫鸿主编《汉唐之间的视觉文化与物质文化》,北京:文物出版社,2003年,第341～376页;林圣智:《北朝時代における葬具の図像と機能——石棺床囲屏の墓主肖像と孝子伝図を例として一》,《美術史》第154期,2003年,第207～226页;邹清泉:《北魏孝子画像研究:〈孝经〉与北魏孝子画像图像身份的转换》,北京:文化艺术出版社,2007年;郑岩:《北朝葬具孝子图的形式与意义》,《美术学报》2012年第6期;邹清泉:《行为世范:北魏孝子画像研究》,北京:北京大学出版社,2015年。

② 不少学者已对墓葬中的孝子人物进行了仔细的考辨、补释、修订。例如,魏文斌、师彦灵、唐晓军:《甘肃宋金墓"二十四孝"图与敦煌遗书〈孝子传〉》,《敦煌研究》1998年第3期;赵超:《山西壶关南村宋代砖雕墓砖雕题材试析》,《文物》1998年第5期;江玉祥:《宋代墓葬出土的二十四孝图像补释》,《四川文物》2001年第4期;许海峰:《涿州元代壁画墓孝义故事图浅析》,《文物春秋》2004年第4期。另外,二十四孝在何时形成也是学界讨论的热点问题,代表性的研究可参见赵超:《"二十四孝"在何时形成(上、下)》,《中国典籍与文化》1998年第1、2期;董新林:《北宋金元墓葬壁饰所见"二十四孝"故事与高丽〈孝行录〉》,《华夏考古》2009年第2期。

③ 新近的研究越来越多地关注到宋金时期孝子图像的功能和意义,都提出孝行图对墓主升仙起到重要的辅助作用。参见韩小囡:《宋代装饰墓研究》,第109～111页;邓菲:《关于宋金墓葬中孝行图的思考》,《中原文物》2009年第4期;胡志明:《宋金墓葬孝子图像初探》;孙珂:《宋金元时期墓葬中的孝子图像研究——以山西和河南地区为中心》。

式应作为重要内容进行考察，研究的细化将有助于我们深入理解孝子图在墓葬空间中的丰富内涵。

如果我们仔细观察山西长子小关村金墓中16幅孝子故事图的位置与构图，会发现一个有趣的现象。一方面，该墓中的壁画分布有序。例如，建筑构件与券顶彩画繁复精美；每幅孝子图都表现在墨笔的方形画框之内，画框按照水平方向排列于阑额下方。这说明画工在绘制图像之前，预先已有大体的设计方案，所以使得墓葬壁画呈现出统一且有序的布局形式。但另一方面，东、西两壁上方斗拱与门窗之间可供彩绘的空间并不充足，这使得部分画框排列的整齐性受到了影响。例如，"董永自

卖"与"曾参问母"两幅图恰好位于砖门之上，画工只得将画框稍稍向上移动，使其位置适应门窗上的有限空间（图4.6）。另外，空间对构图的影响不仅仅体现在孝子图上，甚至家居生活场景也碍于壁面位置，无法全部展开或者产生连贯的画面。比如由于东、北、西三壁中部砖砌有门窗，壁上所绘的墓主画像被表现为夫妇二人分列于假门或直棂窗两侧，所处空间位置十分狭窄，同时也割裂了男女墓主对坐宴饮的场景（图4.7）。

所以小关村金墓壁

图4.6　山西长子小关村金墓东壁彩绘局部（采自《文物》2008年第10期，第66页，图18）

图4.7　山西长子小关村金墓北壁彩绘局部（采自《文物》2008年第10期，第65页，图11、12）

画的设计初看较为有序，但若细究就会发现墓室四壁上的图像布局过于紧密，部分题材与仿木构建筑元素之间的配合并不十分协调，略有仓促就位之嫌。这种现象促使我们思考：墓内壁画被如此紧密布局的原因是什么？画工为何要将孝子图安排在墓壁上部有限的区域之内？哪些因素在孝子图的构图和安排上发挥了作用？这仅仅是一个特例，还是一种较为普遍的墓葬装饰手法？下文将通过对于宋金时期墓葬中孝子图的考察，逐一解决这些问题。

二　墓中的"二十四孝"图

孝悌人物为题材的图像在宋金装饰墓中十分流行。与稍早时期丧葬艺术中的孝行图相比，该时期的孝子故事图多成组出现。在一些墓葬壁饰和葬具线刻中，还发现了完整的"二十四孝"的图像内容，并附有人物故事题记，为我们了解"二十四孝"的图像及传统提供了重要的实物材料。

目前发现完整的"二十四孝"故事图的墓葬，以河南洛阳孟津张盘村发现的北宋崇宁五年（1106 年）的张君石棺年代最早。该石棺前挡刻有妇人启门及墓主人升仙等场景（图 4.8），两侧棺帮后部及后挡阴刻有 24 幅孝子图像，皆附榜题（图 4.9）。根据榜题，左侧故事为"赵孝宗""郭巨""丁兰""刘明达""舜子""曹娥""孟宗""蔡顺""王祥""董永"；右侧为"鲁义姑""刘殷""孙悟元觉""睒子""鲍山""曾参""姜诗""王武子妻""杨昌（香）""田真"；后挡刻"韩伯俞""闵损""陆绩"和"老莱子"①。孝子故事图在宋金时期常被用作石棺葬具的装饰题材，

图 4.8　河南洛阳孟津张盘村张君石棺左侧石刻（采自《中国画像石全集·8·石刻线画》，第 150 页，图 187）

---

① 黄明兰、宫大中：《洛阳北宋张君墓画像石棺》，《文物》1984 年第 7 期。

河南洛宁发现的乐重进夫妇石棺和河南巩县西村画像石棺（1125年）上也都刻有成套的"二十四孝"故事图①。

更多的"二十四孝"题材见于墓壁装饰之中。例如，河南林县城关宋墓墓壁之上共砌有 24 块孝子故事砖雕：北壁正中为启门图，两侧饰杨香、陆绩、刘明达、董永故事图；西壁砌 18 块雕砖，分为三栏，从南至北分别可推定为姜诗、王裒、曾参、元觉、田真、赵孝宗、睒子、王武子妻、鲁义姑、丁兰、蔡顺、舜、老莱子、郭巨、韩伯俞、刘殷、王祥、鲍山；东壁正中表现墓主夫妇宴饮图，南侧下部砌孟宗、曹娥故事图（图 4.10）②。从张君石棺与林县城关宋墓中的孝子图像可知，这一时期已经出现了二十四组的孝子故事，表明后来家喻户晓的"二十四

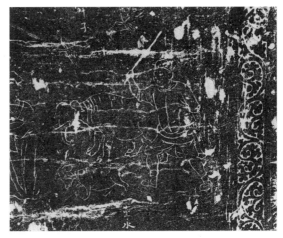

图 4.9　河南洛阳孟津张盘村张君石棺左侧石刻局部（采自《中国画像石全集·8·石刻线画》，第 151 页，图 190）

图 4.10　河南林县城关宋墓孝子故事线图（采自《考古与文物》1982 年第 5 期，第 40 页，图 3）

① 李献奇、王丽玲：《河南洛宁北宋乐重进画像石棺》，《文物》1993 年第 5 期；巩县文物管理所、郑州市文物工作队：《巩县西村宋代石棺墓清理简报》，《中原文物》1988 年第 1 期。

② 张增午：《河南林县城关宋墓清理简报》，《考古与文物》1982 年第 5 期。由于该墓雕砖没有题记，发掘者对"二十四孝"人物的部分推定值得讨论，董新林根据图版并参考其他宋金墓葬中的孝子图，将考古报告中的"邓攸"推定为刘明达，"乌鸦反哺"推定为田真，"姜肱兄弟"认定为赵孝宗，"王庭坚"定为王武子妻，"曾义姑"改为鲁义姑，笔者基本同意上述认定。见董新林：《北宋金元墓葬壁饰所见"二十四孝"故事与高丽〈孝行录〉》，《华夏考古》2009 年第 2 期。

孝"的提法在此时已经形成①。这种将孝义人物故事集合为二十四组的形式在宋末金初十分常见。我们可以先从孝子人物的组合来看该时期"二十四孝"图文的发展。

表4.1　各个时期墓葬中孝子图像组合对比

时代	孝子图像遗存	常见的孝子人物组合	代表案例
东汉时期	画像石、石室、石阙	邢渠、丁兰、董永、申生、郭巨、老莱子、闵子骞、伯俞、原穀、曾子、魏汤、李善、金日磾、孝乌……	河南开封白沙镇画像石、山东嘉祥武梁祠、内蒙古和林格尔汉墓等
北魏时期	石棺、石围屏、石室、漆棺、漆屏	郭巨、董永、老莱子、李善、丁兰、伯余、闵子骞、伯奇、舜、原穀、眉间赤、蔡顺、尉(王琳)……	山西大同司马金龙墓漆屏、河南洛阳出土元谧石棺、洛阳出土宁懋石室、美国纳尔逊·阿特金斯艺术博物馆藏孝子棺、宁夏固原漆棺等
宋金时期	墓室砖雕、壁画、石棺线刻	舜、闵子骞、老莱子、元觉、田真、刘明达、王武子妻、蔡顺、王祥、曹娥、姜诗、赵孝宗、陆绩、丁兰、董永、孟宗、杨香、韩伯俞、郭巨、鲍山、鲁义姑、曾参、郯子、刘殷、原谷、王裒……	河南洛阳孟津张君石棺、洛宁乐重进石棺、山西长子石哲金代壁画墓、长治故漳金墓、长治安昌金墓、稷山马村四号墓、万荣万和村金墓等

如果我们将宋金装饰墓中的孝子人物组合与汉魏时期墓葬中的孝子人物对比可以发现：一方面，不少汉魏时期流行的孝行故事主角并未继续出现在宋金孝子人物之列，比如邢渠、李善、魏汤、金日磾等已不见于后期的墓葬资料；另一方面，该时期的孝子组合还加入了许多新的人物，比如赵孝宗、刘殷、刘明达、曹娥、陆绩、姜诗、睒子、王武子妻等。根据邱仲麟等学者的研究，睒子、王武子妻、王祥在孝

---

① 据目前的材料来看，孝子故事首次以"二十四孝"的形式在文献中出现是在晚唐时期，敦煌发现的《故圆鉴大师二十四孝押座文》以"二十四孝"命名，参见王重民等：《敦煌变文集》卷七，北京：人民文学出版社，1984年，第835~839页。该卷共存三件，为斯7、伯3361、斯3728，内容基本相似。此押座文虽然称作二十四孝，但只提到了舜、王祥、郭巨、老莱子等人，并未列举完全。另外由于是佛教的文书，卷首还提到了目连与释迦牟尼，可能也将他们列入了二十四孝。这说明在唐代末年已有"二十四孝"的提法，同时显现出一个与北宋墓葬孝悌图像不同的系统。相关讨论，参见赵超：《山西壶关南村宋代砖雕墓砖雕题材试析》，《文物》1998年第5期。

子组合中的出现可能为佛教影响的结果（图4.11）①。"孝"的观念自唐代起开始被佛教所吸收和推崇，孝行观与佛教的互动也促使一些新的题材出现并逐渐固定②。此外，宋金时期还出现了曹娥、杨香、王武子妻等女孝子的故事图像，反映出社会对于女子孝亲的要求，与"孝能兴家"的社会思想相关③。

图4.11　河南洛阳关林庙宋墓西北壁孝行图砖雕拓片（采自《文物》2011年第8期，第43页，图34）

　　一些学者对宋金墓葬中发现的孝悌人物进行了排列，发现宋金时期的二十四孝并非绝对固定的组合，出现的孝子并不完全一致。当时墓葬资料中可见的孝子人物约有30人，大部分人物事迹可考④。例如，河南林县城关宋墓建造的时间相对较早，墓中二十四孝砖雕的内容与其他材料稍有区别，其中出现了王裒等人物故事，该内容未见于其他墓葬⑤。这种现象说明，虽然此时的"二十四孝"提法已经形成，但孝

① 睒子为佛教本生故事中的人物。王武子妻行孝的关键在于其割股事亲的行为，割股事亲在唐宋以来的出现与流行，既与人肉疗疾的观念有关，又受到佛教"舍身利他"观念的影响。另外，有学者提出王祥卧求鲤鱼故事的固定是晚唐五代僧人对孝行故事改造的结果。相关的讨论，参阅程毅中：《敦煌本"孝子传"与睒子故事》，《中国文化》1991年第2期；袁书会：《二十四孝中的异域人物——浅谈中印文化交流》，《社会科学战线》2000年第4期；邱仲麟：《不孝之孝——唐以来割股疗亲现象的社会史初探》，《新史学》第6卷第1期，1995年；于赓哲：《割股奉亲缘起的社会背景考察——以唐代为中心》，《史学月刊》2006年第2期；王铭：《从"剖冰求鲤"到"卧冰鱼跃"——佛教在"二十四孝"形成过程中的作用个案》，严耀中主编《唐代国家与地域社会研究：中国唐史学会第十届年会论文集》，上海：上海古籍出版社，2008年，第425~448页；郁倩云：《论二十四孝的佛教起源》，山东大学硕士学位论文，2015年，第29~34页。
② 有学者提出孝行观念与佛教的结合可能导致了宋代孝行题材的流行，参见赵超：《"二十四孝"在何时形成（上）》，《中国典籍与文化》1998年第1期。
③ 万彦对宋金元墓葬中新增的女性孝子人物图像进行了解读，提出女孝子体现了"孝能兴家""以孝治家"的思想。见万彦：《宋辽金元墓葬中女孝子图像的解读》，《艺术探索》2009年第5期。
④ 参见段鹏琦：《我国古墓葬中发现的孝悌图像》，第463~471页；赵超：《山西壶关南村宋代砖雕墓砖雕题材试析》，《文物》1998年第5期。
⑤ 张增午：《河南林县城关宋墓清理简报》，《考古与文物》1982年第5期。

子的具体组合还未完全固定，可以从不同的人物故事题材中进行选择。段鹏琦据此指出，鉴于墓葬中不同组合的孝悌故事以及每种组合内人物的相对稳定，在宋金时期很可能流传着内容大同小异的若干个"二十四孝"故事版本，各种版本流行的地域也有所不同①。

　　这种说法在一定程度上可以解释为何学者将墓葬中的"二十四孝"组合与元末郭居敬所辑的《全相二十四孝诗选》②中的人物进行比较时，会存在一定的差异。宋金考古资料中常见的孝子人物并未收入《二十四孝诗选》中的汉文帝、朱寿昌、唐夫人、吴猛、黄香等人，却出现了韩伯俞、刘殷、赵孝宗、王武子妻、鲍山等③。当时民间流传着"二十四孝"故事图文的不同版本④。郭居敬所辑的《二十四孝诗选》可能流行于闽赣等南方地区，而河南、山西地区宋金墓葬资料中所见的孝悌故事似乎是北方地区的传统。

　　表4.2 可以帮助我们了解中原北方地区"二十四孝"组合的大致情况。从宋代晚期的洛阳张君石棺到金代前中期的长子石哲村金墓所附的榜题来看，这些案例中的二十四孝人物组合基本相同，包括：王祥、舜子、董永、丁兰、郭巨、陆绩、姜诗、曾参、孟宗、老莱子、蔡顺、睒子、闵子骞、田真、王武子妻、杨香、鲁义姑、韩伯俞、刘殷、元觉、鲍山、曹娥、刘明达、赵孝宗。实际上，如果我们对宋金墓葬中的孝行图进行全面统计，出现频率较高的孝行故事

① 段鹏琦：《我国古墓葬中发现的孝悌图像》，第468页；卫文革：《墓葬资料中所见二十四孝之发展演变》，《文物世界》2010年第5期。

② 中国国家图书馆藏有明洪武年间初刊本的《全相二十四孝诗选》，为现存最古藏本，存20幅孝子图文，无郭巨、王裒、黄香和朱寿昌。日本龙谷大学藏有明嘉靖二十五年（1546年）刊的《新刊全相二十四孝诗选》手抄本。

③ 传统所谓"二十四孝"收入：舜、董永、丁兰、闵损、郯子、孟宗、朱寿昌、田真、郭巨、老莱子、吴猛、曾参、汉文帝、王裒、杨香、庾黔娄、张孝张礼、黄香、黄庭坚、陆绩、唐夫人、王祥、姜诗、蔡顺。关于"二十四孝"的不同系统与故事体系的形成，可参见［日］大泽显浩：《明代出版文化中的"二十四孝"——论孝子形象的建立与发展，台湾中国明代研究学会编《明代研究通讯》第5期，台北：乐学书局，2002年，第11~33页。

④ 实际上，元代就已经出现了诸多的"二十四孝"图文，元代之后更是存有多种版本的二十四孝选本，比如清家秘本《二十四孝诗注》。不同版本人物均有出入。相关研究可见江玉祥：《元刊〈二十四孝〉之蠡测》，万本根、陈德述主编《中华孝道文化》，成都：巴蜀书社，2001年，第230~243页。

表4.2　宋金时期河南、山西地区二十四孝题材比较列表

河南洛阳孟津张君石棺	河南荥阳孤伯嘴宋墓	山西长治魏村金代纪年砖雕墓	山西长子石哲村金代壁画墓	高丽《孝行录》	郭居敬编《二十四孝诗选》所录孝子人物
1106 年	北宋晚期	1151 年	1158 年	元代后期	（1295 ~ 1321 年）
线刻	壁画	砖雕	壁画	文献	文献
24 幅	24 幅	24 幅（其中图文不完全对应）	24 幅	24 个人物	24 个人物
"王祥"	"王祥行孝"	"王祥幼亡其父推奉其母……"	"王祥幼亡其父……"	王祥	王祥
"舜子"	"舜子行孝"	"舜子少亡母……"	"舜子"	舜	舜
"董永"	"董永行孝"		"董永"	董永	董永
"丁兰"	"丁栏行孝处"	"丁兰少亡其母……"	"丁兰"	丁兰	丁兰
"郭巨"	"郭［巨］行孝之处"	"郭巨至孝于母……"	"郭巨至孝于母……"	郭巨	郭巨
"陆绩"	"陆绩行孝之处"	"陆绩吴郡人重母至孝……"	"陆绩"	陆绩	陆绩
"姜诗"	"姜诗子行孝之处"	"……却汲妻归……"	"姜师"	姜诗	姜诗
"曾参"	"曾参行孝之处"	"曾参在山伐薪……"	"曾参"	曾参	曾参
"孟宗"	"孟宗行孝之处"	"孟宗少无父孤养其母……"	"孟宗少无父孤养其母年老"	孟宗	孟宗
"老莱子"	"老莱子行孝"	"老莱子父母各年百岁莱已八十……"	"老莱子"	老莱子	老莱子
"蔡顺"	"蔡顺行孝之处"	"莱顺无父养母……"	"蔡顺"	蔡顺	蔡顺
"睒子"	"联子行孝之处"	"郯子鹿皮为衣向山取水……"	"睒子"	睒子	郯子
"闵损"	"闵子骞行孝之处"	"闵子骞 □□ 母……"	"闵子骞"	闵子骞	闵损
"田真三人"	"田真［行孝之处］"	"田真兄弟三人其家大富……"	"田真兄弟三人其家大富……"	田真	田真

河南洛阳孟津张君石棺	河南荥阳孤伯嘴宋墓	山西长治魏村金代纪年砖雕墓	山西长子石哲村金代壁画墓	高丽《孝行录》	郭居敬编《二十四孝诗选》所录孝子人物
"杨昌"	"杨昌行孝之处"	"杨香者鲁国人也……"	"杨昌"	杨香	杨香
"王武子妻"	"王武子行孝之处"	"王武子河阳人……"	"王武子为国防御……"	王武子妻	
"鲁义姑"	"鲁义姑行孝"	"鲁义姑者时值鲁……"	"鲁义姑"	鲁义姑	
"韩伯俞"	"韩伯榆行孝"	"韩伯瑜奉母母常以杖训之……"	"韩伯瑜奉母常望教训之……"	韩伯俞	
"刘殷"	"刘殷行孝之处"	"刘殷至孝奉母……"	"刘殷"	刘殷	
"孙悟元觉"	"[元]觉[行]孝之[处]"	"元觉悟之子祖年老……"	"元觉"	元觉	
"鲍山"	"鲍山行孝"	"鲍山□木也至孝……"	"鲍山"	鲍山	
"曹娥"	"曹娥行孝之处"	"曹娥年十四父投江死……"	"曹娥投江死不获尸……"	曹娥	
"刘明达"	"刘[明达]行孝"	"刘明达至孝养母时大荒……"	"刘明达"	刘明达	
"赵孝宗"	"赵孝宗行孝之处"	"赵孝宗弟被赤眉所擒……"	"赵孝宗"	赵孝宗	
					王裒
					黄庭坚
					汉文帝
					唐夫人
					朱寿昌
					虞黔娄
					吴猛
					黄香
					张孝张礼

也相当一致①。这种一致性说明完整的"二十四孝"故事体系在宋金之际已经逐渐固定，并在北方地区广泛流传。同时，该体系又与元代末期高丽地区流传的《孝行录》文献中收录的孝子人物基本吻合②。虽然目前还未发现宋金时期北方地区刊行的二十四孝故事文本，但是由于高丽与宋金元北方地区的文化传统有着密切的联系，我们或许可以推测《孝行录》中的情况恰恰反映了中国北方地区流行的孝子故事版本③。

宋金墓葬中孝子图像的画面和榜题还流露出更多的信息。首先，相同故事的图像在表现形式上十分类似，很多的孝子故事场景都具有一定的辨识度，对同一个人物故事的描绘在不同墓葬中呈现出相似的特征。例如，长子小关村金墓西壁所绘的"舜子耕田"场景，中央绘一男子，左手持竿，赶二头大象行走在田间，左上方飞有二鸟（图4.12）④。整幅画面描绘了舜子孝行感动上天、象耕鸟耘的故事。图像通过刻画"耕于历山"的场景，展现了大舜故事的主要情节。相近的图像元素与构图也出现在长治地区的其他金墓中（图4.13）。由于画面之间的相似度，因此在许多情况下，即使孝子图没有榜题的说明，人们也可大致辨认出画中所绘的故事内容。这暗示着孝悌故事在特定区域范围内的流行，也许基于特定的粉本或画稿⑤。

---

① 孙珂对宋金考古资料中的孝子图像进行了细致的考察，并统计出单个孝行故事的次数。在宋金时期墓葬中，频繁出现的孝悌故事人物正是上述24人。孙珂：《宋金元时期墓葬中的孝子图像研究——以山西和河南地区为中心》，第35~37页。

② 《孝行录》由元代末期的高丽人权溥、权准父子编撰，此处所提的版本为明代永乐三年（1405年）权溥的曾孙权近加注后刊行本，分"前赞二十四章"和"后赞三十八章"两部分。有关孝行录的研究，参见［韩］金文京：《高丽本〈孝行录〉与二十四孝》，复旦大学韩国研究中心编《韩国研究论丛》第3辑，上海：世界知识出版社，1997年，第273~287页；［日］大泽显浩：《明代出版文化中的"二十四孝"——论孝子形象的建立与发展》，第11~33页。另外，董新林也注意到高丽《孝行录》中收录的孝子人物与宋金时期北方地区墓葬中常见的孝子图的对应关系，见董新林：《北宋金元墓葬壁饰所见"二十四孝"故事与高丽〈孝行录〉》，《华夏考古》2009年第2期。

③ 金文京提出《孝行录》并非在高丽编纂而成，可能具有唐代的渊源，在宋金时期盛行于中国北方，此后又输入高丽。见［韩］金文京：《高丽本〈孝行录〉与二十四孝》，第273~287页。

④ 长治市博物馆：《山西长子县小关村金代纪年壁画墓》，《文物》2008年第10期。

⑤ 有关孝子图模式化的讨论，另见后晓荣：《宋金"画像二十四孝"——中国最早、最成熟的二十四孝》，第437~445页。

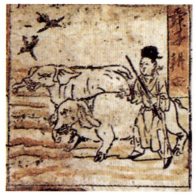

图4.12　山西长子小关村金墓西壁
　　　　绘"舜子耕田"图（采自
　　　　《文物》2008年第10期，
　　　　第67页，图23）

图4.13　山西长治屯留金墓北壁所绘"舜子"图像
　　　　（采自《文物》2008年第8期，第62页，
　　　　图25）

　　其次，除了对关键情节的强调外，一些在汉魏时期具有多元情节的孝子故事，在河南、山西地区的宋金墓葬中也表现出相对固定的故事场景。比如，蔡顺的故事出现在北魏石棺上，表现为"火起伏棺""闻雷泣墓"等情节，但在宋金时期中，蔡顺的"火起伏棺"已不传，"闻雷泣墓"的故事逐渐被王裒所取代，只是偶尔出现"蔡母怕雷"的榜题①。与蔡顺相关的图像基本表现为"拾椹供亲"的主题（图4.14）②。这说明该时期孝子故事的文本与图像都已逐渐定型，选取的故事情节相当一致，画面表现基本相同。

　　再次，一些墓葬中的二十四孝图像不仅人物组合相同，甚至墨书榜题的内容也较为一致。例如，山西长治魏村金天德三年墓中出土了二十四幅孝子人物彩绘砖雕，墓室南壁上写有"画相（像）二十四孝铭"的墨书题记（图4.15）。该墓中的孝子故事砖雕皆砌于墓壁上部阑额以下的位置，每幅图像旁不仅标有孝子人物榜题，还

---

① 该榜题见于巩县西村宋代石棺。巩县文物管理所等：《巩县西村宋代石棺墓清理简报》，《中原文物》
　　1988年第1期。

② 孙珂对宋金元时期"二十四孝"人物的故事来源、图像发展与固定进行了细致的分析，例如有关该时
　　期蔡顺图像演变的讨论，见孙珂：《宋金元时期墓葬中的孝子图像研究——以山西和河南地区为中
　　心》，第43~45页。另外，后晓荣等学者也以蔡顺孝行故事的文本与图像流传作为案例，探讨"二十
　　四孝"形成过程中的"挪用"现象，同时提出了图像受到传世文献的直接影响。见后晓荣、杨燚锋：
　　《接受与挪用：蔡顺孝行故事流变研究》，《故宫博物院院刊》2018年第1期。

图4.14　山西长子小关村金墓西壁
　　　　绘"菜(蔡)顺椹亲"图
　　　　(采自《文物》2008 年第
　　　　10 期,第66 页,图19)

图4.15　山西长治魏村金墓"画相二十四孝铭"及
　　　　孝子故事砖雕(采自《考古》2009 年第1
　　　　期,图版14.1)

附上对故事情节的大致描述。例如,大舜耕田图的画面正中刻一人二象,男子身穿白色圆领袍服,腰间束带,手持黑色木棍,正在赶象耕田(图4.16)。画面右侧墨书"舜子少亡母,父瞽叟□□,妻□□舜令淘井将□□压之,孝感神明引东□□井出,天赐二象耕地,百鸟运耕,尧王知孝,乃阐位子舜"[1]。从表4.2 中的信息可见,长治魏村金墓与长子石哲村金墓中的

图4.16　山西长治魏村金墓西壁舜子故事砖
　　　　雕(采自《考古》2009 年第1 期,
　　　　图版16.3)

孝子图榜题对人物故事情节的叙述基本吻合,在描述王祥、郭巨、孟宗、田真等人物故事时所用的文本非常接近。由此可见,孝子画像依据的粉本很可能是图文并茂的,不仅有对人物故事的视觉呈现,另外还附有以精炼语言概述故事的榜题[2]。这可能是不同墓例中榜题相近的主要原因。

---

① 长治市博物馆:《山西长治市魏村金代纪年彩绘砖雕墓》,《考古》2009 年第1 期。
② 段鹏琦:《我国古墓葬中发现的孝悌图像》,第468 页。

图 4.17　河南洛阳古代艺术博物馆藏山西金墓出土郭巨故事砖雕（采自《砖画青史：洛阳古代艺术博物馆藏宋金雕砖》，第 81 页）

洛阳古代艺术博物馆所藏的山西襄汾金墓砖雕提供了更为有趣的信息。征集而来的 23 块孝子砖雕不仅表现了孝子故事场景，在每块墓砖的空白处皆模印阳文榜题，榜题包括了孝子姓名、籍贯等内容①。更重要的是，砖上还标有孝行人物的排行，例如，"弟（第）一孝口子""第二行孝陆者口人也少年孝""第四孝""曹娥""弟

（第）五孝郭巨"（图 4.17）等等，说明图文并茂、情节精炼的孝子故事画稿与粉本也许还标有特定的顺序，工匠在建造墓葬时可能会根据这种序号进行排布②。这类粉本的流传与当时出版文化的发展、印刷品的传播有着密切的联系，墓葬图像的底稿或许受到了当时"二十四孝"图文刊本的影响③。同时，图文粉本的形成也与宋代劝孝文献的典故化有关，许多劝孝文书都通过推广孝行故事，来引导民众、树立道德楷模④。

　　粉本的使用不当或误用也会导致图文不符的现象，长治魏村金墓为此提供了若干案例。该墓南壁上的第 2 块砖雕无墨书题记，画面上刻三人，中间男子与一女子拱手对话，身后坐一老妪（图 4.18）。该砖雕的构图以及人物造型均与北壁的丁

① 徐婵菲、王爱文：《洛阳古代艺术博物馆藏山西金墓画像雕砖》，《中国国家博物馆馆刊》2011 年第 5 期。
② 工匠在营建仿木结构砖雕墓时，一方面可能使用了砖雕模印等工艺，另一方面或许还运用底稿、粉本、甚至画诀等多种图示或口头方式进行技术的传播。
③ 黄士珊提出版画在唐宋时期作为新兴的艺术媒介，盛行于宋、辽、金、元、西夏等地区，催发了职业工坊通过标准化子模大量生产套画，进行图像的复制。参见［美］黄士珊：《唐宋时期佛教版画中所见的媒介转化与子模设计》，第 385～434 页。
④ 张健：《两宋民间劝孝文献研究》，东北师范大学硕士学位论文，2011 年，第 9～11 页。

兰故事砖雕一致，只是左方二人衣着颜色交换，似乎为工匠失误而进行了雕砖的重复镶嵌。东壁老莱子画像左侧墨书"杨香者，鲁国人……"的题记，与砖雕内容并不吻合（图4.19）。同样，西壁的鲍山故事砖雕也出现了图文不符的情况。魏村金墓的工匠似乎并不熟悉孝子图文，在使用画稿的过程中操作不当，混淆了孝行人物故事，放错了题记。

另外，有关孝子图题记的失误，还有其他的表现形式，其中较为常见的是孝子名字的误写。在许多墓例中，二十四孝的榜题经常出现假借字、误写，每个孝悌人物的名字或多或少都有衍生变体。比如荥阳孤伯嘴宋墓中的"丁兰"作

图4.18　山西长治魏村金墓南壁第二块砖雕（采自《考古》2009年第1期，图版14.2）

图4.19　山西长治魏村金墓东壁老莱子砖雕（采自《考古》2009年第1期，图版15.3）

"丁栏"，"杨香"作"杨昌"①；在其他的墓例中，"曾参"写作"曹三"，"王祥"作"王相"，"姜诗"作"姜师"、"鲍山"作"包中"，"蔡顺"作"菜顺"，"睒子"写为"琰子""啖子""联子"等。这些榜题说明民间工匠的文化程度较低，在制作过程中因其水平有限而误写人名。同时，部分例子也反映出二十四孝故事可能存在多种传播途径，孝悌故事在民间的流传，除了使用图文粉本外，有时也可能通过口头方式进行。

---

① 郑州市文物考古研究所、荥阳市文物保护管理所：《河南荥阳孤伯嘴壁画墓发掘简报》，《中原文物》1998年第4期。

三 形式特征

学界已对"二十四孝"的形成发展进行了相当全面的考察，但是对于宋金时期孝子图像的分析还有待进一步深入。孝子图通常根据墓葬形制或石棺结构分布，数量从 2 组到 24 组不等，表现形式也较为多样，包括壁画、砖雕、线刻等不同类型（见附表5）。总体而言，孝子图像的形式和位置具有一定规律。下文将通过具体的案例来了解该时期孝子故事图的视觉特征。

上文中提到的河南洛阳关林庙宋墓为仿木结构单室墓，墓室平面呈八边形，墓壁砌有斗拱、普拍枋、倚柱等仿木构元素。墓室下部东南、西南两壁各设棂窗一个，东、西两壁均砌板门，西壁下部板门作妇人启门。东北、西北两壁阑额之下设卷帘，嵌有散乐、备宴以及杂剧场景的砖雕。北壁用砖雕砌出四扇格子门。除南壁外，其他墓壁阑额中间都嵌有小型砖雕，砖长 39 厘米，宽约 16 厘米（图 4.20）。这些砖雕均刻孝子故事，共 23 幅，除一幅外，皆附有榜题。23 个孝子人物可以辨识为：老莱子、元觉、陆绩、董永、田真、王祥、刘殷、鲍山、韩伯俞、杨香、睒子、曹娥、孟宗、蔡顺、赵孝宗、鲁义姑、郭巨、丁兰、闵损、王武子妻、曾参、姜诗、刘明达[1]。

图 4.20 河南洛阳关林庙宋墓西北壁上部砖雕（采自《砖画青史：洛阳古代艺术博物馆藏宋金雕砖》，第 47 页）

---

[1] 洛阳市文物工作队：《洛阳洛龙区关林庙宋代砖雕墓发掘简报》，《文物》2011 年第 8 期。

关林庙宋墓中的孝子砖雕保存完好，其图像形式在当时较具代表性。首先，多组、成套、小幅是这时期孝子图像的主要特征。孝子图画幅较小，且每组砖雕之间有分隔，"幅"的形式较为明确（图4.21）。其次，每幅画面中的构图方式及人物形态也值得关注。方形的画框内常描绘一到三个主要人物，根据人物姿态、场景及榜题反映出故事内容与人物身份，构图十分简洁（图4.22）。再次，孝子图在墓室中多出现在阑额以下、墓壁以上的位置，墓壁的主要位置被散乐、备宴等生活场景所占据。

图4.21　河南洛阳关林庙宋墓北壁孝行图砖雕（采自《文物》2011年第8期，第35页，图12）

图4.22　河南洛阳关林庙宋墓西北壁孝行图砖雕拓片（采自《文物》2011年第8期，第43页，图35）

另一个例子是河南荥阳地区发现的槐西宋墓。该墓为长方形竖穴土洞墓，墓室四壁施彩绘。与关林庙宋墓相比，槐西宋墓的图像题材相对有限，工艺也更为简单，仅在土洞内壁上涂白灰直接作画。这种看似简略版的墓例实际上相当关键，因为它包括了该时期墓葬装饰题材中最主要的图像元素。墓壁彩绘以红线分为上下两部分。下部绘墓主家居、备宴等题材；上部绘孝子图，包括舜子、赵孝宗、丁兰、韩伯俞等15组孝子人物（图4.23）。例如，北壁上部的画面绘三人，右一男

图 4.23　河南荥阳槐西宋墓东壁彩绘（采自《中国出土壁画全集·5·河南卷》，第 187 页，图 173）

图 4.24　河南荥阳槐西宋墓北壁上部彩绘局部（采自《中原文物》2008 年第 5 期，彩版 3.4）

子左手拿锹，面左而立，左一妇人，膝旁站立一小孩，三人之间的地上冒出道道瑞光，描绘了郭巨埋儿的故事（图 4.24）①。大体来看，该墓内的图像布局与关林庙宋墓相似，都是在墓壁下部表现家居生活场景，墓壁上部装饰多组、小幅的孝子图。

图像的形式是内容的载体，会影响到观者对于内容的理解，而图像所处的位置又暗示着其内涵和意义。就宋金墓例来看，孝子故事场景出现的位置相对固定：在石棺上多表现在棺帮的左右两侧及后挡部分；在墓中通常出现在斗拱间的拱眼壁上或阑额下方，有时还会被绘制在天顶下部。孝子图不作为墓室壁画或砖雕的主体部分，多位于一些相对次要的位置②。图像的尺寸较小，也暗示着它们在墓中并非作为主要画面出现。孝子故事图偶尔还会被置于壶门形的画框内，具有很强的装饰性（图 4.25）。

如第一章所述，北宋中晚期以来，河南登封、洛阳等地的仿木构砖室墓已经开始在拱眼壁间或斗拱之上表现孝行图。饰有这些图像的墓葬设计繁复，室内通过砖

①　郑州市文物考古研究院等：《荥阳槐西壁画墓发掘简报》，《中原文物》2008 年第 5 期。

②　楚启恩指出孝子列女事迹在北宋晚期再度流行，并形成多幅孝悌故事并列的格式，以连环画的构图绘制在墓门、窗户上方，或格子门及障水板等次要位置。胡志明延续此思路，继续考察了处于次要位置的孝子图像，并提出即使孝子图位置变化，它们与墓主之间的关系并没有因此改变。参见楚启恩：《中国壁画史》，北京：北京工艺美术出版社，2000 年，第 163 页；胡志明：《宋金墓葬孝子图像初探》，第 19~20 页。

雕或彩绘的斗拱、天顶等建筑构件将壁上空间划分为上、中、下三个层次：下部图像出现在墓壁上，以墓主夫妇及侍者的形象为主，描绘家居生活场景；中部在斗拱之间或铺作以上的位置绘有多组孝子故事图；而上部则在天顶位置画有仙人或升仙场景。这类墓葬包括河南登封黑山沟宋墓、高村宋墓、新密下庄河宋墓、平陌宋墓、嵩县城关镇北元村宋墓等等①。例如，登封高村宋墓为八角形攒尖顶砖室墓，整个墓室内由精心绘制的壁画覆盖。壁画内容也根据建筑结构分为三层。在中部斗拱间的拱间壁上，画有附带榜题的孝子故事图，人物用墨线勾勒，施黄、白、红等色，由西南到东南方向依次标为："蔡顺""赵孝宗""丁兰""王武子""尧舜子""韩伯愈""孟宗""王祥"。每壁一图，共有 8 幅，不仅位置固定，画法也相当成熟（图 4.26）②。

相似的设计也可见于晋东南地区的金墓。前文中谈到的长子小关村金墓就将孝子故事图安排在墓壁上部。而新近发现的长子南沟金墓也在前室

图 4.25　山西新绛南范庄金墓前室南壁伎乐与孝子砖雕（采自《平阳金墓砖雕》，第 250 页，图 273）

图 4.26　河南登封高村宋墓东南侧拱间壁孟宗故事图（采自《郑州宋金壁画墓》，第 79 页，图 99）

---

① 主要墓例的发掘简报，可见郑州文物考古研究所编：《郑州宋金壁画墓》；洛阳市第二文物工作队：《嵩县北元村宋代壁画墓》，《中原文物》1987 年第 3 期。

② 郑州市文物考古研究所、登封市文物局：《登封高村壁画墓清理简报》，《中原文物》2004 年第 5 期。

图 4.27　山西长子南沟金墓前室东壁绘
丁兰故事图（采自《文物》2017
年第 12 期，第 31 页，图 38）

墓壁上层、斗拱以下的位置彩绘孝行图 24 幅，画面附榜题，人物从南壁起由东向西可分别辨识为：韩伯俞、王祥、赵孝宗、鲁义姑、刘明达、杨香、郯子、王武子妻、曾参、蔡顺、舜、董永、元觉、王衰、刘殷、老莱子、鲍山、姜诗、孟宗、闵子骞、郭巨、曹娥、田真、丁兰（图 4.27）。孝子故事皆置于壹门形的边框内，成组出现。另外，建墓者在孝子图与其下方的门窗、人物场景之间还用红底白彩的缠枝莲纹区隔开来，凸显出墓壁之上的层次感（图 4.28）①。

从目前的考古资料可以初步推断，金代长治地区常见的墓壁分层装饰的形式，可能来源于豫中、豫西北等地的多层仿木构砖室墓②。前文中曾提出，这种墓葬形制自北宋

图 4.28　山西长子南沟金墓前室东壁（采自《文物》2017 年第 12 期，第 25 页，图 14）

---

①　山西省考古研究所、长治市外事侨务与文物旅游局、长子县文物旅游局：《山西长子南沟金代壁画墓发掘简报》，《文物》2017 年第 12 期。

②　有关长治地区宋金墓葬的讨论，参见王进先：《长治宋金元墓室建筑艺术研究》。

中后期在两京地区兴起、流行，并扩散开来，对晋东南地区的金墓产生了一定的影响。豫晋两地在墓葬形制、内容、布局方面的一致性，一方面反映了营建工艺的逐渐传播，另一方面或许也与宋金之际工匠群体的向北迁徙有关。宋徐梦莘《三朝北盟会编》卷七七《金人求索诸色人》中记，金人攻陷汴京时曾掳掠各行工匠艺人：

> 又要御前后苑作、文思院、上下界、明堂所、修内司、军器监工匠、广固搭材兵三千余人，做腰带帽子、打造金银、系笔和墨、雕刻图画工匠三百余人，杂剧、说话、弄影戏、小说、嘌唱、弄傀儡、打筋斗、弹筝、琵琶、吹笙等艺人一百五十余家，令开封府押赴军前。①

这其中或许就有从事墓葬装饰类的匠人。部分北宋工匠艺人在向北押运的途中逃佚至河东地区，流落民间。该事件可能为山西地区墓葬艺术的发展提供了条件。

山西屯留宋村金墓（1135 年）西壁的题记中写到："砌造匠人李通，家住沁州，铜堤（鞮）县底水村人是（氏），内为红中（巾）盗贼到此，砌到葬一所，系大金国女直（真）军，领兵收劫赵官家。"② 题记提到该墓的工匠李通由于金初的战乱从沁州迁移到潞州屯留一带，虽未涉及豫西北地区，但也间接说明宋金之际工匠群体的迁徙并不少见③。限于目前研究资料的不足，我们虽难以讨论工匠群体与工艺技术在不同地区的迁移、交流与传播，但正是由于造墓技术、相关信仰与社会习俗的传播，才使得墓葬形式和工艺在不同区域呈现出相似的特征④。

长子小关村金墓中的孝子故事，以多组、小幅、方形构图安排在阑额下方的形式，在山西地区并不少见。晋东南、晋南的若干金墓内都发现了相似的图像布局，如屯留宋村金墓、长子石哲金墓、长治魏村金墓、长治故漳村金墓等。在这些墓例

---

① ［宋］徐梦莘：《三朝北盟会编》卷七七《靖康中帙五十二》，上海：上海古籍出版社，2008 年，第 583 页。

② 山西省考古研究所、长治市博物馆：《山西屯留宋村金代壁画墓》，《文物》2008 年第 8 期。

③ 有关该墓的题记考释，见李浩楠：《山西屯留宋村金代壁画墓题记考释》，《北方文物》2010 年第 3 期。

④ 除了墓葬的建筑形制，长治地区金墓在装饰题材方面亦沿袭了河南宋墓的特征，例如墓主夫妇二人对坐宴饮、孝子故事、家居环境、门窗、花卉等题材在金墓中被广泛采用。参见卢青峰：《金代墓葬探究》，第 25～27 页。

中，孝子图都出现在仿木斗拱以下、墓壁砖砌门窗以上的位置。我们可以回到前文提出的问题：长子小关村金墓中的孝子图并非特例，也不是建墓者为完成壁画所做的权宜之计，而是宋金墓葬中图像题材布局的一种常规做法。画工试图将墓主生活场景、孝子图、升仙图、建筑彩画分层排布，表现出多个层次的墓内空间。然而，工艺和题材在传播的过程中或进行了调整，或融入了当地的特色，使得部分内容呈现出变化与发展。另一方面，我们通过第一章中的讨论可知，营建墓室的刊墓人和画工有时并非为同组工匠，他们在一定程度上缺乏对空间和彩绘的总体规划。刊墓人以砖砌、砖雕等工艺构造出带有斗拱、券门、直棂窗等仿木构元素的家居环境；画工只能在其建造的墓壁基础上进行彩绘。为了完成预先设定好的图像模式，又碍于可绘空间的有限，他们只能通过挪移、变通、转换等方式，牺牲部分图像的构图及空间，以求达到墓葬装饰的完整性。

这种设计方式的背后实际上牵涉到了墓葬美术的多方面内容，不仅包括了孝子图本身的形式、位置、内涵，还涉及它们与墓内其他装饰题材的关系。若要讨论这些内容，我们不能仅仅停留在对孝子图像的考辨与社会背景的一般性叙述上，而是要去寻找形式和意义之间"具体的链接方式"[1]。基于这样的理解，下文将进一步考察宋金装饰墓中的孝子题材案例，分析图像的形式与内涵，探讨孝行图的丧葬环境和历史背景。

第二节   孝子图的多重寓意

一   昭孝事祖

豫中、豫西北、晋东南、晋南等地宋金墓葬中的孝子图像表现出情节一致、构图相似、高度类型化的特征，且位置相对固定。如果按照画面的内容进行分类，孝

---

[1] 郑岩在研究北朝葬具上的孝子图时提出，研究图像时应致力于寻找现象和意义之间具体的链接方式，需要对图像做出描述性的解读，而不只是建立在其他研究基础上的判断，见郑岩：《北朝葬具孝子图的形式与意义》，《美术学报》2012 年第 6 期。

子图属于"叙事画"的范畴。虽然中国艺术中叙事性图画的定义仍存争议，具有狭义和广义之分，可用于讨论多种绘画类型①。但是从视觉艺术的角度来看，叙事画指与故事相关的图像，其本质特征是对事件发生发展的叙述。孝子图无疑是通过画面来描述故事的经典案例。

各个时期的孝子图像具有不同的叙事特征。汉魏时期的孝子图或表现为连环画式的图绘，展示连续的叙事情节；或通过描绘一个或多个主角、故事背景、重要道具等来说明特定故事。宋金时期孝子图的叙述方式发生了变化，改为以一个重要场景来概述整个故事。画面通常选择主人公孝行事迹中的单一情节进行单景式构图，凸显出故事中最有代表性的片断。这种简明的构图方式既消解了孝子故事的完整性，又强调了多组孝子砖雕的总体视觉效果。加上孝子图常置于画框或壶门形的单元之中，这些人物故事图更像是装饰图案。所以，从整体来看，孝子砖雕中的主人公成为一个个孝子形象的符号，虽然他们拥有明确的身份，但图像的统一性使他们更接近于孝行的"集合"②，淡化了原有人物的时间、场所，具有形式和内涵上的整体感。

孝子图通过这种特定形式既表现出人物故事的关键情节，也强调了砖雕的总体视觉效果及其共同意义。"孝"指个人对于父母的尽心奉养。具体到丧葬的语境中，孝子故事画被许多学者视为孝道推行与教化的直观体现，图像的主要功能是孝子、孝女人物的楷模作用，体现了孝风盛炽的社会景象。这种从历史与社会背景解读孝子题材的方法，比较易于理解。然而，在当时的丧葬环境中，孝子图还承载具体的

---

① 孟久丽（Julia Murray）讨论了"叙事画"的概念及用法，并重新定义了中国艺术中的叙事画，用其指代那些内容与口头或文本故事相关，并且通过叙述故事而对观者产生影响的绘画。该书的中译本，参见［美］孟久丽著，何前译：《道德镜鉴：中国叙述性图画与儒家意识形态》，北京：生活・读书・新知三联书店，2014年，第11～42页。相关讨论，另见古原宏伸、陈葆真等人的研究：Kohara Hironobu, "Narrative Illustration in the Handscroll Format," in Alfred Murck and Wen Fong eds. , *Words and Images：Chinese Poetry, Calligraphy, and Painting*, Princeton：Princeton University Press, 1991, p. 252；Chen Pao-chen, "Three Representational Modes for Text/Image Relationships in Early Chinese Pictorial Art,"《美术史研究集刊》第8期，2000年；Shane McCausland and Yin Hwang ed. , *On Telling Images of China：Essays in Narrative Painting and Visual Culture*, Hong Kong：Hong Kong University Press, 2014.

② 司白乐（Audrey Spiro）在讨论南朝时期的高士图像时，提出了集合式的肖像（collective portrait）的概念，参见 Audrey Spiro, *Contemplating the Ancients*, California：University of California Press, 1990, p. 80.

内涵与功能，不仅反映了孝道思想，也可以"积极、能动地形塑"这一观念①。

　　孝行的一个重要内容表现在子女对逝去父母的安葬和追悼，即"慎终"。董永、王衺、蔡顺、丁兰等故事都是对这类事迹的叙述，体现出生者对于亡过先人的妥善安葬、追悼、祭祀。虽然这类故事只是个案，但是作为孝行楷模的集合，其他的孝子图像似乎也同时具备了相应的德行。这些画像作为历史的再现和孝行的叙事性图解，将死者、后人与孝道传统联系起来。不少学者在讨论北魏葬具上的孝子画像时，都将孝子图作为彰显丧家孝德的视觉化表征②。例如，加滕直子认为魏晋南北朝墓中的孝子图体现了墓主及宗族的道德，营建墓葬便是将这种道德昭示于世的重要手段③。林圣智则提出孝子图像可能作为生者与死者的联结，既是死者家属所仿效的典范，又可将丧家的孝行看作孝子图的现实体现④。郑岩也认为，孝子故事图可以辅助丧家与孝行之间建立起具体的联系，人们通过在墓中表现孝子图，关联了墓主与古代典范，同时也将古代孝子包含的意义转移到新的孝子——墓主后代——身上⑤。

　　孝子画像存在着逐渐概念化的趋势，至宋金时期尤为显著。这也是该时期孝行图强调视觉上整体性的重要原因。在这一趋势下，孝子故事图所包含的意义确实可以被转移到墓主子孙的身上。孝子角色的转移在宋金装饰墓中，体现为对亡者的供养和祭祀。前章谈到墓壁上的图像题材包含着礼仪的内涵，整个墓葬具有祭祀的意味。而孝子图在该空间中的出现，正说明对于墓主的供养来自其子孙后代。不少宋金墓葬中的图像和题记都可以证实这一关联。例如，山西侯马牛村31号金墓（1212年）西壁上表现孝子图像，六幅故事图均作为格子门障水板上的装饰图案。北壁上的墨书榜题流露出了更多的信息，右侧题记提到墓主马垦二子马清生、马广生修造墓室的经过，左侧则明确写到"二人发孝道，世间兼比古人，作自建己后，愿太平

①　郑岩：《北朝葬具孝子图的形式与意义》，《美术学报》2012年第6期。
②　有关北朝孝子图内涵的研究，邹清泉曾对较有代表性的观点进行了综述，见邹清泉：《汉魏南北朝孝子画像的发现与研究》，《美术学报》2014年第1期。
③　［日］加滕直子：《魏晋南北朝墓における孝子伝図について》，第130页。
④　林圣智：《北魏宁懋石室的图像与功能》，《美术史研究集刊》第18期，2005年；林圣智：《北朝時代における葬具の図像と機能——石棺床囲屏の墓主肖像と孝子伝図を例として一》，第207～226页。
⑤　郑岩：《北朝葬具孝子图的形式与意义》，《美术学报》2012年第6期。

为铭,子孙哥哥(各个)贤"①。此处的"古人"正是对应了西壁格子门上的六个孝子故事,建墓者将墓主的后人与历史故事中的孝子相关联,展现出新的孝子典范。

另外,在陕西甘泉柳河渠湾金墓中,西北壁、东北壁各砌一个方龛,龛上方的"香花供养""客位"的字样表明祭祀之意,而在其对面的东南壁正中砌棂窗,两侧各绘三幅孝子人物,分别描绘了王祥、孟宗、董永、田真、郭巨等故事内容(图4.29)②。这些孝子图像似乎正扮演着墓主的后代,不管后人是否真的具有孝行,至少这些图像和文字都成为他们克尽孝道的符号,也强化了对亡者的奉养。

图4.29 陕西甘泉柳河渠湾金墓东南壁彩绘(采自《文物》2016年第11期,第44页,图11)

宋金装饰墓为亡者构建出了礼仪空间与幸福家园,建造墓葬本身就是一种孝的表达。厚葬、祭祀先人,不仅带有昭示孝行的意义,更是同时具有积善的功能。李清泉提出墓葬装饰中流行的孝行故事,在功能上应该是用来彰显孝子贤孙的孝亲之思,而孝思的表达还具有现实的关怀,对于生者也有重要的意义③。正如程颐《葬说》所云:

> 地之美者,则其神灵安,其子孙盛,若培壅其根而枝叶茂,理固然矣。④

孝子贤孙通过墓内装饰奉养亡者的同时,他们也得到墓主的垂佑荫庇⑤。这种通

---

① 山西省文物管理委员会侯马工作站:《山西侯马金墓发掘简报》,《考古》1961年第12期。

② 西北大学文化遗产学院等:《陕西甘泉柳河渠湾金代壁画墓发掘简报》,《文物》2016年第11期。

③ 李清泉:《"一堂家庆"的新意象——宋金时期的墓主夫妇像与唐宋墓葬风气之变》,《美术学报》2013年第2期。

④ [宋]程颢、程颐:《河南程氏文集》卷十《伊川先生文六·葬说》,《二程集》,第623页。

⑤ 袁泉在讨论蒙元时期的墓葬内容时,也提出该时期"神灵安、子孙盛"丧葬理念的盛行,孝子贤孙为亡者营造永久供奉的乐安之堂,并以此冀求祖先的庇护。见袁泉:《生与死:小议蒙元时期墓室营造中的阴阳互动》,《四川文物》2014年第3期。

过祭奉墓主、福荫子孙的理念反映出当时风水堪舆的普及和盛行①。也正因为如此，"孝"及其图像成为墓葬中内容与意义的关键连接点，它使得墓葬承载着"昭孝以事祖"的功能，同时也以地下的空间和图像为媒介进行着墓主与子孙之间的互酬性沟通。

二　感通神灵

宋金装饰墓中的孝子图作为一个集合具有共同的内涵，个体与情节本身已不再重要。然而，如果淡化了原有人物的特性、事件和时代，一旦有其他的力量介入，这些孝子画像或许就"不再具备原有的控制力"，图像的意义也会发生偏移②。那么，是否有其他的因素影响了宋金时期的孝子图？除了昭显孝行、代替生者在墓中侍奉亡者外，它们在当时是否还具有更深层次的内涵？

图 4.30　河南洛阳关林庙宋墓东北壁董永砖雕拓片（采自《文物》2011 年第 8 期，第 41 页，图 27）

答案是肯定的，孝子图像还可能影响墓主在死后世界的归宿。我们将通过洛阳关林庙宋墓中的孝子董永砖雕来进行具体的分析。该墓在东北壁的阑额下方刻画了董永行孝故事：画面右下一男子，包头巾，着圆领长袍，抱拳立于建筑前；他前方置一圆形三足凳，左侧为祥云，云头之上立一位梳髻戴花、宽衣博带的仙女；仙女右侧的题框中刻"董永"二字（图 4.30）。整幅画面描绘了孝子董永故事中的一段情节：织女为董永偿债后，与其道别，凌空而去。

董永故事多见于文献，刘向《孝子传》、佚

---

① 秦大树：《宋代丧葬习俗的变革及其体现的社会意义》，第 313～336 页。

② 郑岩：《北朝葬具孝子图的形式与意义》，《美术学报》2012 年第 6 期。赵超、郑岩都曾探讨过高士人物神仙化的问题，孝子形象也同样存在这样的转变。另外，巫鸿讨论了北魏葬具上孝子图的含义，提出孝子和隐士构成了墓葬艺术的两个持久的传统。见［美］巫鸿：《黄泉下的美术：宏观中国古代墓葬》，第 185～189 页。

名《孝子传》、敦煌本《孝子传》等均有记载①。曹植《灵芝篇》中曾赞:

> 董永遭家贫,父老财无遗。举假以供养,佣作致甘肥。责家填门至,不知何用归。天灵感至德,神女为秉机。②

干宝《搜神记》写到董永卖身葬父的故事:

> 汉董永,千乘人。少偏孤,与父居。肆力田亩,鹿车载自随。父亡,无以葬,乃自卖为奴,以供丧事。主人知其贤,与钱一万,遣之。永行三年丧毕,欲还主人,供其奴职。道逢一妇人曰:"愿为子妻。"遂与之俱。主人谓永曰:"以钱与君矣。"永曰:"蒙君之惠,父丧收藏。永虽小人,必欲服勤致力,以报厚德。"主曰:"妇人何能?"永曰:"能织。"主曰:"必尔者,但令君妇为我织缣百足。"于是永妻为主人家织,十日而毕。女出门,谓永曰:"我,天之织女也。缘君至孝,天帝令我助君偿债耳。"语毕,凌空而去,不知所在。③

《太平御览》也收录了董永孝行故事,如卷四一一引刘向《孝子传》:

> 前汉董永,千乘人。少失母,独养父,父亡无以葬,乃从人贷钱一万。永谓钱主曰:"后若无钱还君,当以身作奴。"主甚愍之。永得钱葬父毕,将往为奴,于路忽逢一妇人,求为永妻。永曰:"今贫若是,身复为奴,何敢屈夫人之为妻。"妇人曰:"愿为君妇,不耻贫贱。"永遂将妇人至……于是索丝,十日之内,千匹绢足。主惊,遂放夫妇二人而去,行至本相逢处,乃谓永曰:"我是天之织女,感君至孝,天使我偿之。今君事了,不得久停。"语

---

① 有关董永故事的文献以文学叙述为主,在历代文人的作品中也常被引用,还可在地方志及关于地名、姓氏的考证文献中发现其踪迹。关于董永故事的文献梳理,参见纪永贵:《董永遇仙故事的产生与演变》,《民族艺术》2000 年第 4 期;朗净:《董永故事的展演及其文化结构》,上海:上海古籍出版社,2005 年;朱瑶:《董永故事文物文献考述》,《孝感学院学报》2007 年第 1 期。

② [梁] 沈约:《宋书》卷二十二《志第十二·乐四》,北京:中华书局,1974 年,第 627 页。

③ [晋] 干宝:《搜神记》卷一《董永》,北京:中华书局,1979 年,第 14 ~ 15 页。

讫，云雾四垂，忽飞而去。①

　　从《搜神记》与《太平御览》这两段文字来看，文本所叙述的情节基本一致，《搜神记》版在前半部描写了董永肆力田亩、鹿车载父的孝行，但《太平御览》所引版本则仅仅提到董永"独养父"，而将更多的关注点放在了织女求作永妻、为其偿债，偿债后表明身份、腾云而去的部分。

　　情节叙述上的差异也出现在不同时期的董永画像中②。在现存的汉代董永故事图中，如山东嘉祥武梁祠的画像石，主要描绘了董永鹿车载父、在田间劳作的情

图 4.31　山东嘉祥武梁祠后墙董永画像拓片
（采自《汉武梁祠画像录》，下卷，
第 41 页）

节，仅在画面的右上侧刻画一个较小的羽人，似是对织女形象的表现（图4.31）③。北魏石葬具上的孝子画像也延续了这一主题，但在内容和形式上发生了新的变化。例如，美国纳尔逊·阿特金斯艺术博物馆所藏的北魏孝子棺右侧上刻画了董永车载父、耕于野的情节，旁边一幅则描绘了董永路遇仙女的场景（图4.32）④。两幅画面通过山石树木间隔开来，形成了连环画式的叙事风格，将董永孝行事迹的前后情节水平式地表现在石棺之上。

　　至宋金时期，有关董永形象的刻画主要集中于故事结尾处的织女升天情节，该场

①　［宋］李昉等：《太平御览》卷四一一《人事部五二·孝感》，北京：中华书局，1960 年，第 1899 页。该段文字与《太平御览》卷八一七引佚名《孝子传》、卷八二六载孝子传内容类似，只是天女织布数量稍有变化。另外，敦煌遗书中《父母恩重经》《孝子传》《古贤集》等都有对董永孝行的描述，并有专文的《董永变文》。唐末五代之时，董永故事盛行，至宋代已有话本的《董永遇仙记》。参见魏文斌、师彦灵、唐晓军：《甘肃宋金墓"二十四孝"图与敦煌遗书〈孝子传〉》，《敦煌研究》1998 年第 3 期。

②　胡志明也曾分析比较舜、董永等孝子人物在不同时期墓葬中的图像形式与位置，见《宋金墓葬孝子图像初探》，第 21～30 页。

③　相关研究，见［美］巫鸿：《武梁祠：中国古代画像艺术的思想性》，第 181～201 页。

④　黄明兰：《北魏孝子棺线刻画》，北京：人民美术出版社，1985 年。

图 4.32 美国纳尔逊·阿特金斯艺术博物馆所藏北魏孝子棺右侧董永故事图拓片（采自
Monumentality in Early Chinese Art and Architecture，p. 267）

景在不同墓例中的构图方式基本一致，画
面多将织女与董永作对角设置，织女位于
云气之上，董永目送其离去。如在山西长
子小关村金墓中，东壁上部的董永画面左
侧描绘一女子立于云端，右下方一男子拱
手仰视，画上题写“董永自卖”四字（图
4.33）①。此外，河南登封黑山沟宋墓、
荥阳司村宋墓、嵩县北元村宋墓、山西长
治安昌金墓等许多墓中都发现了非常类
似的场景。山西稷山马村四号金墓中的孝

图 4.33 山西长子小关村金墓东壁上部“董
永自卖”图（采自《文物》2008
年第 10 期，第 66 页，图 17）

子题材虽表现为泥塑的形式，但董永行孝的故事仍具有对角式构图的特征，织女与
董永两人相对，描绘了织女飞升而去的场景（图 4.34）②。我们通过分析不同时期孝
子场景的构图与形式可知，随着时代的变化，图像对织女升天的场景也愈加强调，
这与文献叙述情节的发展也是相吻合的。

---

① 长治市博物馆：《山西长子县小关村金代纪年壁画墓》，《文物》2008 年第 10 期。
② 山西省考古研究所侯马工作站：《山西稷山马村 4 号金墓》，《文物季刊》1997 年第 4 期。

图 4.34　山西稷山马村四号墓董永故事泥塑（采自《平阳金墓砖雕》，第 239 页，彩图 256）

上文所引的两段文字，虽然在细节上存在差异，但总体上都将董永孝行感天并受神助的内容作为重点，进行细致地描述。事实上，魏晋以来，许多孝悌故事所传达的重要信息就是孝行的神秘性。例如，舜、郭巨、董永等故事，都是主人公因孝行而得到神佑的例子，也是"孝悌之至，通于神明"的直接例证。不少学者都对孝行的神秘性进行了研究①。比如，美国学者南恺时（Keith Knapp）通过考察六朝时期不同版本的《孝子传》提出，许多孝行故事都强调了孝感的内容，文字叙述的主题不是主人公的孝行，而是孝感神明所获得的嘉奖，通常包括感天得助、感天得金等不同的孝报类型②。此类故事是汉代以来谶纬之学与天人感应思想互动、发展的产物，通过突出孝子由于行孝而获得来自上天的辅助或奖赏，表明行孝必得好报。这也使得官方与民间都开始对孝行进行带有神话色彩的宣扬③。从《艺文类

① 邹清泉讨论了《孝经》神秘性的形成以及南北朝时期衍生出的各种孝子神迹，见《北魏孝子画像研究：〈孝经〉与北魏孝子画像图像身份的转换》，第 91～114 页；另见赵超：《日本流传的两种古代〈孝子传〉》，《中国典籍与文化》2004 年第 2 期；王玉楼：《汉魏六朝孝子传研究》，暨南大学硕士学位论文，2011 年，第 48～59 页；李剑国：《略论孝子故事中的"孝感"母题》，《文史哲》2014 年第 5 期。

② 南恺时对六朝文献中孝感神迹进行了详细的论述，他将神迹分为四类：第一类，当孝子在施行孝道时，上天会协助孝子完成其孝行。至孝能够使孝子或孝女达成常人所不能的孝行，如"孟宗哭竹"，便是这类神迹中很有代表性的一例。第二类通常为上天对孝子的孝行进行嘉奖，赋予其财富、配偶，或长寿等。第三类则是神灵或上苍拯救孝子于危难之时，比如自然灾害或是野兽、强盗等危险。第四类为孝行所带来的各种祥瑞，例如祥瑞出现在孝子哀悼双亲之时。参阅：Keith Nathaniel Knapp, *Selfless Offspring: Filial Children and Social Order in Medieval China*, Honolulu: University of Hawaii Press, 2005, pp. 82–112.

③ 另外，人们不仅仅力推孝行、孝道，甚至《孝经》早在东汉末也开始被赋予明显的谶纬色彩，可消灾辟邪，并作为陪葬品出现在墓葬中。孙机：《固原北魏漆棺画研究》，《文物》1989 年第 9 期；邹清泉：《北魏孝子画像研究：〈孝经〉与北魏孝子画像身份的转换》，第 104～106 页。

聚》《太平御览》等唐宋类书中收录的孝子故事来看，它们大多也以感通天地的孝行
神迹为主。如《艺文类聚》第二十卷引梁元帝《孝德传序》中明确说道："夫天经
地义，圣人不加，原始要终，莫逾孝道，能使甘泉自涌，邻火不焚，地出黄金，天
降神女，感通之至，良有可称。"① 文中提到了最具孝感、孝报特征的孝子故事，强
调了孝行的特殊功能。

孝行神迹自汉魏以来一直被反复叙述。唐宋之时，人们很可能已逐渐将孝道视
为人神相通的重要法则。《宋史·孝义传》记载的孝子大多为"为亲复仇""侍亲至
孝""刲股割肝"，或为逝去的父母"负土成坟""庐于墓侧"，在叙事的结尾，孝子
不仅得到了官方的奖励，还出现了甘露降坟树、甘泉涌其侧等神迹②。因此《宋史·
孝义传》开篇明义："孝义所感，醴泉、甘露、芝草、异木之端，史不绝书。"③ 正
是在强调孝感的特殊功能。

在上述推崇孝行神迹的背景之下，对神迹场景的刻画也出现在许多宋金时期的
孝子图像中。实际上，河南、山西宋金装饰墓内流行的二十四孝人物，绝大多数故
事都带有孝报的色彩。例如，有关舜的画面多
被表现为孝感天地、象耕鸟耘的情节，描绘舜
持鞭赶象耕种，上有飞鸟的场景，具有非常固
定的图式。宋金墓葬中的"郭巨埋儿"题材，
常着重刻画郭巨掘金的情节（图 4.35）。又如
孝子刘殷见于《晋书·刘殷传》，讲述了刘殷
行孝得粟十五钟的故事④。河南洛阳关林庙宋
墓东壁刘殷行孝的场景，描绘了云中仙人出
现在刘殷之前，强调了其孝行神迹（图
4.36）。另外，在嵩县北元村宋墓中，郭巨、
曹娥、赵孝宗等多幅图像的人物四周都绘祥

图 4.35 河南洛阳关林庙宋墓西壁郭
巨砖雕拓片（采自《文物》
2011 年第 8 期，第 43 页，
图 32）

---

① ［唐］欧阳询：《艺文类聚》卷二十《人部四·孝》，上海：上海古籍出版社，1982 年，第 375 页。
② ［元］脱脱等：《宋史》卷四五六《孝义传》，第 13385 ~ 13416 页。
③ ［元］脱脱等：《宋史》卷四五六《孝义传》，第 13386 页。
④ ［唐］房玄龄等：《晋书》卷八八《孝友·刘殷传》，北京：中华书局，1997 年，第 587 页。

图 4.36　河南洛阳关林庙宋墓东
　　　　壁刘殷砖雕拓片（采自
　　　　《文物》2011 年第 8 期，
　　　　第 41 页，图 28）

图 4.37　山西陵川玉泉村金墓墓顶北侧田真故事
　　　　图（采自《中国出土壁画全集·2·山西
　　　　卷》，第 157 页，图 149）

云缭绕[①]；而山西陵川发现的金大定九年（1169 年）壁画墓墓顶上分别表现郭巨、董永、杨香、田真的孝行故事图，画面中也都绘有宝光、流云，象征着孝感神明（图 4.37）[②]。这些例子都说明，该时期的孝子图像可能并不重视叙事情节的完整，而是以代表性场景来强调孝子感通神明的特殊内涵。

三　辅助升仙

孝子图所处的位置及其与周围图像之间的关系可以进一步证实这种内涵。如果我们回到前文中提到的饰有上、中、下三层壁画内容的河南登封黑山沟宋墓，墓室西北侧拱间壁上表现了董永与织女告别的场景：画面背景为一座宅院，宅门半开，右侧画董永向左上方眺望，左侧半空中的织女脚踏祥云，衣带飘然，回望董永（图 4.38）[③]。董永画像下方的墓壁上绘墓主夫妇二人对坐宴饮；画像上方的天顶上画两人立于云端之上（图 4.39）。由于天顶上部的壁画脱落，我们无法辨认出图中两人的

---

① 洛阳市第二文物工作队：《嵩县北元村宋代壁画墓》，《中原文物》1987 年第 3 期。

② 该墓的孝子图材料，可见徐光冀等主编：《中国出土壁画全集·2·山西卷》，北京：科学出版社，2012 年，第 154～157 页。

③ 郑州市文物考古研究所等：《河南登封黑山沟宋代壁画墓》，《文物》2001 年第 10 期。

面部特征，但是根据他们的服饰和姿态，学者推测这幅画面很可能为墓主夫妇升往仙界的场景。在该墓中，董永画像似乎有意被安排在墓主人宴饮与升仙画面之间，而另外七幅孝子图像也都出现在仙、俗之间的位置（图 4.40）。

另外，在山西长子南沟金墓中，孝子故事成组出现在墓壁上部，墓壁下方则绘假门、窗及生活类的场景，其中北壁西侧表现七人，第一组三人，

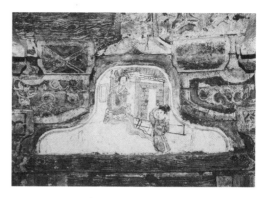

图 4.38　河南登封黑山沟宋墓西北侧拱眼壁董永故事图（采自《郑州宋金壁画墓》，第 103 页，图 127）

前立一男性长者，疑为墓主，身后一青年男子，侍从紧随其后；第二组以两名妇人为中心，似墓主夫人，二人身后立一名年轻女子与一位头梳双髻的少年。东侧绘二男一

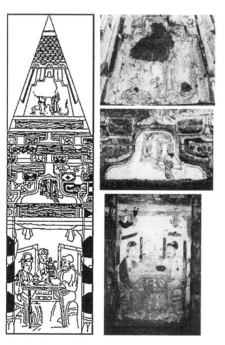

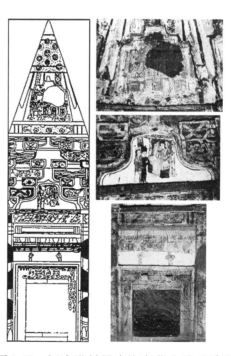

图 4.39　河南登封黑山沟宋墓西北壁（采自《郑州宋金壁画墓》，第 93 页，图 117；第 98 页，图 121；第 103 页，图 127；第 106 页，图 134）

图 4.40　河南登封黑山沟宋墓北壁（采自《郑州宋金壁画墓》，第 93 页，图 117；第 103 页，图 128；第 107 页，图 135；第 110 页，图 141）

女，三人分别手执唾盂、手握画轴、手捧经卷，为侍者形象（图4.41）。墓壁以上绘斗

拱等建筑构件，墓顶部分画日月星象及升天图（图4.42），展现出前往仙界的通道①。该墓同样设计为从下至上三层的图像布局，尤其在北壁，孝子图像也恰好出现在墓主像与升天图之间，表明了孝行图所具有的辅助升仙的特殊意味。

宋金装饰墓中孝子图的整

图4.41　山西长子南沟金墓前室北壁（采自《文物》2017年第12期，第24页，图11）

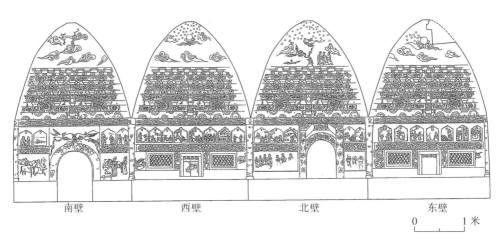

南壁　　　　　西壁　　　　　北壁　　　　　东壁

0　　　　　　1米

图4.42　山西长子南沟金墓前室墓壁展开图（采自《文物》2017年第12期，第20页，图3）

体性弱化了故事的细节，凸显出孝子们作为集合所具有的共同内涵：除了前文中提到的"昭孝事祖"外，"感通神明"也是其兼具的功能。虽然这些孝子画像看似脱离墓室上、下层图像内容，作为装饰图案独立存在，它们一旦包含了孝感的寓意，将会被纳入到墓葬升仙的叙事程序之中，在墓葬空间中与墓主人发生实质性关联②。这种转变历史人物的现象在丧葬传统中并不少见。"不管这个人物原来的面目如何，一

①　山西省考古研究所等：《山西长子南沟金代壁画墓发掘简报》，《文物》2017年第12期。

②　笔者曾撰文讨论过宋金时期孝子图"感通神灵"的意涵与功能，见拙作《关于宋金墓葬中孝行图的思考》，《中原文物》2009年第4期。

经神化，便脱离了原来的身份"，而当他们的画像与丧葬礼俗结合起来时，其价值通常只停留在功利的层面①。这也说明，墓葬图像的设计根本上出于功利的目的。

　　河南新密平陌宋代壁画墓展示了孝子图像辅助死者升天的另一种形式。该墓的建筑形制与上述两例十分相似，墓壁彩绘也分为上、中、下三层：下层为墓主人宴饮图，中部拱眼壁上绘花卉题材，斗拱上方的天顶上画有四幅孝子故事场景与另外三幅升仙图②。天顶上的图像似乎在水平方向以北壁为中心向两侧展开。一侧的画面从右到左分别为：王祥、鲍山行孝图出现在东壁上；旁边的东北壁上描绘了仙人引领墓主夫妇穿过仙桥的场景；在仙桥后方等待墓主人的是北壁上描绘的祥云缭绕的仙界楼宇（图4.43）。另一侧从左到右表现出相似的进程（图4.44）：西南壁被毁，闵子骞行孝的画像出现在西壁天顶上；紧随其后的是西北壁上题名为"四（泗）洲（州）大圣度翁婆"的画面，该图描绘了墓主夫妇跪拜在泗州大圣③之前，等待接引超度的场景；而画面的右侧正是北壁上的天宫楼阁。两侧画面暗示着墓主人在死后世界可以选择的不同路径，不论是王祥、鲍山，还是闵子骞，都起到协助墓主人与神明相通的作用，引导其前往仙境。

图4.43　河南新密平陌宋墓墓顶北、东北、东侧壁画（采自《郑州宋金壁画墓》，第48～49页，图63～65）

图4.44　河南新密平陌宋墓墓顶西、西北、北侧壁画（采自《郑州宋金壁画墓》，第47～48页，图61～63）

---

① 郑岩：《魏晋南北朝壁画墓研究》，第229页。

② 郑州文物考古研究所：《郑州宋金壁画墓》，第41～54页。

③ 有关泗州大圣的研究，参阅徐苹芳：《僧伽造像的发现和僧伽崇拜》，《考古》1996年第5期。

　　这种水平式的布局方式也出现在本章开篇处提到的山西长子小关村金墓中。该墓同样分为上、中、下三个层次；上部为莲花藻井、日月星宿以及飞舞于彩云与花卉间的仙鹤；下部绘墓主夫妇对坐、庖厨、劳作的生活场景。不同于平陌宋墓，小关村金墓在东、西壁阑额以下的空白处绘 16 幅孝子故事图，在南壁相同的位置画两幅仙人接引墓主夫妇、夫妇二人渡桥的图像。门东侧前绘一女仙，持幡引路，其后跟随一女子，双髻襦裙，手中捧物，中间为墓主夫妇二人，女子手牵一男童，身后绘二男子（图 4.45）；门西侧画一桥梁，桥下流水，桥上一女子手托物，引领墓主夫妇，桥头二男子等待接引①。就水平方向来看，该墓也展现出孝子协助、引导墓主进入仙境的顺序。孝子图"感通神明"的寓意可以使我们更好地理解这座金墓的图像设置，画工将孝子故事绘制于空间有限的墓壁上部，正是出于对图像功能与意义的考虑。

图 4.45　山西长子小关村金墓南壁上部东、西侧壁画（采自《文物》2008 年第 10 期，第 64　页，图 9、10）

　　综上所述，我们通过分析宋金时期孝子图的构图、形式与位置，提出这些图像可能以特定的视觉形式整合了孝行与升仙题材，承载着"昭孝事祖"与"感通神明"等多种内涵。虽然从观念的角度来看，孝道和升仙并没有超越汉魏时期民间信仰的范畴。孝子故事图在北魏时期的葬具上也曾作为生者与死者间的连接，同样也被吸收到了以神仙信仰为核心的图像系统中②。然而，宋金墓葬中对孝子图像的运用，并没有完全复制过去的设计，而是在长期的发展过程中，增添了新的寓意。与汉魏时

---

①　长治市博物馆：《山西长子县小关村金代纪年壁画墓》，《文物》2008 年第 10 期。

②　贺西林：《北朝画像石葬具的发现与研究》，第 356 页；郑岩：《北朝葬具孝子图的形式与意义》，《美术学报》2012 年第 6 期。

期的孝悌人物题材相比，宋金时期的孝子图形式更富装饰性，内涵也更为丰富：它
们既具有教化典范、昭显孝行的功用，又与墓中包含礼仪意味的图像题材相结合，
成为供养墓主的图像隐喻；更重要的是，它们还承载着感通神明、引导墓主升仙的
美好愿望。

　　孝子故事题材的多重寓意既不限于某一地区，也不限于那些将孝行图设置于
墓室上部的案例，而是为宋金时期的民众所广泛接受。河南、山西地区有相当数
量的宋金装饰墓把孝子图表现在壁檐、拱眼壁、阑额等位置，同时仍有一些墓葬
将其饰于四壁下部、须弥座、格子门障水板等处，位置并未绝对固定，图像的装
饰意味不断加强①。对于这类情况的思考，我们或许可借用邢义田对汉画多重寓意
的讨论：格套化的图像应有创作时原本的意义，"但在时间的过程里，因人因地，衍
生和附加的意义可以不断增加而多重化，甚至可以因过于流于形式，特定的寓意变

得模糊，装饰的意味反而变得较
重"②。很多时候并不会因为某种
新形式的出现，旧的视觉形式就完
全消失。即便到元代，墓葬中的孝
行图有了新的发展③，但山西、山
东等地的不少砖雕壁画墓仍延续了
宋金时期常见的模式，也置孝子图
于壁檐、拱眼壁等处（图4.46），
并同样将其纳入升仙信仰的图像系
统之中。

图4.46　山西长治沁源东王勇村元墓墓室上部孝
　　　　行图（采自《长治宋金元墓室建筑艺术
　　　　研究》，彩版24）

---

①　孙珂提出孝子图在山西部分地区的金墓中装饰功能日益显著，其位置才会渐趋随意。孙珂：《宋金元
　　时期墓葬中的孝子图像研究——以山西和河南地区为中心》，第89页。
②　邢义田：《画为心声：画像石、画像砖与壁画》，第368页。
③　有关元墓中孝子图像的发展与变化，见刘未：《尉氏元代壁画墓札记》，《故宫博物院院刊》2007年第
　　3期；郑以墨、王丽丽：《河北涿州元墓壁画研究》，《南京艺术学院学报（美术与设计）》2015年第5
　　期；王诗晓：《元壁画墓孝子图的象征意义及仪式化功用》，《中国美术研究》2016年第1期。

第三节　儒释道三教的孝亲观

一　孝治与劝孝

孝子图像如何与墓主及死后世界产生联系，要理解这一问题，我们需要回到特定的时代背景。从孝子图像遗存较为集中的几个时期来看，政治上对孝行、孝道的推崇强化可能是相关图像流行的一个重要背景。这也是大多数学者在分析孝行图产生的原因时所集中考察的内容。例如，杭侃通过分析东汉至宋金时期的孝行图，提出政治制度对孝道思想产生了巨大影响。汉代在行孝诏令和察举孝廉等政治措施的推引下，宣扬孝的行为，出现了许多具有教化功能的孝子图像①。邹清泉考察了北魏石葬具上的孝子画像，提出北魏中晚期后宫"子贵母死"的权力斗争，致使北魏社会孝风日渐盛炽，也使得孝道思想与孝子画像不断发展②。

孝行题材能够流行于宋金墓葬之中，也有其特定的历史原因。首先，北宋初年，在经历了五代十国之乱后，统治者企图将儒家思想重新纳入到官方统治之中，延续汉代以来的"孝治天下"的原则，提出：

> 冠冕百行莫大于孝，范防百为莫大于义。先王兴孝以教民厚，民用不薄；兴义以教民睦，民用不争。率天下而由孝义，非履信思顺之世乎。③

宋代统治者通过不同方式来推行、提倡孝道。宋太宗两次以行草书写《孝经》，并通过刻碑来推广《孝经》：

> ［淳化三年］冬十月癸亥，秘书监李至言，愿以上草书《千文》勒石。上谓

---

① 杭侃：《中国孝道图像的阶段性》，上海博物馆编《翰墨荟萃：细读美国藏中国五代宋元书画珍品》，北京：北京大学出版社，2012 年，第 224～237 页；另见黄婉峰：《汉代孝子图与孝道观念》，第 22～44 页。

② 邹清泉：《北魏孝子画像研究：〈孝经〉与北魏孝子画像图像身份的转换》，第 169、170 页。

③ ［元］脱脱等：《宋史》卷四五六《孝义传》，第 13386 页。

近臣曰："《千文》盖梁得钟繇破碑千余字，周兴嗣次韵而成，词理无可取。《孝经》乃百行之本，朕当自为书之，令勒于碑阴。"因赐至诏谕旨。①

宋代官方不仅在科举考试中加入《孝经》，另外还专设立"孝悌"科目选拔官员。宋太祖开宝八年（975 年）"诏郡国令佐察民有孝悌力田、奇材异行或文武可用者遣诣阙"②。孝德和孝行也成为考核官员的重要标准。另外，地方官员利用《孝经》内容来治理地方的情况也非常普遍③。

上述一系列举措巩固了宋代孝治的政治基础，而这也直接体现在了宋代的宫廷艺术之中。例如，两宋画院创作的历史题材类的绘画中，不乏对孝行的直接刻画。美国纽约大都会博物馆所藏的北宋李公麟的《孝经图》就是对孝道思想的一种视觉演绎，图中附有《孝经》中摘录的文字，文图对应（图4.47）④。这些画面表达了文人士大夫阶层对孝道的理解，同时其中的很多内容也涉及孝治的层面，强化了一种政治理想，说明孝行观念在当时为各个阶层所乐道⑤。

图 4.47　传北宋李公麟《孝经图》局部，绢本水墨，美国纽约大都会艺术博物馆藏

---

① ［宋］李焘：《续资治通鉴长编》卷三三，第 739 ~ 740 页。

② ［元］脱脱等：《宋史》卷三《太祖本纪第三》，第 45 页。

③ 如赵景纬知台州的例子，见《宋史》卷四二五《赵景纬传》，第 12673 页。

④ 《孝经图》为李公麟 1085 年初所绘，图中用小楷抄写了今文《孝经》文字，全文共作十八章，除开宗明义外，讨论孝道对于天子、诸侯、卿大夫、士、庶人的重要性，随后以十二章描绘了孝道的各种表现与益处。相关讨论，参见［美］方闻著，李维琨译：《超越再现：8 世纪至 14 世纪中国书画》，杭州：浙江大学出版社，2011 年，第 36 ~ 49 页；Richard Barnhart, *Li Kung – lin's Filial Piety*, New York：The Metropolitan Museum of Art, 1993.

⑤ 至南宋，这种绘制《孝经图》与《女孝经图》的传统仍在继续，与其他历史类题材一样，体现了进贤纳谏、宣扬圣主明君与贤后的现世教化之意，见何前：《女孝经图研究》，中央美术学院硕士学位论文，2009 年。

其次，宋代官方还制定缜密完备的法律条文惩罚各种不孝行为。宋朝主要的法典《宋刑统》沿袭唐律，将不孝之人列入"十恶"，对各种不孝犯罪，规定有明确的量刑标准①。通过设立刑罚，进行惩劝，以善风俗、明人伦。

再次，由于孝是儒家的核心思想之一，儒学在宋代取得了正统地位，对孝的推广更是不遗余力。如张载提出"爱自亲始，人道之正"②，认为行孝是伦理道德的基础；程颐、程颢也提出"孝莫大于安亲"，并对孝与其他的道德规范做了进一步的分析，提出"孝"是"仁"的外在表现，将孝与天理结合起来③。

同时，民间还出现了许多极具特色的劝孝文献，通过诗歌、家训、蒙书、俗文故事等形式向普通民众宣扬孝道。两宋时期的劝孝诗文也数量较多，形式多样，如陈淳的《小学诗礼》、韩维的《公孙孝子》、赵与泌的《劝孝诗》、邵雍的《孝父母三十二章》、真德秀的《泉州劝孝文》等，都流传广泛，且影响深远④。这也使得民间形成重孝、崇孝的风气，将孝道推向了大众化、普及化的阶段。

二　孝行与宗教

某一图像题材之所以出现并流行于墓葬之中，其背后的原因是多方面的。孝子图在当时成为常见的墓葬装饰题材，不仅仅是因为孝治的推动和宣传，更重要的是由于孝子图本身所具有的重要内涵。宗教观念的介入与融合实际上是孝行内涵不断丰富的关键因素，而这很可能也是宋金时期孝子图像进入墓葬系统最为直接的推动力。我们通过上文中的论述发现，孝子图像在与升仙传统紧密结合的同时，也与佛、道联系起来，比如新密平陌墓中表现了泗州大圣超度墓主夫妇，长子小关村金墓展现了女仙引领墓主渡桥等场景。孝感通神观念的

---

① ［宋］窦仪等：《宋刑统》卷一《名例律·十恶》，北京：中华书局，1984 年，第 11、12 页。
② ［宋］张载著，章锡琛点校：《张载集·横渠易说·上经》，北京：中华书局，1978 年，第 91 页。
③ ［宋］程颢、程颐：《河南程氏遗书》卷第十八《刘元承手编》，《二程集》，第 182、183、224、225 页。
④ 张健梳理了劝孝文献，按其体裁和形式进行了细致地划分，参见张健：《两宋民间劝孝文献研究》。劝孝文献的整理和研究，另见肖群忠：《孝与中国文化》，北京：人民出版社，2001 年；骆承烈：《中国古代孝道资料选编》，济南：山东大学出版社，2003 年。

形成涉及不同宗教对孝的吸收和利用，孝行在这一时期也与各种宗教信仰密切相关①。

　　佛教自唐代开始就强调孝报的重要性。佛教谈及孝道的经典也为数颇多，主要有《佛说父母恩难报经》《佛说孝子经》《佛说睒子经》《佛说盂兰盆经》《大方便佛报恩经》等②。唐代高僧释道世在宣扬提倡孝道方面甚力，他所著的《法苑珠林》在"业因部"提到许多孝子行孝获报、宿福业、得生极乐世界的例子，将行孝与因果联系起来。《父母恩重经》等经文也提出人至孝可得重生③。唐代时敦煌已出现"父母恩重经变"壁画，而四川大足宝顶山大佛湾第 15 窟的"父母恩重经变"造像以 11 组雕塑，图文并茂地展现出父母养育子女的辛劳，宣扬孝顺父母。这成为佛教吸纳孝道的经典案例（图4.48）④。宋代佛教孝亲观在发展中逐渐世俗化，禅僧契嵩在其所著的《孝论》中把孝道和佛道完全统合起来，力倡持戒与孝行的统一、孝顺与念佛的统一。"孝顺念佛"成为北宋以后中土佛教孝亲观的重要特征，达成了佛法与纲常在孝

图 4.48　四川大足宝顶山大佛湾第 15 窟父母恩重经变图之"投佛祈求嗣息"（采自《大足石刻雕塑全集·2·宝顶石窟卷（上）》，第 70 页，图 77）

① 不少学者对三教合流与孝亲观的发展进行了探讨。笔者曾探讨过道教、佛教对孝行观念的利用与融合；胡志明也提出儒、释、道在对待"孝"的问题上的交汇，极大地推动了孝行观的流行；樊睿认为孝行概念的泛化与升天观念的结合，使得孝行故事体现出更为丰富的内容。见邓菲：《关于宋金墓葬中孝行图的思考》，《中原文物》2009 年第 4 期；胡志明：《宋金墓葬孝子图像初探》，第 12~14 页；樊睿：《略谈儒、道、佛思想合流对宋墓孝行图的影响》，《美与时代》2013 年第 4 期。

② 王重民等：《敦煌变文集》卷五，第 672~700 页。郑阿财在《敦煌孝道文学研究》专题讨论了晚唐佛教孝道的特点，见郑阿财：《敦煌孝道文学研究》，台北：石门图书公司印行，1982 年。另见 Kenneth Ch'en, "Filial Piety in Chinese Buddhism," *Harvard Journal of Asiatic Studies*, vol. 28, 1968, pp. 81–97.

③ 《父母恩重经》是从佛教的立场宣扬孝道的经典，被认为是佛儒调和的产物，相关讨论，[日] 冈部和雄著，方文锱译：《〈父母恩重经〉中的儒教·佛教·道教》，《世界宗教研究》1996 年第 2 期。

④ 张腾才：《"父母恩重经变"与孝道思想的关系》，《四川文物》2005 年第 1 期。

亲观上的契合①。这种佛儒的融合不仅表现为佛教的儒学化、世俗化，也反过来影响了孝行观念的发展。

　　在道教的发展中，孝行也逐渐渗透到道教观念的许多方面②。宋代的道教经典不断规劝人们遵循孝道，其中最为重要的劝孝经典包括《太上感应篇》《文昌孝经》和《阴骘文》。据明代耶浚仲所著的《文帝孝经原序》所说，《文昌孝经》应出现在宋代，作者不详，托文昌帝之口，劝人尽孝，并将孝道与神鬼奖惩联系起来。其中"孝感章第六"以较长篇幅专门论述孝报：

　　　　不孝之子，百行莫赎；至孝之家，万劫可消。不孝之子，天地不容，雷霆怒殛，魔煞祸侵；孝子之门，鬼神护之，福禄畀之。惟孝格天，惟孝配地，惟孝感人，三才化成，惟神敬孝，惟天爱孝，惟地成孝。③

　　在道教的观念中，行孝得福得神佑，而不孝则会遭鬼神不容。更重要的是，孝行还通常被认为是死后升仙的重要条件。行孝可以列入仙班，早得桂苑仙界之福而不朽。比如《文昌孝经》中写道：

　　　　人果孝亲，惟以心求，生集百福，死列仙班，万事如意，子孙荣昌，世系绵延。④

　　某些道教经文甚至直接将至孝视为修炼成仙与得补仙官的途径，《云笈七签》卷八十六《地下主者》云：

　　　　太微金简玉字经云：尸解地下主者，按四极真科，一百四十年乃得补真官，于是始得飞华盖，驾群龙，登太极，游九宫也。
　　　　夫至忠至孝之人，既终皆受书为地下主者。一百四十年乃得受下仙之教，

---

①　王月清：《论宋代以降的佛教孝亲观及其特征》，《南京社会科学》1999 年第 4 期。

②　例如，早期的道教文献《抱朴子·对俗》提出："人欲地仙，当立三百善，欲天仙，立千二百善，善行以忠孝为先"。见［晋］葛洪：《抱朴子》卷三，《重刊道藏辑要》，台北：考正出版社，1971 年，第 11 页。

③　《文昌孝经》，《重刊道藏辑要》，台北：考正出版社，1971 年，第 10163 页。

④　《文昌孝经》，第 10164 页。

授以大道。从此渐进，得补仙官。又一百四十年，听一试进民。至孝者能感激于鬼神，使百鸟山兽巡其坟埏也。①

孝与宗教的结合，使得孝报与死后世界间的联系不断加强。这也表现在宋代时期的流行文学中，反映出当时的人们笃信行孝可获福报。孝感、孝报的例子在《夷坚志》《括异志》《睽车志》等两宋时期的笔记小说中层出不穷。以洪迈《夷坚志》为例，共收录有 29 篇劝人为孝的故事，都叙述了神明如何奖赏孝子、惩罚不孝之人②。故事背后体现出孝行与果报、死后世界之间的紧密联系。比如《夷坚志》甲志卷八《不孝震死》记：

> 鄱阳孝诚乡民王三十者，初，其父母自买香木棺二具，以备死。王易以信州之杉，已而又货之，别易枨板。及母死，则又欲留枨板自用，但市松棺殓母。既葬旬日，为雷击死，侧植其尸。③

《夷坚志》甲志卷二十《盐官孝妇》则描述了张氏如何因侍姑甚孝而逃过一死：

> 绍兴二十九年闰六月，盐官县雷震。先雷数日，上管场亭户顾德谦妻张氏梦神人以宿生事责之曰："明当死雷斧下。"觉而大恐，流泪悲噎。姑问之，不以实对。姑怒曰："以我尝贷汝某物未偿故耶？何至是！"张始言之，姑殊不信。明日，暴风起，天斗暗，张知必死，易服出屋外桑下立，默自念："震死既不可免，姑老矣，奈惊怖何！"俄雷电晦冥，空中有人呼张氏曰："汝实当死，以适一念起孝，天赦汝。"④

虽然行孝在各种信仰或宗教观念中可能导致不同的结果，但孝与墓主死后的归属之间存在一种内在的、固有的联系。这种联系很可能是孝子图在宋金装饰墓中出

---

① ［宋］张君房：《云笈七签》卷八十六《尸解·地下主者》，北京：中华书局，2003 年，第 1934 页。
② 张健依据宋代笔记的分类方式将劝孝故事进行了细致划分，既包括志怪传奇、历史琐闻类的笔记，也涉及专门记录孝感人物事迹的笔记，并将其汇总成表。参见张健：《两宋民间劝孝文献研究》，第 14、50、51 页。
③ ［宋］洪迈：《夷坚志》甲志卷八《不孝震死》，北京：中华书局，2006 年，第 71 页。
④ ［宋］洪迈：《夷坚志》甲志卷二十《盐官孝妇》，第 180 页。

现的关键因素。我们可以设想，当这些孝子故事被绘制在墓壁上方时，丧家及建墓者既期待它们可以在地下空间内起到昭孝事祖的作用，也希望它们能够通过孝感通明的力量，引导辅助墓主顺利升天。

图4.49　河北邯郸市博物馆藏元代白底黑花"江革行佣孝母"瓷枕（采自《磁州窑瓷枕》，第57页）

北宋中后期以来墓葬中流行的孝子图像说明儒、释、道三教的孝亲观在丧葬习俗中逐渐合流，并被民众所广泛接受。除了墓葬装饰中的行孝图，孝子故事题材还是宋元时期日用器物上常见的装饰。例如，磁州窑瓷枕上可见"王祥卧冰""孟宗哭竹"等装饰图案（图4.49）①。在瓷枕等器物上绘制二十四孝，可以起到耳濡目染的教化效果，有助于民间社会对孝道的宣扬与推行。孝子人物故事在其流传、发展的过程中，由于儒、释、道三教的合力作用，故事内涵不断得到丰富，也使它们成为民间喜闻乐见的装饰题材。

第四节　墓葬艺术的"历史化"

北宋中后期以来，墓葬中孝子图像的出现是政治、思想、宗教多种因素交织作用的产物，其中三教合流的孝亲观与死后信仰之间的联系很可能是孝子故事题材在宋金墓葬中频繁出现的主要动因。更重要的是，丧葬活动对于死者与生者关系的处理、礼仪与信仰的建构都在孝的观念中找到了交汇点，孝行图也因此成为解读墓内图像程序的关键所在。

到目前为止，我们已经将丧葬艺术与其时代背景进行了关联，从社会史、文化史、宗教史的角度解释了特定图像题材在当时流行的原因。然而，需要注意的是，

---

① 关于瓷枕上孝行图的讨论，可参见后晓荣：《磁州窑瓷枕二十四孝纹饰解读》，《四川文物》2009年第5期。

本章仅仅考察了孝子故事一类题材在不同时期墓葬中的表现及发展，如果结合宋金墓葬中的其他图像内容重新思考这个问题，情况可能会更加复杂。

　　与孝行有关的图像自东汉开始便出现在丧葬艺术之中，北朝葬具上的孝子画像延续了这一题材，至宋金时期孝子故事图又再度流行。非常有趣的是，除了孝子图之外，宋金时期装饰墓中的许多题材都与汉代的丧葬艺术母题相关，也都可追溯至东汉的画像石棺、画像石（砖）墓。例如，汉墓中的宴饮、伎乐、妇人启门等图像皆为后期的同类装饰提供了原型。这似乎也暗示着宋金墓葬艺术在一定程度上的复古与仿古。梁庄艾伦在早年的一篇论文中就已经注意宋墓装饰与汉墓图像之间的联系①。巫鸿也曾关注过相关材料，并提出这种对往昔的回归可以作为中国古代礼仪与丧葬艺术的一个总体趋势，旨在通过追溯古代的题材与形式，将丧葬礼仪和墓葬内容"历史化"，使后人穿越时间的隔膜，追寻古代的价值和品位，并与古人为伍②。

　　宋代中后期以来墓葬内容中的许多元素都反映出与汉代墓葬艺术之间的关联。这种相关性一方面是由于墓葬所有者身份与等级的相似，东汉、宋金时期绝大多数装饰墓的墓主人都属于社会的中下阶层，因而丧葬习俗、工艺技术成为了墓葬艺术发展的决定性因素。另一方面，也正是从宋代中期开始，士人阶层对古代器物、铭文的兴趣和研究发展成为新的文化领域，并引起了广泛的复古、仿古风潮。目前学界的研究集中于北宋官方层面如何通过制定礼乐再现三代，以及文人士大夫如何以收藏、著录的形式展开古器物学与金石学研究③。然而，这一运动的参与阶层涵盖

---

① Laing, Ellen Johnston, "Patterns and Problems in Later Chinese Tomb Decoration", pp. 3 – 20.

② ［美］巫鸿：《黄泉下的美术：宏观中国古代墓葬》，第 196 页。

③ 目前学界有关宋代金石学与古物学的研究论著颇丰。较有代表性的研究，参见陈芳妹：《宋古器物学的兴起与宋仿古铜器》，《美术史研究集刊》第 10 期，2001 年；陈芳妹：《青铜器与宋代文化史》，台北：台大出版中心，2016 年；许雅惠：《〈宣和博古图〉的"间接"流传——以元代赛因赤答忽墓出土的陶器与〈绍熙州县释奠仪图〉为例》，《美术史研究集刊》第 14 期，2003 年；李零：《铄古铸今：考古发现和复古艺术》，北京：生活·读书·新知三联书店，2007 年，第 64 ~ 99 页；Jessica Rawson, "The Many Meanings of the Past in China," in D. Kuhn and H. Stahl eds., *Die Gegenwart des Altertums*：*Formen und Funktionen des Altertumsbeaugs in den Hochkulturen der Alten Welt*, Heidelberg：Edition Forum, 2001, pp. 397 – 421；Yun – Chiahn Sena, "Pursuing Antiquity：Chinese Antiquarianism from the Tenth to Thirteenth Century," Ph. D. Dissertation, University of Chicago, 2007；Jeffrey Moser, "Recasting Antiquity：Ancient Bronzes and Ritual Hermeneutics in the Song Dynasty," Ph. D. Dissertation, Harvard University, 2010.

甚广，从帝王至士大夫，从文人到无名有氏的妇女；而古式器物、图示出现的场合，也从国家祭典到孔庙释奠，从文人书斋到佛道寺观①。墓葬艺术中对往昔的回归是否可以体现出这一风潮更为复杂的面向？换言之，我们需要考虑：宋金时期富裕的庶民阶层是否也受到了复古风尚的影响，有意识地采用汉代墓葬中的孝子人物、妇人启门等图像题材来装饰他们的华丽墓室，通过再造往昔来与古代取得联系？

　　遗憾的是，我们缺乏直接记录民间复古的文献史料。但是仍有一些证据表明，在考古、复古风潮之下，宋人确实对汉魏时期的墓葬有所了解。如北宋沈括《梦溪笔谈》卷十九中写到汉墓在这一时期的发现：

> 济州金乡县发一古冢，乃汉大司徒朱鲔墓，石壁皆刻人物、祭器、乐架之类。②

　　又如宋代叶梦德《避暑录话》也提到宣和年间的发墓风潮：

图4.50　山东邹城峄山北龙河村一号墓出土汉代画像石（采自《文物》2017年第1期，第43页，图16）

> 好事者复争寻求，不较重价，一器有直千缗者。利之所趋，人竞搜剔山泽，发掘冢墓，无所不至。往往数千载藏，一旦皆见，不可胜数矣。③

　　另外，当时还有许多汉代墓祠、墓葬石刻暴露于野外，散落各处，不仅为宋人所了解，也被他们重新利用。新近的考古发现证实了这一点。2013年在山东邹城峄山北龙河村发掘的四座宋金墓葬中，三座墓都出土了汉画像石。其中一墓利用了汉代文通祠堂的题记刻石，以及人物、神兽、璧纹（图4.50）等

---

① 陈芳妹：《青铜器与宋代文化史》，导言。

② ［宋］沈括：《梦溪笔谈》卷十九《器用》，第185页。

③ ［宋］叶梦得：《避暑录话》卷下，景印文渊阁四库全书，863册，第682页。

不同题材的画像石，并将它们置于墓室后壁，画面朝向墓内，表现出对于早期画像石的重视①。该墓群以汉代画像石来搭建新的墓葬，为我们提供了时人发现并利用早期丧葬艺术的实物材料。

当时的民众可能从不同渠道获取了汉魏墓葬的相关信息，不论是墓葬的形制、图像还是随葬器物，都为其所知。然而，丧葬环境中图像题材的复古远远不只是某个或某些墓葬的发现那么简单，时人对于墓葬内容的选择、设计存在一个相当复杂的过程。早期的图像题材可能为北宋中后期以来的墓葬营建提供新的选择，复古意味着变化与创新。古代装饰内容的再度出现或许是建墓者有意识地追溯过去，然而现实的考量才是回归的真正目的。鉴于材料所限，此处仅是想提出这个由墓葬图像推演而出的假设：在当时社会风气的带动之下，民间是不是也有意识地回归过去、再造往昔？政治、文化、礼仪等方面的复古风潮是否可以体现在更低的社会阶层之中？这些问题值得我们进一步的思考和探讨。

---

① 邹城市文物局：《山东邹城峄山北龙河村宋金墓发掘简报》，《文物》2017 年第 1 期。

第五章　启门题材与信仰空间

孝行及其图像作为宋金装饰墓中内容与意义的关键连接点，不仅连接着生者与死者，也展开了死后世界的图景，为墓主的归宿提供了种种可能。另一个与死后信仰密切相关的题材是宋金墓葬中流行的启门图。本章将从该题材入手，考察启门图像源流、发展、文化内涵等方面，探讨半启之门后的生活空间与仙境主题，进而理解丧葬艺术所涉及的多元信仰。

第一节　宋金墓葬中的启门图

一　墓中门户

前文中已提到，宋金时期的仿木构砖室墓通过砖雕或彩绘建筑、家具、陈设等内容为墓主构建出一个理想的居室环境，门窗也因此成为墓葬中相当普遍的装饰内容（图5.1）。砖石所砌的门户大量出现在河南、山西、河北等地的墓例中，通常可分为以下两类：第一类是格子门，常以双扇或多扇的形式出现，每扇门的上部表现几何纹饰的格眼，下部为腰华板和障水板，其上饰有花卉、人物等各种砖雕图案。这类格子门自北宋中后期以来，主要流行于豫西北及晋南、晋中等地。它们在墓室内壁出现时，或位于墓室的东西侧壁，或砌于各个壁面之上①。例如，河南新安厥山村宋墓的墓壁上就突出刻画了图案繁复的格子门，砖雕之上另加彩绘，以此区分不同的构件和图案（图5.2）②。多扇格子门的场景强化了墓内建筑的视觉特征，使得墓内空间既可延伸，又具有很强的装饰性。

　　另一类代表性的门户为墓壁上所筑的不可通行的假门。此类门在中原北方地区流行的时段更长，范围也更广，是最为常见的墓壁装饰。假门一般砌出门楣、门柱、门板等部分，有时还浮雕门钉、门环，呈现出门户的基本特征。这类板门多出现在墓室后壁，即北壁之上。例如，河南登封高村宋墓的北壁上设一假门，由门砧、地栿、立颊、门额、槫柱、上额、门扇组成，门额上还砖砌出两个长方形门簪，簪端盝顶，门板上曾施彩绘，现已脱落。另外，假门上方还绘出悬挂在门户之上的黄色卷帘（图5.3）③。整个北壁模仿了地上宅邸的主要门户，以砖砌彩绘的形式表现出墓内图像中的通道。

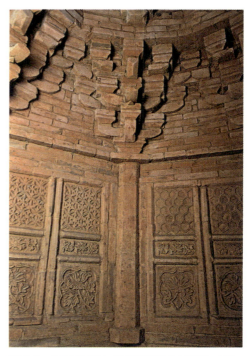

图5.1　河南洛阳七里河宋墓墓内装饰（采自《砖画青史：洛阳古代艺术博物馆藏宋金雕砖》，第147页）

图5.2　河南新安厥山村宋墓东壁格子门（采自《砖画青史：洛阳古代艺术博物馆藏宋金雕砖》，第153页）

---

① 山西等地金墓中的格子门装饰得更加繁复华丽。有关金墓中格子门的讨论，可参见 Ellen Johnston Laing, "Chin 'Tartar' Dynasty Material Culture," pp. 78 – 79.

② 相关信息，参见朱世伟、徐婵菲主编：《砖画青史：洛阳古代艺术博物馆藏宋金雕砖》，第148、153页。

③ 郑州市文物考古研究所编：《郑州宋金壁画墓》，第62~88页。

图5.3　河南登封高村宋墓北壁假门（采自《郑州宋金壁画墓》，第86页，图111）

由假门发展而来的另一种形式在当时也十分流行①。除了砖砌或彩绘板门外，建墓者还常将一扇门扉设置成微微开启的状态，门扉后有时设一人物露出半身，做启门状，因启门之人多为女子，故学界又将这类图像命名为"妇人启门"。妇人启门的题材频现于宋辽金时期的墓葬之中。例如，河南新安李村二号宋墓北壁上砖砌门板、门柱、门额、门簪等，门上施彩绘，刻画门钉、门环，门板呈朱红色，十分醒目。一扇板门上描绘一名半身露于门外的女子，正倚门而立（图5.4）②。这种假门的特殊性在于，它经常与墓室入口相对，位于墓室空间的中轴线上，另外还总是涂以朱红色，在墓葬装饰中十分突出③。更重要的是，整个场景由于门扇间露出的人物而显得颇具意味，也使得其身后的门尤为引人入胜。

　　鉴于妇人启门图像在宋金墓葬中相当常见，加之相关文献稀缺，这种半开半闭、所指未明的门和门扉间的女性形象不断引发学界对该题材的争论，绝大部分研究都涉及图像的视觉特征、功能内涵。宿白在研究河南禹县白沙宋墓时，最先对妇人启门的材料进行了梳理汇集，指出此类图像在墓葬空间中的主要意义在于表示假门之后尚有庭院或房室④。之后的学者们在此基础上从不同的切入点出发，进一步阐释了妇人启门场景的内涵。许多研究都集中于图像中的两个基本组成元素——妇人和门，希望探明妇人的身份，理解门所象征的空间。

<hr>

① 刘未提出宋元砖雕壁画墓中的假门作为仿木结构砖室墓的图像传统沿袭并发展为妇人启门的题材，假门的基本功能为拓展空间。见刘未：《门窗、桌椅及其他——宋元砖雕壁画墓的模式与传统》，第227~252页。

② 洛阳市文物管理局等：《洛阳古代墓葬壁画》，第410~419页。

③ 李清泉：《空间逻辑与视觉意味——宋辽金墓"妇人启门"图新论》，《美术学报》2012年第2期。

④ 宿白：《白沙宋墓》，第54、55页。

有关启门之妇人，学者多将讨论延伸至性别史的领域。例如，戈尔丁认为汉代图像中的女性启门者具有性的暗示，表达了男性对死后生活的想象①。刘毅、郑滦明、郑绍宗等认为妇人代表了墓主生前的姬妾侍女②。邓小南则提出该场景象征着妇女在家宅空间中的理想状态，反映出当时女子"无故不窥中门"的现象③。同时，门在墓葬空间中的象征意义也是热议的关键。一些学者认为启门题材是墓主世俗生活的反映，正壁的假门代表了"堂"或"寝"，侧壁上的门则指代书房、茶房等其它居室④。还有不少研究提出半启之门可能是对神圣空间的暗示，象征着"魂门""天门"，与墓主的死后升仙有关⑤。除此之外，另有学者有意识地避开对

图 5.4　河南新安李村二号宋墓北壁妇人启门图（采自《洛阳古代墓葬壁画》，第 413 页，图 3）

① Paul Goldin, "The Motif of the Woman in the Doorway and Related Imagery in Traditional Chinese Funerary Art", pp. 539 – 548.

② 刘毅：《"妇人启门"墓饰含义管见》，《中国文物报》1993 年 5 月 16 日第 3 版；郑滦明：《宣化辽墓"妇人启门"壁画小考》，《文物春秋》1995 年第 2 期；郑绍宗：《宣化辽墓壁画——中国古代壁画之精华》，《故宫文物月刊》1997 年第 12 期；冯恩学：《辽墓启门图之探讨》，《北方文物》2005 年第 4 期；丁雨：《浅议宋金墓葬中的启门图》，《考古与文物》2015 年第 1 期。

③ 邓小南：《从考古发掘资料看唐宋时期女性在门户内外的活动——以唐代吐鲁番、宋代白沙墓葬的发掘资料为例》，第 113 ~ 127 页。

④ 相关研究，参见郑滦明：《宣化辽墓"妇人启门"壁画小考》，《文物春秋》1995 年第 2 期；冯恩学：《辽墓启门图之探讨》，《北方文物》2005 年第 4 期；张鹏：《妇人启门图试探——以宣化辽墓壁画为中心》，《民族艺术》2006 年第 3 期。

⑤ 持有此类观点的研究，参见梁白泉：《墓饰"妇人启门"含义揣测》，《中国文物报》1992 年 11 月 8 日第 3 版；[日] 土居淑子：《古代中国的半开的扉》，第 253 ~ 292 页；韩小囡：《宋代墓葬装饰研究》，第 113 ~ 119、139 页；李清泉：《空间逻辑与视觉意味——宋辽金墓"妇人启门"图新论》，《美术学报》2012 年第 2 期。另外，易晴提出北壁上的妇人启门图在阴宅之中有"开阴闭阳"之意，还隐喻着生化的含义。见易晴：《试析宋金中原北方地区砖室墓中〈妇人启门〉图像》，樊波主编《美术学研究》第 1 辑，南京：东南大学出版社，2011 年，第 107 ~ 127 页。

图像意义的解读，转而关注妇人启门图在不同语境中的使用，指出该题材在艺术表现和文化内涵上所具有的灵活性①。这种思路提供了一个很好的研究途径，既说明了启门图在宋辽金时期的普遍流行，并试图就不同环境中的相同视觉语汇给出一个全面的解释。然而，在本研究的时空范围内，人物启门题材是破解墓中图像系统的重点所在，对于其画面形式、位置环境和内涵意义的探讨将有助于我们揭开墓内信仰空间的面纱，窥探那个观念杂糅的想象世界。

二　人物启门

大量宋金时期的装饰墓中都发现了启门场景的材料。据不完全统计，目前中原北方地区所出土的门扉半开的图像，可达百余例，其中门间立有启门人物的占绝大多数②。饰有这类题材的最早的纪年墓葬建于北宋治平年间（1064～1067年），大部分纪年墓都出现在元祐年间以后③。从出土资料来看，启门图流行的主要时段为北宋中晚期至金代中期，地区以豫西北、豫中、晋南、晋中等地较为集中，这一时空分布与仿木构砖室墓本身的发展也基本一致④。

总体来看，宋金时期的启门图在各个区域呈现出不同的视觉特征，也具有一定的规律性。首先，该题材的基本组成元素包括门与启门人物两部分。门一般设置为两扇微微开启的板门；门扇之间所立的人物多表现为女性，启门的姿态也以门内欲出为主，多从门后望向墓室内。需要注意的是，启门人物的性别以及年龄并未完全

① 郑岩：《民间艺术二题》，《民俗研究》1995年第2期；郑岩：《论"半启门"》，《故宫博物院院刊》2012年第3期；刘耀辉：《晋南地区宋金墓葬研究》，第33～34页。

② 李清泉：《空间逻辑与视觉意味——宋辽金墓"妇人启门"图新论》，《美术学报》2012年第2期。

③ 丁雨：《浅议宋金墓葬中的启门图》，《考古与文物》2015年第1期。另外，樊睿也对宋辽金墓葬中的启门图进行了细致地收集整理，具体图表见樊睿：《宋辽金墓葬中的启门图研究》，南京艺术学院硕士学位论文，2013年，第43～54页。

④ 另外，该题材还常见于辽代西京道、南京道等地，但相对于宋金时期的启门图，辽墓发展出了独特的时空语境，图像的形式和内涵也发生了重要的变化，并不在本文探讨的范围之内。有关辽墓中的启门图研究，可见郑滦明：《宣化辽墓"妇人启门"壁画小考》，《文物春秋》1995年第2期；冯恩学：《辽墓启门图之探讨》，《北方文物》2005年第4期；张鹏：《妇人启门图试探——以宣化辽墓壁画为中心》，《民族艺术》2006年第3期；樊睿：《宋辽金墓葬中的启门图研究》，第18～23页。

固定，在一些案例中还出现了男子或童子启门的场景。所以，本文将该题材统称为
"人物启门"，以此强调相关场景的视觉变化。其次，启门图在丧葬语境中常发现于
石棺或墓壁之上，表现形式包括砖雕、彩绘和线刻三类。随着载体的变化，画面的
构图和塑造手段也存在一定的差异。当启门题材作为葬具装饰时，多饰于石棺的前
后挡；该题材出现在墓室中时，常位于正壁之上，有时也表现在墓室侧壁之上，并

且常常独占一壁，偶尔与棂窗、侍者、
孝子等图像同壁。

　　宋金时期的启门图在豫西北、豫中
等地最为集中，形制也最具有代表性。
画像石棺是启门题材的重要载体，启门
图常以阴刻或浮雕的形式表现在石棺前
挡的位置，偶尔也出现在石棺后挡，棺
身左右两侧装饰孝子故事图。例如，河
南荥阳朱三翁石棺前挡刻画带有屋檐、
铺作、门窗、台基的建筑，正中门扉半
开，一女子探身而出（图5.5）①。河南
孟津张盘村出土的张君石棺前挡上也刻
出门窗，门侧立四个侍者，板门半开，
一女性人物立于门扇之间，探出门外
（图5.6）②。虽然河南地区出土的宋金
时期的石棺采用了与墓室装饰相似的图
像题材，但形式内涵却与墓室内壁的启
门场景不同，石棺的场景往往因其载体
的缘故而表现在棺外。营造石棺的工匠
既希望在密闭的空间之外营造延伸、开
放的意味，又考虑到了观看的视角。

图5.5　河南荥阳北宋朱三翁石棺前挡浮雕
线描图（采自《中原文物》1983年
第4期，第93页，图2）

图5.6　河南洛阳孟津北宋张君石棺（采自
《文物》1984年第7期，第79页，
图1）

---

①　吕品：《河南荥阳北宋石棺线画考》，《中原文物》1983年第4期。

②　黄明兰、宫大中：《洛阳北宋张君墓画像石棺》，《文物》1984年第7期。

图 5.7　河南荥阳槐西宋墓北壁启门图
（采自《中国出土壁画全集・5・
河南卷》，第 186 页，图 172）

图 5.8　河南禹县白沙一号宋墓北壁妇人启门
场景（采自《白沙宋墓》，图版 34.1）

更多的启门图出现在该地区的仿木构砖室墓中。大部分门扉半开的场景常以彩绘、砖雕的形式饰于墓室后壁，有时同壁两侧或紧邻壁面砌直棂窗，整个画面相对独立。所开启之门也多为板门，部分门上还设有帷帐或卷帘。启门人物或立于门后，或半露身体于门前，常望向墓内空间。人物性别以女性居多，常头梳高髻、身着长裙。他们或浮雕而成，或绘制而出。如河南荥阳槐西宋墓北壁正中画朱漆板门，上饰门钉、门环，一女子上半身探出门外，似向墓内张望（图 5.7）。门两侧各绘一名手中持物的侍女[①]。部分墓例还以石刻的方式将人物置于门扇的缝隙之中，这进一步增强了画面的立体感和神秘感。例如，河南禹县白沙一号宋墓中，后室的北壁上方画绛幔、蓝绶，其下砖砌两扇假门，左扇门扉微微开启，假门上施赭色，门扇上画五排门钉与一副门环，门簪上装饰图案。门缝之中露出一位圆雕的少女，由于门的缝隙较小，我们仅能看到女子的部分头部和身躯。她头梳双髻、身着窄袖衫和长裙，一手扶门，正从门后望向墓内（图 5.8）[②]。这种隐秘的窥视为观者提供了极大的想象空间，也正是启门题材持续吸引学界关注的主要原因。

① 郑州市文物考古研究院等：《荥阳槐西壁画墓发掘简报》，《中原文物》2008 年第 5 期。

② 宿白：《白沙宋墓》，第 42、43 页。

　　不论是彩绘还是砖雕，人物启门的典型图示在豫西北、豫中地区的宋金墓例中频繁出现，很多时候仅在细节上稍作调整。然而，当我们将视线转向山西地区的宋金墓葬时，一些启门图因丧葬艺术的区域传统而呈现出新的特征。与河南地区相比，晋南、晋中地区的启门图流行年代稍晚，主要出现在宋金之交至金代中后期。该地区的启门图大部分由砖砌或砖雕而成，少数为彩绘的形式。启门图在墓室中的位置也因所在地区而有不同的表现：在侯马、稷山、襄汾等晋南金墓中，启门图经常出现在北壁之上；而在孝义、汾阳、长治等晋中、晋东南地区的金墓中，门扉半开的场景多分布在墓室左右两壁①。例如，稷山地区的金墓后壁常装饰朱门半开的人物启门，图像采用浅浮雕或半圆雕，占据墓室后壁的中心位置，从形式到彩色都十分引人注目（图5.9），同时东西侧壁另设有格子门②。

图5.9　山西稷山马村一号金墓北壁妇人启门图（邓菲拍摄）

　　在晋中等地，人物启门的场景发展出了新的模式。不少墓例中的启门题材采用格子门，将人物置于多扇格子门之间（图5.10）。这种半开的格子门或砌于墓室后壁，或出现在墓室的东、西侧壁上，人物的姿态也表现为出门、进门、启门、关门等不同的图示。例如，在山西汾阳地区发现的一座金墓中，墓室西壁刻墓主夫妇像，南、西南、西北壁皆塑造门户题材，既有妇人开启的板门，又有女性侍者手捧器物

①　樊睿：《宋辽金墓葬中的启门图研究》，第23页。

②　山西省考古研究所：《山西稷山金墓发掘简报》，《文物》1983年第1期。

出入格子门的场景（图 5.11）①。进进出出
的人物反复强调着墓壁之后的其它居室，
展现出空间的延伸。汾阳东龙观六号墓还
在格子门的开间中设置一倚门的女子，身
后露出床榻（图 5.12），将门户的题材进
一步创新②。

另外，启门人物也表现出性别、年龄甚
至身份的变化。除女性启门外，男子、童子
启门的场景也见于山西、山东等地的墓例③。
在山西孝义下吐京金墓中，墓室北壁描绘墓
主夫妇对坐宴饮，东壁砌四扇格子门，中间
两扇半开，一名妇人右手牵一幼童，立于门
间，整幅画面流露出浓厚的生活情趣，削弱

图 5.10　山西汾阳东龙观二号墓南壁格
子门（采自《汾阳东龙观宋
金壁画墓》，彩版 66）

图 5.11　山西汾阳高级护理学校五号金墓墓壁展开图（采自《文物》1991 年第 12 期，
　　　　　第 21、22 页，图 10、13）

---

① 山西省考古研究所等：《山西汾阳金墓发掘简报》，《文物》1991 年第 12 期。

② 山西省考古研究所、汾阳市文物旅游局：《2008 年山西汾阳东龙观宋金墓地发掘简报》，《文物》2010
年第 2 期。

③ 例如，山西长治郝家庄元墓东壁上绘有一名从半开门扉间探身而出的男童。见长治博物馆：《山西省
长治县郝家庄元墓》，《文物》1987 年第 7 期。

了启门场景的神秘色彩（图5.13）①。上述情况皆由典型的启门场景发展而来，是工匠改造后的图示，也是他们处理墓室建筑空间和图像的新尝试。

　　我们仔细考察河南、山西地区出土的启门图像可知，一方面，典型启门场景的设置，以及出门、进门等新的组合图示，都是墓室拓展的重要手段，也都强调了门后空间的存在。虽然启门图的位置有时会影响其图像意涵的表达，但不论是后壁半启之门构成南北中轴线上的通透，还是东西侧壁格子门营造出的开阔庭院，这些狭小的墓室都将有限的空间延伸至无限的死后世界之中，提供了一种极富想象力的视觉表现手法。另一方面，人物启门场景与仿木构砖室墓中的门窗题材关系紧密。一些宋金墓葬中的半启之门与棂窗同壁或相邻出现（图5.14）。在不少案例中，假门上并未雕绘出启门的人物。半启门或人物启门在一定程度上似乎是门窗等仿木构建筑元素的延续和发展。因此有学者提出，启门图是在墓葬壁饰由简至繁的发展中增加人物形象的结果，而这一发展也明显符合宋金墓葬中的家宅氛围②。尤其是在晋中、晋东南地区，建墓者还将装饰繁复的

图5.12　山西汾阳东龙观六号金墓西壁（采自《汾阳东龙观宋金壁画墓》，彩版148）

图5.13　山西孝义下吐京金墓东壁（采自《考古》1960年第7期，图版8.1）

---

① 山西省文物管理委员会等：《山西孝义下吐京和梁家庄金、元墓发掘简报》，《考古》1960年第7期。
② 丁雨：《浅议宋金墓葬中的启门图》，《考古与文物》2015年第1期。

图 5.14　河南新安古村宋墓北壁（采自《洛阳古代墓葬壁画》，第 376 页，图 4）

图 5.15　四川泸县宋墓北壁侍者启门场景
（采自《泸县宋墓》，彩版 18）

格子门设置为微微开启的状态，并在门扇间加入人物。启门的动作在这里既象征着多个空间的延伸，同时也再现了家庭生活的情景，将所启之门指向了更为具体的家居环境。

另外，同时期陕甘宁①、川渝贵②地区的装饰墓中也可见启门图的踪迹，但其构图方式、布局位置也都与中原北方地区的墓例存在一定的差异（图 5.15）。限于研究的时空范围，本章不会对这两个区域的启门题材展开探讨。

---

① 陕甘宁地区的装饰墓多由分层雕砖所装饰，雕砖规格相等，画面题材主要包括家居生活及孝子故事，其中妇人启门仅作为多层雕砖的部分元素，并不像中原地区的墓葬那样以整个壁面表现人物及门扉半开的场景。例如，宁夏西吉宋墓内的图像分上、下两层，上层的各类图案中夹杂孝子图和启门题材，下层为花卉纹饰。见耿志强等：《宁夏西吉县宋代砖雕墓发掘简报》，《考古与文物》2009 年第 1 期。

② 启门题材流行的另外一个区域为川渝贵地区。在该地区，启门图均为石刻，常出现在石室墓的正壁后龛之中，半开的石门多表现为格子门，结构相对复杂。启门人物既有女性，男性启门人的比例也有所增加。人物多立于门外，手持物品。该场景常与墓主家居、侍者等题材相配合，一同营造世俗生活的氛围。相关综述，见樊睿：《宋辽金墓葬中的启门图研究》，第 29～32 页。

然而，结合各个区域的墓葬材料及其时代背景可以推测，以豫中、豫西北为中心的北宋两京地区有可能较早采用该图像题材，而后随着战争的影响、人口的迁徙与技术的流动，逐渐传播到周边的山西、河北等地，甚至是更加偏远的西北及西南地区。仅从图像题材出发，我们已经大致形成了一个关于宋金墓葬艺术传播的时空序列，了解到不同区域之间的交流和影响。

综上所述，各个区域内启门题材的构图和位置不尽相同，与其相关的题材组合也并不一致。考虑到墓中启门图表现形式的多样性，当我们在讨论宋金时期不同区域的启门图像时，似乎难以用单一的方法或统一的内涵进行整体解读。对这些考古材料的研究，一方面应与墓葬空间中的其他图像结合起来进行分析，考察图像所在的具体语境；另一方面也需要将其放在时代、地域的大背景之下，理解图像与社会生活、文化观念之间的联系。下文将以河南、山西地区仿木构砖室墓中典型的启门图作为主要的考察对象，进一步探讨该场景所具有的特殊寓意。

第二节　启门场景的缘起与发展

一　题材缘起

启门题材形式多样，历史也源远流长。目前所见的最早遗存可追溯到东汉时期。据统计，该时期的门扉半开图像已发现三十余例，多见于画像石、画像砖、石阙、画像石棺上，分布在山东、江苏、四川等地①。山东苍山元嘉元年（151 年）汉墓就提供了有关早期启门图的例子。该墓前室东壁的门楣右侧刻有车骑队伍，左侧表现一开一闭的门户，门内刻有二人（图 5.16）②。启门题材在此例中并未形成独立的图

---

① 关于汉代启门图的材料及研究，参见吴雪杉：《汉代启门图像性别含义释读》，《文艺研究》2007 年第 2 期；樊睿：《汉代画像石中的启门图图式浅析》，《中原文物》2012 年第 6 期。

② 山东省博物馆、苍山县文化馆：《山东苍山元嘉元年画像石墓》，《考古》1975 年第 2 期。巫鸿曾详细分析了该墓中的车马出行图，提出整个画面表现了墓主人灵柩被送至另一个世界的过程。见［美］巫鸿：《从哪里来，到哪里去？——汉代丧葬艺术中的"柩车"与"魂车"》，巫鸿著《礼仪中的美术》，北京：生活·读书·新知三联书店，2005 年，第 260~273 页。

图 5.16　山东苍山汉墓前室东壁门楣正面画像拓片（采自《中国画像石全集·3·山东汉画像石》，第 93 页，图 104）

图 5.17　四川芦山东汉王晖石棺前挡拓片（采自《中国画像石全集·7·四川汉画像石》，第 72 页，图 91）

示，而是与车马共同构成完整的题材。

与鲁南、苏北相比，川渝地区的启门图数量更为丰富，形式也更加多样①。例如，四川芦山地区出土的王晖石棺（212 年）的前挡上就饰有妇人启门的题材，一位带翼的女性仙人倚立在半开的石门之间，闭合的门扇上以隶书刻铭文："故上计史王晖伯昭，以建安拾六岁在辛卯九月下旬卒，其拾七年六月甲戌葬，呜呼哀哉！"（图 5.17）②。铭文记录了墓主信息与石棺的下葬时间。石棺的左右帮与后挡分别刻有青龙、白虎、玄武图案，象征了不同的方位。另外，四川荥经出土的东汉晚期画像石棺正中也表现了妇人启门场景，半开之门与其两侧的西王母、秘戏

---

① 有学者专门讨论了川渝地区的启门图像，见盛磊：《四川"半开门中探身人物"题材初步研究》，北京大学汉画研究所等编《中国汉画研究》第 1 卷，桂林：广西师范大学出版社，2004 年，第 83~85 转 88 页；范鹏、李大地：《川渝地区汉代"半开门"画像的发现与研究——兼论其所反映的升仙过程》，《长江文明》2015 年第 1 期。

② 有关王晖石棺的信息，参见任乃强：《芦山新出汉石图考》，《康导月刊》1943 年第 5 卷第 1 期；图像可见高文：《中国画像石全集·7·四川汉画像石》，河南：河南美术出版社，2000 年，第 72 页。

图具有内涵上的关联，似乎指涉了神仙世界①。

汉墓中的启门题材受到相当的关注，许多学者已进行过深入的探讨②。总体来看，四川地区的启门题材在形式、意义上都与山东、江苏的案例不同：鲁、苏地区的启门场景更具世俗意味，川渝地区的材料则多将启门图作为连接西王母与其所在仙界的通道，象征着天门③。

值得注意的是，启门图像也见于公元前 3 世纪至公元 1 世纪的古罗马石棺、石函等葬具之上。例如，意大利南部小城卡普阿出土的公元前 1 世纪左右的石棺正面表现为古罗马建筑的样式，刻画出柱式、门楣等元素，建筑正中为一扇半开的门户，一人推门而出，左右两侧为人物活动场景（图 5.18）。意大利巴贝里尼宫所藏古罗马建筑形石棺正面也饰有柱式、几何形图案，中间表现一扇半开半掩的门，门上饰狮首浮雕（图 5.19）④。哈洛罗夫（Haarlov）曾对该题材进行过专门研究，他提出半开之门是古代罗马丧葬艺术中的常见题材，从门中走出的多是希腊神话中的英雄赫拉克利斯和赫尔墨斯。这种图像在当时广为传播，具有特定的象征意味，表明了人们对来世的期冀，以及对于新生命的向往⑤。

我们很难想象王晖石棺前挡上的妇人启门图会具有任何来自域外的特征。然而，如果将古罗马石棺上的半开门图像与四川地区东汉石棺上的人物启门题材

---

① 见高文：《中国画像石全集·7·四川汉画像石》，第 88 ~ 89 页；李晓鸥：《四川荥经发现东汉石棺画像》，《考古与文物》1988 年第 2 期。戈尔丁的研究就是围绕该石棺展开的，提出启门图像与男女欢爱有关。见 Paul Goldin, "The Motif of the Woman in the Doorway and Related Imagery in Traditional Chinese Funerary Art," pp. 539 – 548.

② 土居淑子、贺西林、巫鸿都认为东汉时期的半开之门可能代表了"魂门""天门"，为通往神仙世界的入口。参见：贺西林：《古墓丹青：汉代墓室壁画的发现与研究》，西安：陕西人民美术出版社，2001年，第 56 ~ 58 页；［日］土居淑子：《古代中国の半開の扉》，第 253 ~ 292 页；Wu Hung, "Myth and Legends in Han Funerary Art: Their Pictorial Structure and Symbolic Meanings as Reflected in Carvings on Sichuan Sarcophagi," in Kenneth J. DeWoskin, Lucy Lim, Martin J. Powers and Gao Wen eds., *Stories from China's Past: Han Dynasty Pictorial Tomb Reliefs and Archaeological Objects from Sichuan, PRC*, Chinese Cultural Foundation of San Francisco, 1987, p. 75.

③ 吴雪杉：《汉代启门图像性别含义释读》，《文艺研究》2007 年第 2 期。

④ 转引自 Britt Haarlov, *The Half-open Door: A Common Symbolic Motif within Roman Sepulchral Sculpture*, Odense: Odense University Press, 1977, fig. 37 and 49.

⑤ Britt Haarlov, *The Half-open Door: A Common Symbolic Motif within Roman Sepulchral Sculpture*, pp. 99 – 100.

图 5.18　意大利卡普阿出土古罗马石棺正面（采自 *The Half-open Door*：*A Common Symbolic Motif within Roman Sepulchral Sculpture*，fig. 37）

图 5.19　意大利罗马巴贝里尼宫所藏的古罗马建筑形石棺（采自 *The Half-open Door*：*A Common Symbolic Motif within Roman Sepulchral Sculpture*，fig. 49）

图 5.20　四川荥经东汉画像石棺上的启门图像（采自《中国画像石全集·7·四川汉画像石》，第 88～89 页，图 114）

（图 5.20）相比较，可以发现它们的表现特征、所处位置甚至图像含义都有一定的相似之处。这种相似性使人不由得猜想：这两类丧葬艺术题材的关系为何？罗森、李零等学者提出，许多的装饰母题、物品在秦汉时期由域外通过不同的路径传入中国，并最终融入中国的视觉、物质文化体系中。例如，与动物或动物搏斗有关的母题源自蒙古、西伯利亚和西亚的不同地区；铜镜、火盆、香炉等日常器物也来自北方或西北地区①。该时期的墓葬同样也受到欧亚草原与希腊化、波斯艺术的影响，从石刻画像题材、地面附属石雕到地下结构，许多内容都可能借鉴或采用了域外的墓葬形式及特征②。这些外来的物品和图像变化发展，最终适应并汇入了中国的文化语境之中。

若我们大胆推测，是否存在一种可能性：正如秦汉墓葬中其他的外来器物、图像一样，东汉石棺上的启门题材有可能源自域外的图像传统？当时四川地区的工匠是否通过文化交流的渠道看到或了解到相关的图像装饰，将其运用在丧葬语境之中，以木构门楼替换了古罗马柱式，并同样赋予启门图与冥世有关的意涵③？遗憾的是，面对目前十分有限的考古与文献史料，我们也许仅仅只是能够提出上述的问题和假设。四川与地中海地区之间的距离太过遥远，仅凭形式和意义上的相近难以证明两类装饰题材间的具体联系④。换言之，相似的图像究竟是文化交流和传播的产物，还只是不同文化中丧葬艺术的平行发展？即便两者之间存在交流与互动，目前的资料仍无法证明该母题传播的路径与方式。关于这些问题，仍有待今后进一步的发现与研究。

妇人启门可追溯至东汉墓葬，但却鲜见于魏晋至唐代的丧葬环境，似乎消失沉

---

① ［英］杰西卡·罗森：《西汉的永恒宫殿——新宇宙观的发展》，杰西卡·罗森著《祖先与永恒：杰西卡·罗森中国考古艺术文集》，北京：生活·读书·新知三联书店，2011 年，第 262～280 页；李零：《入山与出塞》，北京：文物出版社，2004 年，第 3～147 页；林梅村：《古道西风：考古新发现所见中西文化交流》，北京：生活·读书·新知三联书店，2000 年，第 160～168 页。

② 有关汉墓中外来因素的研究，见缪哲：《汉代艺术中外来母题举例》，南京师范大学博士学位论文，2007 年；缪哲：《汉代艺术的“开”与“合”》，《读书》2008 年第 5 期；李晨：《汉代画像石墓中的异域因素》，《南京艺术学院学报（美术与设计）》2015 年第 1 期。

③ 巫鸿曾提出西王母与佛像等题材在四川汉墓中的出现很可能正是由于它们与西方的神灵世界的联系。参见 Wu Hung, "Myth and Legends in Han Funerary Art: Their Pictorial Structure and Symbolic Meanings as Reflected in Carvings on Sichuan Sarcophag," pp. 72－81.

④ ［日］土居淑子：《古代中国の半開の扉》，第 253～292 页。郑岩也曾注意到古罗马启门图与汉代启门在形式上的相似。郑岩：《论“半启门”》，《故宫博物院院刊》2012 年第 3 期。

图5.21　陕西宝鸡李茂贞夫人墓墓门上方妇人启门图
（采自《五代李茂贞夫妇墓》，彩版6.2）

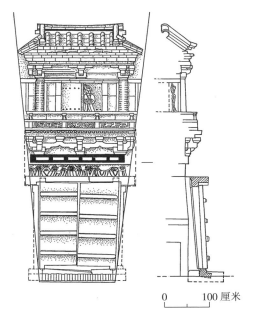

0　　　　100厘米

图5.22　陕西彬县冯晖墓门楼正视、侧视图（采
自《五代冯晖墓》，第9页，图6）

寂了数百年①。然而，五代时期，这一题材又再次作为装饰元素回归墓葬。两例启门图均发现于墓门门楼之上。陕西宝鸡五代李茂贞夫人墓（945年）的墓门上方砌仿木砖雕彩绘门楼，门楼第三层正中为假门和两扇棂窗，东西两厢均饰有妇人启门图（图5.21），上方另镶嵌一组"乘凤驾鹤西游图"②。陕西彬县五代冯晖墓（958年）墓门上为单檐歇山顶门楼，门楼二层正中也表现了朱门半开的场景，一女子袖手端立于门旁（图5.22），似乎在恭候墓主的到来③。这类图像位于墓葬前端，可能起到了标识墓主阴宅的作用，与宋金墓葬中常见的人物启门图相比，在方位和功能上存在一定的差异④。

启门题材虽然在10世纪中期重新出现在墓葬中，但

① 该时期的启门图像目前仅发现几例，如山西大同湖东北魏一号墓中出土的漆棺后挡上描绘一座门楼，中间画朱色大门，门内一人着圆领窄袖黑衣，探身翘首前视，门外两旁绘守门侍者。具体信息见山西省大同市考古研究所：《大同湖东北魏一号墓》，《文物》2004年第12期。

② 宝鸡市考古研究所：《五代李茂贞夫妇墓》，北京：科学出版社，2008年，第41、43页。

③ 咸阳市文物考古研究所：《五代冯晖墓》，重庆：重庆出版社，2001年，第7、8页。

④ 相关讨论，见樊睿：《宋辽金墓葬中的启门图研究》，第7页。

至北宋中晚期才开始迅速发展并广泛流行。河南洛阳地区发现的苗北村壁画墓提供了启门场景的案例。由于墓中未发现纪年的文字，考古发掘者通过墓葬形制和壁画内容将其判定为五代至北宋初期，但从建筑元素与图像题材来看，该墓的时代可能更晚。墓室正对甬道的北壁上砖砌假门，门上雕刻有铺首、门锁和门框，下砌门墩，门两侧各有一窗。侧壁上另砌一门，残存下半部，可见门上所绘妇人，身穿白底卷云纹的长裙，伫立于半开的门边（图5.23）[1]。苗北村宋墓中的假门、启门场景基本可以归于宋金时期的典型图示，有别于五代时期的零星案例。

图5.23　河南洛阳苗北村宋墓妇人启门图局部（采自《洛阳
　　　　考古》2013年第1期，第63页，图9）

　　启门图从东汉至北宋在丧葬语境中的发展也再次引出了一个问题：为何启门题材会再度流行于墓葬之中？这种二次繁荣的背后必然有着特定的历史背景，若干原因可能共同导致了图像题材在墓葬环境中的"复兴"。王世襄曾注意到四川芦山东汉王晖石棺前挡与四川南溪唐家湾宋墓中启门石刻的相似性（图5.24）[2]。虽然汉代的启门图与宋代的图像之间未必有直接的联系，但如前章所述，宋金时期装饰墓中的许多内容都与汉代墓葬艺术相关，宴饮庖厨、妇人启门、孝子故事等题材都可追溯至东汉时期。这种成套出现的图像组合促使我们不得不思考二者之间的关系。在北

---

①　洛阳市文物考古研究所：《洛阳苗北村壁画墓发掘简报》，《洛阳考古》2013年第1期。

②　王世襄：《四川南溪李庄宋墓》，第132页。

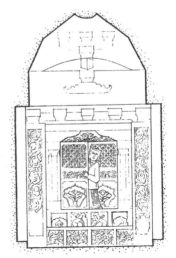

图 5.24　四川芦山王晖石棺前挡启门图与四川南溪唐家湾宋墓启门图对比（采自《雅安汉代石刻精品》，第 36 页；《中国营造学社汇刊》第 7 卷第 1 期，第 139 页，图 3）

宋的复古风潮之下，官方与精英阶层进行了不同文化领域的复古，汉代画像石棺、画像石墓的出土或许为民间的墓葬营建提供了新的视觉选择，而再度流行的图像并不一定延续了过去的形式和意义，是一种艺术的再造。对早期题材的再次利用根源于当时的社会生活、思想观念，看似相近的图像题材所服务的墓主，也早已不同于之前的社会群体。这样的再造是一种新举措的开始，也顺应了新的历史诉求①。

二　佛教影响

除了复古风潮的带动，人物启门题材在丧葬语境中的再次流行也可能受到了佛教艺术的影响。唐五代时期，启门题材就已作为装饰图案出现在陕西、山东、河北、山西等地的佛教建筑上。宿白曾指出，佛教塔幢使用启门图的最早例子为陕西长安樊川竹园村唐塔和山东长清灵岩寺惠崇法师塔②。竹园村唐塔的启门人物面朝塔外。惠崇法师塔上的启门图对称出现于塔身的东西两侧，各为一扇半开的假门，门前浮

---

① ［英］杰西卡·罗森：《复古维新——以中国青铜器为例》，杰西卡·罗森著《祖先与永恒：杰西卡·罗森中国考古艺术文集》，第 126～154 页。

② 宿白：《白沙宋墓》，第 42 页。

雕人物，其中西侧假门中刻一女子左手提
壶倚门而立（图5.25）。从两塔的启门场
景来看，门间所立人物皆为女性，也似乎
都通过启门动作开启了佛塔的内部空间。

　　启门题材还见于五代宋初的墓塔、舍
利函等小型佛教建筑或器物之上。例如，
河北定县净志寺地宫出土的两尊舍利石塔
（997 年）在塔身的下部都饰有启门图，
表现一名僧人立于半开门扉间的场景①。
山东兖州兴隆寺北宋地宫（1063 年）出
土的舍利石函也提供了一例线刻启门图。
石函为长方形，上有盝顶盖，下部为仰莲
基座，石函两侧表现佛教护法及弟子形
象，前挡正中刻出半开板门，门间一僧人
探身而出，门两侧为几何纹装饰的格子
门，门前各立一菩萨（图5.26）②。函上
线刻精美繁复，图像丰富，并标有榜题。
另外，佛塔地宫的装饰中也采用了半开门
的题材。山西临猗双塔寺西塔（1069 年）
的塔基地宫中表现了门扉半开的图示，
东、北、西三壁上都绘有一假门、二棂
窗，其中既有门户紧闭，也有门扇微启的
场景（图5.27）③。虽然门扉之间并未出
现启门人物，但地宫内的装饰与仿木构
砖室墓中的图像十分相似。由上述材料可

图5.25　山东灵岩寺惠崇禅师墓塔西侧人
物启门图（邓菲拍摄）

图5.26　山东兖州兴隆寺地宫出土舍利函前
挡僧人启门图（采自《文物》2009
年11 期，第51 页，图19）

---

① 　河北省文物局编：《定州文物藏珍》，广州：岭南美术出版社，2003 年，第47、48 页。

② 　山东省博物馆等：《兖州兴隆寺北宋地宫发掘简报》，《文物》2009 年第 11 期。

③ 　乔正安：《山西临猗双塔寺北宋塔基地宫清理简报》，《文物》1997 年第 3 期。

图 5.27　山西临猗双塔寺西塔地宫内壁展开图（采自《文物》1997 年第 3 期，第 41 页）

知，启门题材在唐五代至宋初似乎与佛教建筑和艺术紧密相关①。

　　佛教视觉语汇对世俗丧葬的影响可能是人物启门图在北宋中晚期以来的墓葬中广泛流行的另一重要原因。佛塔、地宫、舍利塔、舍利函是影响世俗丧葬的关键材料，它们都是为保存和埋葬舍利所造的建筑和艺术形式，与地下墓葬在功能上具有一定的相关性。二者在唐宋时期的发展也存在一个相互借鉴、相互吸收的过程。一方面，舍利瘗埋制度以及相关的物质文化遗存在该时段内体现出世俗化的倾向，受到了中国丧葬传统的影响②。另一方面，佛塔、地宫及舍利函等也深刻地影响了丧葬艺术的发展。许多学者都曾指出，仿木结构的佛塔建筑在技术上成熟之后，刺激了地下墓室的转变。宿白、夏南悉、李清泉等学者都曾论及多角形砖室墓与佛塔建筑形式的关联③。韩小囡进一步提出晚唐五代时期仿木构砖室墓与仿木砖塔十分相似，二者在建筑材料、技术和装饰题材方面存在特定的联系。从大致的时间发展来看，可能是佛塔建筑和装饰技法平移至地宫，而新的形式迅速推广并辐及世俗的墓葬营建④。如果回到人物启门图像，似乎也是佛教建筑先采用了这一图式，而后又对墓葬

---

① 除此之外，四川大足北山佛教石刻 176 和 177 窟中也可见人物启门的图像。相关研究，见王天祥、李琦：《也论大足北山 176 与 177 窟：一个独特题材组合的案例——以"妇人启门图"为中心》，《民族艺术》2008 年第 4 期。

② 有关舍利瘗埋制度的重要研究，见冉万里：《中国古代舍利瘗埋制度研究》，北京：文物出版社，2013 年。

③ 相关讨论，参见宿白：《白沙宋墓》，第 111 页；Nancy Steinhardt, *Liao Architecture*, Honolulu：University of Hawaii Press, 1997, pp. 397 – 398；易晴：《登封黑山沟宋墓图像研究》，第 84 ~ 93 页；李清泉：《佛教改变了什么——来自五代宋辽金墓葬美术的观察》，第 242 ~ 277 页。

④ 韩小囡：《墓与塔——宋墓中仿木建筑雕饰的来源》，《中原文物》2010 年第 3 期。

装饰产生了影响①。

　　实际上，唐五代以来墓葬中的佛教因素并不少见，除了墓室的建筑形制之外，许多图像题材也是佛教与世俗丧葬互动的结果②。例如，涅槃图常见于佛寺地宫中。河北定州北宋至道元年（995 年）净众院塔基地宫中就绘有该题材③。河南郑州开元寺地宫出土的舍利石棺也在两侧浮雕释迦牟尼涅槃和十大弟子送葬图（图5.28），前后挡刻有假门，石棺下部雕须弥座，壸门内饰伎乐人物④。根据李静杰的研究，涅槃图在当时不仅具有佛教故事的教化功用，还与往生、超度等建立了新的联系⑤。正是由于这一联系，该题材在宋金时期也作为装饰图像出现在庶民的墓葬中。例如，陕西韩城宋墓与蒲城地区发现的一座宋墓，都在墓室内壁彩绘、砖雕释迦涅槃图（图5.29）。同时，这一场景还常与伎乐图组合出现⑥，并最终形成了杂剧、送葬图等题材组合。涅槃图在墓葬空间中可能获得了新的意义，起到辅助亡

图5.28　河南郑州开元寺地宫出土石棺左侧浮雕局部（邓菲拍摄）

---

① 丁雨：《浅议宋金墓葬中的启门图》，《考古与文物》2015 年第 1 期。

② 霍杰娜、冉万里、刘晓飞对宋辽金墓葬中的佛教因素进行了整理分析；李清泉全面考察了佛教艺术对墓葬美术的影响，涉及墓葬建筑、陈设及装饰题材。见霍杰娜：《辽墓中所见佛教因素》，《文物世界》2002 年第 3 期；冉万里：《宋代丧葬习俗中佛教因素的考古学观察》，《考古与文物》2009 年第 4 期；刘晓飞：《金代墓饰中的宗教因素》，《青海民族大学学报（社会科学版）》2011 年第 4 期；李清泉：《佛教改变了什么——来自五代宋辽金墓葬美术的观察》，第 242 ~ 277 页。

③ 定县博物馆：《河北定县发现两座宋代塔基》，《文物》1972 年第 8 期。

④ 开元寺塔基出土石棺简报，可见郑州市博物馆：《郑州开元寺宋代塔基清理简报》，《中原文物》1983 年第 1 期。

⑤ 有关宋辽金时期涅槃图像的研究，参见李静杰：《中原北方宋辽金时期涅槃图像考察》，《故宫博物院院刊》2008 年第 3 期。

⑥ 康保成、孙秉君：《陕西韩城宋墓壁画考释》，《文艺研究》2009 年第 11 期。涅槃和伎乐的题材组合使我们联想到了陕西临潼庆山寺唐代地宫，其中刻有释迦说法、涅槃、荼毗礼等图像，而伎乐场景与涅槃图相对。见赵康民：《临潼唐庆山寺舍利塔基精室清理记》，《文博》1985 年第 5 期。

图 5.29　陕西韩城宋墓东壁涅槃图（采自《中国出土壁画全集·7·陕西卷》，第 413 页，图 377）

图 5.30　北宋石棺前挡僧人启门场景（采自 *Orientations*, 1997 June）

者脱离苦难、超越生死的功能①。

　　墓葬美术虽然一直以来保持着相当的独立性，但是却通过与宗教视觉语汇间的互动而不断得到丰富。佛教艺术在唐宋之际也成为了丧葬文化发展的新的驱动力。墓中不仅出现了许多佛教元素，而这些元素之间也开始显示出"内在的系统性关联"，并反映出死后观念的变革②。从这个角度思考，我们更容易理解一件推测为北宋时期的石棺。该石棺由石灰岩雕刻而成，前挡表现了台阶之上的半开门扉，门中立一僧人，一手扶门，半身掩于门后，门两侧各立一带头光的菩萨，三人都正面前视，仿佛在迎接亡者的到来（图 5.30）③。虽

① 崔兴众：《丹青意映——韩城宋墓图像研究》，第 38～46 页。洪知希也曾专门探讨了韩城宋墓中的题材组合与图像系统，见 Jeehee Hong, T J Hinrichs, "Unwritten Life (and Death) of a 'Pharmacist'in Song China: Decoding Hancheng Tomb Murals," pp. 231–278. 另外，她还提出墓葬中的杂剧与送葬题材为佛教与新型娱乐活动的结合，在宋金时期发展为流行的丧葬习俗。Jeehee Hong, *Theater of the Dead: A Social Turn in Chinese Funerary Art*, pp. 24–42；
② 李清泉：《佛教改变了什么——来自五代宋辽金墓葬美术的观察》，第 242 页。
③ 有关该石棺的信息，见 *Orientations*, 1997 June.

然此件石棺由于出土信息不明，难以考察其具体含义，但是这一案例提示我们，门扉半开的图像题材确实与佛教视觉语汇有着密切的联系，墓葬中的启门图很可能是佛教艺术与丧葬美术互动的结果。在世俗的墓例中，门扉之间的僧人常被妇人的形象所取代，由她们开启门后的另一个空间。

第三节　宋金时期启门图的意涵

一　功能释读

早期的丧葬艺术遗存与佛教的视觉语汇为宋金时期墓葬装饰的发展提供了形式与技术上的选择。在这样的背景下，墓葬中相关的题材组合与过去的母题、宗教语境中的图像都取得了某种程度上的联系。另一个重要的推动力来自于当时的社会与文化需求。宋金时期的装饰墓相当注重对世俗生活的刻画，启门图像也与墓内门窗题材的发展密切相关。门扉半开的假门、人物开启的板门或格子门都是墓内仿木构门窗的进一步发展。

如前文所论，与启门图同时出现的题材还包括墓主夫妇、庖厨、宴饮、伎乐等等，这一场景也因此体现出浓郁的现实意味。例如，在河南禹县白沙一号宋墓中，前室表现了男女墓主对坐宴饮和欣赏散乐的场景，后室东壁为梳妆图，东南壁绘庖厨备食，西北壁为破子棂窗，北壁上正是妇人启门图①。整个墓葬通过砖砌、砖雕、彩绘模仿了华丽的地上住宅，也将日常家居生活一同搬移到了地下。在壁面装饰由简至繁的发展中，门窗等题材因为早期的图像母题与佛教建筑艺术的影响，开始加入了人物的设置，并逐渐形成一种稳定的表现模式。人物的增添也使得启门的场景传达出开放的意味，形式上更加生动②。

此处还需要考虑的问题是：启门题材为何常常选择将女性人物置于门扇之间？一方面，东汉时期的墓例以及佛教语境中的启门图均有女性形象的出现，这为宋金

---

① 宿白：《白沙宋墓》，第 34～59 页。

② 丁雨：《浅议宋金墓葬中的启门图》，《考古与文物》2015 年第 1 期。

墓葬中的图像提供了形式上的依据。另一方面，妇人启门的图示在很大程度上也是由墓室力图再现的家宅情景所决定。换言之，墓葬模仿居室环境，处于该环境中的启门人也同样具备了现实色彩。宋代司马光曾在《涑水家仪》中仔细解释了男女内外有别：

> 凡为宫室，必辨内外。深宫固门，内外不共井，不共浴堂，不共厕。男治外事，女治内事。男子昼无故不处私室，妇人无故不窥中门。男子夜行以烛，妇人有故身出，必拥蔽其面。①

其《家范》中继续强调了女子的行为规范：

> 女子十年不出［恒居内也］。又，妇人送迎不出门，见兄弟不逾阈。②

虽然这是理学家对女子行为的设想与规范，但正如邓小南所指出的，家族门户内外界限的象征意义存在于时人的理念之中③。在现实的生活中，家宅的活动与女性紧密相连，宋金装饰墓中不仅表现了内宅的各类场景，女性人物出现的频率也相当高，墓室内壁所表现的侍奉活动多是由女子来完成的。如果仔细观察墓中的启门女性形象，从她们的发型、服饰、手持之物来看，她们更加接近于家庭中的女性侍者。例如，在山西汾西郝家沟金墓中，墓室东北、西北壁分别绘出落座于屏风前的男女墓主，身侧为侍者。北壁为两扇格子门，上部为菱形格眼，腰华版饰莲花，障水板雕如意壸门。东、西两壁各砌一假门，门缝间皆绘一名女子，造型各异：东壁妇人头顶盘双髻，髻上装饰珠宝顶冠子，上着圆领青色襦衣，下穿红底黑花长裙，裙摆下露红色翘头鞋，双手端一白色大盘，盘内放三个大红柿子（图5.31）；西壁妇人头梳髻，上着红衣，下穿青色长裙，左手扶门扇铺首（图5.32）④。二人的形象都与女墓主身旁的女性侍者较为相似。

现实生活中的家宅是女性活动的空间，墓中那些半开门扉的人物也因此表现为

---

① ［宋］司马光：《涑水家仪》，《说郛》卷七十一，景印文渊阁四库全书，第880册，第50页。
② ［宋］司马光：《家范》卷一《治家》，景印文渊阁四库全书，第696册，第661页。
③ 邓小南：《从考古发掘资料看唐宋时期女性在门户内外的活动》，第119页。
④ 山西省考古研究所、汾西县文物旅游局：《山西汾西郝家沟金代纪年壁画墓发掘简报》，《文物》2018年第2期。

图 5.31　山西汾西郝家沟金墓东壁启门图　　　图 5.32　山西汾西郝家沟金墓西壁启门图（采
　　　　（采自《文物》2018 年第 2 期，　　　　　　　自《文物》2018 年第 2 期，第 17 页，
　　　　第 16 页，图 11）　　　　　　　　　　　　图 12）

女性，这在一定程度上暗合了宋代女子的伦理规范，同时也强化了内宅的属性①。启
门妇人的身份虽然在许多墓例中很难具体化，但在一些场景中，她们可能扮演了
家宅之中女性侍者的角色。结合本书第二章中有关墓葬所体现的女性角色与社会
分工的讨论，整个墓室都反映出庶民阶层对于女性行为活动的理想设定。平民化
女教及女性规范的社会文化根源，也进一步推动妇人启门题材在宋代的广泛
流行②。

　　综上所述，宗教的影响和儒学的兴起都可能促进了宋金时期启门题材的发展，
但图示流行背后的原因却未必与其意义直接对应。我们对启门图功能的讨论，还需
结合周边的图像内容以及整体的建筑环境。宿白论及半启门图时提出墓室至此未到
尽头的观点，对于理解画面的内涵仍十分重要。由于宋金时期的装饰墓非常狭小，
如何在逼仄的墓室内构建出无尽的空间是工匠们致力于突破的难题。启门与门窗题
材都属于这类视觉表现手法，主要目的是在有限的墓壁之上拓展出其他的空间，进
一步延伸至死后的世界。建墓者通过在地下墓室内砖砌格子门、假门、棂窗，既呈
现出地上居室的建筑特征，又实现了对既有空间的延续。半开半闭的门户和门中的

---

① 从社会史角度讨论妇人启门图的研究，见李会：《从宋代墓葬壁画看女性的地位与作用》，《中国国家
　　博物馆馆刊》2011 年第 5 期。
② 樊睿：《宋辽金墓葬中的启门图研究》，第 13～15 页。

人物更是极富视觉表现力，将理想和现实融合在一起①。这些假门无疑提供了一种纵深感，在中原北方地区的装饰墓中，门背后可能是后寝，也可能通向其他的院落，还或许连接着另外的世界。

　　启门题材作为一种艺术表现手法，虽然可以在不同的环境中表达特定的含义，无法用单一的理解方式进行全面的解读。然而，在豫中、豫西北等地的一些宋金装饰墓中，假门或半启的门扉还可能作为具体的象征符号，上升至更为理想的层面。这些墓例中的启门场景多位于北壁，营建者在布局时采用了特殊的安排方式。例如，

图 5.33　河南登封唐庄二号墓北壁妇人
启门图（采自《文物》2012
年第 9 期，第 40 页，图 13）

前文中提到的河南登封唐庄二号墓的墓室平面为六角形，墓内遍施彩绘。壁画内容根据建筑结构分为三层：下层为墓主人夫妇家居场景；中部为斗拱建筑彩画；上部则绘仙人形象。墓室西北壁画墓主夫妇对坐宴饮，西南壁为备宴场景，东北壁衣架前立男女各一人。北壁正中砖砌一假门，上绘青色横帐，下绘一朱红色板门，门扇上饰门钉，门微微开启，露出一头梳高髻、额系红帕、身着黑色褙子的女子，面朝墓内（图 5.33）。启门图上方为斗拱，拱间壁上绘黑枝红色牡丹。北壁天顶部分画两道士立于云中，头戴莲花冠，双手执莲枝。墓顶上的其余五壁也绘祥云之上的僧、道形象（图 5.34）②。

　　墓壁上的妇人启门与仙人场景之间存在着联系，那名女子开启的朱红色门扇似乎正通向天顶上方的世界。墓室西北侧的场景可以证实这一点。墓壁上对坐的墓主夫妇二人，在天顶的部分呈现出飞升的状态，二人立于云中，双手合拢于胸前（图 5.35）。墓主升天的进程被渐进式地表现在竖直的图像环境中。这种图像布局不限于唐庄二号墓，而是登封、新密、嵩县、洛阳等豫中、豫西北地区宋金墓葬中的常见

①　郑岩：《论"半启门"》，《故宫博物院院刊》2012 年第 3 期。

②　郑州市文物考古研究院等：《河南登封唐庄宋代壁画墓发掘简报》，《文物》2012 年第 9 期。

布局形式。不少墓例都在内壁上饰假门或人物启门场景，墓顶部分或绘天宫、仙女、道士、菩萨等题材，或表现墓主飞升祥云之上的内容，或装饰祥云、仙鹤、团花等图案，营造出一种仙府、洞天的氛围。

在这种特殊的语境之下，闭合或半开的门扉可能为墓主提供了一个通往仙境的入口。例如，在黑山沟宋墓、平陌宋墓之中，北壁皆砌朱红色假门，上方的墓顶部分绘祥云环绕的神仙居所，门楼正中为一扇朱红色板门（图5.36）。北壁上的假门很可能正是通往天宫楼阁的入口，上、下部分的装饰内容之间存在紧密的联系，暗示出墓主进入神仙乐土的进程。

另外，宋金时期的石棺装饰也体现出了启门图与仙界的联系。例如，河南洛阳孟津张君石棺的后挡与棺帮阴刻了二十四幅孝子故事图，在孝子画像之前、两侧棺帮的前部，表现了一组面向石棺前挡行进的人物，最前方由仙女引领，其后跟随手捧物品的女性，上空仙鹤翱翔。前挡上刻一扇假门，门扉半掩，中间站立一名女子，探身望向棺外。假门上方两侧刻牡丹图案，

图5.34 河南登封唐庄二号墓北壁天顶（采自《文物》2012年第9期，第41页，图19）

图5.35 河南登封唐庄二号墓西北壁天顶（采自《文物》2012年第9期，第43页，图24）

图5.36 河南登封黑山沟宋墓北侧天顶（采自《郑州宋金壁画墓》，第107页，图135）

中央阴刻五位人物：前方一位持幡仙人，后面紧随一位头戴高冠的老者，榜题"一翁"；身后为捧花卉的仙女，一位躬身拱手的老妇人跟随其后，榜题"二婆"；最后为捧盘的仙女（图 5.37）①。人物足下云气缭绕，可以判断为

图5.37　河南洛阳张君石棺前挡上部装饰线描图（采自《文物》1984 年第 7 期，第 81 页，图 4）

仙界的场景。整个石棺上的图像似乎暗示着石棺主人在仙女、孝子的引领下，通过假门最终升天的过程。除此之外，河南洛宁乐重进石棺和洛阳王十三秀才石棺（1123 年）上都装饰有假门与带翼天人，天人手持莲花立于云上，同样展现出升仙的主题②。

半开半闭的门扉、孝子、仙人可能都包含着与传统升仙题材相关的内涵，表现了死者跨越死亡、前往神仙乐土的美好愿望。需要注意的是，启门题材与仙境的关联可能只是墓中启门图像多重寓意中的一个方面。在不同的图像布局之中，它们或许更趋向于展现家居生活的场景，表明通向其它的居室或院落。对于启门图像的解读，必须还原到具体的丧葬空间中，通过观察图像之间的关联，解释其背后的意义内涵。

二　遇仙题材

启门题材不仅限于墓葬和宗教语境，也作为装饰题材出现在瓷枕、铜镜等器物之上。这表明该图式在宋金时期的视觉文化中广泛流行。例如，大英博物馆所藏的北宋时期的定窑殿宇人物瓷枕，枕身为方形座，以中国古代建筑的形式表现，包含了倚柱、斗拱、房檐、门窗等建筑组件。枕身前后两面各有两扇雕花格子门。后侧

---

① 黄明兰、宫大中：《洛阳北宋张君墓画像石棺》，《文物》1984 年第 7 期。

② 关于宋金石棺上启门与升仙题材的讨论，见田敬权：《河南地区宋金画像石棺研究》，兰州大学硕士学位论文，2015 年，第 46～54 页。

殿门半开，两个微型人物立于门内，刻画精细：一名男子左手推门似作启门状，而另一名女子侧身立于门前（图5.38）。瓷枕的整体形态似乎包含了特殊的内涵和意义。无独有偶，另外一件与之相似的白釉殿宇形枕现藏于上海博物馆，该枕的枕身前后饰门，前侧掩闭，后侧半启，一名头戴软巾、身穿圆领长袍的男子立于门扇前，正欲迎接客人（图5.39）。若忽略门扇与启门人物的细小差别，这两件瓷枕在造型、釉色与纹饰方面大体相同。十分有趣的是，它们都以建筑的形式表现枕身，并在其后侧装饰半开的门户及人物。如此设计的瓷枕使我们不由得去思考：瓷枕上半开的殿门意味着什么？通向何处？枕身为何要以这样一种独特的形式表现？

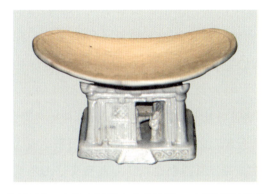 

图5.38　定窑白釉殿宇人物瓷枕，大英博物馆藏　　图5.39　白釉殿宇人物瓷枕，上海博物馆藏

　　首先，我们需要从这两件瓷枕的功用出发去思考其形态特征及文化内涵。枕为卧时荐首之具[1]。历史上的许多传奇、故事通常将枕具与人的入眠、梦境相联系。例如，南朝刘义庆编撰的《幽明录》中写到主人公杨林在庙巫的引导下进入玉枕的缝隙，提供了一个枕与梦境相关的较早例证[2]。故事以描述庙中玉枕开始，又以主人公杨林在枕中世界经历数十年，在枕边梦醒而结束。枕是故事的重要象征物。由这一原型发展、衍化而成的唐传奇《枕中记》，也以主人公在枕中的经历为主题，展开完

---

① 枕作为古代的日常生活用品，除了供人就寝时荐首之用外，有时还以方物为隐喻，浸透了浓厚的民俗风情，反映出时人的生活风俗与心理意识。因此，对瓷枕的造型与样式的解读，还可以使我们更多地了解到宋元时期的文化、习俗及观念。近年来，学者对瓷枕与民俗文化方面的关注逐渐升温，有关论述参见：詹嘉、齐曼：《古代瓷枕民俗文化探析》，《陶瓷研究》2000年第3期；陈晶、李静：《从社会历史风貌谈瓷枕的造型变化》，《中国陶瓷》2008年第3期。

② ［宋］李昉等：《太平广记》卷二八三《巫·杨林》，第2254页。

整的叙事结构，堪称梦幻文学的经典。文中描述了卢生路遇吕翁，在其引导下进入青瓷枕两端的孔中：

> 其枕青瓷，而窍其两端，生俛首就之，见其窍渐大，明朗，乃举身而入。①

入枕之后，卢生娶清河崔氏女，登甲第，受校书郎。后荣华富贵，崇极一时。年老至死，方醒觉是梦。在该故事中，瓷枕也是卢生进入梦中幻境的重要工具，而引导卢生入枕的道士吕翁则代表了渡人醒悟的神仙，梦中的时间与空间都浓缩在一方青釉瓷枕中。虽然故事的主旨在于以梦喻道，宣扬人生如梦的处世哲学，但是通过这两则传奇又可知，枕在中国古代的观念中似是梦者进入太虚幻境的一种通道。我们可以推想，卢生既然能够通过青瓷枕的两窍进入枕中天地，那么这两件殿宇造型并带有人物启门装饰的瓷枕便更容易被理解为枕中世界的入口。

古人认为梦象由鬼神的启示产生，梦境往往超越时空与生死，具有神秘色彩。这种对梦的理解方式最初由梦魂观念发展而来，之后与鬼神信仰结合起来，成为古代神灵崇拜的一种延伸。人们可以在梦境中与鬼神相通，梦为人神交往的重要途径。一方面，逝去的先人有时会通过梦境的方式向生人传达讯息②。文献中描述幽明两界间通梦的故事不胜枚举③。另一方面，古人更是希望在梦中与神灵相遇，或是梦游仙境。例如，《开元天宝遗事》中记载了一枚龟兹国进贡的游仙枕，人若枕之，则十洲三岛、四海五湖尽可在梦中游览④。这里正是以梦为魂游。《开天传信记》也提到唐明皇梦游月宫，诸仙为其演奏上清之乐，并授之《紫云回》⑤。记叙梦中神游的文学形式，因其体裁和内容成为一种特殊的体裁，后被称作"梦幻"

---

① ［唐］沈既济：《枕中记》，《文苑英华》卷八三三，北京：中华书局，1966 年，第 5 册，第 4396 页。
② 参见刘文英：《梦的迷信与梦的探索》，北京：中国社会科学出版社，1989 年；刘文英、曹田玉：《梦与中国文化》，北京：人民出版社，2003 年；吴康：《中国古代梦幻》，海口：海南出版社，2002 年。
③ 《太平广记》"梦篇"收录了 50 首左右有关梦境的故事，其中包括有预兆、警示，以及生人与先人之间的联系等内容。对太平广记中梦的分析，参阅李汉滨：《〈太平广记〉的梦研究》，台北：学海出版社，2004 年。
④ ［后周］王仁裕：《开元天宝遗事》卷上《开元·游仙枕》，北京：中华书局，2006 年，第 14、15 页。
⑤ ［唐］郑綮：《开天传信记》，收于《唐五代笔记小说大观》，上海：上海古籍出版社，2000 年，第 1226 页。另外，有关明皇游月宫的记载还可见于宋王灼《碧鸡漫志》、周密的《癸辛杂识》等处。

"梦仙"题材①，大量出现在唐宋时期的文学作品中。这类题材不仅记叙了游历中所见人物与天上仙境的美妙景象，也在一定程度上表达了时人对理想世界的憧憬。

在联系枕与梦游仙境的理解方式下，我们可以推测，白釉殿宇人物瓷枕的所有者很可能期望在启门者的引导下梦游仙境；而瓷枕上半开的殿门似乎正通向另外的世界，尤其是人们渴望到达的神仙乐土②。

其次，如果我们仔细观察瓷枕上的启门场景可以发现：后侧的殿门都被表现为一扇门页固定，另外一扇向里侧打开的形式；人物立于门坎内、门扇前，拱手等待。这也是宋金墓葬艺术中常见的人物启门图式。半开的门扇与固定的门页之间形成一定的空隙，提供了从一个空间前往另外一个空间的狭窄通道。启门的人物站在打开的门扇之前，暗示着对该通道的限定与控制。法国汉学家石泰安（Rolf Stein）曾巧妙地分析与此相关的图像与文学题材，以"藏"这一概念来形容狭窄通道或是半开门户之后隐藏的特殊空间，并指出这种对于另外世界入口的限定在中国传统文化中十分常见③。在文学作品中，人们可以通过穿过狭窄的通道、门户进入一片远离世俗世界的乐土。例如，晋陶渊明的《桃花源记》描述渔人穿过山石间的狭缝进入到一片梦幻般的世外桃源④。唐代诗人刘禹锡在《桃源行》中则以"洞门苍黑烟雾生，暗行数步逢虚明"来形容这个神秘世界的入口。

值得我们特别注意的是，明代董斯张撰的《广博物志》记述猎者在深山中的经历时曾提到半开的石门：

> ［张五郎］行可数百武，皆两岩壁峙，仰不见天。侧肩而进，意将阑，忽闻
> 乐声，遂复前百余武。微见日光如缕，折而东，石门半开，豁然别一天地。有

---

① 唐代廖融、祝元膺、宋代刘子翚等都有题名为《梦仙谣》的诗篇。这一时期的梦幻、梦游小说还包括《秦梦记》《南柯太守传》等唐传奇，以及《太平广记》中收录的《樱桃青衣》《徐玄之》等。

② 相关讨论，另见拙作《欲作高唐梦，须凭妙枕欹——从一件定窑殿宇式人物瓷枕说起》，《故宫文物月刊》第 338 期，2011 年 5 月。

③ 石泰安注意到从世俗世界通往洞天的通道常以特定的形式局限。参见：Rolf Stein, *The World in Miniature*：*Container Gardens and Dwellings in Far Eastern Religious Thought*, Stanford：Stanford University Press，1978，pp. 54 – 58.

④ ［晋］陶渊明著，逯钦立校注：《陶渊明集》卷六，北京：中华书局，1979 年，第 165 页。

四人衣冠古朴，一鼓瑟坐梅花树下，一坐磐石临流吹笙，一倚修竹击磬，一骑白鹿执如意而歌……①

猎者张五郎在进入石门后得知四人为隐居此地的越国乐工，而石门内的天地则是仙人出没的洞府。这段文字将半开的石门与仙境联系起来，描述了民间广为流传的山中遇仙的故事。而瓷枕上启门人物所半掩半露的通道恰好与上述的遇仙叙事相吻合。

图5.40　辽宁法库叶茂台辽墓出土《深山会棋图》（采自《文物》1975年第12期，图版1）

宋金时期的其他视觉艺术形式可以帮助我们更加直观地理解遇仙题材的叙述结构。辽宁法库叶茂台辽墓中出土的卷轴画《深山会棋图》似乎正是这一主题的反映（图5.40）。该山水画为青绿重彩，图的上部绘白云掩映的陡峭山石；中部的山崖间画松林楼阁，楼阁前方两位士人在临崖空地对坐博弈；山下无路通往山顶，但在绝壁之下有一半掩的洞门，一名头戴高冠男子随同两名童仆正向洞门方向走去。观察画面的整体布局，这个半开的门户是通向山中楼台的唯一通道，而在临崖空地博弈的两名士人可能代表了石门之内的仙人。半掩的洞门似为山下的高冠男子及其童仆开启了洞天仙境。整幅画面也正合乎许多文本所记述的世人于山中见仙人会棋的题材②。

① ［明］董斯张：《广博物志》卷十二《灵异一·仙》，《四库类书丛刊》，上海：上海古籍出版社，1992年，第1册，第268页。
② 李清泉将这幅《深山会棋图》解读为"仙山观棋图"，认为半开的洞门象征着仙境入口，并提出图中的高人博弈也可能与当时的求仙信仰相关。李清泉：《叶茂台辽墓出土〈深山会棋图〉再认识》，《美术研究》2004年第1期。

另外，宁夏回族自治区博物馆所藏的一枚宋金时期八瓣菱花形铜镜的背面纹饰上也出现了人物与半开之门的图式（图5.41）。该铜镜的左上角为山石树林，下方有一座多孔小桥，桥下河水奔流。桥两端各立有人物，左侧一名身着长袍的男子，由执仗者引导，向桥的右端走去；右侧一名梳有高髻的妇人端坐，身旁为两个手执仪仗的侍者。铜镜的右上方是一座隐在云雾中的建筑，顶有鸱吻、宝珠等脊饰，檐下有斗拱。建筑中央为半开的殿门，门内站一人，探身向外。山

图5.41　宋金时期八瓣菱花形铜镜，宁夏博物馆藏

东、湖北、安徽等地也发现多枚鎏金铜镜，与该镜的构图几乎完全一致，说明这类铜镜在当时流行颇广①。

颇具意味的是，铜镜上的画面表现出一定的叙述顺序：位于左面的男子穿过树林山石步入仙境，就如同世俗中人无意间在山中偶遇洞天；桥上的仙人引领他进入仙境，在仙人身后、隐没云中的建筑很可能指代了天宫楼阁；而探身而出的人物或许就是开启天宫大门的仙人。整个镜面装饰包含了遇仙主题的基本要素，使得这幅画面更像一个深山遇仙文本的对应图式，或是该题材的惯常视觉表现②。

《夷坚志》中的《嵩山竹林寺》记述了僧人寻游灵境的经历，与铜镜图像所表现的情节有多处重合：

西京嵩山法王寺，相近皆大竹林，弥望不极，每当僧斋时，钟声隐隐出林表，因目为竹林寺，或云五百大罗汉灵境也。有僧从陕右来礼达磨，道逢一僧，言："吾竹林之徒也，一书欲达于典座，但扣寺傍大木，当有出应者。"僧受书

---

① 韩小囡曾考察宋代铜镜上的启门图，提出此类铜镜在宋代广泛流行，并多随葬于墓中。另外，她还将其图像叙事与升仙场景联系起来加以解读，见韩小囡：《图像与文本的重合——读宋代铜镜上的启门图》，《美术研究》2010年第3期。

② 十分巧合，这类楼阁人物镜又被某些学者命名为"唐皇游月宫镜"，恰好又将铜镜纹饰与上文中分析的梦中神游、遇仙题材联系起来，是理解启门图像含义的佐证。

而行，到其处，深林茂竹，无人可问。试扣木焉，一小行者出，引以入，行数百步得石桥，度桥百步，大刹金碧夺目。知客来迎，示以所持书，知客曰："渠适往梵天赴斋，少顷归矣。"坐良久，望空中僧百余，驾飞鹤，乘师子，或龙或凤，冉冉而下。僧擎书授之，且乞挂搭，坚不许。复命前人引出，寻旧路以还。至石桥，指支径，令独去。才数步，反顾，则峻壁千寻，乔木参天，了不知寺所在。①

虽然此文中僧人寻访的是五百大罗汉灵境的嵩山竹林寺，但其被引入灵境的方式以及经历的过程与铜镜图像中的叙事顺序十分相似。正如韩小囡提出，文本通常按时间先后顺序对事件经过进行描述，而"图像则是将一个连贯的故事情节转换为视觉因素，在限定好的空间内表现出来"②。因此在构图之中，神仙世界的主要人物被表现在宫殿之外，在桥端迎接来访者；而位于宫殿处的启门人物则将宫殿与下方的人物联系起来，以体现来访者最终进入天宫。人物启门的设置既保证了该画面的整体视觉效果，也达成了情节上的完整，是该画面中至关重要的元素。

对卷轴画与铜镜纹饰的研究不仅有助于启门题材的图像学解释，而且还可以为我们思考中国叙事文学与绘画之间的关系提供一些线索。此外，其他宋金时期的人物故事铜镜上也出现了石门半开的图像。湖北地区一座宋墓中出土的铜镜背面装饰

图 5.42　湖北宋墓出土铜镜背面装饰

将半开的石门、仙人、仙鹤和神鹿组合在同一画面中，表现了仙人鹤鹿同春的场景（图5.42）。铜镜纹饰的左下部，雕饰山石、流水、小桥，一名手持宝瓶的人物跟随神鹿正从桥上穿过。前方为祥云缭绕的松树，一名仙人端坐树下，其童仆立于身侧。铜镜的左上方，一只仙鹤从半开的洞门中探身而出，好似望向树下的仙人。仙鹤启门的图像很可能是启门题材多样表现形式中的一种，此处半开的石门与洞府仙境也显然存在某种内涵

① ［宋］洪迈：《夷坚志》丁志卷三《嵩山竹林寺》，第557页。
② 韩小囡：《图像与文本的重合——读宋代铜镜上的启门图》，《美术研究》2010年第3期。

上的关联。

综上所述，各种不同的载体与语境使得启门题材极具复杂性。我们可以将其视为一种开放的、多元的视觉表现手法，广泛流行于宋金时期的视觉艺术之中。半启之门可能具有多重寓意，在不同情况下，启门图的意涵会随着场景、媒介而改变，同时又为其整体语境提供图像解读的线索和可能①。虽然该题材在各种环境中表现出一定的灵活性，但是它们并非被随意用来装饰瓷枕、铜镜、墓壁与石棺。启门的造型特征包含特殊的文化内涵，与升仙祈愿之间有着深层次的联系，反映出时人对洞府仙境的向往。

第四节　死后世界的多重愿望

一　接引升天

如果我们从传奇故事转向考古材料，豫中、豫西北等地宋金墓葬中的启门题材，可能确实象征了死亡世界通往仙境的入口。半启的假门、孝子和仙人都在墓主进入神仙世界的过程中起到了重要作用。除上述的视觉元素外，若干图像组合也常被用来表现亡者升天的具体场景，并展示出一整套与佛道相关的接引仪式。我们下面将通过几组图像材料来进行分析、归纳。

首先，不少墓中直接表现了墓主飞升或身处仙境的画面。例如，河南登封高村宋墓在东南和西南壁下部各砌一耳室，耳室上方皆绘五彩祥云，祥云上方站立男女两人，从服饰来看可能为墓主夫妇；耳室两侧各立一名拱手侍女（图5.43）②。两幅画面都描绘了墓主升天的情景，与之相关的图像还出现在墓顶部分，各壁皆绘祥云之上的天人，有的或手持拂尘，或双手捧盘，还有的带有头光。这些云中天人似乎与墓壁上的亡者升天图相互呼应，强调了亡者所前往的神仙世界。升天的祈愿有时

---

① 郑岩注意到妇人启门题材与其载体、环境的关系，见郑岩《民间艺术二题》，《民俗研究》1995 年第 2 期；郑岩：《论"半启门"》，《故宫博物院院刊》2012 年第 3 期。

② 郑州市文物考古研究所编：《郑州宋金壁画墓》，第 62 ~ 88 页。

图 5.43 河南登封高村宋墓东南壁升仙图（采自《郑州宋金壁画墓》，第 74 页，图 92）

图 5.44 河南洛阳宋代张君石棺右侧线刻局部（采自《文物》1984 年第 7 期，第 81 页，图 6）

也体现为文图结合的形式。例如，在山西襄汾地区发现的杨氏家族墓中，墓壁上绘六位墓主画像，每幅画像旁都配有榜题，墨书有"杨大爷早升天界"等文字，明确地表达出期盼墓主飞升天界的美好愿望①。

其次，升仙进程之中常需仙人导引。例如，上节中提到的河南北宋张君石棺在两侧棺帮均表现了一组面向石棺前挡行进的人物，最前方引领者为手持灵幡的仙女，其后跟随手捧供品、香花的女性，周围云气缭绕，仙鹤在上空飞翔（图 5.44）②。从人物的姿态与场景来看，这些持幡的仙女可与敦煌藏经洞发现的唐五代时期的引路菩萨像相比较（图 5.45）。后者在唐宋之际由于净土宗的兴起而流行，用以导引亡者往生极乐③。棺上手持魂幡的女子也是接引亡者的天人，只是展现的语境有所不同。整个队伍行进的目的地正是石棺的前挡，前档下方为妇人启门图，上方继续刻画持幡天人和另两名捧物的仙女，而这一次

---

① 该墓简报并未发表，相关信息参见刘耀辉：《晋南地区宋金墓葬研究》，第 40、41 页。

② 黄明兰、宫大中：《洛阳北宋张君墓画像石棺》，《文物》1984 年第 7 期。

③ 沙武田：《敦煌引路菩萨像画稿——兼谈"雕空"类画稿与"刻线法"》，《敦煌研究》2006 年第 1 期。另外，王铭讨论了唐宋时期的引路菩萨及引魂幡，提出幡在净土信仰中是引导亡者往生净土的象征物，唐宋时期出现在丧葬仪式中的引魂幡可视为佛幡供养与儒家旌旗制度合流的产物。见王铭：《菩萨引路：唐宋时期丧葬仪式中的引魂幡》，《敦煌研究》2014 年第 1 期。

墓主夫妇紧随其身后，表现出二人在天人的引领与护佑下，前往神仙世界的场景。

　　现在我们将视线转向河南登封黑山沟宋墓这一代表性墓例，该墓墓顶的壁画更加完整地展现出升天意象的各部分图像组合。在南壁的垂花装饰与斗拱之间，绘一座云中拱桥、桥上饰有望柱、扶手、华板，桥上两名手持灵幡的仙女，头梳高髻，衣着交领阔袖襦，下束裙（图 5.46）。东南、东壁、东北壁绘成对的云上仙人，手中分别持有魂幡、铙钹、莲枝。而在北壁上方画一座庑殿顶天宫，似乎为仙人导引行列所前往的终点。西北壁则直接绘出立于云端的墓主夫妇二人，展现出亡者与天宫的直接关联。另外，在西壁上部，还

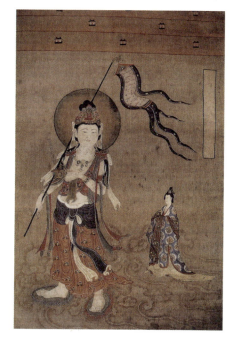

图 5.45 敦煌藏经洞出土晚唐《引路菩萨》S. painting 46，大英博物馆藏

绘一菩萨立于五彩祥云中，头戴花冠、身饰璎珞，身后可见头光及背光（图 5.47）①。接引者出现了佛道混杂的现象。墓顶上方的图像组合不仅刻画出接引的

图 5.46 河南登封黑山沟宋墓南侧天顶（采自《郑州宋金壁画墓》，第 109 页，图 139）

图 5.47 河南登封黑山沟宋墓西侧天顶（采自《郑州宋金壁画墓》，第 106 页，图 133）

---

① 郑州市文物考古研究所：《郑州宋金壁画墓》，第 88～116 页。

仙人、飞升的亡者，同时还描绘了仙人持幡过桥以及代表最终归处的天宫楼阁。

过桥的场景也常常代表了亡者在死后世界中的过渡。李清泉将这种桥的母题称为连接、跨域现实与非现实空间的符号①。唐宋以来，佛教世俗化而来的奈何桥以及道教科仪中通天桥的观念渗入世俗的丧葬理念，使得不少宋金时期的墓葬中都出现了此类的仙桥场景。河南新密平陌宋墓曾在讨论孝子图时被重点解读，该墓的东北壁上部也表现了仙人接引亡者过桥的图像组合，画面绘出一云中拱桥，桥上有八人缓缓行进。最前方为接引仙人，手捧瑞光四射的方匣，被一些学者认定为经箱②，第二人执灵幡，此二人皆头梳高髻，身着团领阔袖襦。之后为墓主夫妇，皆合掌于胸前。他们身后跟随另一持幢仙女及三名手捧不同物品的女子③。该幅画面包括了接引人物、持幡、过桥等不同元素，而他们行进的终点也正是位于其左侧的天宫楼阁。

类似的图像组合同样见于晋东南地区的金墓中。山西长子小关村金墓在南壁阑额以下的位置绘出两幅仙人接引墓主夫妇的图像。东侧画面表现一女仙持幡引路，身后一女仙手中捧物。之后为墓主夫妇二人，手持念珠，女性墓主手牵一男童，其后绘二男子，立于大树前，

图 5.48　山西长子小关村金墓南壁上部西侧壁画（采自《文物》2008 年第 10 期，第 64 页，图 10）

一人为持长枪的武士，另一人貌似钟馗。西侧画一桥梁，红色栏杆，四周祥云缭绕，桥下流水，桥上一女子引领墓主夫妇，二人手托供物过桥，桥头绘双手持物的武士，与钟馗形象的人物，正等待接引（图 5.48）④。虽然该墓中的图像元素与黑山沟宋墓、

---

① 李清泉：《心桥——墓葬美术中的一个"连接"符号及其两端》，《第五届古代墓葬美术研究国际学术会议论文集》，北京，2017 年 8 月，第 32～49 页。

② 李清泉：《心桥——墓葬美术中的一个"连接"符号及其两端》，第 41 页。

③ 郑州文物考古研究所：《郑州宋金壁画墓》，第 41～54 页。

④ 长治市博物馆：《山西长子县小关村金代纪年壁画墓》，《文物》2008 年第 10 期。

平陌宋墓大体一致，但有趣的是，在引领亡者的行列中还加入了武士及形似钟馗的男子。他们的身份与作用为何，仍有待进一步的研究，这些人物在接引场景中的出现，也反映出死后观念的复杂性与丰富性。

除上述图像题材外，往生接引的场景中有时还包括僧人诵经、作乐的内容，它们又与现实丧葬活动中的佛道仪轨有关。司马光曾云：

> 世俗信浮屠，以初死七日，至七七日、百日、小祥、大祥，必作道场功德，则灭罪升天，否则入地狱，受到刲舂烧磨之苦。①

图 5.49　河南登封唐庄二号墓西北壁天顶（采自《文物》2012 年第 9 期，第 44 页，图 26）

"资冥福"作为佛教仪轨与世俗丧葬的融合，在当时成为流行的葬俗。这类活动一方面直接影响了墓葬内容，使得墓中也有对僧人手持铙钹、出葬导引等场景的具体表现。另一方面，由于僧侣作法具有超度亡魂等功用，也丰富了时人的往生观念，将相关活动与接引升天图联系起来，共同表现墓主灵魂升天的过程。河南登封唐庄二号墓的天顶部分绘六幅升天图，其中西北壁表现墓主夫妇立于云上，双手合拢；南壁、东北壁与东南壁上皆绘两名僧人立于云间，身着袈裟，双手击钹或执螺，作奏乐状（图 5.49）；西南壁、北壁上方则画两名头戴莲花冠、身穿道袍的仙人，双手执笏板或手持莲枝。从装束与场景来看，接引人物佛道混杂，其中僧人手持钹螺，既与丧仪作法有关，又成为表现死后接引过程的重要象征符号。然而，不论它们作为丧葬仪式的体现，还是对死后世界的想象，其用意显然都是企盼逝者免罪往生、顺利升天。

山西长治南垂村金墓则展示了一个更加复杂的云桥引渡场景，包含了上述所有的图像元素：持幡天人、云中拱桥、作乐僧人、捧物仙女。该墓南壁的墓门上部画

---

① ［宋］俞文豹：《吹剑录外集》，景印文渊阁四库全书，第 865 册，第 499 页。

图 5.50　山西长治东郊南垂村金墓南壁上部壁画（采自
　　　　《中国出土壁画全集·2·山西卷》，第 141
　　　　页，图 134）

图 5.51　山西长治东郊南垂村金墓北壁上部壁画（采自
　　　　《中国出土壁画全集·2·山西卷》，第 142
　　　　页，图 135）

一座装饰精美的桥梁，祥云缭绕，桥上人物通行，桥下江水翻腾，有人在水中挣扎。桥左侧的前部为众僧尼，手持铙钹；桥中部画仙人持幡或持物，正中为墓主夫妇二人，双手合十于胸前，身后跟随手持华盖及捧物的女仙，整个场景声势浩大（图 5.50）。而在墓室北壁上方相同的位置绘有墓主人夫妇像，上有帷幔，下设一桌二椅，夫妇相对而坐，身旁各立一侍者（图 5.51）①。不同于其他的墓主画像，该图下方绘云头纹，似乎表现了祥云环绕的景象。如果我们联系这两个画面，可以将其大致解读为墓主夫妇在僧尼作法的带领下，跟随着手持灵幡的接引仙人，通过云桥，最终去往美好、祥和的神仙世界。

　　宋金墓葬内表现接引升天的图像中，时常包含与佛教文化相关的因素。首先，带有头光的佛、菩萨皆为佛教中的神明。其次，接引天人多作僧人装扮，他们手持的引魂幡、莲枝、铙钹、法螺也都具有佛教意涵。另外，僧尼作法的场景也属于佛教威仪，又与往生观念紧密相关，是丧葬仪式、冥世信仰的双重视觉表达。从这些

---

① 该墓的图像材料，可见徐光冀等主编：《中国出土壁画全集·2·山西卷》，第 141、142 页。

因素来看，佛教对于该时期墓葬装饰以及死后观念的影响是不容忽视的。冉万里提出，唐末五代以后佛教的地狱观念被人们广泛接受，墓葬中出现佛教因素正是为了使亡者免遭地狱之苦，往生净土世界①。李清泉进一步提出往生佛国世界不仅是墓葬中佛教因素的内在原因，也成为常见的图像题材，这些题材之间还显示出内在的"系统性关联"②。

山东安丘雷家清河村出土的绍圣三年（1096 年）石棺提供了一例期盼亡者早升天界的力证，并在题记中写明其崇佛的经历。该棺由巨石雕凿，整体呈殿堂式，南壁明间上部的位置雕刻两位立于云上的老者，右下方表现五人，前三人跪拜，后两人站立仰视。在画面的左下方刻有榜题"此是儿女忽见父母尊灵乘云而去瞻仰礼敬之处"，正是对图像的解释。同时，在石棺南壁东次间上部的题记中写到：

> 先考讳琏，少年崇释，常持慈悲，抄讼（颂）金经，莫知其数，年五十有七而终身矣。先妣史氏，生子五人，长男荣，次男温，三男琼，四男增寿仁，遂于住宅西建立万佛堂一所，永为供养。男五郎早亡，女大娘适事朱真。慈母在日，尚修功德，特舍财镌石像佛九尊，迎□于李仕镇东西二僧院，并只漆村僧院安置，讫请僧转妙法莲花经一藏，所修功德，不可量述。洎年八十有三，令荣造棺，命工于山选石为室。至来岁正月末旬八日，忽大限至，而乃亟焉，敛葬于内，以为棺椁。荣尚难报劬劳之苦，酬□养育之恩，心中思之何日忘□，聊录此功德，伏愿尊灵早上天界。题于棺之侧永记之。
>
> 大宋绍圣三年六月二十八日胡荣等建③

石棺主人胡氏夫妇不仅崇佛，还曾舍财造像修功德。这段文字说明了当时社会丧葬观念的佛教化程度，并影响到了墓葬的设计与内容。

需要注意的是，宋金时期墓葬中的佛教因素虽然十分显著，我们能否可以由此推断，墓主所前往的世界正是佛国净土？在很多情况下，答案似乎是否定的。换言

---

① 冉万里：《宋代丧葬习俗中佛教因素的考古学观察》，《考古与文物》2009 年第 4 期。
② 李清泉：《佛教改变了什么——来自五代宋辽金墓葬美术的观察》，第 265 页。
③ 郑岩、贾德民：《北宋画像石棺述要》，山东省安丘市文史资料委员会编《安丘文史资料》第 9 辑，1993 年，第 101～107 转 197 页。

之，仅仅通过与佛教活动或佛教艺术有关的符号、元素，来判断墓葬的宗教属性以及墓主的最终归处过于简单、片面，可能会忽略墓葬内容所展现出的复杂性。宗教的影响是墓葬中特定图案、图示组合出现的重要原因，但在逐渐融入墓葬艺术的过程中，图像未必携带其原有的内涵，而是发展出了世俗的、丧葬的新语境。

二　神仙世界

上述图像组合无疑描绘了天上云间的场景。若我们继续追问：墓主在菩萨、仙人的接引下究竟前往何地？画中的天界所指为何？宋金时期的墓葬与文献材料仍可为此提供进一步的信息。

不少墓葬装饰中都出现了与佛教天宫有关的场景。河南新密平陌宋墓中在天顶的部分不仅描绘了云桥引渡和天宫楼阁，还在另一侧画出"四（泗）洲（州）大圣度翁婆"的图像，表现泗州大圣接引、超度亡故墓主，二人将前往祥云缭绕的天宫。泗州大圣即僧伽和尚，僧伽的信仰在唐宋时期普遍流行，其形象具有超度亡者脱离地狱的能力，也因此被纳入到墓葬艺术之中。不少学者基于此图，将此处天宫判定为西方净土世界，认为墓顶图像是往生净土观念的体现[1]。当然，从泗州大圣和天宫楼阁的组合来看，佛国净土确实为亡者提供了一种可能。河南新密下河庄宋墓展现出一个更为明确的佛国世界。在该墓的斗拱以上绘八幅壁画，东北壁已脱落，其余场景皆与僧人的活动有关。尤其是北壁部分，当中画一佛，结跏趺坐于束腰台座之上，背后有佛光。其右侧站一老僧。左侧绘两人，前一僧，身穿白色僧袍；后一人头戴黑色瓢帽，双手合十于胸前，似是墓主形象。墓顶上方的其他图像虽难以辨别，但北壁画面显然试图表现亡者灵魂进入净土天堂的情景（图5.52）[2]。

墓中的某些题记也直接将墓室视为净土。例如，湖北唐镇张家湾宋墓四壁绘莲花、牡丹、竹、菊等花草，西壁上砌一小龛，龛上写有"安养国"的墨书题记，正是

① 庄程恒：《庆堂与净土——晋南金墓中的婴戏图像及其双重信仰》，《美术学报》2014 年第 4 期；李清泉：《佛教改变了什么——来自五代宋辽金墓葬美术的观察》，第 265 页。

② 郑州市文物考古研究所编：《郑州宋金壁画墓》，第 41~54 页。

西方净土世界的别称，而各壁上的
香花遍布，又表现了世俗民众所理
解的净土意象①。另外，在甘肃临
夏金代砖雕墓（1175 年）出土的
王吉地券明确指出了往生净土的
祈愿：

　　　维大金河州廊下寺□家店

　　居住王吉于二月二十日殁故，

　　自辨（办）净财修砖堂一所。

卜宅兆四月二十二日迁葬，东至青龙，西至白虎，南至朱雀，北至玄武，见从
者寿命延长，亡过者早达西天之路。乙未大定十五年四月□日进义校尉王吉。②

　　地券点明了丧家企盼墓主王吉早达西天的美好愿望。往生佛国世界确实成了宋
金时期世俗民众追求的目标，该观念也体现在了墓室的营建中。李清泉、庄程恒在
对五代宋金墓葬美术的考察中，都指出佛教对于该时段墓葬的影响、渗透具有一定
的系统性，墓室装饰开始趋向佛教天国化③。这一趋势无疑是明确的。然而，墓葬艺
术所包含的宗教内容往往是多元的、混杂的，图像题材是该时期理想生活的体现、
也是多种宗教观念的融合。

　　在不同的案例中，墓主的终极去处也可能指代了道教的仙境。例如，在山西长
子南沟金墓中，墓顶部分表现祥云缭绕的仙境，东、西两壁画出日月，点缀星辰，
并勾勒出大朵卷云，南壁绘出一条红龙，身下为各色卷云。北壁顶部画三只红色凤
凰腾空而起，一名仙人在前导引，其后为三人，前二人为仙官，头戴通天冠，双
手拢于袖内，后一人着圆领白袍，戴朝天幞头（图 5.53），疑为升入天宫的墓主
人④。从仙人的装束和整体的场景来看，导引者更接近于道教的天官形象。四川彭山

①　李元魁、毛在善：《随县唐镇发现带壁画宋墓及东汉石室墓》，《文物》1960 年第 1 期。

②　临夏回族自治州博物馆：《甘肃临夏金代砖雕墓》，《文物》1994 年第 12 期。

③　李清泉：《佛教改变了什么——来自五代宋辽金墓葬美术的观察》，第 242～279 页；庄程恒：《庆堂与
　　净土——晋南金墓中的婴戏图像及其双重信仰》，《美术学报》2014 年第 4 期。

④　山西省考古研究所等：《山西长子南沟金代壁画墓发掘简报》，《文物》2017 年第 12 期。

图 5.53　山西长子南沟金墓北侧天顶局部（采
自《文物》2017 年第 12 期，封面）

图 5.54　四川彭山虞公著墓东室北壁线描图
（采自《考古学报》1985 年第 3 期，
第 389 页，图 7）

地区发现的南宋虞公著夫妇墓（1226年）中直接表现出蓬莱仙境的主题。该墓为石室墓，两室并列，均呈长方形。西室后壁的壁龛内浮雕仙鹤飞翔、仙鹿奔跑的山间景致，崇山峻岭中有亭阁建筑。东室后壁的壁龛内刻画相似的场景，图下部波涛翻滚，上部仙山耸立，山下小径迂回，山间刻空亭，山顶林中筑一洞室，室门顶上铭刻"蓬莱"二字。山麓栖息一仙鹤，山下一长者正在登山（图 5.54）[1]。整幅画面勾勒出仙山胜景，而榜题更是明确指出仙山为蓬莱之境，两室后壁似乎通过图像与文字共同为墓主创造出了众仙林立、紫宫琼阁的海上仙山。

　　另外，亡者还有可能前往洞天福地。在古代中国的信仰中，"洞天"往往指代道教仙人的洞府，通常被想象为洞窟之中的仙境[2]。魏晋南北朝以来，经过道教与民间信仰的互相影响、融合，许多名山也被包括进洞府仙境之中，例如十大洞天、三十六小洞

---

① 四川省文物管理委员会等：《南宋虞公著夫妇合葬墓》，《考古学报》1985 年第 3 期。

② 傅飞岚（Franciscus Verellen）曾分析公元四到十世纪有关"洞天"的定义和观念，并讨论洞天在道教思想中的发展，参见：Franciscus Verellen, "The Beyond Within: Grotto-heavens in Taoist Ritual and Cosmoogy," *Cahiers d'Extreme-Asie*, vol. 8, 1995, pp. 265-290.

天之说在民间影响深远①。民间也以洞天泛指仙人居所，由于仙人常居住在洞府之中，仙人又称洞仙。《云笈七签》中收录一本仙人传记名为《洞仙传》，体现出仙人与洞府之间的紧密关联②。宋辽金时期的墓葬装饰和内容也体现出洞天的观念。例如，河北宣化辽墓内壁上多饰有云气、水草和仙鹤，结合其中一座辽墓中的仙人弈棋题材，一些学者将墓室装饰解读为洞天的意象，提出它们象征了墓主本人得道升仙的愿望③。

　　山西永和出土的一座金代石棺为理解墓葬与道教仙境的关联提供了另一种线索。石棺前挡刻有墓志，可知墓主冯荣于金大安三年（1211 年）入葬。整个石棺分部雕造，榫卯扣合。棺身两侧刻画吉祥花鸟，前挡除墓志外，正中表现假门。非常有趣的是，门户当中刻一葫芦形空隙（图 5.55）④。这一特殊形状的空隙颇具意味，似乎提示着门背后通向的空间。石泰安曾讨论过中国艺术中葫芦的主题与道教之间的关联。"壶天"一词意味着葫芦中的仙境，也指代了狭义上的道教仙界或是广义上的神仙世界⑤。例如，费长房的故事在民间广为流传，描述了他如何在仙

图 5.55　山西永和冯荣石棺前挡装饰（采自《文物》1989 年第 5 期，第 92 页，图 4）

---

① ［宋］张君房：《云笈七签》卷二七《十大洞天》、《三十六小洞天》，第 608 ~ 618 页；［宋］陈元靓等编：《新编纂图增类群书类要事林广记》前集卷六《仙境类》，续修四库全书，上海：上海古籍出版社，2002 年，第 1218 册，第 259 - 260 页。

② ［宋］张君房：《云笈七签》卷一一〇、卷一一一《洞仙传》，第 2387 ~ 2427 页。另外，宋李昉等人编撰的《太平广记》卷一至卷七十中记载了宋以前的好道之士于山中寻找或遇见洞天的故事。洞天内有宫殿、楼阁、仙人居所，人们可以通过特殊的方式到达该地。

③ 李清泉在其对辽墓图像的研究中，探讨了洞仙信仰及其在墓葬中的表现，见李清泉：《宣化辽墓：墓葬艺术与辽代社会》，第 200 ~ 230 页。

④ 解希恭、阎金铸：《山西永和县出土金大安三年石棺》，《文物》1989 年第 5 期。

⑤ Rolf Stein, *The World in Miniature: Container Gardens and Dwellings in Far Eastern Religious Thought*, pp. 54 - 55.

人葫芦中游历，后习得方术，流露出葫中仙境的想象。道家视壶天为小宇宙，认为壶中别有天地。壶天的角度有助于我们理解冯荣石棺上的装饰，假门中的葫芦形空隙或许可将整个石棺转化为壶中天地，石棺主人通过这样的方式能够前往门背后的神仙世界①。

　　宋金时期的墓葬材料展现出不同的宗教面向，与佛国净土或道教仙境之间产生了内涵上的关联。面对上述的考古遗存，我更倾向于认为，在许多情况下，墓中的天界或仙境往往指代了一种广义上的神仙世界。甘肃镇原宋墓（1123 年）直接表明了世俗民众对于墓中天界的理解方式。据出土的墓志砖所述，白氏兄弟二人同心竭力为其父修建"极乐之宫""蓬莱之洞"②。极乐之宫指代佛教净土的极乐世界，而蓬莱之洞又与道教仙境有关，二者皆为天人所居。白氏兄弟通过将墓葬命名为这两处仙境，正是希望其父可以在死后早登极乐世界、游访神仙洞府。此处佛道观念的杂糅显而易见。

　　此外，带有道教与民间信仰色彩的八仙，也出现在晋南地区的金墓之中。侯马董氏墓以及该地区发现的另一座金墓都在墓顶的藻井位置砌八仙砖雕，八位神仙的身份基本可以确认，人物组合也大体一致③。八仙故事始于唐宋，而其组合发展于宋金时期，此后在民间流传甚广④。八仙形象在墓顶上的出现更像是一种笼统的神仙群体，暗含着世俗

图 5.56　河南嵩县北元村宋墓墓顶装饰
　　　　图案（采自《中原文物》1987
　　　　年第 3 期，第 38 页，图 3）

①　洪知希也注意到了该条材料并提出石棺上的葫芦形门是墓主转化成仙的视觉表现，与宋代道教思想相关。参见：Jeehee Hong, *Theater of the Dead: A Social Turn in Chinese Funerary Art*, pp. 119–124.

②　许俊臣：《甘肃镇原县出土北宋浮雕画砖》，《考古与文物》1983 年第 6 期。

③　山西省文管会侯马工作站：《侯马金代董氏墓介绍》，《文物》1959 年第 6 期；山西省考古研究所侯马工作站：《侯马 65H4M102 金墓》，《文物季刊》1997 年第 4 期。

④　有关八仙出现、流传及影响的研究成果丰硕，重要研究见浦江清：《八仙考》，《清华学报》第 11 卷第 1 期，1936 年；山曼：《八仙：传说与信仰》：北京：学苑出版社，2003 年；王汉民：《八仙与中国文化》，北京：中国社会科学出版社，2000 年；王汉民：《八仙形象的形成与发展》，《民族艺术》2000 年第 3 期；尹蓉：《八仙的组合及其文化内涵》，《民族艺术》2005 年第 1 期。

民众的多元崇拜。

在这样的背景之下，河南巩义的北宋元德李后陵、新密平陌宋墓、登封黑山沟宋墓墓顶所绘的仙云缭绕的天宫楼阁可能并没有具体、明确的宗教指涉，更像是一个广义的、理想化的神仙居所①。朱门玉宇的云中宫殿符合了宋金时期人们对于仙境的想象，飞升此处也就进入了净土、蓬莱或是洞天福地。

神仙世界与墓葬之间的内在关联还进一步影响了墓内的各种装饰图案。正如李清泉提出的，墓葬装饰自五代以来从模仿自然的天空向宗教观念性的天界演变②。许多仿木构砖室墓在内壁与藻井之间的天顶部分描绘祥云、仙鹤、花草等③。飞天、火焰纹宝珠、莲花化生等图案也出现在墓室的各个角落。尤其是受到佛教石窟、建筑中藻井的影响，莲花图案也开始大量进入丧葬环境。许多宋金装饰墓的墓顶或绘有覆莲图案，或砌有莲花形藻井。河南嵩县北元村宋墓墓顶正中描绘了红色的覆莲图案（图5.56），外围则表现了苍穹之上的仙鹤飞翔、祥云缭绕，最外一层画八枝折枝牡丹④。上述种种装饰作为符号化的表达，最初虽带有宗教内涵，但已经随着宗教世俗化的进程而不断弱化，着意于将整个墓室塑造得犹如仙境，一片祥和美好。换言之，如此装饰的天界虽源自不同宗教的影响，但更多的只是利用了相关的视觉语汇，保持了丧葬艺术本身的独立发展。

三　多重愿望

从考古材料来看，墓葬很早以来就被理解为亡者死后的归处。人死之后魂归墓穴，所葬之处不仅为墓主提供了活动的场所，也在一定程度上限制了其界域。"生死

① 扬之水虽然通过平陌宋墓中"四（泗）洲大圣度翁婆"的图像和题记将北壁上方的天宫楼阁确定为西方净土，但她同时提出宫殿楼阁在两宋时期为通行的图示，可以根据不同的需要而赋予不同的名称和意义，也作为具有世俗意义的神仙题材。见扬之水：《造型与纹样的发生、传播和演变》，扬之水著《奢华之色——宋元明金银器研究》，第二卷，北京：中华书局，2011年，第237～257页。

② 李清泉：《佛教改变了什么——来自五代宋辽金墓葬美术的观察》，第260页。

③ 郑以墨提出，墓顶的仙鹤祥云的组合与死者尸解成仙，白云从堂户出、仙鹤绕坛而上的情形一致，复合唐五代以来世人心目中的仙境面貌。见郑以墨：《内与外 虚与实——五代、宋墓葬中仿木建筑的空间表达》，《故宫博物院院刊》2009年第6期。

④ 洛阳市第二文物工作队：《嵩县北元村宋代壁画墓》，《中原文物》1987年第3期。

陌路""幽明理殊"的观念体现在中古以来的墓葬文书之中。例如，河南登封黑山沟宋墓出土的李守贵买地券中明确写到：

> 愿此黄天父后土母社稷主边买得墓田壹所，周流壹顷，用钱玖万玖千玖百玖十玖贯文。其地左至青龙，右至白虎，前至朱雀，后至玄武，上至仓天，下至黄泉，陆至分明，各有去处……①

成书于金元时期的《大汉原陵秘葬经》属于堪舆类文书，其中提到了有关亡者的去处。例如，《建旒旐法篇》中写到："亡人乐于泉台，生人安于列碧也。"② 《辨烟神曲路篇》则云：

> 凡亡灵杳杳冥冥，不明途程，如同梦里，何知去处。亡灵不归墓域，恍惚不定，令生人不安，子孙绝灭，经因入坟不依四折。曲路者，亡灵之路径也。若四神不喜者，麒麟倒走，凤凰逆飞，章光伏剑，玉堂闭墓，故后嗣后凶……天垂菩萨引，亡者梵宫生……奠酒享先宗，陈芳祖敬恭。三曾俱引路，七考盖和同。③

《秘葬经》指出亡者应归于泉台，墓域才是逝者应去的处所。然而，冢墓实际上只是冥世的一个基本单元，时人似乎也为亡灵提供了更多的选择，比如该段文字还讲到亡者可得菩萨接引，往生佛国。其中的不同说法似乎是传统的堪舆镇墓理念与佛教往生观的融合。

唐宋的志怪传奇更是展现出死后世界的多种可能。入冥类的志怪故事为我们提供了有关冥世观的丰富信息④。需要注意的是，虽然佛教的地狱观念对入冥类叙事有重要的影响，但是与地狱相关的观念却鲜少出现在时人对墓葬的想象中，墓内表现

---

① 郑州市文物考古研究所：《郑州宋金壁画墓》，第 115～116 页。
② ［元］张景文：《大汉原陵秘葬经》，《永乐大典》卷 8199，北京：中华书局，1986 年，第 4 册，第 3827 页。
③ ［元］张景文：《大汉原陵秘葬经》，第 3826～3827 页。
④ 唐宋时期不同阶段的入冥小说具有较大差异，冥界的特征也有所变化，体现出繁复多变的信仰和观念。相关讨论见邵颖涛：《冥界与唐代叙事文学研究》，南开大学博士学位论文，2010 年；张玉莲：《古小说中的墓葬叙事研究》，北京：人民出版社，2013 年。

的场景绝非阴森恐怖的地府，而是体现出更加民间化、世俗化的特征。一些以"地仙"模式来理解冥世的志怪小说似乎与墓葬中的内容更为吻合。例如，《太平广记》卷六十九的《张云容》讲述了薛昭在发配途中，受申元天师指引，进入一个实为坟茔的宫殿之中，得遇三位美姝的经历。在与三位仙女一般的亡者唱和的过程中，薛昭感叹冢墓好似不死之境：

> 误入宫垣漏网人，月华静洗玉阶尘。自疑飞到蓬莱顶，琼艳三枝半夜春。[①]

三姝中的张云容曾被申元天师传授过迁为"地仙"的秘诀，遇薛昭之后，交精之气而再生，而后与薛生双双脱离坟墓。这个故事不仅将墓比拟为蓬莱之境，还提到了幽冥世界之中地仙的奇妙之处。

例如，《崔炜传》就通过描写崔炜的奇遇，讲述崔氏无意中进入南越王古墓，不仅发现该墓犹如神仙洞府一般，另外还被告知墓主南越王并未常居墓中，而是时常游访仙界琼楼[②]。该故事透露出墓葬空间与神仙世界之间的模糊界限[③]。虽然墓葬被视为亡者在死后世界中的居所，然而他们并不会仅仅停留在其中，墓葬绝非死后旅程的终点[④]。

《夷坚志》甲志卷十五《毛氏父祖》也记录了时人有关死后世界的想象：

> ［毛璇］晨起，见亡祖父母、父母四人列坐厅上，衣冠容貌，不殊生人。璇惊拜问曰："去世已久，安得至此？"皆不答，惟父曰："见汝无好情况。"因仰视屋太息曰："汝前程尚远，可宽心。"璇问："地狱如何？"父曰："有罪始入耳。吾无罪，当受生，但资次未到。"曰："既未有所归，还只在坟墓否？"曰："不然。日间东来西去闲游，惟夜间不可说。近日汝预叶氏墦间祭，我亦在彼。"指门外五通神曰："神力甚大，闲野之鬼不可入。"又指所事真武曰："谨事之，

---

① ［宋］李昉等：《太平广记》卷六十九，第430页。

② ［宋］李昉等：《太平广记》卷三十四，第217～218页。

③ 有关死亡与升仙的研究，见沈宗宪：《宋代民间的幽冥世界观》，第5～27页。

④ 罗森也曾根据唐宋时期的考古和文献材料提出，死者可居于墓中，也可前往神仙世界。参见：Jessica Rawson, "Changes in the Representations of Life and the Afterlife as Illustrated by the Contents of Tombs of the Tang and Sung Periods," in Maxwell Hearn and Judith Smith eds. , *Arts of the Sung and Yuan*, New York：The Metropolitan Museum of Art, 1996, p. 23.

死后不入狱，便诣北斗下为弟子。"①

这段有趣的文字为我们勾勒出了死后生活的具体场景。毛璇与其亡父的对话涉及有关人死之后的若干问题，提供了混杂多种信仰和观念的答案。首先，该故事不仅提到了佛教中的地狱与重生，同时也涉及道教的真武神，以及民间信仰中的五通神。毛璇与其父都没有根据神祇原本的宗教属性对其进行划分。其次，据该段文字所述，死者通常会停留在墓中，但也会时而闲游。当后人进行墓祭时，死者会在坟间接受供奉。他们可以回到生人的世界，也会预测后人的命运或为其提供帮助。另外，死者或许有机会成为真武大帝座下弟子，也暗示着他们可能在死后升仙。

虽然堪舆文书、志怪文学所记载的内容并不完全等同于墓葬资料呈现出的景象，但我们可以从上述文献中找到若干条信息支持宋金时期的墓葬材料。例如，死者去往墓葬之外世界的观念可以由墓壁上的假门或半启门的图像所证实；而孝子图和墓中的净土、仙境题材也与死后受菩萨接引或成为真武弟子的愿望大体相符。这些文献流露出当时流行的丧葬观念及礼俗，有助于我们了解世俗民众的宗教信仰与实践②。

《毛氏父祖》中的信息还进一步提供了生者如何安葬亡者、祭祀先人、信奉道教神祇、兼信佛教的具体意见。当丧家在为实际的葬礼准备时，一个关键的因素就是为亡者提供死后的幸福家园以及尽可能多种的选择。正是因为如此，我们常在古代中国的墓葬中看到许多不同的观念与形式交织在一起，共同作用。在丧葬的语境中，实践层面往往优先于观念。换言之，个人所信奉的宗教有时并不重要，重要的是如何正确地提供并实施相关的丧葬礼俗。

另外，这类文献对于墓葬和亡者的叙述似乎都在有意地模糊化，它们并没有清楚地说明人死之后会停留在何处或者去往何方。如果死者魂归墓域，那么为何还要设置种种的接引与超度。又若亡魂无罪可以脱离地狱并获得重生的话，那么为何还要提到死后成为真武大帝座下弟子的可能？与此同时，如果死者可以重生的话，那

---

① ［宋］洪迈：《夷坚志》甲志卷十五《毛氏父祖》，第 134～135 页。

② 廖咸惠讨论了士庶阶层在对待死亡、冥世等丧葬观念、实践上的差异性，见 Liao Hsien-huei, "Visualizing the Afterlife: The Song Elite's Obsession with Death, the Underworld, and Salvation," 第 399～440 页。

么他们如何继续作为祖先存在，回应后人的供奉与祈求。上述文字仅是涉及冥世故事的冰山一角，但它们显示出唐宋时期流行观念、葬俗的一个重要特征：有意地模糊、调和不同的信仰，即便整体叙事在逻辑上存在问题，也并不影响多元崇拜。这也提出了一个问题：我们是否需要寻求有关死后世界的理性框架？

巫鸿在《黄泉下的美术》中指出了墓葬艺术中的根本矛盾：图像题材虽然丰富多样，但这些主题之间缺乏内在的逻辑联系，在组合的过程中往往形成了一个"多中心"的结构。多元中心的墓葬可以为死者构建若干可供选择的想象界域，包括地下家园、礼仪空间与神仙世界。这些界域之间的关系并不清楚，我们也很难确定亡者最终前往何处。墓葬内容表达出的多重愿望似乎并未困扰墓葬的建造者。他们将不同观念、信仰汇合到一个语境中，融汇的目的不是为了在墓葬中建立对于冥世的系统性阐释，而是为了尽可能完善地供奉、导引亡者。与此同时，这些答案也并非无所不包，它们缺失了与可怕的幽冥世界或是地狱有关的内容①，选择展现理想化的死后生活，比如家宅宴饮、奉养祭祀、接引升天，从而表达人们对死后安宁和幸福的渴求。

波伊尔（Pascal Boyer）在其专著中讨论了各个文化中宗教存在的不一致性。他指出，在理解神灵、祖先等超自然存在时，没有必要寻求一种广泛意义的、在理论上具有连贯性的表达②。蒲慕州也讨论了中国宗教信仰之中的理性架构，提出有关一己之私的宗教并非有组织的、始终如一的教义，而是不同信仰和崇拜的融合，因此会有各种实践可供人们去选择③。事实上，相异的信仰和实践可见于不同的地区或社会群体，也总是并存于中国的丧葬礼俗之中。这种复杂性既可归结于丧葬传统的不同来源，同时也是儒、释、道与民间信仰合流，并渗透到丧葬系统的结果④。我们或许可以将丧葬礼俗及信仰视为一种绳索式的结合，虽然它们由不同股的线索组成，

---

① ［美］巫鸿：《黄泉下的美术：宏观中国古代墓葬》，第 31 页。

② Pascal Boyer, *Religion Explained: The Human Instincts that Fashion Gods, Spirits and Ancestors*, London: Vintage Books, 2002, pp. 156 – 161.

③ 蒲慕州：《追寻一己之福：中国古代的信仰世界》，上海：上海古籍出版社，2007 年，第 5、6 页。

④ 葛兆光分析了死后世界的不同类型及其背后所隐藏的不同阶层宗教观念的差异与变化。见葛兆光：《死后世界——中国古代宗教与文学的一个共同主题》，《扬州师院学报（社会科学版）》1994 年第 3 期。

但由一股向心力将所有的线索编结在一起。换言之，这种实践可能是儒释道等多种信仰的融合，但绝非一种简单的折衷。它们之所以被组合起来是为了完成一个共同的目标：即满足死者的需求，同时确保生人的利益。

　　在这样的情况之下，正如郝瑞（Stevan Harrell）在分析现代台湾民间信仰时提出的观点：一方面，人们在形成个人的信仰和实践时，很可能是相对自由的，虽然他们会受到社会习俗、流行观念的影响；另一方面，大多数人并非理论家或哲学家，因此也不会形成一个完整、连贯的信仰体系①。实际上，他们很少考虑所信奉观念的逻辑性，而更多地关注实践的功能和效果。如果宋金时期的民众相信孝行可感通神灵、辅助死者升天，许多人就会在墓中绘制孝子图像，即使他们不确定这种愿望是否可以真正实现。同样，也不是所有在墓中表现升天场景的丧家或工匠都坚信墓主一定会抵达西天净土或蓬莱仙山，但是他们还是认为这样的葬俗或墓葬营建值得实施，会为整个家族带来福祉。这种对于信仰实用性的考量与死后世界观之间紧密相关，也使得宋金墓葬中所提供的多种可能性之间并不矛盾②，而是共同辅助墓主超越死亡。墓葬通过建筑空间与图像题材将对死后世界的种种想象展现出来。同时，正是由于图像与空间中蕴含的信仰与观念，墓葬呈现的内容才可以被时人所理解。

---

① 郝瑞指出当代台湾人在面对宗教信仰时，宗教的实用性和灵验性要远远比其体系的逻辑完整性更为重要。Stevan Harrell, "When a Ghost Becomes a God," in Arthur Wolf ed., *Religion and Ritual in Chinese Society*, Stanford: Stanford University Press, 1974, pp. 203 – 204.

② 沈雪曼曾讨论过辽代墓葬中各种传统的融合，指出当时的人们似乎并不关心不同宗教体系之间的差异，事实上，不同的信仰在墓葬中起到了"双重保险"的作用，帮助墓主超越死亡。参见：Hsueh-man Shen, "Body Matters: Manikins Burials in the Liao Tombs of Xuanhua, Hebei Province," *Artibus Asiae*, vol. 65, 2005, pp. 110 – 112.

结语　墓葬：礼俗与信仰的视觉空间

安史之乱以来，有关丧葬的观念习俗与礼仪制度虽未被彻底破坏，但丧葬礼俗的表现形式却发生了重大变革，具体反映为丧葬重心的转移，丧葬观念不断趋于大众化、世俗化①。这正是中原北方地区仿木构砖室墓出现与流行的长时段的历史背景。本书对于宋金时期的装饰墓进行了综合讨论，研究涵盖丧葬艺术的不同层面：既考察了墓主人所属的社会群体，也分析了墓葬营建的工艺、流程，同时又探讨了墓内图像题材及主要组合、每类题材的内涵和意义，进而发展到对整个墓室空间的解读，以及对相关信仰的理解。

这批墓葬艺术资料相当重要，它们向人们揭示了"经典"与"精英"之外的社会生活和习俗信仰，激发出文献史料无法获得的历史观念。宋金时期的装饰墓为富庶的平民所有，墓内的装饰经过整体的规划，图像之间存在特定的关系，画面的位置、形式体现出其功能与含义。我们通过关注图像与空间、墓葬与墓主之间的联系，可以获知墓葬设计中隐含的逻辑。墓中图像并非只是简单地模仿或再现墓主夫妇的日常生活，抑或仅仅为墓主人提供一处死后的居所。墓葬内容既包含特定群体对于理想的家庭生活与社会关系的设定，还与当时当地的丧葬礼俗紧密相关，意图为亡

---

① 齐东方：《唐代的丧葬观念习俗与礼仪制度》，《考古学报》2006 年第 1 期。

者提供祭祀、供奉的礼仪环境。与此同时，孝子、半启门、仙人接引等场景进一步表明，墓主在死后的世界中还存在往生净土、飞升仙境等多种选择。通过这种"多中心"结构的设计理念，墓葬成为了一个融合世俗生活、社会结构、丧葬礼俗和死后世界观等内容的有机组合，不仅呈现为地下的实体空间，更是塑造出一个专属墓主的想象空间。

宋金时期的装饰墓以其丰富的内涵，向我们展现出中原北方地区的社会与文化。由个体墓葬所暗含的叙事与社会群体的视角同样相关。这些墓葬不仅成为了富民阶层社会身份的自我表达，也是礼俗互动的体现。此处的"礼"与"俗"并非是对社会文化简单地二元划分，而是讨论不同因素之间影响与平衡的切入点。二者既包括礼仪与风俗、精英与大众、制度与实践，也涉及唐宋之际丧葬文化的整体变革，另外还关系到该时期宗教艺术与墓葬美术之间的互动。我们通过对宋金时期装饰墓的研究，可以尝试在空间中理解时间[1]，不仅去了解墓葬构建出的物理与想象空间，更重要的是去探寻特定区域内人的关系及活动。历史情境中各种群体观念、习俗的交织，隐含在艺术现象背后，通过视觉的形式展现在我们眼前。礼与俗的融汇，也使得丧葬艺术充满了变化与活力，成为了维护文化与社会秩序的重要力量[2]。

然而，我们必须要承认，宋金时期的墓葬美术在某些层面上又并不是特殊的。中国古代各个时期乃至不同文明中的墓葬都包含了丰富的信息，是具有文化性、社会性、思想性的重要史料。墓中的壁画、雕塑、器物以及建筑在形式和功能上形成了独立的艺术传统，并不断向研究者提出有关过去的新问题、新视角。历史研究需要审视与死亡交叉的目光，从死亡出发，"回顾迎接死亡的集体态度"。换言之，死亡也是对社会的反映。考古发现与物质遗存以相当准确但却复杂的方式展示了特定群体面对生与死的态度[3]。

本书所集中考察的墓葬艺术空间也是如此，它们充满了多样、复杂的社会历史

---

① 赵世瑜：《在空间中理解时间：从区域社会史到历史人类学》，北京：北京大学出版社，2018 年，第 10～14 页。

② 王明珂：《慎终追远——历代的丧礼》，姜义华等编《港台及海外学者论中国文化》，上海：上海人民出版社，1988 年，第 569～605 页。

③ ［法］米歇尔·沃维尔著，高凌瀚等译：《死亡文化史：用插图诠释 1300 年以来死亡文化的历史》，北京：中国人民大学出版社，2004 年，第 1～19 页。

信息，也具有与死亡或明确或隐秘的联系，不仅为墓主构建出了一个理想化的死后世界，同时积极地形塑了该时期有关冥世的观念和信仰。正如蒲慕州所提出的观点：

> 墓室壁画不仅是对生前实际生活的描述，更是具有实质意义的一种随葬品。这种现象，被解释为古代人思维中对于文字、图像所具有的魔力的相信。凡是可说出、写出、绘出的事物，在一定的宗教仪式的转化下，即成为真实存在于此世或另一世界中的事物。①

在解读墓葬文化性、社会性与思想性的过程中，我们的研究主要依赖于视觉上的线索。这些线索帮助我们理解图像如何透露出制作者的意图，进而反映出该时期的社会文化与宗教观念。寻找意义的脉络一直以来都是图像研究的重要方法。这个方法相当有效。通过解读视觉上的线索，本书揭示出宋金墓葬艺术的根本特征，即"多重性"。一方面，不论是单个的题材，还是图示的组合，都可能具有多元的寓意，并在地下空间中起到多重的功用。另一方面，图案、场景之所以可以被纳入丧葬的语境，也是多种影响与因素作用的结果。更重要的是，墓葬本身具有多中心的结构，也为墓主和丧家提供了不同的愿望与可能。与此同时，这一特性也为我们解读墓内的图像场景增加了难度。

然而，上述方法也必然有其限度。近年来，视觉文化和艺术史研究就图像提出的主导问题都集中于阐释性的解读。图像被作为符号和象征进行讨论，也被当作创作者欲望的表达。在这样的趋势下，米歇尔提出"图像何求"的追问，希望通过倡导不同的范式，使图像意义和权力研究显得不同②。面对本书所处理的宋金墓葬材料，阐释性的方法也存在问题。图像与空间的构成固然有其整体性，但实际上，也许并不存在对于墓葬材料全面的解释。我们是否可以找出完整的图像程序与根本的设计逻辑？如何能证明不同的题材必然同构一个图像体系，而这样的理解不是出自研究者所做的拼凑和重构？当有些材料无法符合逻辑时，会被搁置一边，这样暂时保证了研究方法的有效，但同时也就表明了该方法的有限。正如邢义田在探讨汉墓

---

① 蒲慕州：《墓葬与生死：中国古代宗教之省思》，第201~205页。

② ［美］W. J. T. 米歇尔著，陈永国等译：《图像何求：形象的生命与爱》，北京：北京大学出版社，2018年，第29~59页。

画像时提出的质疑，我们无法排除任何其他意义的存在，也不能排除在不同的时期和不同的地区，当时的人们可以有着更加单纯或更为丰富的想象和解释①。

这种对于图像意义的解读，一方面受困于现代研究者对于宋金时期丧葬礼俗的有限了解，即现在与过去之间的距离；另一方面，该时期的死后观念与相关实践也具有相当的复杂性，墓葬既无法表达出一整套思想体系，同时，墓葬与传世的文献之间也具有一定的差异。当我们努力将文献的片段与不同时期、地区的墓葬遗存拼凑起来时，其中的问题和矛盾可想而知。然而，这并非说明我们对墓葬艺术的解读、对不同史料的整合没有必要，恰恰相反，矛盾和分歧或许才是过去原本的面貌。如何将对历史的单一、简化的叙述改写为多样的、复杂的可能性，从已有的历史中产生新的认识，是我们需要不懈努力的方向。只有这样才能有助于我们揭开那个时代的面纱，勾勒出一幅更加立体而多元的历史图景。

---

① 寻找图像的意义脉络是行之有效的研究方法，具体讨论可见邢义田：《画为心声：画像石、画像砖与壁画》，第 391 页。

参考文献

一 古籍文献

［汉］刘向：《孝子传》，《罗湖野录及其他二种》，上海：商务印书馆，1936 年。

［魏］王弼注、［唐］孔颖达疏，卢光明等整理：《周易正义》，北京：北京大学出版社，2000 年。

［晋］陈寿：《三国志》，北京：中华书局，2007 年。

［晋］干宝：《搜神记》，北京：中华书局，1979 年。

［晋］葛洪：《抱朴子》，《重刊道藏辑要》，台北：考正出版社，1971 年。

［晋］陶潜著，逯钦立校注：《陶渊明集》，北京：中华书局，1979 年。

［北魏］杨衒之著，杨勇校笺：《洛阳伽蓝记校笺》，北京：中华书局，2006 年。

［北齐］魏收：《魏书》，北京：中华书局，1974 年。

［南朝宋］范晔：《后汉书》，北京：中华书局，1973 年。

［梁］沈约：《宋书》，北京：中华书局，1974 年。

［唐］房玄龄等：《晋书》，北京：中华书局，1997 年。

［唐］段成式：《酉阳杂俎》，北京：中华书局，1981 年。

［唐］刘道醇：《五代名画补遗》，北京：中华书局，1985 年。

［唐］孟安排：《道教义枢》，续修四库全书，上海：上海古籍出版社，1996 年。

［唐］欧阳询：《艺文类聚》，上海：上海古籍出版社，1985 年。

［唐］沈既济：《枕中记》，《文苑英华》，北京：中华书局，1966 年。

［唐］释道世：《法苑珠林》，四部丛刊，上海：商务印书馆，1921 年。

［唐］萧嵩等：《大唐开元礼》，台北：商务印书馆，1986 年。

［唐］张彦远：《历代名画记》，北京：人民美术出版社，2004 年。

［唐］郑棨：《开天传信记》，《唐五代笔记小说大观》，上海：上海古籍出版社，2000 年。

［唐］朱景玄：《唐朝名画录》，《画史丛书》，上海：上海人民美术出版社，1982 年。

［后周］王仁裕：《开元天宝遗事》，北京：中华书局，2006 年。

［宋］薛居正等：《旧五代史》，北京：中华书局，1976 年。

［宋］程颢、程颐著，王孝鱼点校：《河南程氏遗书》，《二程集》，北京：中华书局，1981 年。

［宋］程颐：《伊川文集》，上海：中华书局，1936 年。

［宋］邓椿：《画继》，北京：中华书局，1985 年。

［宋］窦仪等：《宋刑统》，北京：中华书局，1984 年。

［宋］高承：《事物纪原》，四库类书丛刊，上海：上海古籍出版社，1992 年。

［宋］郭若虚：《图画见闻志》，《画史丛书》，上海：上海人民美术出版社，1982 年。

［宋］洪迈：《夷坚志》，北京：中华书局，2006 年。

［宋］李昉等：《太平御览》，北京：中华书局，1960 年。

［宋］李昉等：《太平广记》，北京：中华书局，1961 年。

［宋］李诫：《营造法式》，北京：中国书店，2006 年。

［宋］李焘：《续资治通鉴长编》，北京：中华书局，1979 年。

［宋］林登：《续博物志》，《说郛》，上海：商务印书馆，1927 年。

［宋］孟元老著，邓之诚注：《东京梦华录注》，北京：中华书局，1982 年。

［宋］欧阳修：《归田录》，北京：中华书局，1981 年。

［宋］欧阳修：《新唐书》，北京：中华书局，1975 年。

［宋］沈括：《梦溪笔谈》，北京：中华书局，2015 年。

［宋］司马光：《书仪》，景印文渊阁四库全书，台北：商务印书馆，1983 年，第 142 册。

［宋］司马光：《家范》，景印文渊阁四库全书，第 696 册。

［宋］司马光：《涑水家仪》，景印文渊阁四库全书，第 880 册。

［宋］司马光：《司马文正公传家集》，台北：商务印书馆，1968 年。

［宋］陈祥道：《礼书》，景印文渊阁四库全书，第 130 册。

［宋］张载著，章锡琛点校：《张载集》，北京：中华书局，1978 年。

［宋］苏轼：《东坡志林》，《笔记小说大观》，扬州：江苏广陵古籍刻印社，1983 年。

［宋］苏轼：《东坡全集》，景印摛藻堂四库全书荟要，台北：世界书局，1986 年。

［宋］苏轼著，孔凡礼点校：《苏轼文集》，北京：中华书局，1986 年。

［宋］梅尧臣：《宛陵集》，景印文渊阁四库全书，第 1099 册。

［宋］王禹偁：《小畜集》，景印文渊阁四库全书，第 1086 册。

［宋］王栐：《燕翼贻谋录》，北京：中华书局，1981 年。

［宋］吴自牧：《梦梁录》，《笔记小说大观》，扬州：江苏广陵古籍刻印社，1983 年。

［宋］徐梦莘：《三朝北盟会编》，上海：上海古籍出版社，2008 年。

［宋］徐铉：《稽神录·括异志》，北京：中华书局，1996 年。

［宋］叶梦得：《避暑录话》，景印文渊阁四库全书，第 863 册。

［宋］张君房：《云笈七签》，北京：中华书局，2003 年。

［宋］朱熹：《家礼》，景印文渊阁四库全书，第 142 册。

［宋］朱熹：《晦庵集》，景印文渊阁四库全书，第 1146 册。

［宋］朱熹：《晦庵先生朱文公文集》，四部丛刊，上海：商务印书馆，1921 年。

［宋］庄绰：《鸡肋编》，北京：中华书局，1983 年。

［宋］鲍云龙：《天原发微》，文津阁四库全书，北京：商务印书馆，2005 年。

［宋］陈淳：《北溪大全集》，景印文渊阁四库全书，第 1168 册。

［宋］范成大：《吴郡志》，《宋元方志丛刊》，北京：中华书局，1990 年。

［宋］范成大：《骖鸾录》，北京：中华书局，2002 年。

［宋］赵兴沁：《仙溪志》，《宋元方志丛刊》，北京：中华书局，1990 年。

［宋］赵彦卫：《云麓漫钞》，北京：中华书局，1996 年。

［宋］周密辑：《武林旧事》，北京：中华书局，1991 年。

［宋］牟巘：《陵阳集》，景印文渊阁四库全书，第 1188 册。

［宋］俞文豹：《吹剑录外集》，景印文渊阁四库全书，第 865 册。

［宋］罗烨：《醉翁谈录》，观澜阁藏孤本宋椠，东京：玉润馆印刷所，1940 年。

［宋］陈元靓等编：《新编纂图增类群书类要事林广记》，续修四库全书，上海：上海古籍出版社，2002 年，第 1218 册。

［元］张景文：《大汉原陵秘葬经》，《永乐大典》卷 8199，北京：中华书局，1986 年。

［元］郭居敬：《全相二十四孝诗选》，明洪武年间初刊本，中国国家图书馆藏。

［元］郭居敬：《新刊全相二十四孝诗选》，明嘉靖二十五年（1546 年）刊本之手抄本，日本龙谷大学藏。

［元］脱脱等：《辽史》，北京：中华书局，1974 年。

［元］脱脱等：《宋史》，北京：中华书局，1977 年。

［元］夏文彦：《图绘宝鉴》，《画史丛书》，上海：上海人民美术出版社，1982 年。

［明］董斯张：《广博物志》，四库类书丛刊，上海：上海古籍出版社，1992 年。

［明］于慎行：《谷山笔尘》，北京：中华书局，1984 年。

《永乐大典戏文三种校注》，钱南扬校注，北京：中华书局，1979 年。

［清］陈梦雷、蒋廷锡编：《古今图书集成》，台北：文星书店，1964 年。

［清］董诰等编：《全唐文》，北京：中华书局，1983 年。

［清］彭定求等：《全唐诗》，北京：中华书局，1999 年。

［清］阮元：《两浙金石志》，台北：艺文印书馆，1976 年。

［清］沈凤翔、邓嘉绅纂修：《稷山县志》，《中国方志丛书》，台北：成文出版社，1976 年。

［清］孙希旦：《礼记集解》，北京：中华书局，1989 年。

［清］王昶辑：《金石萃编》，清嘉庆十年刻本，北京：中国书店，1985 年。

［清］佟国弘、王凤翔纂修：《榆社县志》，《中国方志丛书》，台北：成文出版社，1976 年。

［清］徐松辑：《宋会要辑稿》，北京：中华书局，1957 年。

［清］张金吾编：《金文最》，北京：中华书局，1990 年。

［清］朱硅：《文昌孝经》，《重刊道藏辑要》，台北：考正出版社，1971 年。

国家文物局古文献研究室等：《吐鲁番出土文书》，北京：文物出版社，1981 年。

二　考古报告与图录（按时间顺序）

莫宗江：《宜宾旧州坝白塔宋墓》，中国营造学社编《中国营造学社汇刊》第 7 卷第 1 期，1944 年，第 105～111 页。

王世襄：《四川南溪李庄宋墓》，中国营造学社编《中国营造学社汇刊》第 7 卷第 1 期，1944 年，第 129～140 页。

刘致平：《乾道辛卯墓》，中国营造学社编《中国营造学社汇刊》第 7 卷第 2 期，1945 年，第 1～11 页。

周到：《河南安阳专署调查林县董家村宋墓》，《文物参考资料》1954 年第 5 期。

裴明相：《郑州二里岗宋墓发掘记》，《文物参考资料》1954 年第 6 期。

《河南文化局调查安阳天禧镇宋墓》，《文物参考资料》1954 年第 8 期。

陈公柔：《白沙唐墓简报》，《考古通讯》1955 年创刊号。

陈贤儒：《甘肃陇西县的宋墓》，《文物参考资料》1955 年第 9 期。

《凤凰山浮雕宋墓》，《文物参考资料》1955 年第 11 期。

吕遵谔：《山西垣曲东铺村的金墓》，《考古通讯》1956 年第 1 期。

沈仲常等：《四川昭化县廵迴乡的宋墓石刻》，《文物》1957 年第 12 期。

河南省文化局文物工作队第一队：《郑州南关外北宋砖室墓》，《文物参考资料》1958 年第 5 期。

冯文海：《山西忻县北宋墓清理简报》，《文物参考资料》1958 年第 5 期。

杨富斗：《山西新绛三林镇两座仿木构的宋代砖墓》，《考古通讯》1958 年第 6 期。

杨大年：《宋画像石棺》，《文物参考资料》1958 年第 7 期。

山西省文管会侯马工作站：《侯马金代董氏墓介绍》，《文物》1959 年第 6 期。

董祥：《偃师县酒流沟水库宋墓》，《文物》1959 年第 9 期。

李元魁、毛在善：《湖北省随县唐镇发现带壁画宋墓及东汉石室墓》，《文物》1960 年第 1 期。

冯永谦：《辽宁省建平、新民的三座辽墓》，《考古》1960 年第 2 期。

《山东济南发现带壁画宋墓》，《文物》1960 年第 2 期。

山西省文物管理委员会、山西省考古研究所：《山西孝义下吐京和梁家庄金、元墓发掘简报》，《考古》1960 年第 7 期。

江苏省文物管理委员会、南京博物院：《江苏淮安宋代壁画墓》，《文物》1960 年第 Z1 期。

山西省文物管理委员会、山西省考古研究所：《山西文水北峪口的一座古墓》，《考古》1961 年第 3 期。

重庆市博物馆历史组：《重庆井口宋墓清理简报》，《文物》1961 年第 11 期。

山西省文物管理委员会侯马工作站：《山西侯马金墓发掘简报》，《考古》1961 年第 12 期。

河北省文化局文物工作队：《河北井陉县柿庄宋墓发掘报告》，《考古学报》1962 年第 2 期。

罗平：《武安西土山发现宋绍圣二年壁画墓》，《文物》1963 年第 10 期。

冯汉骥：《前蜀王建墓发掘报告》，北京：文物出版社，1964 年。

董振修：《河北永年清理一座唐墓》，《考古》1966 年第 1 期。

湖南省博物馆：《长沙汤家岭西汉墓清理简报》，《考古》1966 年第 4 期。

北京市文物管理处：《近年来北京发现的几座辽墓》，《考古》1972 年第 3 期。

定县博物馆：《河北定县发现两座宋代塔基》，《文物》1972 年第 8 期。

新疆维吾尔自治区博物馆编：《新疆出土文物》，北京：文物出版社，1975 年。

山东省博物馆、苍山县文化馆：《山东苍山元嘉元年画像石墓》，《考古》1975 年第 2 期。

内蒙古自治区博物馆文物工作队：《和林格尔汉墓壁画》，北京：文物出版社，1978 年。

河南省博物馆、焦作市博物馆：《河南焦作金墓发掘简报》，《文物》1979 年第 8 期。

陶富海：《山西襄汾县南董金墓清理简报》，《文物》1979 年第 8 期。

靳枫毅：《辽宁朝阳前窗户村辽墓》，《文物》1980 年第 12 期。

黄永武主编：《敦煌宝藏》，台北：新文丰出版社，1982 年。

项春松：《上烧锅辽墓群》，《内蒙古考古文物》1982 年第 2 期。

郑州市博物馆：《荥阳司村宋代壁画墓发掘简报》，《中原文物》1982 年第 4 期。

张增午：《河南林县城关宋墓清理简报》，《考古与文物》1982 年第 5 期。

洛阳博物馆：《洛阳涧西三座宋代仿木构砖室墓》，《文物》1983 年第 8 期。

苏州博物馆等：《江阴北宋"瑞昌县君"孙四娘子墓》，《文物》1982 第 12 期。

山西省考古研究所：《山西稷山金墓发掘简报》，《文物》1983 年第 1 期。

杨富斗：《山西新绛南范庄、吴岭庄金元墓发掘简报》，《文物》1983 年第 1 期。

郑州市博物馆:《郑州开元寺宋代塔基清理简报》,《中原文物》1983 年第 1 期。

张思青、武永政:《温县宋墓发掘简报》,《中原文物》1983 年第 1 期。

项春松:《内蒙古赤峰市元宝山元代壁画墓》,《文物》1983 年第 4 期。

杨富斗:《山西侯马 104 号金墓》,《考古与文物》1983 年第 6 期。

许俊臣:《甘肃镇原县出土北宋浮雕画砖》,《考古与文物》1983 年第 6 期。

遵义地区文物管理委员会等:《遵义地区文物志》,遵义:遵义地区文化局,1984 年。

黄秀纯等:《辽韩佚墓发掘报告》,《考古学报》1984 年第 3 期。

黄明兰、宫大中:《洛阳北宋张君墓画像石棺》,《文物》1984 年第 7 期。

长治市博物馆:《山西长治市故漳金代纪年墓》,《考古》1984 年第 8 期。

黄明兰:《北魏孝子棺线刻画》,北京:人民美术出版社,1985 年。

河南省文物研究所、新乡市博物馆、新乡地区文管会:《河南省新乡县丁固城古墓地发掘报告》,《中原文物》1985 年第 2 期。

四川省文物管理委员会、彭山县文化馆:《南宋虞公著夫妇合葬墓》,《考古学报》1985 年第 3 期。

襄樊市博物馆:《襄阳磨基山宋墓发掘简报》,《江汉考古》1985 年第 3 期。

赵康民:《临潼唐庆山寺舍利塔基精室清理记》,《文博》1985 年第 5 期。

山西省考古研究所晋东南工作站:《山西长子县石哲金代壁画墓》,《文物》1985 年第 6 期。

杨明、耿志强:《西吉县西吉滩黑虎沟宋墓清理简报》,《宁夏文物》1986 年第 1 期。

山西省考古研究所、山西省闻喜县博物馆:《山西省闻喜县金代砖雕壁画墓》,《文物》1986 年第 12 期。

洛阳市第二文物工作队:《嵩县北元村宋代壁画墓》,《中原文物》1987 年第 3 期。

长治博物馆:《山西省长治县郝家庄元墓》,《文物》1987 年第 7 期。

新乡地区文物管理委员会、辉县百泉文物管理所:《河南辉县百泉金墓发掘简报》,《考古》1987 年第 10 期。

巩县文物管理所、郑州市文物工作队:《巩县西村宋代石棺墓清理简报》,《中原文物》1988 年第 1 期。

李晓鸥:《四川荥经发现东汉石棺画像》,《考古与文物》1988 年第 2 期。

河南省文物研究所、巩县文物保管所:《宋太宗元德李后陵发掘报告》,《华夏考古》1988 年第 3 期。

保定地区文物管理所:《河北曲阳南平罗北宋政和七年墓清理简报》,《文物》1988 年第 11 期。

贵州省博物馆考古队:《贵州桐梓宋明墓发掘简报》,《考古》1988 年第 12 期。

汤池、王仁波编:《中国美术全集·绘画编 12·墓室壁画》,北京:文物出版社,1989 年。

宿白:《宁夏固原北周李贤墓札记》,《宁夏文物》1989 年第 3 期。

解希恭、阎金铸:《山西永和县出土金大安三年石棺》,《文物》1989 年第 5 期。

戴尊德:《山西襄汾金墓清理简报》,《文物》1989 年第 10 期。

河北省文物研究所编：《安平东汉壁画墓》，北京：文物出版社，1990 年。

林县文物管理所：《林县一中宋墓清理简报》，《中原文物》1990 年第 4 期。

张家口市文物事业管理所等：《河北宣化下八里辽金壁画墓》，《文物》1990 年第 10 期。

洪欣：《北京市近年来发现的几座唐墓》，《文物》1990 年第 12 期。

国家文物局编：《中国文物地图集·河南分册》，北京：中国地图出版社，1991 年。

山西省考古研究所、汾阳县博物馆：《山西汾阳金墓发掘简报》，《文物》1991 年第 12 期。

宁城县志编委会：《宁城县志》，呼和浩特：内蒙古人民出版社，1992 年。

洛阳市文物工作队：《河南新安县古村北宋壁画墓》，《华夏考古》1992 年第 2 期。

刘冰：《内蒙古赤峰沙子山元代壁画墓》，《文物》1992 年第 2 期。

张乐发：《宜城县皇城村出土唐代文物》，《江汉考古》1992 年第 2 期。

洛阳市第二文物工作队：《洛阳邙山宋代壁画墓》，《文物》1992 年第 12 期。

山东省文物考古研究所编：《济青高级公路章丘工段考古发掘报告集》，济南：齐鲁书社，1993 年。

贵州省博物馆考古研究所：《贵州田野考古四十年 1953 ~ 1993》，贵阳：贵州民族出版社，1993 年。

李明德、郭艺田：《安阳小南海宋代壁画墓》，《中原文物》1993 年第 2 期。

李献奇、王丽玲：《河南洛宁北宋乐重进画像石棺》，《文物》1993 年第 5 期。

郑岩、贾德民：《北宋画像石棺述要》，山东省安丘市文史资料委员会编《安丘文史资料》第 9 辑，1993 年，第 101 ~ 107 转 197 页。

襄樊市博物馆：《湖北襄阳刘家埂唐宋墓葬清理简报》，《江汉考古》1994 年第 3 期。

王进先：《山西长治市五马村宋墓》，《考古》1994 年第 9 期。

吐鲁番地区文物保管所：《吐鲁番北凉武宣王沮渠蒙逊夫人彭氏墓》，《文物》1994 年第 9 期。

中国社会科学院考古研究所安阳工作队：《河南安阳新安庄西地宋墓发掘简报》，《考古》1994 年第 10 期。

临夏回族自治州博物馆：《甘肃临夏金代砖雕墓》，《文物》1994 年第 12 期。

洛阳市地方史志编纂委员会编：《洛阳市志：文物志》，郑州：中州古籍出版社，1995 年。

襄樊市博物馆：《湖北襄樊油坊岗七座宋墓》，《考古》1995 年第 5 期。

北京市海淀区文物管理所：《北京市海淀区八里庄唐墓》，《文物》1995 年第 11 期。

鹤壁市地方史志编纂委员会：《鹤壁年鉴 1994 ~ 1995》，郑州：中州古籍出版社，1996 年。

罗火金、王再建：《河南温县西关宋墓》，《华夏考古》1996 年第 1 期。

山西省考古研究所侯马工作站：《侯马两座金代纪年墓发掘报告》，《文物季刊》1996 年第 3 期。

洛阳市文物工作队：《河南新安县梁庄北宋壁画墓》，《考古与文物》1996 年第 4 期。

山西省考古研究所等：《山西平定宋、金壁画墓简报》，《文物》1996 年第 5 期。

洛阳市第二文物工作队、宜阳县文物管理委员会：《河南宜阳北宋画像石棺》，《文物》1996 年第 8 期。

中国考古学会编：《中国考古学年鉴 1995》，北京：文物出版社，1997 年。

柴泽俊：《山西寺观壁画》，北京：文物出版社，1997 年。

长治市博物馆、壶关县文物博物馆：《山西壶关南村宋代砖雕墓》，《文物》1997 年第 2 期。

乔正安：《山西临猗双塔寺北宋塔基地宫清理简报》，《文物》1997 年第 3 期。

山西省考古研究所侯马工作站：《侯马 101 号金墓》，《文物季刊》1997 年第 3 期。

山西省考古研究所侯马工作站：《侯马 65H4M102 金墓》，《文物季刊》1997 年第 4 期。

山西省考古研究所侯马工作站：《侯马 102 号金墓》，《文物季刊》1997 年第 4 期。

山西省考古研究所侯马工作站：《山西稷山马村 4 号金墓》，《文物季刊》1997 年第 4 期。

南阳市文物研究所：《河南省邓州市北宋赵荣壁画墓》，《中原文物》1997 年第 4 期。

河北省文物研究所：《五代王处直墓》，北京：文物出版社，1998 年。

开封市文物工作队编：《开封考古发现与研究》，郑州：中州古籍出版社，1998 年。

河北省文物研究所：《河北武邑龙店宋墓发掘报告》，河北省文物研究所编《河北省考古文集》，北京：东方出版社，1998 年，第 323 ~ 329 页。

李元章：《山东栖霞市慕家店宋代慕仉墓》，《考古》1998 年第 5 期。

洛阳市文物工作队：《河南新安县宋村北宋雕砖壁画墓》，《考古与文物》1998 年第 3 期。

郑州市文物考古研究所、荥阳市文物保护管理所：《河南荥阳孤伯嘴壁画墓发掘简报》，《中原文物》1998 年第 4 期。

卢建国、官波舟：《宝鸡市长岭机器厂宋墓清理简报》，《文博》1998 年第 6 期。

张德卿、耿建北：《登封清理唐砖室墓》，《中国文物报》1998 年 6 月 10 日第 1 版。

高小龙：《北京清理唐代砖室墓》，《中国文物报》1998 年 12 月 20 日。

郑州市文物考古研究所、新密市博物馆：《河南新密市平陌宋代壁画墓》，《文物》1998 年第 12 期。

中国考古学会编：《中国考古学年鉴 1997》，北京：文物出版社，1999 年。

山西省考古研究所编：《平阳金墓砖雕》，太原：山西人民出版社，1999 年。

重庆大足石刻艺术博物馆：《大足石刻雕塑全集》，重庆：重庆出版社，1999 年。

郑州市文物考古研究所、新密市文物保管所：《新密下庄河宋代壁画墓》，《中原文物》1999 年第 4 期。

王策、程利：《燕京汽车厂出土唐墓》，《北京文博》1999 年第 1 期。

山西省考古学会、山西省考古研究所编：《山西省考古学会论文集（三)》，太原：山西古籍出版社，2000 年。

俞伟超主编：《中国画像石全集》，济南：山东美术出版社；郑州：河南美术出版社，2000 年。

陕西省考古研究所：《陕西蒲城洞耳村元代壁画墓》，《考古与文物》2000 年第 1 期。

商彤流、郭海林：《山西沁县发现金代砖雕墓》，《文物》2000 年第 6 期。

河北省文物研究所：《河北平山县两岔宋墓》，《考古》2000 年第 9 期。

王进先：《长治市西白兔村宋代壁画墓发掘简报》，山西省考古学会等编《山西省考古学会议论文集

（三）》，太原：山西古籍出版社，2000 年，第 131～137 页。

河北省文物研究所：《宣化辽墓》，北京：文物出版社，2001 年。

咸阳市文物考古研究所：《五代冯晖墓》，重庆：重庆出版社，2001 年。

郑州市文物考古研究所、登封市文物局：《河南登封黑山沟宋代壁画墓》，《文物》2001 年第 10 期。

宿白：《白沙宋墓》，北京：文物出版社，2002 年。

陕西省考古研究所、安康市文化教育局：《安康市上许家台南宋墓发掘简报》，《考古与文物》2002 年第 2 期。

贾成惠：《河北内丘胡里村金代壁画墓》，《文物春秋》2002 年第 4 期。

王进先：《山西壶关下好牢宋墓》，《文物》2002 年第 5 期。

河北省文物局编：《定州文物藏珍》，广州：岭南美术出版社，2003 年。

河南文化文物年鉴编纂委员会：《河南文化文物年鉴 2002》，郑州：河南省文化厅，2003 年。

政协遵义县宣教文卫委员会：《遵义县文物志·第二集》，遵义：政协遵义县宣教文卫委员会，2003 年。

洛阳古墓博物馆编：《洛阳古墓博物馆》，（内部资料），2003 年。

商彤流、杨林中、李永杰：《长治市北郊安昌村出土金代墓葬》，《文物世界》2003 年第 1 期。

许淑珍：《山东淄博市临淄宋金壁画墓》，《华夏考古》2003 年第 1 期。

临沂市博物馆：《山东临沂市药材站发现两座唐墓》，《考古》2003 年第 9 期。

陕西省考古研究所等：《唐新城长公主墓发掘报告》，北京：科学出版社，2004 年。

山西省考古研究所：《侯马乔村墓地 1959～1996》，北京：科学出版社，2004 年。

四川省文物考古研究所、成都市文物考古研究所、泸州市博物馆、泸县文物管理所：《泸县宋墓》，北京：文物出版社，2004 年。

西安市文物保护考古所：《西安韩森寨元代壁画墓》，北京：文物出版社，2004 年。

济南市考古研究所：《济南市司里街元代砖雕壁画墓》，《文物》2004 年第 3 期。

郑州市文物考古研究所、登封市文物局：《登封高村壁画墓清理简报》，《中原文物》2004 年第 5 期。

大同市博物馆：《山西大同市金代徐龟墓》，《考古》2004 年第 9 期。

山西省大同市考古研究所：《大同湖东北魏一号墓》，《文物》2004 年第 12 期。

商彤流：《长治市安昌村出土的金代墓葬》，中山大学艺术史研究中心编《艺术史研究》第 6 辑，广州：中山大学出版社，2004 年，第 407～420 页。

杨作龙、韩石萍编：《洛阳考古集成·隋唐五代宋卷》，北京：北京图书馆出版社，2005 年。

郑州市文物考古研究所：《郑州宋金壁画墓》，北京：科学出版社，2005 年。

雅安市文物管理所、四川省文物考古研究院编：《雅安汉代石刻精品》，成都：四川人民出版社，2005 年。

张文彦主编：《濮阳考古发现与研究》，北京：中国科学技术出版社，2005 年。

南宝生：《绚丽地下艺术宝库——清水宋（金）砖雕彩绘墓》，兰州：甘肃人民出版社，2005 年。

洛阳市第二文物工作队：《洛阳尹屯新莽壁画墓》，《考古学报》2005 年第 1 期。

驻马店市文物考古管理所：《河南泌阳县宋墓发掘简报》，《华夏考古》2005 年第 2 期。

洛阳市第二文物工作队：《洛阳伊川雕砖墓发掘简报》，《文物》2005 年第 4 期。

朱晓芳、王进先：《山西长治故县村宋代壁画墓》，《文物》2005 年第 4 期。

郑州市文物考古研究所、登封市文物局：《河南登封城南庄宋代壁画墓》，《文物》2005 年第 8 期。

刘善沂、王惠明：《济南市历城区宋元壁画墓》，《文物》2005 年第 11 期。

柴泽俊、任毅敏：《中国古代建筑：洪洞广胜寺》，北京：文物出版社，2006 年。

开封市文物工作队、尉氏县文物保护管理所：《河南尉氏县张氏镇宋墓发掘简报》，《华夏考古》2006
年第 3 期。

刘合心：《陕西长安兴教寺发现唐代石刻线画"捣练图"》，《文物》2006 年第 4 期。

朱晓芳、王先进、李永杰：《山西长治市故漳村宋代砖雕墓》，《考古》2006 年第 9 期。

中国考古学会编：《中国考古学年鉴 2006》，北京：文物出版社，2007 年。

河北省文物考古研究所编：《河北省考古文集（三）》，北京：科学出版社，2007 年。

焦作市博物馆等：《宋代梁全本墓》，《中原文物》2007 年第 5 期。

四川大学历史文化学院考古系、洛阳市第二文物工作队：《洛阳伊川后晋孙璠墓发掘简报》，《文物》
2007 年第 6 期。

宋嵩瑞：《河南登封市双庙小区宋代砖室墓发掘简报》，《文物春秋》2007 年第 6 期。

衡水市文物管理处：《河北故城西南屯晚唐砖雕壁画墓》，河北省文物考古研究所编《河北省考古文集
（三）》，北京：科学出版社，2007 年，第 129～138 页。

宝鸡市考古研究所：《五代李茂贞夫妇墓》，北京：科学出版社，2008 年。

四川省文物考古研究院、广安市文物管理所、华蓥市文物管理所：《华蓥安丙墓》，北京：文物出版
社，2008 年。

马毅敏主编：《中国广胜寺》，北京：新华出版社，2008 年。

《沁阳文物》编委会：《沁阳文物》，郑州：中州古籍出版社，2008 年。

李慧：《山西襄汾侯村金代纪年砖雕墓》，《文物》2008 年第 2 期。

赵宏、高明：《济源市东石露头村宋代壁画墓》，《中原文物》2008 第 2 期。

邢台市文物管理处、临城县文物保管所、北京大学中国考古学研究中心：《河北临城岗西村宋墓》，
《文物》2008 年第 3 期。

洛阳市第二文物工作队：《宜阳发现一座金代纪年壁画墓》，《中原文物》2008 年第 4 期。

周必素：《贵州遵义的宋代石室墓》，《江汉考古》2008 年第 4 期。

郑州市文物考古研究院、荥阳市文物保护管理所：《荥阳槐西壁画墓发掘简报》，《中原文物》2008 年
第 5 期。

洛阳市第二文物工作队：《富弼家族墓地发掘简报》，《中原文物》2008 年第 6 期。

济南市博物馆、济南市考古所：《济南市宋金砖雕壁画墓》，《文物》2008 年第 8 期。

山西省考古研究所、长治市博物馆：《山西屯留宋村金代壁画墓》，《文物》2008 年第 8 期。

长治市博物馆：《山西长子县小关村金代纪年壁画墓》，《文物》2008 年第 10 期。

洛阳市第二文物工作队：《富弼家族墓地》，郑州：中州古籍出版社，2009 年。

北京市文物研究所：《北京亦庄考古发掘考古》，北京：科学出版社，2009 年。

河南省文物局：《河南省南水北调工程：考古发掘出土文物集萃（一）》，北京：文物出版社，2009 年。

十堰市博物馆：《鄂西北考古与研究》，武汉：长江出版社，2009 年。

耿志强、郭晓红、杨明：《宁夏西吉县宋代砖雕墓发掘简报》，《考古与文物》2009 年第 1 期。

长治市博物馆：《山西长治市魏村金代纪年彩绘砖雕墓》，《考古》2009 年第 1 期。

焦作市文物工作队：《河南焦作白庄宋代壁画墓发掘简报》，《文博》2009 年第 1 期。

高子期：《王晖石棺略说》，《四川文物》2009 年第 5 期。

焦作市文物工作队：《河南焦作小尚宋冀闰壁画墓发掘简报》，《文物世界》2009 年第 5 期。

甘泉县博物馆：《陕西甘泉金代壁画墓》，《文物》2009 年第 7 期。

甘肃省文物考古研究所、张家川回族自治县博物馆：《甘肃张家川南川宋墓发掘简报》，《考古与文物》2009 年第 6 期。

山东省博物馆、山东省文物考古研究所、兖州市博物馆：《兖州兴隆塔北宋地宫发掘简报》，《文物》2009 年第 11 期。

陈永志、黑田彰主编：《和林格尔汉墓壁画孝子传图辑录》，北京：文物出版社，2009 年。

中国考古学会编：《中国考古学年鉴 2009》，北京：文物出版社，2010 年。

洛阳市文物管理局、洛阳古代艺术博物馆编：《洛阳古代墓葬壁画》，郑州：中州古籍出版社，2010 年。

北京市文物研究所：《大兴北程庄墓地：北魏、唐、辽、金、清代墓葬发掘报告》，北京：科学出版社，2010 年。

山西省考古研究所、汾阳市文物旅游局：《2008 年山西汾阳东龙观宋金墓地发掘简报》，《文物》2010 年第 2 期。

中国墓室壁画全集编辑委员会：《中国墓室壁画全集 1：汉魏晋南北朝》，石家庄：河北教育出版社，2011 年。

中国墓室壁画全集编辑委员会：《中国墓室壁画全集 3：宋辽金元》，石家庄：河北教育出版社，2011 年。

高文编：《中国画像石棺全集》，太原：三晋出版社，2011 年。

山西大学科学技术哲学研究中心、山西省考古研究所、山西博物院：《山西兴县红峪村元至大二年壁画墓》，《文物》2011 年第 2 期。

洛阳市文物工作队：《洛阳洛龙区关林庙宋代砖雕墓发掘简报》，《文物》2011 年第 8 期。

徐光冀等主编：《中国出土壁画全集》，北京：科学出版社，2012 年。

中国考古学会编：《中国考古学年鉴2011》，北京：文物出版社，2012 年。

卫东区地方史志办公室：《平顶山市卫东区年鉴2012》，北京：新华出版社，2012 年。

山西省考古研究所编：《三晋考古》第 4 辑，上海：上海古籍出版社，2012 年。

郑州市文物考古研究所：《郑州市二七路两座砖雕宋墓发掘简报》，《中原文物》2012 年第 4 期。

郑州市文物考古研究院、登封市文物局：《河南登封唐庄宋代壁画墓发掘简报》，《文物》2012 年第 9 期。

山西省考古研究所、汾阳市文物旅游局、汾阳市博物馆：《汾阳东龙观宋金壁画墓》，北京：文物出版社，2012 年。

石金鸣、海蔚蓝编：《生死同乐：山西金代戏曲砖雕艺术》，北京：科学出版社，2012 年。

山西省考古研究所、长治市文物旅游局、壶关县文体广电局：《山西壶关县上好牢村宋金时期墓葬》，《考古》2012 年第 4 期。

郑州市文物考古研究院、郑州市南北水调文物保护管理办公室：《郑州黄岗寺北宋纪年壁画墓》，《中原文物》2013 年第 1 期。

洛阳市文物考古研究所：《洛阳苗北村壁画墓发掘简报》，《洛阳考古》2013 年第 1 期。

郑州市文物考古研究院：《郑州卷烟厂两座宋代砖雕墓简报》，《中原文物》2014 年第 3 期。

山东省文物考古研究所编：《海岱考古》第 8 辑，北京：科学出版社，2015 年。

王书林等：《新安宋村北宋砖雕壁画墓测绘简报》，《考古与文物》2015 年第 1 期。

司玉庆等：《鹤壁故县北宋纪年壁画墓鉴赏》，《文物鉴定与鉴赏》2015 年第 8 期。

俞莉娜等：《新安县石寺李村北宋宋四郎砖雕壁画墓测绘简报》，《故宫博物院刊》2016 年第 1 期。

于俊玉等：《辽宁朝阳马场村辽墓发掘简报》，《文物春秋》2016 年第 5、6 期。

山西省考古研究所、沁县文物馆：《山西沁县上庄金墓发掘简报》，《文物》2016 年第 8 期。

阳泉市文物管理处、阳泉市郊区文物旅游局：《山西阳泉东村元墓发掘简报》，《文物》2016 年第 10 期。

西北大学文化遗产学院、甘泉县博物馆：《陕西甘泉柳河渠湾金代壁画墓发掘简报》，《文物》2016 年第 11 期。

邹城市文物局：《山东邹城峄山北龙河村宋金墓发掘简报》，《文物》2017 年第 1 期。

山西省考古研究所、长治市外事侨务与文物旅游局、长子县文物旅游局：《山西长子南沟金代壁画墓发掘简报》，《文物》2017 年第 12 期。

河北省文物研究所、石家庄市文物保护研究所、井陉县文物保护管理所：《河北井陉北防口宋代壁画墓发掘简报》，《文物》2018 年第 1 期。

山西省考古研究所、汾西县文物旅游局：《山西汾西郝家沟金代纪年壁画墓发掘简报》，《文物》2018 年第 2 期。

三　研究专著（以姓氏排列）

1. 中文专著

［美］包弼德著，刘宁译：《斯文：唐宋思想的转型》，南京：江苏人民出版社，2017 年。

［瑞士］布克哈特著，何新译：《意大利文艺复兴时期的文化》，北京：商务印书馆，1979 年。

车文明：《20 世纪戏曲文物的发现与曲学研究》，北京：文化艺术出版社，2001 年。

陈芳妹：《青铜器与宋代文化史》，台北：台大出版中心，2016 年。

陈万里编：《陶枕》，北京：朝花美术出版社，1954 年。

陈志华：《庙宇》，北京：生活·读书·新知三联书店，2006 年。

楚启恩：《中国壁画史》，北京：工艺美术出版社，2003 年。

董新林：《幽冥色彩：中国古代墓葬装饰》，成都：四川人民出版社，2004 年。

董新林：《中国古代陵墓考古研究》，福州：福建人民出版社，2005 年。

［美］方闻著，李维琨译：《超越再现：8 世纪至 14 世纪中国书画》，杭州：浙江大学出版社，2011 年。

冯俊杰等：《山西戏曲碑刻辑考》，北京：中华书局，2002 年。

冯俊杰：《戏剧与考古》，北京：文化艺术出版社，2002 年。

［美］高居翰著，杨宗贤等译：《画家生涯：传统中国画家的生活与工作》，北京：生活·读书·新知三联书店，2012 年。

高文：《四川汉代画像砖》，上海：上海人民美术出版社，1987 年。

葛兆光：《中国思想史》，上海：复旦大学出版社，2001 年。

宫大中：《洛都美术史迹》，武汉：湖北美术出版社，1991 年。

关长龙：《敦煌本堪舆文书研究》，北京：中华书局，2013 年。

郭建邦：《北魏宁懋石室线刻画》，北京：人民美术出版社，1987 年。

何淑宜：《明代士绅与通俗文化——以丧葬礼俗为例的考察》，台北：台湾师范大学历史研究所，2000 年。

贺西林：《古墓丹青：汉代墓室壁画的发现与研究》，西安：陕西人民美术出版社，2001 年。

贺西林、李清泉：《永生之维：中国墓室壁画史》，北京：高等教育出版社，2009 年。

侯旭东：《北朝村民的生活世界：朝廷、州县与村里》，北京：商务印书馆，2005 年。

黄宽重：《宋代的家族与社会》，北京：国家图书馆出版社，2009 年。

黄明兰：《北魏孝子棺线刻画》，北京：人民美术出版社，1985 年。

黄婉峰：《汉代孝子图与孝道观念》，北京：中华书局，2012 年。

黄晓芬：《汉墓的考古学研究》，长沙：岳麓书院，2003 年。

黄竹三：《戏曲文物研究散论》，北京：文化艺术出版社，1998 年。

皇甫江、周新华等：《刀剑（剪）春秋》，杭州：中国美术学院出版社，2010 年。

贾二强：《唐宋民间信仰》，福州：福建人民出版社，2003 年。

［英］杰西卡·罗森著，邓菲等译：《祖先与永恒：杰西卡·罗森中国考古艺术文集》，北京：生活·读书·新知三联书店，2011 年。

朗净：《董永故事的展演及其文化结构》，上海：上海古籍出版社，2005 年。

雷闻：《郊庙之外：隋唐国家祭祀与宗教》，北京：生活·读书·新知三联书店，2009 年。

［德］雷德侯著，张总等译：《万物：中国艺术中的模件化和规模化生产》，北京：生活·读书·新知三联书店，2005 年。

［法］雷吉斯·德布雷著，黄迅余等译：《图像的生与死：西方观图史》，上海：华东师范大学出版社，2014 年。

李安宅：《〈仪礼〉与〈礼记〉之社会学的研究》，上海：上海人民出版社，2005 年。

李汉滨：《〈太平广记〉的梦研究》，台北：学海出版社，2004 年。

李零：《入山与出塞》，北京：文物出版社，2004 年。

李零：《铄古铸今：考古发现和复古艺术》，北京：生活·读书·新知三联书店，2007 年。

李清泉：《宣化辽墓：墓葬艺术与辽代社会》，北京：文物出版社，2008 年。

李星明：《唐代墓室壁画研究》，西安：陕西人民美术出版社，2005 年。

廖奔：《宋元戏曲文物与民俗》，北京：文化艺术出版社，1989 年。

廖奔：《中国古代剧场史》，郑州：中州古籍出版社，1997 年。

廖奔、刘彦君：《中国戏曲发展史》，太原：山西教育出版社，2000 年。

林梅村：《古道西风：考古新发现所见中西文化交流》，北京：生活·读书·新知三联书店，2000 年。

林保照、孔超：《枕林寻梦：中国历代陶瓷枕精品》，上海：上海书店出版社，2008 年。

刘敦桢：《中国古代建筑史》，北京：中国建筑工业出版社，1984 年。

刘念兹：《戏曲文物丛考》，北京：中国戏剧出版社，1986 年。

刘未：《辽代墓葬的考古学研究》，北京，科学出版社，2016 年。

刘文英：《梦的迷信与梦的探索》，北京：中国社会科学出版社，1989 年。

刘文英、曹田玉：《梦与中国文化》，北京：人民出版社，2003 年。

刘祥光：《宋代日常生活中的卜算与鬼怪》，台北：政大出版社，2013 年。

刘振东：《冥界的秩序：中国古代墓葬制度概论》，北京：文物出版社，2015 年。

罗世平、廖旸：《古代壁画墓》，北京：文物出版社，2005 年。

罗哲文、罗扬：《中国历代帝王陵寝》，上海：上海文化出版社，1984 年。

骆承烈：《中国古代孝道资料选编》，济南：山东大学出版社，2003 年。

［日］内藤湖南著，夏应元选编：《中国史通论：内藤湖南博士中国史学著作选译》，北京：社会科学文献出版社，2004 年。

［美］孟久丽著，何前译：《道德镜鉴：中国叙述性图画与儒家意识形态》，北京：生活·读书·新知三联书店，2014 年。

［美］W. J. T. 米歇尔著，陈永国等译：《图像何求：形象的生命与爱》，北京：北京大学出版社，2018 年。

［法］米歇尔·沃维尔著，高凌瀚等译：《死之文化史：用插图诠释1300 年以来死亡文化的历史》，北京：中国人民大学出版社，2004 年。

皮庆生：《宋代民众祠神信仰研究》，上海：上海古籍出版社，2008 年。

蒲慕州：《墓葬与生死：中国古代宗教之省思》，台北：联经出版事业公司，1993 年。

蒲慕州：《追寻一己之福：中国古代的信仰世界》，上海：上海古籍出版社，2007 年。

钱小萍主编：《中国传统工艺全集·丝绸织染卷》，郑州：大象出版社，2005 年。

钱钟书：《管锥编》，北京：中华书局，1979 年。

秦大树：《宋元明考古》，北京：文物出版社，2004 年。

秦岭云：《民间画工史料》，北京：中国古典艺术出版社，1958 年。

冉万里：《中国古代舍利瘗埋制度研究》，北京：文物出版社，2013 年。

沙武田：《敦煌画稿研究》，北京：民族出版社，2006 年。

山曼：《八仙：传说与信仰》：北京：学苑出版社，2003 年。

山西师范大学戏曲文物研究所：《宋金元戏曲文物图论》，太原：山西人民出版社，1987 年。

上海博物馆编：《上海博物馆中国古代陶瓷馆》，上海：上海古籍出版社，1996 年。

尚洁：《中国砖雕》，天津：百花文艺出版社，2008 年。

邵晓峰：《中国宋代家具——研究与图像集成》，南京：东南大学出版社，2010 年。

沈睿文：《唐陵的布局：空间与秩序》，北京：北京大学出版社，2009 年。

沈宗宪：《宋代民间的幽冥世界观》，台北：商鼎文化出版社，1993 年。

［日］斯波义信著，庄景辉译：《宋代商业史研究》，台北：稻禾出版社，1997 年。

宋伯胤：《枕林拾遗》，西安：陕西人民出版社，2002 年。

孙彦：《河西魏晋十六国壁画墓研究》，北京：文物出版社，2011 年。

田欣：《宋代商人家庭》，北京：社会科学文献出版社，2013 年。

王爱文、李胜军：《冥土安魂：中国古代墓葬吉祥文化研究》，郑州：中州古籍出版社，2011 年。

王汉民：《八仙与中国文化》，北京：中国社会科学出版社，2000 年。

王重民编：《敦煌变文》，北京：中华书局，1980 年。

王重民等：《敦煌变文集》，北京：人民文学出版社，1984 年。

王树村：《中国民间画诀》，北京：北京工艺美术出版社，2003 年。

王进先：《长治宋金元墓室建筑艺术研究》，北京：文物出版社，2015 年。

王章伟：《在国家与社会之间：宋代巫觋信仰研究》，香港：中华书局，2005 年。

望野：《千年梦华：中国古代陶瓷枕》，北京：文物出版社，2008 年。

［美］巫鸿著，郑岩、王睿译：《礼仪中的美术：巫鸿中国古代美术史文编》，北京：生活·读书·新知三联书店，2005 年。

［美］巫鸿著，柳扬、岑河译：《武梁祠：中国古代画像艺术的思想性》，北京：生活·读书·新知三联书店，2006 年。

［美］巫鸿：《美术史十议》，北京：生活·读书·新知三联书店，2008 年。

［美］巫鸿著，施杰译：《黄泉下的美术：宏观中国古代墓葬》，北京：生活·读书·新知三联书店，2010 年。

［美］巫鸿、李清泉：《宝山辽墓：材料与释读》，上海：上海书画出版社，2013 年。

［美］巫鸿著，钱文逸译：《"空间"的美术史》，上海：上海人民出版社，2018 年。

［美］巫鸿：《中国绘画中的"女性空间"》，北京：生活·读书·新知三联书店，2019 年。

吴康：《中国古代梦幻》，海口：海南出版社，2002 年。

吴敬：《南方地区宋代墓葬研究》，北京：社会科学文献出版社，2015 年。

肖群忠：《孝与中国文化》，北京：人民出版社，2001 年。

邢铁：《宋代家庭研究》，上海：上海人民出版社，2005 年。

邢义田：《画为心声：画像石、画像砖与壁画》，北京：中华书局，2011 年。

［美］伊沛霞著，胡志宏译：《内闺：宋代的婚姻和妇女生活》，南京：江苏人民出版社，2004 年。

易晴：《登封黑山沟宋墓图像研究》，北京：文物出版社，2012 年。

易晴：《中国古代物质文化史·绘画·墓室壁画（宋元明清）》，北京：开明出版社，2014 年。

余欣：《神道人心：唐宋之际敦煌民生宗教社会史研究》，北京：中华书局，2006 年。

赵景深：《戏曲笔谈》，北京：中华书局，1962 年。

赵世瑜：《在空间中理解时间：从区域社会史到历史人类学》，北京：北京大学出版社，2018 年。

张春新：《南宋川南墓葬石刻艺术》，重庆：重庆大学出版社，2011 年。

张勋燎、白彬：《中国道教考古》，北京：线装书局，2006 年。

张文昌：《制礼以教天下：唐宋礼书与国家社会》，台北：台湾大学出版社，2012 年。

郑阿财：《敦煌孝道文学研究》，台北：石门图书公司，1982 年。

郑炳林：《敦煌碑铭赞辑释》，兰州：甘肃教育出版社，1992 年。

郑立君：《剔图刻像：汉代画像石的雕刻工艺与成像方式》，重庆：重庆大学出版社，2010 年。

郑岩：《魏晋南北朝壁画墓研究》，北京：文物出版社，2002 年。

周晋：《写照传神：晋唐肖像画研究》，杭州：中国美术学院出版社，2008 年。

朱瑞熙、张邦炜等：《辽宋西夏金社会生活史》，北京：中国社会科学出版社，1998 年。

朱世伟、徐婵菲主编：《砖画青史：洛阳古代艺术博物馆藏宋金雕砖》，郑州：河南美术出版社，2016 年。

宗典编：《柯九思史料》，上海：上海人民美术出版社，1985 年。

邹清泉：《北魏孝子画像研究：〈孝经〉与北魏孝子画像图像身份的转换》，北京：文化艺术出版社，2007 年。

邹清泉：《行为世范：北魏孝子画像研究》，北京：北京大学出版社，2015 年。

2. 外文专著

［日］长广敏雄：《六朝时代美術の研究》，东京：美术出版社，1969 年。

［日］黑田彰：《孝子伝の研究》，京都：思文阁，2001 年。

［日］黑田彰：《孝子伝図の研究》，东京：汲古书院，2007 年。

［日］宇野瑞木：《孝の風景——說話表象文化論序說》，东京：勉诚出版，2016 年。

Barbieri-Low, Anthony. *Artisans in Early Imperial China.* Seattle: University of Washington Press, 2007.

Barnhart, Richard. *Li Kung-lin's Filial Piety.* New York: The Metropolitan Museum of Art, 1993.

Bell, Cathrine. *Ritual Theory, Ritual Practice.* New York: Oxford University Press, 1992.

Bell, Cathrine. *Ritual: Perspectives and Dimensions.* New York: Oxford University Press, 1997.

Belting, Hans. *Likeness and Presence: A History or the Image before the Era of Art.* Chicago: University of Chicago Press, 1994.

Bol, Peter. "*This Culture of Ours*": *Intellectual Transitions in Tang and Sung China.* Stanford, Calif: Stanford University Press, 1992.

Bossler, Beverly. *Powerful Relations: Kingship, Status, and the State in Sung China（960 – 1279）.* Cambridge, MA: Council on East Asian Studies, 1998.

Boyer, Pascal. *Religion Explained: The Human Instincts that Fashion Gods, Spirits and Ancestors.* London: Vintage Books, 2002.

Breckenridge, James. *Likeness: A Conceptual History of Ancient Portraiture.* Chicago: Northwestern University Press, 1968.

Capek, Abe. *Chinese Stone Pictures: A Distinctive Form of Chinese Art.* London: Spring Books, 1962.

Carrithers, Michael. *Why Humans Have Cultures: Explaining Anthropology and Social Diversity.* Oxford: Oxford University Press, 1992.

Choi, Mihwa. *Death Rituals and Politics in Northern Song China.* New York: Oxford University Press, 2017.

Clunas, Craig. *Pictures and Visuality in Early Modern China.* London: Reaktion Books, 1997.

Cole, Alan. *Mothers and Sons in Chinese Buddhism.* Stanford, Calif.: Stanford University Press, 1998.

Cook, Constance. *Death in Ancient China: The Tale of One Man's Journey.* Leiden: Brill, 2006.

Crump, James. *Chinese Theatre in the Days of Kublai Khan.* Tucson: University of Arizona Press, 1980.

Dant, Tim. *Materiality and Society.* Maidenhead: Open University Press, 2005.

Davis, Edward. *Society and the Supernatural in Song China.* Honolulu: University of Hawaii Press, 2001.

Dudbridge Glen. *Books, Tales and Vernacular Culture: Selected Papers on China.* Leiden: Brill, 2005.

De Pee, Christian. *The Writing of Weddings in Middle-Period China: Text and Ritual Practice in the Eight through Fourteenth Centuries.* Albany: State University of New York Press, 2007.

Ebrey, Patricia. F*amily and Property in Sung China: Yuan Ts'ai's Precepts for Social Life.* Princeton: Princeton University Press, 1984.

Ebrey, Patricia. *Confucianism and Family Rituals in Imperial China: A Social History of Writing about Rites.* Princeton, N. J.: Princeton University Press, 1991.

Ebrey, Patricia. *Chu Hsi's Family Rituals: A Twelfth-Century Chinese Manual for the Performance of Cappings, Weddings, Funerals, and Ancestral Rites.* Princeton, N. J.: Princeton University Press, 1991.

Ebrey, Patricia and Gregory, Peter eds. *Religion and Society in T'ang and Sung China.* Honolulu: University of Hawaii Press, 1993.

Foster, Haled. *Vision and Visuality.* Seattle: Bay Press, 1988.

Fraser, Sarah. *Performing the Visual: The Practice of Buddhist Wall Painting in China and Central Asia, 618 – 960.* Stanford, Calif.: Stanford University Press, 2004.

Freedberg, David. *The Power of Images: Studies in the History and Theory of Response.* Chicago: University of Chicago Press, 1989.

Gell, Alfred. *Art and Agency: An Anthropological Theory.* Oxford: Clarendon Press, 1998.

Guthrie, Stewart. *Faces in the Clouds: A New Theory of Religion.* Oxford: Oxford University Press, 1995.

Haarlov, Britt. *The Half-open Door: A Common Symbolic Motif within Roman Sepulchral Sculpture.* Odense: O-dense University Press, 1977.

Hall, David and Ames, Roger. *Anticipating China, Thinking Through the Narratives of Chinese and Western Culture.* Albany: State University of New York Press, 1995.

Hansen, Valerie. *Changing Gods in Medieval China 1127 – 1276.* Princeton: Princeton University Press, 1990.

Hansen, Valerie. *Negotiating Daily life in Traditional China: How Ordinary People Used Contracts 600 – 1400.* New Haven; London: Yale University Press, 1995.

Haskell, Francis. *Hisotry and Its Images.* New Haven & London: Yale University Press, 1993.

Hong, Jeehee. *Theater of the Dead: A Social Turn in Chinese Funerary Art.* Honolulu: University of Hawaii Press, 2016.

Huntington, Richard and Metcalf, Peter. *Celebrations of Death*: *The Anthropology of Mortuary Ritual*. Cambridge: Cambridge University Press, 1979.

Hymes, Robert. *Way and Byway*: *Taoism*, *Local Religion*, *and Models of Divinity in Sung and Modern China*. Berkeley, Calif. ; London: University of California Press, 2002.

Hymes, Robert and Schirokauer, Conrad. *Ordering the World*: *Approaches to State and Society in Sung Dynasty China*. Berkeley; Oxford: University of California Press, 1993.

Idema, Wilt and West, Stephen. *Chinese Theater 1100 – 1450*: *A Source Book*. Wiesbaden: Steiner, 1982.

Insoll, Timothy. *Archaeology*, *Ritual*, *Religion*. London; New York: Routledge, 2004.

Jing Anning. *The Water God's Temple of the Guangsheng Monastery*: *Cosmic Function of Art*, *Ritual*, *and Theater*. Leiden: Brill, 2002.

Johnson, David ed. *Ritual Opera*, *Operatic Ritual*: *"Mu-lien Rescues His Mother" in Chinese Popular Culture*. Berkeley: University of California, 1989.

Katz, Paul. *Images of the Immortal*: *The Cult of Lü Dongbin at the Palace of Eternal Joy*. Honolulu: University of Hawaii Press, 1999.

Knapp, Keith Nathaniel. *Selfless Offspring*: *Filial Children and Social Order in Medieval China*. Honolulu: University of Hawaii Press, 2005.

Kuhn, Dieter. *A Place for the Dead*: *An Archaeological Documentary on Graves and Tombs of the Song Dynasty* (*960 – 279*). Heidelberg: Würzburger Sinologische Schriften, 1996.

Kuhn, Dieter. *How the Qidan Reshaped the Tradition of the Chinese Dome-shaped tomb*. Heidelberg: Würzburger Sinologische Schriften, 1998.

Kuhn, Dieter ed. *Burial in Song China*. Heidelberg: Würzburger Sinologische Schriften, 1994.

Kyriakidis, Evangelos ed. *The Archaeology of Ritual*. Los Angeles: Cotsen Institute of Archaeology, University of California, 2007.

Laing, Ellen Johnston. *Art and Aesthetics in Chinese Popular Prints*: *Selections from the Muban Foundation Collection*. Ann Arbor, MI: University of Michigan, 2002.

Lefebvre, Henri. *The Production of Space*. Translated by Donald Nicholson-Smith, Cambridge: Blackwell, 1991.

Liu Heping. *Painting and Commerce in Northern Song Dynasty China 960 – 1126*. Ph. D. Dissertation. Yale University, 1997.

Liu, James T. C. *Reform in Sung China*. Cambridge: Harvard University Press, 1959.

Loewe, Michael. *Chinese Ideas of Life and Death*: *Faith*, *Myth*, *and Reason in the Han Period*. London; Boston: Allen & Unwin, 1982.

Lopez, Donald S. Jr. *Religions of China in Practice*, *Princeton Reading in Religions*. Princeton, N. J. : Princeton

University Press, 1996.

McCausland, Shane and Yin Hwang ed. *On Telling Images of China: Essays in Narrative Painting and Visual Culture*. Hong Kong: Hong Kong University Press, 2014.

Powers, Martin. *Art and Political Expression in Early China*. New Haven: Yale University, 1991.

Scott, Janet Lee. *For Gods, Ghosts and Ancestors: The Chinese Tradition of Paper Offerings*. Seattle: University of Washington Press, 2007.

Smith, Jonathan. *To Take Place: Toward Theory in Ritual*. Chicago: University of Chicago Press, 1987.

Spiro, Audrey. *Contemplating the Ancients: Aesthetic and Social Issues in Early Chinese Portraiture*. Berkeley: University of California Press, 1990.

Stein, Rolf A. *The World in Miniature: Container Gardens and Dwellings in Far Eastern Religious Thought*. Stanford, Calif.: Stanford University Press, 1978.

Steinhardt, Nancy. *Liao Architecture*. Honolulu: University of Hawaii Press, 1997.

Stuart, Jan and Rawski, Evelyn. *Worshiping the Ancestors: Chinese Commemorative Portraits*. Stanford, Calif.: Stanford University Press, 2001.

Tackett, Nicolas. *The Destruction of the Medieval Chinese Aristocracy*. Cambridge: Harvard University Asia Center, 2016.

Tao Jingshen. *Two Sons of Heavens: Studies in Sung-Liao Relations*. Tucson: University of Arizona Press, 1988.

Teiser, Stephen. *The Ghost Festival in Medieval China*. Princeton, N. J.: Princeton University Press, 1988.

Tilley, Chris. *Handbook of Material Culture*. London: Sage Publication, 2006.

Tsao, Hsingyuan. *Differences Preserved: Reconstructed Tombs from the Liao and Song Dynasties*. Ore: Douglas F. Cooley Memorial Art Gallery, Reed College, 2000.

Vinograd, Richard. *Boundaries of the Self: Chinese Portraits 1600 – 1900*. Cambridge: Cambridge University Press, 1992.

Von Glahn, Richard. *The Economic Hisotry of China: From Antiquity to the Ninteenth Cenuty*. Cambridge: Cambridge University Press, 2016.

Watson, James and Rawski, Evelyn ed. *Death Ritual in Late Imperial and Modern China*. Berkeley: University of California Press, 1988.

White, William. *Chinese Temple Fresco: A Study of Three Wall-paintings of the Thirteenth Century*. Toronto: University of Toronto Press, 1940.

Wu Hung. *The Wu Liang Shrine: The Ideology of Early Chinese Pictorial Art*. Stanford, Calif.: Stanford University Press, 1989.

Wu Hung. *Monumentality in Early Chinese Art and Architecture*. Stanford, Calif.: Stanford University

Press，1995.

Wu Hung. *The Double Screen：Medium and Presentation in Chinese Painting.* London：Reaktion Books，1996.

四　研究论文

1. 中文论文

陈长虹：《纺织题材图像与妇功——汉代列女图像考之一》，《考古与文物》2014 年第 1 期。

陈超：《元代神仙道化剧研究》，四川大学硕士学位论文，2007 年。

陈芳妹：《宋古器物学的兴起与宋仿古铜器》，《美术史研究集刊》第 10 期，2001 年。

陈继春：《唐张萱〈捣练图〉及其相关问题》，《文博》2007 年第 2 期。

陈晶、李静：《从社会历史风貌谈瓷枕的造型变化》，《中国陶瓷》2008 年第 3 期。

陈玲：《养生送死：从墓志看北宋潞州民庶的生活世界》，北京大学硕士学位论文，2014 年。

陈履生、陆志宏：《甘肃的宋元画像砖艺术》，《美术》1994 年第 1 期。

陈熙：《甘肃清水宋金墓室彩绘画像砖艺术研究》，西北师范大学硕士学位论文，2006 年。

陈云洪：《试论四川宋墓》，《四川文物》1999 年第 3 期。

陈云洪：《四川地区宋代墓葬研究》，四川大学博物馆等编《南方民族考古》第 7 辑，北京：科学出版社，2011 年，第 279～304 页。

陈章龙：《北方宋墓装饰研究》，吉林大学博士学位论文，2010 年。

陈章龙：《宋墓装饰映射的宋代家庭陈设风尚》，《民俗研究》2012 年第 3 期。

陈朝云：《我国北方地区宋代砖室墓的类型和分期》，《郑州大学学报（哲学社会科学报）》1994 年 6 期。

崔世平、任荣：《巩义涉村宋代壁画墓"五郡兄弟"孝子图略论》，中山大学艺术史研究中心编《艺术史研究》第 13 辑，广州：中山大学出版社，2011 年，第 369～381 页。

崔世平：《河北因素与唐宋墓葬制度变革初论》，北京大学中国考古学研究中心编《两个世界的徘徊：中古时期丧葬观念风俗与礼仪制度学术研讨会论文集》，北京：科学出版社，2016 年，第 282～312 页。

程毅中：《敦煌本"孝子传"与睒子故事》，《中国文化》1991 年第 2 期。

程义：《宋代墓室壁画研究综述》，《陕西历史博物馆馆刊》第 22 辑，西安：三秦出版社，2015 年，第 211～222 页。

崔兴众：《丹青意映——韩城宋墓图像研究》，西安美术学院硕士学位论文，2015 年。

［日］大泽显浩：《明代出版文化中的"二十四孝"——论孝子形象的建立与发展》，台湾中国明代研究学会编《明代研究通讯》第 5 期，台北：乐学书局，2002 年，第 11～33 页。

邓菲：《关于宋金墓葬中孝行图的思考》，《中原文物》2009 年第 4 期。

邓菲：《宋金时期砖雕壁画墓的图像题材探析》，《美术研究》2011 年第 3 期。

邓菲：《欲作高唐梦，须凭妙枕欹——从一件定窑殿宇式人物瓷枕说起》，《故宫文物月刊》第 338 期，

2011 年 5 月。

邓菲：《试析宋金时期砖雕壁画墓的营建工艺——从洛阳关林庙宋墓谈起》，《考古与文物》2015 年第 1 期。

邓小南：《从考古发掘资料看唐宋时期女性在门户内外的活动——以唐代吐鲁番、宋代白沙墓葬的发掘资料为例》，李小江等编著《历史、史学与性别》，南京：江苏人民出版社，2002 年，第 113 ~ 127 页。

丁翠平：《安徽地区宋代墓葬研究》，安徽大学硕士学位论文，2016 年。

丁双双：《唐宋时期民间的丧葬消费习俗》，河北师范大学硕士学位论文，2002 年。

丁双双、魏子任：《论唐宋时期丧葬中的佛事消费习俗》，《河北学刊》2003 年第 6 期。

丁雨：《浅议宋金墓葬中的启门图》，《考古与文物》2015 年第 1 期。

董新林：《北宋金元墓葬壁饰所见"二十四孝"故事与高丽〈孝行录〉》，《华夏考古》2009 年第 2 期。

段鹏琦：《我国古墓葬中发现的孝悌图像》，中国社会科学院考古研究所编《中国考古学论丛——中国社会科学院考古研究所建所 40 年纪念》，北京：科学出版社，1993 年，第 463 ~ 473 页。

樊睿：《汉代画像石中的启门图图式浅析》，《中原文物》2012 年第 6 期。

樊睿：《略谈儒、道、佛思想合流对宋墓孝行图的影响》，《美与时代》2013 年第 4 期。

樊睿：《宋辽金墓葬中的启门图研究》，南京艺术学院硕士学位论文，2013 年。

范鹏、李大地：《川渝地区汉代"半开门"画像的发现与研究——兼论其所反映的升仙过程》，《长江文明》2015 年第 1 期。

范淑英：《铜镜与铁剪——唐墓随葬品组合的性别含义及丧葬功能》，北京大学中国考古学研究中心编《两个世界的徘徊：中古时期丧葬观念风俗与礼仪制度学术研讨会论文集》，北京：科学出版社，2016 年，第 59 ~ 96 页。

冯恩学：《辽墓启门图之探讨》，《北方文物》2005 年第 4 期。

冯继仁：《论阴阳勘舆对北宋皇陵的全面影响》，《文物》1994 年第 8 期。

冯健：《四川泸州宋墓杂剧、大曲石刻考》，《四川文物》2009 年第 6 期。

冯俊杰：《赛社：戏剧史的巡礼》，山西师范大学戏曲文物研究所编《中华戏曲》第 3 辑，太原：山西人民出版社，1987 年，第 179 ~ 194 页。

冯俊杰：《金〈昌宁公庙碑〉及其所言"乐舞戏"考略》，《文艺研究》1999 年第 5 期。

冯晓琴：《晋南出土金元砖雕的音乐学研究》，山西大学硕士学位论文，2010 年。

傅熹年：《唐代隧道型墓的形制构造和所反映出的地上宫室》，傅熹年著《傅熹年建筑史论文集》，北京：文物出版社，1998 年，第 245 ~ 263 页。

[日] 冈部和雄著，方文锱译：《〈父母恩重经〉中的儒教·佛教·道教》，《世界宗教研究》1996 年第 2 期。

高崇文：《试论先秦两汉丧葬礼俗的演变》，《考古学报》2006 年第 4 期。

葛兆光：《死后世界——中国古代宗教与文学的一个共同主题》，《扬州师院学报（社会科学版）》

1994 年第 3 期。

葛兆光：《思想史视野中的考古与文物》，《文物》2000 年第 1 期。

葛兆光：《思想史视野中的图像》，《中国社会科学》2002 年第 4 期。

宫大中：《邙洛北魏孝子画像石棺考释》，《中原文物》1984 年第 2 期。

郭建邦：《北魏宁懋石室和墓志》，《河南文博通讯》1980 年第 2 期。

郭建设：《宋元戏曲若干问题试论》，《中原文物》1990 年第 4 期。

郝红星、于宏伟：《辽宋金壁画墓、砖雕墓墓葬形制研究》，郑州市文物考古研究所编著《郑州宋金壁画墓》，北京：科学出版社，2005 年，第 252～269 页。

韩小囡：《宋代墓葬装饰研究》，山东大学博士学位论文，2006 年。

韩小囡：《墓与塔——宋墓中仿木建筑雕饰的来源》，《中原文物》2010 年第 3 期。

韩小囡：《图像与文本的重合——读宋代铜镜上的启门图》，《美术研究》2010 年第 3 期。

杭侃：《中国孝道图像的阶段性》，上海博物馆编《翰墨荟萃：细读美国藏中国五代宋元书画珍品》，北京：北京大学出版社，2012 年，第 224～237 页。

何前：《女孝经图研究》，中央美术学院硕士学位论文，2009 年。

贺西林：《北朝画像石葬具的发现与研究》，巫鸿主编《汉唐之间的视觉文化与物质文化》，北京：文物出版社，2003 年，第 341～376 页。

贺梓城：《唐墓壁画》，《文物》1959 年第 8 期。

黑田彰著，靳淑敏、隽雪艳译：《孝子传图概论》，《中国典籍与文化》2013 年第 2 期。

洪剑民：《略谈成都近郊五代至南宋的墓葬形制》，《考古》1959 年第 1 期。

［美］洪知希：《"恒在"中的葬仪：宋元时期中原墓葬的仪礼时间》，巫鸿等编《古代墓葬美术研究》第 3 辑，长沙：湖南美术出版社，2015 年，第 196～226 页。

后晓荣：《磁州窑瓷枕二十四孝纹饰解读》，《四川文物》2009 年 5 期。

后晓荣：《宋金"画像二十四孝"——中国最早、最成熟的二十四孝》，《西部考古》第 12 辑，北京：科学出版社，2016 年，第 437～445 页。

后晓荣、杨燚锋：《接受与挪用：蔡顺孝行故事流变研究》，《故宫博物院院刊》2018 年第 1 期。

［美］胡素馨著，唐莉芸译：《模式的形成——粉本在寺院壁画构图中的应用》，《敦煌研究》2001 年第 4 期。

胡娅静：《洛阳地区宋代墓室壁画中的孝道文化研究》，《中华文化论坛》2015 年第 8 期。

胡志明：《宋金墓葬孝子图像初探》，中央美术学院硕士学位论文，2010 年。

黄剑波：《五代十国洛阳地区壁画墓设计样式研究》，《创意与设计》2016 年第 1 期。

黄小峰：《四季的故事：〈捣练图〉与〈虢国夫人游春图〉再思》，《美苑》2010 年第 4 期。

黄义军：《湖北宋墓分期》，《江汉考古》1999 年第 2 期。

［美］黄士珊：《唐宋时期佛教版画中所见的媒介转化与子模设计》，石守谦、颜娟英主编《艺术史中的汉晋与唐宋之变》，台北：石头出版股份有限公司，2014 年，第 385～434 页。

黄竹三：《我国戏曲史料的重大发现——山西潞城明代〈礼节传簿〉考述》，山西师范大学戏曲文物研究所编《中华戏曲》第 3 辑，太原：山西人民出版社，1987 年，第 137～152 页。

霍杰娜：《辽墓中所见佛教因素》，《文物世界》2002 年第 3 期。

纪永贵：《董永遇仙故事的产生与演变》，《民族艺术》2000 年第 4 期。

江玉祥：《宋代墓葬出土的二十四孝图像补释》，《四川文物》2001 年第 4 期。

江玉祥：《元刊〈二十四孝〉之蠡测》，万本根、陈德述主编《中华孝道文化》，成都：巴蜀书社，2001 年，第 230～255 页。

姜伯勤：《论敦煌的"画师"、"绘画手"与"丹青上士"》，姜伯勤著《敦煌艺术宗教与礼乐文明》，北京：中国社会科学出版社，1996 年，第 32～54 页。

姜伯勤：《敦煌的写真邈真与肖像艺术》，姜伯勤著《敦煌艺术宗教与礼乐文明》，第 77～92 页。

［英］杰西卡·罗森：《中国的丧葬模式——思想与信仰的知识来源》，杰西卡·罗森著，邓菲等译《祖先与永恒：杰西卡·罗森中国考古艺术文集》，北京：生活·读书·新知三联书店，2011 年，第 173～210 页。

［英］杰西卡·罗森：《西汉的永恒宫殿——新宇宙观的发展》，杰西卡·罗森著《祖先与永恒：杰西卡·罗森中国艺术考古文集》，第 262～280 页。

［英］杰西卡·罗森：《复古维新——以中国青铜器为例》，杰西卡·罗森著《祖先与永恒：杰西卡·罗森中国考古艺术文集》，第 126～154 页。

金连玉：《江西宋墓研究》，中央民族大学硕士学位论文，2010 年。

金身佳：《敦煌写本宅经葬书研究》，兰州大学博士学位论文，2006 年。

［韩］金文京：《高丽本〈孝行录〉与二十四孝》，复旦大学韩国研究中心编《韩国研究论丛》第 3 辑，上海：世界知识出版社，1997 年，第 273～287 页。

矩斋：《古尺考》，《文物参考资料》1957 年第 3 期。

康保成、孙秉君：《陕西韩城宋墓壁画考释》，《文艺研究》2009 年第 11 期。

孔美艳：《民间丧葬演戏略考》，《民俗研究》2009 年第 1 期。

雷虹霁：《历代孝子图像的文化意蕴》，《民族艺术》1999 年第 3 期。

雷虹霁：《历史中的"性别"解读——以孝子图像中女性形象为例》，《广西民族学院学报（哲学社会科学版）》2004 年第 6 期。

雷玉华：《唐宋丧期考——兼论风水术对唐宋时期丧葬习俗的影响》，《四川文物》1999 年第 3 期。

李晨：《汉代画像石墓中的异域因素》，《南京艺术学院学报》2015 年第 1 期。

李浩楠：《山西屯留宋村金代壁画墓题记考释》，《北方文物》2010 年第 3 期。

李晖：《唐诗"捣衣"事象源流考》，《华东师范大学学报（哲学社会科学版）》2000 年第 2 期。

李会：《从宋代墓葬壁画看女性的地位与作用》，《中国国家博物馆馆刊》2011 年第 5 期。

李剑国：《略论孝子故事中的"孝感"母题》，《文史哲》2014 年第 5 期。

李静杰：《中原北方宋辽金时期涅槃图像考察》，《故宫博物院院刊》2008 年第 3 期。

李琳：《福建宋元墓葬壁画分布和特点》，《福建史志》2015 年第 6 期。

李清泉：《宣化辽墓壁画中的备茶图与备经图》，中山大学艺术史研究中心编《艺术史研究》第 4 辑，广州：中山大学出版社，2002 年，第 365～387 页。

李清泉：《叶茂台辽墓出土〈深山会棋图〉再认识》，《美术研究》2004 年第 1 期。

李清泉：《粉本——从宣化辽墓壁画看古代画工的工作模式》，《南京艺术学院学报（美术与设计版）》2004 年第 1 期。

李清泉：《宣化辽代壁画墓设计中的时间与空间观念》，《美术学报》2005 年第 2 期。

李清泉：《宣化辽墓壁画散乐图与备茶图的礼仪功能》，《故宫博物院院刊》2005 年第 3 期。

李清泉：《空间逻辑与视觉意味——宋辽金墓"妇人启门"图新论》，巫鸿等编《古代墓葬美术研究》第 1 辑，北京：文物出版社，2011 年，第 329～362 页。

李清泉：《从南汉康陵"陵台"看佛教影响下的十世纪墓葬》，in Wu Hung ed., *Tenth-century China and Beyond: Art and Visual Culture in a Multi-centered Age*, Chicago: University of Chicago Press, 2012, pp. 126 – 149.

李清泉：《"一堂家庆"的新意象——宋金时期的墓主夫妇像与唐宋墓葬风气之变》，《美术学报》2013 年第 2 期。

李清泉：《墓主像与唐宋墓葬风气之变——以五代十国时期的考古发现为中心》，《美术学报》2014 年第 4 期。

李清泉：《佛教改变了什么——来自五代宋辽金墓葬美术的观察》，巫鸿等编《古代墓葬美术研究》第 4 辑，长沙：湖南美术出版社，2017 年，第 242～277 页。

李清泉：《心桥——墓葬美术中的一个"连接"符号及其两端》，《第五届古代墓葬美术研究国际学术会议论文集》，北京，2017 年 8 月，第 32～49 页。

梁白泉：《墓饰"妇人启门"含义揣测》，《中国文物报》1992 年 11 月 8 日第 3 版。

廖奔：《温县宋墓杂剧雕砖考》，《文物》1984 年第 8 期。

廖奔：《广元南宋墓杂剧、大曲石刻考》，《文物》1986 年第 12 期。

廖奔：《宋金元仿木结构砖雕墓及其乐舞装饰》，《文物》2000 年第 5 期。

廖奇琦：《神灵与仪式：山西汾阳圣母庙圣母殿壁画研究》，中央美术学院博士学位论文，2007 年。

林圣智：《北魏宁懋石室的图像与功能》，《美术史研究集刊》第 18 期，2005 年。

林忠干：《福建宋墓分期研究》，《考古》1992 年第 5 期。

刘佳妮：《中原北方地区辽宋金元壁画墓的研究》，武汉大学硕士学位论文，2010 年。

刘静贞：《宋人的果报观念》，台湾大学硕士学位论文，1981 年。

刘静贞：《宋人的冥报观——洪迈〈夷坚志〉试探》，《食货月刊》1980 年第 9 期。

刘乐乐：《宋金墓葬中杂剧砖雕的礼仪功能探析》，《戏剧艺术》2015 年第 3 期。

刘念兹：《宋杂剧丁都赛雕砖考》，《文物》1980 年第 2 期。

刘未：《尉氏元代壁画墓札记》，《故宫博物院院刊》2007 年第 3 期。

刘未：《门窗、桌椅及其他——宋元砖雕壁画墓的模式与传统》，巫鸿等编《古代墓葬美术研究》第 3 辑，长沙：湖南美术出版社，2015 年，第 227 ~ 252 页。

刘威：《模式与创新：南宋安丙墓的设计思想》，广州美术学院硕士毕业论文，2012 年。

刘亚玲：《宋代富民阶层生活探究——以北方地区宋代墓葬的考古发掘为视角》，郑州大学硕士学位论文，2016 年。

刘晓飞：《金代墓饰中的宗教因素》，《青海民族大学学报（社会科学版）》2011 年第 4 期。

刘耀辉：《山西潞城县北关宋代砖雕二十四孝考辨》，《青年考古学家》2000 年第 12 期。

刘耀辉：《晋南地区宋金墓葬研究》，北京大学硕士学位论文，2002 年。

刘毅：《"妇人启门"墓饰含义管见》，《中国文物报》1993 年 5 月 16 日第 3 版。

卢青峰：《金代墓葬探究》，郑州大学硕士学位论文，2007 年。

陆锡兴：《影神、影堂及影舆》，《中国典籍与文化》1998 年第 2 期。

陆雪梅：《从苏州博物馆藏宋尺谈起》，《东南文化》2002 年第 11 期。

罗丹：《淮南地区宋金墓葬研究》，中央民族大学硕士学位论文，2011 年。

吕品：《河南荥阳北宋石棺线画考》，《中原文物》1983 年第 4 期。

麻国钧：《供盏仪式考略》，麻国钧、刘祯主编《赛社与乐户论集》，北京：中国戏剧出版社，2006 年，上册，第 1 ~ 38 页。

马金花：《山西金代壁画墓初步研究》，《文物春秋》2002 年第 5 期。

马秀勇：《试论唐代民间信仰中的当朝人物崇拜》，首都师范大学硕士学位论文，2003 年。

缪哲：《汉代艺术的"开"与"合"》，《读书》2008 年第 5 期。

缪哲：《汉代艺术中外来母题举例》，南京师范大学博士学位论文，2007 年。

［日］内藤湖南：《概括的唐宋时代观》，原刊于《历史与地理》第 9 卷第 5 号，1910 年；后收于刘俊文主编，黄约瑟译《日本学者研究中国史论著选译》，北京：中华书局，1992 年，第 10 ~ 18 页。

牛加明：《宋代墓室壁画研究》，华南师范大学硕士学位论文，2004 年。

［美］裴志昂：《试论晚唐至元代仿木构墓葬的宗教意义》，《考古与文物》2009 年第 4 期。

彭超：《河南宋墓戏曲图像与山西金墓戏曲图像的初步梳理》，《戏剧》2011 年第 3 期。

彭超、穆宝凤：《金代晋南地区墓葬中杂剧人物的艺术表现》，《艺苑》2011 年第 2 期。

浦江清：《八仙考》，《清华学报》第 11 卷第 1 期，1936 年。

齐东方：《唐代的丧葬观念习俗与礼仪制度》，《考古学报》2006 年第 1 期。

齐东方：《祔葬墓与古代家庭》，《故宫博物院院刊》2006 年第 5 期。

秦大树：《金墓概述》，《辽海文物学刊》1988 年第 2 期。

秦大树：《宋代丧葬习俗的变革及其体现的社会意义》，《唐研究》第 11 卷，北京：北京大学出版社，2005 年，第 313～336 页。

秦大树、钟燕娣：《宋元时期山西地区墓葬的发现和研究》，上海博物馆编《壁上观——细读山西古代壁画》，北京：北京大学出版社，2017 年，第 170～225 页。

秦欢：《北宋多边形墓类型分区与墓室装饰初探》，中央民族大学硕士学位论文，2012 年。

［日］秋山光和：《弥勒下生经变白描粉本（Ｓ二五九ⅴ）和敦煌壁画的制作》，西域文化研究会编《西域文化研究》（六），1963 年。

邱仲麟：《不孝之孝——唐以来割股疗亲现象的社会史初探》，《新史学》第 6 卷第 1 期，1995 年。

冉万里：《宋代丧葬习俗中佛教因素的考古学观察》，《考古与文物》2009 年第 4 期。

任林平：《晋中南地区宋金墓葬研究》，南京大学硕士学位论文，2012 年。

任乃强：《芦山新出汉石图考》，《康导月刊》1943 年第 5 卷第 1 期。

沙武田：《敦煌写真邈真画稿研究——兼论敦煌画之写真肖像艺术》，《敦煌学辑刊》2006 年第 1 期。

沙武田：《敦煌引路菩萨像画稿——兼谈"雕空"类画稿与"刻线法"》，《敦煌研究》2006 年第 1 期。

单国强：《肖像画历史概述》，《故宫博物院院刊》1997 年第 2 期。

尚刚：《蒙、元御容》，《故宫博物院院刊》2004 年第 3 期。

沈睿文：《地理新书的成书及版本流传》，北京大学中国考古学研究中心等编《古代文明》第 8 卷，北京：文物出版社，2010 年，第 313～328 页。

申云艳、齐瑜：《金代墓室壁画分区与内容分类试探》，《山东大学学报》1998 年第 2 期。

盛磊：《四川"半开门中探身人物"题材初步研究》，北京大学汉画研究所等编《中国汉画研究》第 1 卷，桂林：广西师范大学出版社，2004 年，第 83～85、88 页。

盛伟：《四川广元宋墓石刻》，《文物》1986 年第 12 期。

石润宏：《宋词"捣衣"意象的变化》，《文学界》2011 年第 12 期。

史学谦：《试论山西地区的金墓》，《考古与文物》1988 年第 3 期。

宋光宇：《中国地狱罪报观念的形成》，《省立博物馆科学年刊》第 26 期，1983 年。

宋扬：《宋代墓葬壁画探索》，华中师范大学硕士学位论文，2011 年。

宿白：《魏晋南北朝至宋元考古》，中国科学院考古研究所编《考古学基础》，北京：科学出版社，1958 年，第 138～153 页。

隋璐：《宋墓"茶道图"探析》，《农业考古》2014 年第 2 期。

孙丹婕：《甘肃清水箭峡墓孝子图像研究》，中央美术学院硕士学位论文，2014 年。

孙广清：《河南宋墓综述》，《中原文物》1990 年第 4 期。

孙机：《固原北魏漆棺画研究》，《文物》1989 年第 9 期。

孙晶：《历代祭祀性民间祖影像考察》，中国艺术研究院硕士学位论文，2009 年。

孙珂：《宋金元时期墓葬中的孝子图像研究——以山西和河南地区为中心》，北京大学硕士学位论文，2010 年。

孙望：《河南地区宋金时期墓葬壁画初探》，南京大学硕士学位论文，2015 年。

孙筱：《孝的观念与汉代家庭》，《中国史研究》1988 年第 3 期。

陶伟：《神仙与鬼神：〈太平广记〉中所反映的唐代神灵观念》，兰州大学硕士学位论文，2008 年。

田敬权：《河南地区宋金画像石棺研究》，兰州大学硕士学位论文，2015 年。

田银梅：《山西晋南墓葬戏曲砖雕浅探》，《文物世界》2010 年第 3 期。

万彦：《宋辽金元墓葬中女孝子图像的解读》，《艺术探索》2009 年第 5 期。

王成：《陕甘宁地区金代砖雕壁画墓图像装饰研究》，中央美术学院硕士学位论文，2017 年。

王汉民：《八仙形象的形成与发展》，《民族艺术》2000 年第 3 期。

王静：《中国古代镜架与镜台述略》，《南方文物》2012 年第 2 期。

王矩：《浅谈洛阳北宋墓室壁画的题材及艺术风格》，叶万松主编《洛阳考古四十年》，北京：科学出版社，1996 年，第 351～367 页。

王丽颖：《中国北方地区宋金墓葬中宴饮图装饰研究》，山西大学硕士学位论文，2013 年。

王铭：《从"剖冰求鲤"到"卧冰鱼跃"——佛教在"二十四孝"形成过程中的作用个案》，严耀中主编《唐代国家与地域社会研究：中国唐史学会第十届年会论文集》，上海：上海古籍出版社，2008 年，第 425～448 页。

王铭：《菩萨引路：唐宋时期丧葬仪式中的引魂幡》，《敦煌研究》2014 年第 1 期。

王明珂：《慎终追远——历代的丧礼》，姜义华等编《港台及海外学者论中国文化》，上海，上海人民出版社，1988 年，第 569～605 页。

王诗晓：《元壁画墓孝子图的象征意义及仪式化功用》，《中国美术研究》2016 年第 1 期。

王天祥、李琦：《也论大足北山 176 与 177 窟：一个独特题材组合的案例——以"妇人启门图"为中心》，《民族艺术》2008 年第 4 期。

王晓如：《宋代的孝》，《西安联合大学学报》1999 年第 1 期。

王玉冬：《半身像与社会变迁》，中山大学艺术史研究中心编《艺术史研究》第 6 辑，广州：中山大学出版社，2004 年，第 5～70 页。

王玉冬：《蒙元时期墓室的"装饰化"趋势与中国古代壁画的衰落》，巫鸿等编《古代墓葬美术研究》第 2 辑，长沙：湖南美术出版社，2013 年，第 339～57 页。

王玉楼：《汉魏六朝孝子传研究》，暨南大学硕士学位论文，2011 年。

王月清：《论宋代以降的佛教孝亲观及其特征》，《南京社会科学》1999 年第 4 期。

卫文革：《墓葬资料中所见二十四孝之发展演变》，《文物世界》2010 年第 5 期。

魏文斌、师彦灵、唐晓军：《甘肃宋金墓"二十四孝"图与敦煌遗书〈孝子传〉》，《敦煌研究》1998 年第 3 期。

〔美〕巫鸿：《无形之神——中国古代视觉文化中的"位"与对老子的非偶像表现》，巫鸿著，郑岩等译《礼仪中的美术：巫鸿中国古代美术史文编》，北京：生活·读书·新知三联书店，2005 年，第 509 ~ 524 页。

〔美〕巫鸿：《从哪里来，到哪里去？——汉代丧葬艺术中的"柩车"与"魂车"》，巫鸿著《礼仪中的美术》，第 260 ~ 273 页。

〔美〕巫鸿：《"墓葬"：可能的美术史亚学科》，《读书杂志》2007 年第 1 期。

〔美〕巫鸿著，刘聪译：《反思东亚墓葬艺术：一个有关方法论的提案》，中山大学艺术史研究中心编《艺术史研究》第 10 辑，广州：中山大学出版社，2008 年，第 1 ~ 32 页。

〔美〕巫鸿：《无形的微型：中国艺术和建筑中对灵魂的界框》，巫鸿等编《古代墓葬美术研究》第 3 辑，长沙：湖南美术出版社，2015 年，第 1 ~ 17 页。

〔美〕巫鸿：《墓葬考古与绘画史研究》，巫鸿等编《古代墓葬美术研究》第 4 辑，长沙：湖南美术出版社，2017 年，第 16 ~ 22 页。

〔美〕巫鸿：《中国墓葬和绘画中的"画中画"》，上海博物馆编《壁上观——细读山西古代壁画》，北京：北京大学出版社，2017 年，第 304 ~ 333 页。

吴敬：《南方地区宋代墓葬的区域性及相关问题研究》，吉林大学博士学位论文，2008 年。

吴敬：《宋代厚丧薄葬和葬期过长的考古学观察》，《贵州社会科学》2010 年第 8 期。

吴敬：《华南地区宋墓初探》，《四川文物》2011 年第 6 期。

吴敬：《论南方宋墓的共性特征及其成因》，《考古与文物》2014 年第 1 期。

吴咪：《洛阳宋墓孝行图的丧葬观念研究》，西北大学硕士学位论文，2017 年。

吴雪杉：《汉代启门图像性别含义释读》，《文艺研究》2007 年第 2 期。

吴垠：《晋南金墓中的仿木建筑：以稷山马村段氏家族墓为中心》，中央美术学院硕士学位论文，2014 年。

吴垠：《仿木建筑的"事神"意味——以稷山马村段氏家族墓及晋南金墓为中心》，中山大学艺术史研究中心编《艺术史研究》第 17 辑，广州：中山大学出版社，2015 年，第 101 ~ 141 页。

夏素颖：《河北地区宋金墓葬研究》，《文物春秋》2012 年第 2 期。

席倩茜：《晋南金墓砖雕中的戏曲图像研究》，山西大学硕士学位论文，2012 年。

徐婵菲、王爱文：《洛阳古代艺术博物馆藏山西金墓画像雕砖》，《中国国家博物馆馆刊》2011 年第 5 期。

徐婵菲：《洛阳关林庙宋墓人物持画杂剧雕砖考》，《中原文物》2016 年第 3 期。

徐吉军：《论宋代火葬的盛行及其原因》，《中国史研究》1992 年第 3 期。

徐吉军：《论宋代厚葬》，《浙江学刊》1992 年第 6 期。

徐吉军：《宋代纸质明器的盛行及其原因》，《浙江学刊》2016 年第 6 期。

徐家珍：《"熨斗"和"鐎斗"、"刁斗"》，《文物》1958 年第 1 期。

徐苹芳：《宋元时代的火葬》，《文物参考资料》1956 年第 9 期。

徐苹芳：《宋代的杂剧雕砖》，《文物》1960 年第 5 期。

徐苹芳：《白沙宋墓中的杂剧雕砖》，《考古》1960 年第 9 期。

徐苹芳：《唐宋墓葬中的"明器神煞"与"墓仪"制度——读〈大汉原陵秘葬经〉札记》，《考古》1963 年第 2 期。

徐苹芳：《宋代墓葬和窖藏的发掘》，中国社会科学院考古研究所编《新中国的考古发现和研究》，北京：文物出版社，1984 年，第 586～591 页。

徐苹芳：《宋辽金元》，中国社会科学院考古研究所编《新中国的考古发现和研究》，北京：文物出版社，1984 年，第 597～618 页。

徐苹芳：《宋元明考古学》，中国大百科全书总编辑委员会编《中国大百科全书·考古学》，北京：中国大百科全书出版社，1986 年，第 486～492 页。

徐苹芳：《僧伽造像的发现和僧伽崇拜》，《考古》1996 年第 5 期。

徐涛、师小群：《石椁线刻与粉本的形成方式——兼论唐陵墓壁画图像的粉本来源》，巫鸿等编《古代墓葬美术研究》第 2 辑，长沙：湖南美术出版社，2013 年，第 233～252 页。

许海峰：《涿州元代壁画墓孝义故事图浅析》，《文物春秋》2004 年第 4 期。

许若茜：《山西金墓分区分期研究》，中央民族大学硕士学位论文，2011 年。

许雅惠：《〈宣和博古图〉的"间接"流传——以元代赛因赤答忽墓出土的陶器与〈绍熙州县释奠仪图〉为例》，《美术史研究集刊》第 14 期，2003 年。

薛豫晓：《宋辽金元墓葬中"开芳宴"图象研究》，四川大学硕士学位论文，2007 年。

闫丽娟：《试论宋辽金元时期"妇人启门图"》，山西大学硕士学位论文，2013 年。

闫晓英：《山西长治地区金代墓室壁画研究》，山西大学硕士学位论文，2013 年。

杨爱国：《固守家园与远走他乡——汉代石刻艺人的活动区域》，《齐鲁文化研究》第 4 辑，济南：齐鲁书社，2005 年，第 163～169 页。

杨爱国：《墓壁题诗——中国古代墓葬诗歌装饰初探》，《中国美术研究》第 17 辑，2006 年。

杨琮：《福建宋元壁画墓初步研究》，《考古》1996 年第 1 期。

杨泓：《意匠惨淡经营中——介绍敦煌卷子中的白描画稿》，《美术》1981 年第 10 期。

杨效俊：《壁画与葬具：6～7 世纪墓室象征意义的转变》，陕西历史博物馆编《唐墓壁画国际学术研讨会论文集》，西安：三秦出版社，2006 年，第 99～113 页。

杨效俊：《陕西韩城盘乐村宋墓壁画的象征意义》，《文博》2015 年第 5 期。

杨远：《河南北宋壁画墓的分期研究》，《考古与文物》2007 年第 3 期。

扬之水：《"千春永如是日"——泸州宋墓石刻中的生活故事》，中国科学院历史研究所文化史研究室编《形象史学研究》，北京：人民出版社，2014 年，第 60 ~ 81 页。

扬之水：《造型与纹样的发生、传播和演变》，扬之水著《奢华之色——宋元明金银器研究》，北京：中华书局，2011 年，第二卷，第 237 ~ 257 页。

扬之水：《唐宋时代的床和桌》，《艺术设计研究》2012 年第 2 期。

叶俊峰：《东南地区宋墓研究》，郑州大学硕士学位论文，2010 年。

衣若芬：《闺怨与相思：牟益〈捣衣图〉的解读》，《中国文哲研究集刊》第 25 期，2004 年 12 月。

易晴：《河南登封黑山沟北宋砖雕壁画墓图像构成研究》，中央美术学院博士学位论文，2007 年。

易晴：《宋金中原地区壁画墓"墓主人对（并）坐"图像探析》，《中原文物》2011 年第 2 期。

易晴：《试析宋金中原北方地区砖室墓中〈妇人启门〉图像》，樊波主编《美术学研究》第 1 辑，南京：东南大学出版社，2011 年，第 107 ~ 127 页。

尹蓉：《八仙的组合及其文化内涵》，《民族艺术》2005 年第 1 期。

游彪：《"礼""俗"之际——宋代丧葬礼俗及其特征》，《云南社会科学》2005 年第 1 期。

于炳文：《枕中自有乾坤：元代青白釉透雕人物故事瓷枕》，《收藏家》2003 年第 12 期。

于赓哲：《割股奉亲缘起的社会背景考察——以唐代为中心》，《史学月刊》2006 年第 2 期。

余继平：《遵义地区宋墓石刻装饰艺术特点分析》，《三峡论坛》2016 年第 3 期。

［美］余英时：《中国古代死后观念的演变》，余英时著《中国思想传统的现代诠释》，台北：联经出版社，1987 年，第 123 ~ 143 页。

余欣：《墓葬神煞研究》，《敦煌学辑刊》2003 年第 1 期。

郁倩云：《论二十四孝的佛教起源》，山东大学硕士学位论文，2015 年。

袁泉：《从墓葬中的"茶酒题材"看元代丧祭文化》，吉林大学边疆考古研究中心编《边疆考古研究》第 6 辑，北京：科学出版社，2007 年，第 329 ~ 349 页。

袁泉：《宋金墓葬"猫雀"题材考》，《考古与文物》2008 年第 4 期。

袁泉：《物与像：元墓壁面装饰与随葬品共同营造的墓室空间》，《故宫博物院院刊》2013 年第 2 期。

袁泉：《生与死：小议蒙元时期墓室营造中的阴阳互动》，《四川文物》2014 年第 3 期。

袁书会：《二十四孝中的异域人物——浅谈中印文化交流》，《社会科学战线》2000 年第 4 期。

［美］曾蓝莹：《作坊、格套与地域子传统：从山东安丘董家庄汉墓的制作痕迹谈起》，《美术史研究集刊》第 8 期，2000 年。

詹嘉、齐曼：《古代瓷枕民俗文化探析》，《陶瓷研究》2000 年第 3 期。

张邦炜：《两宋时期的丧葬陋俗》，《四川师范大学学报（社会科学版）》1997 年第 3 期。

张保卿：《巩义涉村宋墓孝子图像考——兼谈中原北方地区宋墓的墓主像》，《文物》2017 年第 7 期。

张春新、屈婷：《川南泸县南宋墓葬石刻"勾栏"造型艺术研究》，《民族艺术研究》2010 年第 4 期。

张帆：《豫北和晋南宋金墓杂剧形象的比较研究》，《中原文物》2009 年第 4 期。

张广达：《内藤湖南的唐宋变革说及其影响》，《唐研究》第 11 卷，北京：北京大学出版社，2005 年，第 5~71 页。

张健：《两宋民间劝孝文献研究》，东北师范大学硕士学位论文，2011 年。

张景峰：《敦煌莫高窟的影窟及影像——由新发现的第 476 窟谈起》，《敦煌学辑刊》2006 年第 3 期。

张凯：《中原地区宋墓图像"祝寿模式"探析》，《南京艺术学院学报（美术与设计）》2017 年第 1 期。

张梦纳：《南方宋墓装饰题材的区域性研究》，吉林大学硕士学位论文，2017 年。

张鹏：《"粉本"、"样"与中国古代壁画创作——兼谈中国古代的艺术教育》，《美苑》2005 年第 1 期。

张鹏：《妇人启门图试探——以宣化辽墓壁画为中心》，《民族艺术》2006 年第 3 期。

张鹏：《劝世与娱情——宋金墓葬壁画中的一桌二椅到夫妇共坐》，《美术研究》2010 年第 4 期。

张群喜：《唐墓壁画颜料的分析与研究》，周天游主编《唐墓壁画研究文集》，西安：三秦出版社，2001 年，第 411~419 页。

张腾才：《"父母恩重经变"与孝道思想的关系》，《四川文物》2005 年第 1 期。

张晓东：《漫话熨斗》，《紫禁城》1987 年第 6 期。

赵超：《"二十四孝"在何时形成（上、下）》，《中国典籍与文化》1998 年第 1、2 期。

赵超：《山西壶关南村宋代砖雕墓砖雕题材试析》，《文物》1998 年第 5 期。

赵超：《"树下老人"与唐代的屏风式墓中壁画》，《文物》2003 年第 2 期。

赵超：《日本流传的两种古代〈孝子传〉》，《中国典籍与文化》2004 年第 2 期。

赵超：《关于伯奇的古代孝子图画》，《考古与文物》2004 年第 3 期。

赵凡奇：《宋金时期的屏风——以北方宋金墓资料为中心》，《文物世界》2014 年第 3 期。

赵娟：《晋南金墓乐舞砖雕舞蹈学研究》，东北师范大学硕士学位论文，2014 年。

赵明星：《宋代仿木构墓葬形制研究》，吉林大学硕士学位论文，2003 年。

赵明星：《宋代仿木构墓葬形制及对辽金墓葬的影响》，吉林大学边疆考古研究中心编《边疆考古研究》第 4 辑，北京：科学出版社，2005 年，第 210~237 页。

赵冉：《宋元墓葬中榜题、题记研究》，《南方文物》2012 年第 1 期。

赵旭：《唐宋时期私家祖考祭祀礼制考论》，《中国史研究》2008 年第 3 期。

赵永军：《金代墓葬研究》，吉林大学博士学位论文，2010 年。

赵忠波：《从葬制葬俗变革看社会变迁》，四川大学硕士学位论文，2007 年。

郑炳林：《敦煌写本邈真赞所见真堂及其相关问题研究——关于莫高窟供养人画像研究之一》，《敦煌研究》2006 年第 6 期。

郑滦明：《宣化辽墓"妇人启门"壁画小考》，《文物春秋》1995 年第 2 期。

郑绍宗：《宣化辽墓壁画——中国古代壁画之精华》，《故宫文物月刊》1997 年第 12 期。

郑绍宗：《辽壁画墓散乐图之发现与研究》，河北省文物研究所编《河北省考古文集》，北京：东方出版社，1998 年，第 466～472 页。

郑岩：《民间艺术二题》，《民俗研究》1995 年第 2 期。

郑岩：《墓主画像研究》，山东大学考古学系编《刘敦愿先生纪念文集》，济南：山东大学出版社，1998 年，第 450～468 页。

郑岩：《北齐徐显秀墓墓主画像有关问题》，《文物》2003 年第 10 期。

郑岩：《关于汉代丧葬画像观者问题的思考》，北京大学汉画研究等编《中国汉画研究》第 2 卷，桂林：广西师范大学出版社，2006 年，第 39～55 页。

郑岩：《论"半启门"》，《故宫博物院院刊》2012 年第 3 期。

郑岩：《北朝葬具孝子图的形式与意义》，《美术学报》2012 年第 6 期。

郑岩：《葬礼与图像——以两汉北朝材料为中心》，《美术研究》2013 年第 4 期。

郑以墨：《内与外 虚与实——五代、宋墓葬中仿木建筑的空间表达》，《故宫博物院院刊》2009 年第 6 期。

郑以墨：《五代墓葬美术研究》，中央美术学院博士学位论文，2009 年。

郑以墨：《五代王处直墓壁画的空间配置研究——兼论墓葬壁画与地上绘画的关系》，《美苑》2010 年第 1 期。

郑以墨：《缩微的空间——五代、宋墓葬中仿木建筑构件的比例与观看视角》，《美术研究》2011 年第 1 期。

郑以墨：《河北涿州元墓壁画研究》，《南京艺术学院学报（美术与设计）》2015 年第 5 期。

周到：《温县宋墓中散乐形式的研究》，《戏曲艺术》1983 年第 1 期。

周到：《安阳天禧镇宋墓壁画散乐图跋》，《中原文物》1984 年第 1 期。

周贻白：《北宋墓葬中人物雕砖的研究》，《文物》1961 年第 10 期。

朱瑞熙：《宋代的丧葬习俗》，《学术月刊》1997 年第 2 期。

朱世伟、徐婵菲：《洛阳宋金时期墓葬雕砖概述》，《荣宝斋》2017 年第 12 期。

朱瑶：《董永故事文物文献考述》，《孝感学院学报》2007 年第 1 期。

朱志学：《两宋"写真"的社会功能研究——根据两宋史料对宋代绘像重构》，首都师范大学硕士学位论文，2007 年。

庄程恒：《北宋两京地区墓主夫妇画像与唐宋世俗生活风尚之新变动》，中山大学艺术史研究中心编《艺术史研究》第 12 辑，广州：中山大学出版社，2010 年，第 83～122 页。

庄程恒：《庆堂与净土——晋南金墓中的婴戏图像及其双重信仰》，《美术学报》2014 年第 4 期。

邹清泉：《汉魏南北朝孝子画像的发现与研究》，《美术学报》2014 年第 1 期。

2. 外文论文

［日］奥村伊九良：《孝子伝石棺の刻畫》，《瓜茄》第 1 卷第 4 册，1937 年，第 259～299 页。

［日］奥村伊九良：《镀金孝子伝石棺の刻畫に就て》，《瓜茄》第 1 卷第 5 册，1939 年，第 359～382 页。

［日］池田温：《中国歴代墓券略考》，《東洋文化研究所紀要》第 86 期，1981 年，第 193～271 页。

［日］加藤直子：《魏晋南北朝墓における孝子伝図について》，吉村怜博士古稀纪念会编《東洋美術史論叢》，东京：雄山阁，2000 年，第 113～133 页。

［日］山内弘一：《北宋時代の神御殿と景霊宮》，《東方学》第 70 辑，1985 年，第 46～60 页。

［日］小岛毅：《儒教の偶像観——祭礼をめぐる言説》，东大中国学会编《中国の社會と文化》第 7 号，1992 年，第 69～82 页。

林圣智：《北朝時代における葬具の図像と機能——石棺床圍屏の墓主肖像と孝子伝図を例として一》，《美術史》第 154 期，2003 年，第 207～226 页。

苏哲：《北魏孝子伝図研究における二、三の問題點》，《美学美術史学》第 14 号，1999 年，第 61～88 页。

［日］土居淑子：《古代中国の半開の扉》，《古代中国考古・文化論叢》，东京：言丛社，1992 年，第 253～292 页。

［日］原田正己：《墓券文に見られる冥界の神とその祭祀》，《東方宗教》1967 年第 29 期。

Asim, Ina. "Status Symbol and Insurance Policy: Song Land Deeds for the Afterlife," in Dieter Kuhn ed., *Burial in Song China*, Heidelberg: Würzburger Sinologische Schriften, 1994, pp. 307 – 370.

Bickford, Maggie. "The Three Rams and the Three Friends: the Working Life of Chinese Auspicious Motifs," *Asia Major*, vol. XII, 1999, pp. 127 – 158.

Bickford, Maggie. "The Painting of Flowers and Birds in Sung-Yuan China," in Maxwell Hearn and Judith Smith eds., *Arts of the Sung and Yuan*, New York: The Metropolitan Museum of Art, 1996, pp. 293 – 318.

Blanchard, Lara. "Huizong's New Clothes: Desire and Allegory in Court Ladies Preparing Newly Woven Silk," *Ars Orientalis*, vol. 36, 2009, pp. 111 – 135.

Brook, Timothy. "Funeral Ritual and the Building of Lineages in Late Imperial China," *Harvard Journal of Asiatic Studies*, vol. 49, 1989, pp. 465 – 499.

Buck, Elaine. "The Eight Immortals on Jin Dynasty Tomb Tiles," in Stacey Pierson ed., *Song Ceramics: Art History, Archaeology and Technology*, London: University of London, 2004, pp. 103 – 118.

Ch'en, Kenneth. "Filial Piety in Chinese Buddhism," *Harvard Journal of Asiatic Studies*, vol. 28, 1968, pp. 81 – 97.

Chen Pao-chen. "Three Representational Modes for Text/Image Relationships in Early Chinese Pictorial Art,"

《美术史研究集刊》第 8 期，2000 年，第 87 ~ 135 页。

Chen Pao-chen. "Time and Space in Chinese Narrative Paintings of Han and the Six Dynasties," in Chun-Chieh Huang and Erik Zurcher eds. , *Time and Space in Chinese Culture*, Leiden: Brill, 1995, pp. 239 – 285.

Clunas, Craig. "Not One Hair Different. . . : Wen Zhengming on Imaging the Dead in Ming Funerary Portraiture," in Rupert Shepherd and Robert Maniura eds. , *Presence: The Inherence of the Prototype within Images and Other Objects*, Hants: Ashgate Press, 2006, pp. 31 – 45.

Demarrais, Elizabeth. "The Materialization of Culture," in Elizabeth DeMarrais, Chris Gosden and Colin Renfrew eds. , *Rethinking Materiality: the Engagement of Mind with the Material World*, Cambridge: McDonald Institute Monographs, 2004, pp. 11 – 22.

De Meyer, Jan. "From Beyond the Grave: Remarks on the Poetical Activities of Tang Dynasty Ghosts," in Angela Schottenhammer ed. , *Auf den Spuren des Jenseits: Chinesische Grabkultur in den Facetten von Wirklichkeit, Geschichte und Totenkult*, Frankfurt am Main; Oxford: Peter Lang, 2003, pp. 141 – 160.

Deng, Fei. "Understanding Efficacy: A Study of Decorated Tombs in Northern Song China (960 – 1127)," Ph. D. Dissertation, University of Oxford, 2010.

De Pee, Christian. "Till Death Do Us Unite: Texts, Tombs, and the Cultural History of Weddings in Middle-Period China," *The Journal of Asian Studies*, vol. 65, no. 4, 2006, pp. 691 – 712.

Dudbridge, Glen. "Buddhist Images in Action: Five Stories from the Tang," *Cahiers d'Extrême-Asie*, vol. 10, 1998, pp. 377 – 391.

Ebrey, Patricia. "Cremation in Sung China," *American Historical Review*, vol. 95, 1990, pp. 406 – 428.

Ebrey, Patricia. "Portrait Sculptures in Imperial Ancestral Rites in Song China," *T'oung Pao*, vol. 83, 1997, pp. 42 – 92.

Ebrey, Patricia. "The Ritual Context of Sung Imperial Portraiture," in Cary Y. Liu and Dora C. Y. Ching eds. , *Arts of the Sung and Yuan: Ritual, Ethnicity, and Style in Painting*, Princeton, N. J. : Art Museum, Princeton University, 1999, pp. 69 – 93.

Ebrey, Patricia. "Education Through Ritual: Efforts to Formulate Family Rituals during the Sung Period," in John W. Chaffee and Wm. Theodore de Bary eds. , *Neo-Confucian Education: The Formative Stage*, Berkeley: University of California Press, 1989, pp. 277 – 306.

Eschenbach, Silvia Freiin Ebner von. "The Public Graveyards of the Song Dynasty," in Dieter Kuhn ed. , *Burial in Song China*, Heidelberg: Würzburger Sinologische Schriften, 1994, pp. 215 – 252.

Falkenhausen, Lothar von. "On the Historiographical Orientation of Chinese Archaeology," *Antiquity*, vol. 67, 1993, pp. 839 – 849.

Fogelin, Lars. "The Archaeology of Religious Ritual," *Annual Review of Anthropology* 36, 2007, pp. 55 – 71.

Fraser, Sarah. "Regimes of Production: The Use of Pounces in Temple Construction," *Orientations*, 1996: 11, pp. 60 –69.

Fraser, Sarah. "Formulas of Creativity: Artist's Sketches and Techniques of Copying at Dunhuang," *Artibus Asiae*, vol. 59, 1999 –2000, pp. 189 –224.

Fu Hongchu. "The Cultural Fashioning of Filial Piety: A Reading of ' Xiao Zhangtu' (Little Zhang the Butcher)," *Journal of Song and Yuan Studies*, vol. 29, 1999, pp. 63 –89.

Goldin, Paul R. "The Motif of the Woman in the Doorway and Related Imagery in Traditional Chinese Funerary Art," *Journal of the American Oriental Society*, vol. 121, no. 4, 2001, pp. 539 –548.

Harrell, Stevan. "When a Ghost Becomes a God," in Arthur Wolf ed. , *Religion and Ritual in Chinese Society*, Standford, Calif: Standford University Press, 1974, pp. 193 –206.

Hartwell, Robert. "Demographic, Political, and Social Transformations of China, 750 –1550," *Harvard Journal of Asiatic Stdies*, vol. 42, no. 2, 1982, pp. 365 –442.

Hironobu, Kohara. "Narrative Illustration in the Handscroll Format," in Alfred Murck and Wen Fong eds. , *Words and Images: Chinese Poetry, Calligraphy, and Painting*, Princeton: Princeton University Press, 1991, pp. 243 –260.

Ho, Judy Chungwa. "Portraying the Family in the Metropolitan and Frontier Regions during the Transition between Han and Tang," in Wu Hung ed. , *Between Han and Tang: Cultural and Artistic Interaction in a Transformative Period*, Beijing: Wenwu chubanshe, 2001, pp. 463 –506.

Hong, Jeehee. "Theatricalizing Death: In Performance Images of Mid-Imperial China," Ph. D. Dissertation, University of Chicago, 2008.

Hong, Jeehee. "Virtual Theater of the Dead: Actor Figurines and Their Stage in Houma Tomb No. 1, Shanxi Province," *Artibus Asiae*, No. 1, 2011, pp. 106 –109.

Hong, Jeehee. "Changing Roles of the Tomb Portrait: Burial Practices and Ancestral Worship of the Non-Literati Elite in North China (1000 – 1400) ," *Journal of Song-Yuan Studies*, vol. 44, 2014, pp. 203 –264.

Hong, Jeehee and Hinrichs, T J. "Unweitten Life (and Death) of a ' Pharmacist'in Song China: Decoding Hancheng Tomb Murals," *Cahier d'Extrême-Asie* 24, 2015, pp. 231 –278.

Hong, Jeehee. "Mechanism of Life for the Netherworld: Transformations of Mingqi in Middle-period China," *Journal of Chinese Religions*, 43: 2, 2015, pp. 161 –193.

Johnson, David. "Confucian Elements in the Great Temple Festival of Southeastern Shanxi in Late Imperial Times," *T'oung pao*, vol. 83, 1997, pp. 126 –161.

Karetzeky, Patricia Eichenbaum and Soper, Alexander. "A Northern Wei Painted Coffin," *Artibus Asiae*, vol. 51, 1991, pp. 1 –28.

Katz, Paul. "The Function of Temple Murals in Imperial China: the Case of the Yung-lo Kung," *Journal of Chinese Religions*, vol. 21, 1993, pp. 46 – 68.

Laing, Ellen Johnston. "Patterns and Problems in Later Chinese Tomb Decoration," *Journal of Oriental Studies*, vol. 16, no. 1 – 2, 1978, pp. 3 – 20.

Laing, Ellen Johnston. "Chin 'Tartar' Dynasty Material Culture," *Artibus Asiae*, vol. 49, 1989, pp. 73 – 126.

Laing, Ellen Johnston. "Auspicious Motifs in 9th – 13th Century Chinese Tombs," *Ars Orientalis*, vol. 33, 2003, pp. 45 – 63.

Liao Hsien-huei, "Visualizing the Afterlife: The Song Elite's Obsession with Death, the Underworld, and Salvation,"《汉学研究》第 20 辑, 2002 年, 第 399 ~ 440 页。

Lin Wei-Cheng, "Underground Wooden Architecture in Brick: A Changed Perspective from life to Death in 10th-through 13th-Century Northern China," *Archives of Asian Art*, vol. 61, 2011, pp. 3 – 36.

Maeda, Robert. "Some Sung, Chin, and Yuan Representations of Actors," *Artibus Asiae*, vol. 41, 1979, pp. 132 – 156.

Moser, Jeffrey. "Recasting Antiquity: Ancient Bronzes and Ritual Hermeneutics in the Song Dynasty," Ph. D. Dissertation, Harvard University, 2010.

Naquin, Susan. "Funerals in North China: Uniformity and Variations," in James Waston and Evelyn Rawski eds., *Death Ritual in Late Imperial and Modern China*, Berkeley: University of California Press, 1988, pp. 37 – 68.

Nickerson, Peter. "Let Living and Dead Take Separate Paths: Bureaucratisation and Textualisation in Early Chinese Mortuary Ritual," in Benjamin Penny ed., *Daoism in History: Essays in Honour of Liu Ts'un-yan*, London; New York: Routledge, 2006, pp. 10 – 40.

Nylan, Michael. "Addicted to Antiquity: A Brief History of the Wu Family Shrines," in Naomi Noble Richard ed., *Recarving China's Past: Art, Archaeology and Architecture of the Wu Family Shrines*. Princeton, N. J.: Princeton University Art Museum, 2005, pp. 513 – 559.

Rawson, Jessica. "Changes in the Representations of Life and the Afterlife as Illustrated by the Contents of Tombs of the Tang and Sung Periods," in Maxwell Hearn and Judith Smith eds., *Arts of the Sung and Yuan*, New York: The Metropolitan Museum of Art, 1996, pp. 23 – 44.

Rawson, Jessica. "Ancient Chinese Ritual as Seen in the Material Record," in Joseph McDermott ed., *State and Court Ritual in China*, Cambridge: Cambridge University Press, 1999, pp. 20 – 49.

Rawson, Jessica. "Cosmological Systems as Sources of Art, Ornament and Design," *Bulletin of the Museum of Far Eastern Antiquities*, vol. 72, 2000, pp. 133 – 189.

Rawson, Jessica. "The Many Meanings of the Past in China," in Dieter Kuhn and Helga Stahl eds., *Die Gegenwart des Altertums: Formen und Funktionen des Altertumsbezugs in den Hochkulturen der Alten Welt*, Heidelberg:

Edition Forum, 2001, pp. 397 – 422.

Rawson, Jessica. "The Power of Images: the Model Universe of the First Emperor and Its Legacy," *Historical Research*, vol. 75, 2002, pp. 123 – 154.

Rawson, Jessica. "The Origins of Chinese Mountain Painting: Evidence from Archaeology," *Proceedings of the British Academy*, vol. 117, 2002, pp. 1 – 48.

Rawson, Jessica. "The Agency of, and the Agency for, the Wanli Emperor," in Robin Osborne and Jeremy Tanner eds., *Art's Agency and Art History*, Malden, MA; Oxford: Blackwell Publishing, 2007, pp. 95 – 113.

Renfrew, Colin. "Varna and the Emrtgence of Wealth in Prehistoric Europe," in A. Appaudurai ed., *The Social life of Things*, Cambrdige, 1986, pp. 141 – 168.

Schottenhammer, Angela. "Characteristic of Song Epitaphs," in Dieter Kuhn ed., *Burial in Song China*, Heidelberg: Würzburger Sinologische Schriften, 1994, pp. 253 – 306.

Seckel, Dietrich. "The Rise of Portraiture in Chinese Art," *Artibus Asiae*, vol. 53, 1993, pp. 7 – 26.

Seidel, Anna. "Traces of Han Religion in Funeral Texts Found in Tombs," in Akizuki Kan'ei 秋月觀暎 ed., *Dōkyō to shūkyō bunka* 道教と宗教文化, Tokyo: Hirakawa, 1987, pp. 21 – 57.

Sena, Yun-Chiahn. "Pursuing Antiquity: Chinese Antiquarianism from the Tenth to Thirteenth Century," Ph. D. Dissertation, University of Chicago, 2007.

Shen, Hsueh-man. "Body Matters: Manikins Burials in the Liao Tombs of Xuanhua, Hebei Province," *Artibus Asiae*, vol. 65, 2005, pp. 110 – 112.

Siggstedt, Mette. "From of Fate: An Investigation of the Relationship between Formal Portraiture, Especially Ancestral Portraits, and Physiognomy in China," in *International Colloquium on Chinese Art History*, 1991: *Proceedings*, *Painting and Calligraphy*, Part 2, Taipei: National Palace Museum, 1992, pp. 713 – 748.

Soper, Alexander. "Life-motion and the Sense of Space in Early Chinese Presentational Art," *Art Bulletin*, vol. 30, 1948, pp. 167 – 186.

Stafford, Charles. "Introduction: The Separation Constraint in China," in Charles Stafford ed., *Living with Separation in China: Anthropological Accounts*, London: Routledge Curzon, 2003, pp. 1 – 26.

Stahl, Helga. "Su Shih's Orthodox Burials: Interconnected Double Chamber Tombs in Sichuan," in Dieter Kuhn ed., *Burial in Song China*, Heidelberg: Würzburger Sinologische Schriften, 1994, pp. 161 – 214.

Steinhardt, Nancy. "Yuan Period Tombs and Their Decoration: Cases at Chifeng," *Oriental Art*, vol. 36, 1990, pp. 198 – 221.

Steinhardt, Nancy. "Liao: An Architectural Tradition in the Making," *Artibus Asiae*, vol. LIV, 1994, pp. 5 – 39.

Sturman, Peter. "Cranes above Kaifeng: The Auspicious Image at the Court of Huizong," *Ars Orientalis*, vol. XX, 1990, pp. 37 – 53.

Teiser, Stephen. "Having Once Died and Returned to Life: Representations of Hell in Medieval China," *Harvard Journal of Asiatic Studies*, vol. 48, 1988: 2, pp. 433 – 644.

Teiser, Stephen. "The Ritual behind the Opera: A Fragmentary Ethnography of the Ghost Festival, A. D. 400 – 1900," in David Johnson ed., *Ritual Opera, Operatic Ritual: "Mu-lien Rescues His Mother" in Chinese Popular Culture*, Berkeley: University of California, 1989, pp. 191 – 223.

Thompson, Stuart. "Death, Food, and Fertility," in James Watson and Evelyn Rawski eds., *Death Ritual in Late Imperial and Modern China*, Berkeley: University of California Press, 1988, pp. 71 – 108.

Verellen, Franciscus. "The Beyond Within: Grotto-heavens in Taoist Ritual and Cosmoogy," *Cahiers d'Extreme-Asie*, vol. 8, 1995, pp. 265 – 290.

Wang, Eugene. "Coffins and Confucianism: The Northern Wei Sarcophagus in the Minneapolis Institute of Arts," *Orientations*, 1999: 7, pp. 56 – 64.

Wolf, Arthur. "Gods, Ghosts, and Ancestors", in Arthur Wolf ed., *Religion and Ritual in Chinese Society*, Stanford Calif: Stanford University Press, 1974, pp. 131 – 182.

Wu Hung. "Myth and Legends in Han Funerary Art: Their Pictorial Structure and Symbolic Meanings as Reflected in Carvings on Sichuan Sarcophagi," in Kenneth J. DeWoskin, Lucy Lim, Martin J. Powers and Gao Wen eds., *Stories from China's Past: Han Dynasty Pictorial Tomb Reliefs and Archaeological Objects from Sichuan*, PRC, Chinese Cultural Foundation of San Francisco, 1987, pp. 72 – 81.

Wu Hung. "Beyond the 'Great Boundary': Funerary Narrative in the Cangshan Tomb," in John Hay ed., *Boundaries in China*, London: Reaktion Books, 1994, pp. 81 – 104.

Wu Hung. "Four Voices of Funerary Monuments," in *Monumentality in Early Chinese Art and Architecture*, Stanford: Stanford Unirersity Press, 1995, pp. 189 – 250.

Wu Hung. "A Deity without Form: The Earliest Representation of Laozi and the Concept of Wei in Chinese Ritual Art," *Orientations*, 2002: 4, pp. 38 – 45.

Wu Hung. "A Case of Cultural Interaction: Housed-shaped Sarcophagi of the Northern Dynasties," *Orientations*, 2002: 5, pp. 33 – 41.

附 表

附表 1 北方地区宋代砖雕壁画墓

序号	墓葬名称	时代	地点	壁饰形式	资料来源
河南（豫西北地区）					
1	焦作刘智宽墓	宋太平兴国五年（980 年）	河南焦作	砖雕	《中原文物》2012 年第 6 期
2	洛阳富湖墓	宋元丰六年（1083 年）	河南洛阳	彩绘	《中原文物》2008 年第 6 期
3	焦作梁全本墓	宋崇宁四年（1105 年）	河南焦作	砖雕	《中原文物》2007 年第 5 期
4	焦作宋翼闹墓	宋政和三年（1113 年）	河南焦作	砖雕彩绘	《文物世界》2009 年第 5 期
5	新安县石寺李村宋四郎墓	宋宣和八年，即靖康元年（1126 年）	河南新安	砖雕彩绘	《故宫博物院院刊》2016 年第 1 期；《洛阳古代墓葬壁画》，第 398 ~ 409 页
6	洛阳邙山北宋壁画墓	北宋（推测崇宁二年 1103 年左右）	河南洛阳	砖雕彩绘	《文物》1992 年第 12 期
7	洛阳关林钢厂宋代彩绘砖雕墓	北宋	河南洛阳	砖雕彩绘	资料现存洛阳市文物工作队资料室
8	洛阳关林庙宋墓	北宋晚期	河南洛阳	砖雕彩绘	《文物》2011 年第 8 期
9	洛阳龙门一号宋墓	北宋	河南洛阳	砖雕	《考古通讯》1958 年第 6 期

续附表 1

序号	墓葬名称	时代	地点	壁饰形式	资料来源
河南（豫西北地区）					
10	洛阳涧西宋墓	北宋	河南洛阳	砖雕	《文物参考资料》1955 年第 9 期
11	洛阳涧西轴承厂宋墓	北宋	河南洛阳	砖雕	《文物》1983 年第 8 期
12	洛阳涧西耐火材料厂宋墓	北宋晚期	河南洛阳	砖雕	《洛阳古代艺术博物馆》，第 53 页
13	洛阳七里河宋墓	北宋	河南洛阳	砖雕彩绘	《洛都美术史迹》，第 591~592 页
14	洛阳有色金属供应站宋墓	北宋	河南洛阳	砖雕	同上
15	洛阳新区北宋墓	北宋	河南洛阳	砖雕	《洛阳考古》2015 年第 3 期
16	洛阳邙麓街宋墓	北宋	河南洛阳	砖雕	《文物参考资料》1956 年第 11 期
17	洛阳市砖雕壁画墓	北宋	河南洛阳	砖雕彩绘	《文物》1958 年第 1 期
18	洛阳油油宋砖雕墓	宋金	河南洛阳	砖雕	《河南文化文物年鉴》，第 201 页
19	新安梁庄宋墓	北宋	河南新安	砖雕彩绘	《考古与文物》1996 年第 4 期
20	新安城关镇北宋壁画墓	北宋	河南新安	砖雕彩绘	《中国考古学年鉴 1995》，第 178 页
21	新安古村北宋壁画墓	北宋	河南新安	砖雕彩绘	《考古与文物》1998 年第 3 期；《考古与文物》2015 年第 1 期
22	新安李村北宋墓	北宋	河南新安	砖雕彩绘	《华夏考古》1992 年第 2 期
23	新安二号宋墓	北宋	河南新安	砖雕彩绘	《洛阳古代墓葬画》，第 409~418 页
24	新安厥山村北宋壁画墓	北宋	河南新安	彩绘	资料现存洛阳市文物工作队资料室
25	济源承留宋墓	北宋	河南济源	砖雕	《中原文物》2012 年第 4 期
26	济源东石露头村宋代壁画墓	北宋	河南济源	彩绘	《中原文物》2008 年第 2 期
27	济源龙草二号宋金墓	宋代	河南济源	彩绘	《中国国家博物馆馆刊》2016 年第 2 期
28	嵩县北元村宋墓	北宋	河南嵩县	砖雕彩绘	《中原文物》1987 年第 3 期

续附表 1

序号	墓葬名称	时代	地点	壁饰形式	资料来源
河南（豫西北地区）					
29	嵩县向村宋墓	北宋	河南嵩县	砖雕彩绘	《洛阳市志·文物志》，第 109 页
30	沁阳张庄宋墓	北宋	河南沁阳	砖雕彩绘	《沁阳文物》，第 72～73 页
31	宜阳仁厚村北宋壁画墓	北宋	河南宜阳	彩绘	《洛阳古代墓葬壁画》，第 413～430 页；《文物》2015 年第 4 期
32	焦作白庄宋代壁画墓	北宋	河南焦作	砖雕彩绘	《文博》2009 年第 1 期
33	偃师酒流沟宋墓	北宋	河南偃师	砖雕彩绘	《文物》1959 年第 9 期
34	温县东南王村宋墓	北宋	河南温县	砖雕彩绘	《中原文物》1983 年第 1 期
35	温县西关宋墓	北宋	河南温县	砖雕	《华夏考古》1996 年第 1 期
36	陕县化纤厂宋墓	北宋	河南陕县	砖雕彩绘	《华夏考古》1993 年第 4 期
37	三门峡化工厂宋墓	北宋	河南三门峡	砖雕彩绘	《华夏考古》1993 年第 2 期
河南（豫北地区）					
38	安阳天禧镇王用昨墓	宋熙宁十年（1077 年）	河南安阳	彩绘	《文物参考资料》1954 年第 8 期
39	鹤壁故县村宋墓	宋绍圣元年（1094 年）	河南鹤壁	砖雕彩绘	《鹤壁年鉴 1994～1995》，第 229 页
40	鹤壁故县宋墓	元祐四年（1089 年）	河南鹤壁	彩绘	《文物鉴定与鉴赏》2015 年第 8 期
41	安阳新安庄西地王现墓	宋大观三年（1109 年）	河南安阳	砖雕	《考古》1994 年第 10 期
42	安阳赵火桑墓	宋宣和二年（1120 年）	河南安阳	砖雕彩绘	《华夏考古》1997 年第 2 期
43	安阳赵格墓	宋宣和四年（1122 年）	河南安阳	砖雕彩绘	同上
44	林县杨家庄宋墓	北宋	河南林县	砖雕彩绘	《考古》1957 年第 2 期
45	林县坡关宋墓	北宋	河南林县	砖雕彩绘	《考古与文物》1982 年第 5 期
46	林县一中宋墓	北宋	河南林县	砖雕彩绘	《中原文物》1990 年第 4 期

续附表 1

序号	墓葬名称	时代	地点	壁饰形式	资料来源
河南（豫北地区）					
47	林县董家村宋墓	北宋	河南林县	砖雕彩绘	《文物参考资料》1954 年第 5 期
48	林州小西环路幼儿园宋墓	北宋	河南林州	砖雕彩绘	《华夏考古》2010 年第 1 期
49	林州李家池宋代壁画墓	北宋晚期	河南林州	彩绘	《华夏考古》2010 年第 4 期
50	安阳小南海宋代壁画墓	北宋	河南安阳	砖雕彩绘	《中原文物》1993 年第 2 期
51	新安庄西地 36 号宋墓	北宋晚期	河南安阳	砖雕	《考古》1994 年第 10 期
52	汤阴县委大院宋墓	北宋	河南汤阴	砖雕	《中原文物》1985 年第 1 期
53	新乡丁固城 44 号宋墓	北宋早中期	河南新乡	砖雕	《中原文物》1985 年第 2 期
河南（豫中地区）					
54	宋太宗元德李后陵	宋咸平三年（1000 年）	河南巩县	彩绘	《华夏考古》1988 年第 3 期
55	郑州南关外宋墓	宋至和三年（1056 年）	河南郑州	砖雕彩绘	《文物参考资料》1958 年第 5 期。
56	登封黑山沟宋代壁画墓	宋绍圣四年十二月（1098 年）	河南登封	砖雕彩绘	《文物》2001 年第 10 期
57	禹县白沙一号宋墓	宋元符二年（1099 年）	河南禹县	砖雕彩绘	《白沙宋墓》，第 25～63 页
58	禹县白沙二号宋墓	北宋	河南禹县	砖雕彩绘	同上，第 87～95 页
59	禹县白沙三号宋墓	北宋	河南禹县	砖雕彩绘	同上，第 69～81 页
60	新密平陌宋代壁画墓	宋大观二年（1108 年）	河南新密	砖雕彩绘	《文物》1998 年第 12 期
61	新密下庄河宋代壁画墓	北宋	河南新密	砖雕彩绘	《中原文物》1999 年第 4 期
62	巩县西村宋代石椁墓	宋宣和七年（1125 年）	河南巩县	线刻	《中原文物》1988 年第 1 期
63	郑州第十四中学砖雕墓	五代至北宋早期	河南郑州	砖雕	《中原文物》2016 年第 3 期
64	郑州卷烟厂 46 号宋墓	北宋早期	河南郑州	砖雕	《中原文物》2014 年第 3 期

续附表 1

序号	墓葬名称	时代	地点	壁饰形式	资料来源
河南（豫中地区）					
65	郑州卷烟厂 54 号宋墓	北宋中期	河南郑州	砖雕	同上
66	郑州市北二七路 66 号宋墓	北宋早期	河南郑州	砖雕	《中原文物》2012 年第 4 期
67	郑州市北二七路 88 号宋墓	北宋中期	河南郑州	砖雕	同上
68	新郑兴弘花园宋墓	北宋	河南新郑	砖雕	《中国考古学年鉴 2006》，第 289 页
69	郑州二里岗宋墓	北宋	河南郑州	砖雕	《文物参考资料》1954 年第 6 期
70	登封高村宋代壁画墓	北宋	河南登封	砖雕彩绘	《中原文物》2004 年第 5 期
71	登封唐庄二号宋墓	北宋	河南登封	砖雕彩绘	《文物》2012 年第 9 期
72	登封箭沟宋代壁画墓	北宋	河南登封	砖雕彩绘	《郑州宋金壁画墓》，第 136~158 页
73	登封刘碑宋代壁画墓	北宋	河南登封	砖雕彩绘	同上，第 55~62 页
74	登封双庙小区宋墓	北宋	河南登封	砖雕	《文物春秋》2007 年第 6 期
75	登封城南庄宋代壁画墓	北宋	河南登封	砖雕彩绘	《文物》2005 年第 8 期
76	荥阳司村宋代壁画墓	北宋	河南荥阳	砖雕彩绘	《中原文物》1982 年第 4 期
77	荥阳槐西宋代壁画墓	北宋	河南荥阳	壁画	《中原文物》2008 年第 5 期
78	荥阳官庄遗址 16 号宋墓	北宋	河南荥阳	砖雕	《四川文物》2013 年第 4 期
79	荥阳孤伯嘴宋代壁画墓	北宋	河南荥阳	砖雕彩绘	《中原文物》1998 年第 4 期
80	巩县稍柴宋墓	北宋	河南巩县	砖雕彩绘	《考古》1965 年第 8 期
81	巩义涉村宋代壁画墓	北宋	河南巩义	砖雕彩绘	《郑州宋金壁画墓》，第 159~177 页
82	禹州龙岗电厂 121 号宋墓	北宋	河南禹州	砖雕彩绘	《中国考古学年鉴 1997》，第 178 页
83	郑县全楼村宋墓	北宋	河南郑县	砖雕	《华夏考古》1999 年第 4 期

续附表 1

序号	墓葬名称	时代	地点	壁饰形式	资料来源
河南（豫中地区）					
84	宝丰李坪村古墓	北宋	河南宝丰	砖雕	《华夏考古》1995 年第 4 期
河南（其他地区）					
85	邓州赵荣墓	宋元祐元年（1086 年）	河南邓州	砖雕彩绘	《中原文物》1997 年第 4 期
86	南召鸭河口水库宋墓	北宋	河南南召	砖雕	《文物》1959 年第 6 期
87	南召云阳镇五红大队宋墓	北宋	河南南召	砖雕	《中原文物》1982 年第 2 期
88	平顶山蒲城店宋墓	北宋	河南平顶山	砖雕	《平顶山市卫东区年鉴 2012》，第 386 页
89	方城未庄宋墓	北宋	河南方城	砖雕	《文物》1959 年第 6 期
90	南阳十里庙宋墓	北宋	河南南阳	砖雕	《文物》1960 年第 5 期
91	唐河东环路二号宋墓	北宋	河南唐河	砖雕	《中原文物》2000 年第 3 期
92	上蔡宋墓	北宋	河南上蔡	砖雕彩绘	《河南文博通讯》1978 年第 4 期
93	泌阳对外贸易总公司一号宋墓	北宋	河南泌阳	砖雕	《华夏考古》2005 年第 2 期
94	泌阳对外贸易总公司二号宋墓	北宋	河南泌阳	砖雕彩绘	同上
95	泌阳对外贸易总公司三号宋墓	北宋	河南泌阳	砖雕	同上
96	商丘犁岗一号墓	北宋中期	河南商丘	砖雕	《商丘的考古发现与初步研究》，第 240～245 页
山西（晋东南地区）					
97	长治故县村二号宋墓	宋元丰元年（1078 年）	山西长治	砖雕彩绘	《文物》2005 年第 4 期
98	长治五马村宋墓	宋元丰四年（1081 年）	山西长治	砖雕	《考古》1994 年第 9 期
99	壶关南村宋代砖雕墓	宋元祐二年（1087 年）	山西壶关	砖雕彩绘	《文物》1997 年第 2 期
100	长治西白兔村宋代壁画墓	宋元祐三年（1088 年）	山西长治	砖雕彩绘	《山西省考古学会论文集（三）》，第 131～137 页
101	壶关天下好宋墓	宋宣和五年（1123 年）	山西壶关	砖雕彩绘	《文物》2002 年第 5 期

序号	墓葬名称	时代	地点	壁饰形式	资料来源
山西（晋东南地区）					
102	长治故漳村宋代砖雕墓	北宋	山西长治	砖雕彩绘	《考古》2006 年第 9 期
103	长治任家庄宋墓	北宋	山西长治	砖雕	《文物世界》2009 年第 4 期
104	沁源段家庄宋墓	北宋	山西沁源	砖雕	《文物世界》2009 年第 5 期
105	潞城北关宋墓	北宋	山西潞城	砖雕彩绘	《考古》1999 年第 5 期
106	壶关上好牢村宋金一号墓	宋末金初	山西壶关	砖雕彩绘	《考古》2012 年第 4 期
107	壶关上好牢村宋金三号墓	宋末金初	山西壶关	砖雕彩绘	同上
山西（晋南地区）					
108	稷山南阳宋代纪年墓	宋崇宁四年（1105 年）	山西稷山	砖雕彩绘	《三晋考古》第 4 辑，第 510~514 页
109	侯马镇宋墓	北宋	山西侯马	砖雕彩绘	《文物》1959 年第 6 期
110	新绛三林镇一号墓	北宋	山西新绛	砖雕	《考古通讯》1958 年第 6 期
山西（晋中地区）					
111	汾阳北偏宋墓	北宋	山西汾阳	砖雕彩绘	《考古》1994 年第 3 期
112	汾阳东龙观 48 号宋墓	北宋	山西汾阳	砖雕彩绘	《文物》2010 年第 2 期
113	太原南坪头宋墓	北宋	山西太原	砖雕彩绘	《文物参考资料》1956 年第 3 期
114	娄烦下龙泉村宋代家族墓	北宋	山西太原	壁画彩绘	《文物世界》2016 年第 5 期
115	平定姜家沟村壁画墓	北宋	山西平定	砖雕彩绘	《文物》1996 年第 5 期
116	五台营东宋庄古墓	北宋	山西五台	砖雕彩绘	《文物参考资料》1956 年第 1 期
河北地区					
117	武邑龙店二号宋墓	宋庆历二年（1042 年）	河北武邑	砖雕彩绘	《河北省考古论文集》，第 323~329 页
118	临城岗西村宋墓	宋至和年间	河北临城	砖雕彩绘	《文物》2008 年第 3 期

续附表 1

序号	墓葬名称	时代	地点	壁饰形式	资料来源
河北地区					
119	邢台董庄宋墓	宋熙宁十年（1077 年）	河北邢台	砖雕	《文物春秋》2004 年第 2 期
120	武安西土山宋代壁画墓	宋绍圣二年（1095 年）	河北武安	彩绘	《文物》1963 年第 10 期
121	石家庄政和二年壁画墓	宋政和二年（1112 年）	河北石家庄	彩绘	《考古学报》1962 年第 2 期
122	井陉柿庄一号宋墓	北宋重和、宣和年间	河北石家庄	砖雕彩绘	《考古学报》1962 年第 2 期
123	井陉柿庄二号宋墓	宋末金初	河北石家庄	砖雕彩绘	同上
124	井陉柿庄三号宋墓	宋末金初	河北石家庄	砖雕彩绘	同上
125	井陉柿庄四号宋墓	宋末金初	河北石家庄	砖雕彩绘	同上
126	井陉柿庄五号宋墓	宋末金初	河北石家庄	砖雕彩绘	同上
127	井陉柿庄六号宋墓	宋末金初	河北石家庄	砖雕彩绘	同上
128	井陉柿庄七号宋墓	宋末金初	河北石家庄	砖雕彩绘	同上
129	井陉柿庄八号宋墓	宋末金初	河北石家庄	砖雕彩绘	同上
130	井陉北防口宋墓	北宋	河北石家庄	砖雕	《文物》2018 年第 1 期
131	曲阳南平罗宋墓	宋政和七年（1117 年）	河北曲阳	砖雕彩绘	《文物》1988 年第 11 期
132	武邑龙店一号宋墓	北宋	河北武邑	砖雕彩绘	《河北省考古论文集》，第 323～329 页
133	武邑龙店三号宋墓	北宋	河北武邑	砖雕彩绘	同上
134	武邑崔家庄宋墓	宋末金初	河北武邑	砖雕彩绘	《文物春秋》2006 年第 3 期
135	平乡一号宋墓	宋末金初	河北平乡	砖雕彩绘	《河北省考古文集（三）》，第 237～247 页
136	平山西石桥一号墓	北宋	河北平山	砖雕彩绘	《文物春秋》1989 年第 3 期
137	平山东冶村二号墓	北宋	河北平山	砖雕	同上
138	平山两岔二号墓	北宋	河北平山	砖雕彩绘	《考古》2000 年第 9 期

续附表 1

序号	墓葬名称	时代	地点	壁饰形式	资料来源
河北地区					
139	平山两岔五号宋墓	北宋	河北平山	砖雕彩绘	同上
140	平山两岔七号宋墓	北宋	河北平山	砖雕彩绘	同上
141	邯郸第一医院宋墓	北宋	河北邯郸	砖雕	《文物春秋》1994年第3期
142	静海东滩头宋墓	北宋	河北静海	砖雕	《考古》1995年第1期
143	临城山下五号宋墓	北宋晚期	河北临城	砖雕	《文物春秋》2014年第6期
144	临城山下六号宋墓	北宋晚期	河北临城	砖雕	同上
山东地区					
145	山大校区宋代砖雕壁画墓	宋建隆元年(960年)	山东济南	砖雕彩绘	《文物》2008年第8期
146	济南青龙桥治平年间墓	宋熙宁年间(1068~1077年)	山东济南	砖雕彩绘	《文物》1960年第2期
147	济南青龙桥熙宁八年墓	宋熙宁八年(1075年)	山东济南	砖雕彩绘	同上
148	莱州西五里村北宋壁画墓	宋元丰七年(1084年)	山东莱州	彩绘	《文物》2016年第2期
149	栖霞慕伉墓	宋政和六年(1116年)	山东栖霞	砖雕彩绘	《考古》1998年第5期
150	莱州西山张家村一号宋墓	宋宣和二年(1120年)	山东烟台	彩绘	《海岱考古》第8辑,第399~406、529、592~595页
151	济南洪家楼宋代砖雕壁画墓	北宋	山东济南	砖雕彩绘	《文物》2005年第11期
152	济南梁家庄宋墓	北宋	山东济南	砖雕彩绘	《文物参考资料》1954年第4期
153	章丘女郎山75号宋墓	北宋	山东章丘	壁画彩绘	《济青高级公路章丘工段考古发掘报告集》,第179~201页
154	青州仰天山路宋代砖室墓	北宋	山东青州	砖雕	《考古》2011年第10期
155	滨州北蒲村宋代壁画墓	北宋	山东滨州	彩绘	《北蒲村宋代壁画惊艳出土》,新华网山东频道,2003年8月13日

续附表 1

序号	墓葬名称	时代	地点	壁饰形式	资料来源
陕甘宁地区					
156	庆阳合水县一号宋墓	宋元祐至大观年间（1086～1107 年）	甘肃庆阳	浮雕画砖	《考古与文物》1987 年第 3 期
157	庆阳合水县二号宋墓	宋元祐至大观年间（1086～1107 年）	甘肃庆阳	浮雕画砖	同上
158	天水王家新窑宋代雕砖墓	宋大观四年（1110 年）	甘肃天水	砖雕	《考古》2002 年第 1 期
159	丹凤商雒镇宋墓	宋宣和元年（1119 年）	陕西丹凤	砖雕彩绘	《文物参考资料》1956 年第 12 期
160	镇原县北宋墓	宋宣和五年（1123 年）	甘肃镇原	浮雕画砖	《考古与文物》1983 年第 6 期
161	陇西李泽墓	宋建炎二年（1128 年）	甘肃陇西	砖雕	《文物参考资料》1955 年第 9 期
162	洛川土基镇宋墓	北宋	陕西洛川	砖雕彩绘	《考古与文物》1988 年第 1 期
163	洛川县潘益科村宋墓	北宋	陕西洛川	砖雕	《考古与文物》，2004 年第 4 期
164	兴平西郊宋墓	北宋	陕西兴平	砖雕	《文物》1959 年第 2 期
165	安康白家梁宋墓	北宋	陕西安康	砖雕彩绘	《考古与文物》1987 年第 3 期
166	大荔段家老君宋墓	北宋	陕西大荔	砖雕	《文博》1992 年第 1 期
167	合阳蔡村宋墓	北宋	陕西合阳	砖雕彩绘	《考古与文物》2011 年第 2 期
168	韩城盘乐宋代壁画墓	北宋	陕西韩城	彩绘	《文艺研究》2009 年第 11 期；《中国出土壁画全集·7·陕西》，第 413～419 页
169	汉中金华村宋墓	北宋	陕西汉中	砖雕	《文博》1993 年第 3 期
170	延安宝塔区宋代画像砖墓	北宋	陕西延安	砖雕	《文博》2008 年第 6 期
171	商州城区宋墓	北宋	陕西商州	砖雕	《考古与文物》2002 年第 2 期
172	西安乳宅庄一号宋墓	北宋	陕西西安	砖雕彩绘	《文物》2013 年第 8 期
173	西吉县一号宋墓	北宋	宁夏西吉	砖雕	《考古与文物》2009 年第 1 期
174	泾源宋墓	北宋	宁夏泾源	砖雕	《文物》1981 年第 3 期

序号	墓葬名称	时代	地点	壁饰形式	资料来源
陕甘宁地区					
175	临夏祁家庄二号宋墓	北宋	甘肃临夏	砖雕	《陇右文博》2014 年第 1 期
176	临夏县尹集乡宋墓	北宋	甘肃临夏	砖雕	《陇右文博》2002 年第 1 期
177	合水县三号宋墓	金代以前	甘肃合水	浮雕画砖	《考古与文物》1987 年第 3 期
178	张家川南川宋墓	宋代晚期	甘肃张家川	砖雕	《考古与文物》2009 年第 6 期
179	环县宋墓	宋代	甘肃环县	砖雕彩绘	《文博》2003 年第 3 期
180	会宁北莲花山宋墓	宋代	甘肃会宁	砖雕彩绘	《考古与文物》2004 年第 5 期
181	清水箭峡村宋墓	宋代	甘肃清水	浮雕画砖	《绚丽的地下艺术宝库——清水宋（金）砖雕彩绘墓》，第 37～68 页
182	清水苏小宋墓	宋金	甘肃清水	浮雕画砖	《陇右文博》1998 年第 2 期

附表 2　南方地区宋代装饰墓

序号	墓葬	时代	地点	装饰形式	资料来源
长江上游（四川地区）					
1	乐山黄念四郎墓	宋宣和六年（1124 年）	四川乐山	石刻	《四川文物》2002 年第 1 期
2	内江赵雄墓	宋绍兴四年（1134 年）	四川内江	石刻	《四川文物》1995 年第 6 期
3	广安后坝南宋墓	宋绍兴二十六年（1156 年）	四川广安	石刻	《四川文物》2003 年第 3 期
4	泸州喻寺镇一号墓	宋淳熙三年（1176 年）	四川泸州	石刻	《泸县宋墓》，第 53～73 页
5	昭化磨涡乡宋墓	宋淳熙十年（1183 年）	四川广元	石刻	《文物参考资料》1957 年第 12 期
6	泸州奇峰镇一号墓	宋淳熙十三年（1186 年）	四川泸州	石刻	《泸县宋墓》，第 74～87 页
7	泸州奇峰镇二号墓	宋淳熙十三年（1186 年）	四川泸州	石刻	同上，第 88～98 页
8	广元杜光世墓	宋庆元元年（1195 年）	四川广元	石刻	《文物》1982 年第 6 期
9	彭山虞公著夫妻留氏墓	宋庆元六年（1200 年）	四川眉山	石刻	《考古学报》1985 年第 3 期
10	华蓥二号墓（安丙墓）	宋嘉定十七年（1224 年）	四川广安	石刻	《华蓥安丙墓》，第 8～84 页
11	华蓥五号墓（安宝孙墓）	宋嘉定十七年（1224 年）	四川广安	石刻	同上，第 125～141
12	眉山古佛乡宋墓西墓室	宋宝庆元年（1225 年）	四川眉山	石刻	《四川文物》1992 年第 5 期
13	彭山虞公著墓	宋宝庆二年（1226 年）	四川眉山	石刻	《考古学报》1985 年第 3 期
14	华蓥一号墓（福国夫人李氏墓）	宋咸淳元年（1265 年）	四川广安	石刻	《华蓥安丙墓》，第 85～124 页
15	华蓥四号墓（宜人郑氏墓）	宋咸淳元年（1265 年）	四川广安	石刻	同上
16	华蓥三号安丙墓	南宋	四川广安	石刻	同上
17	广元张家沟南宋墓	北宋晚期	四川广元	砖雕	《考古》1995 年第 7 期
18	南充韩家坟宋墓	北宋	四川南充	石刻	《四川文物》2004 年第 2 期
19	南充东站 24 号宋墓	宋代	四川南充	石刻	《四川文物》2003 年第 2 期
20	泸州青龙镇一号墓	南宋中期	四川泸州	石刻	《泸县宋墓》，第 6～22 页

续附表 2

序号	墓葬	时代	地点	装饰形式	资料来源
长江上游（四川地区）					
21	泸州青龙镇二号墓	南宋中期	四川泸州	石刻	同上，第 23～37 页
22	泸州青龙镇三号墓	南宋中期	四川泸州	石刻	同上，第 38～52 页
23	泸州凤凰山石刻墓	宋代	四川泸州	石刻	《文物参考资料》1955 年第 11 期
24	资中烂泥湾宋墓	南宋中期	四川内江	石刻	《四川文物》2015 年第 2 期
25	资中大包山宋墓	南宋中晚期	四川内江	石刻	《四川文物》2013 年第 1 期
26	资中宋代石室墓	宋代	四川内江	石刻	《四川文物》1992 年第 1 期
27	三台杨枧寺宋墓	南宋中晚期	四川绵阳	石刻	《四川文物》2009 年第 3 期
28	叙永天池宋墓	南宋中晚期	四川泸州	石刻	《四川文物》2010 年第 2 期
29	华蓥许家墙宋墓	南宋中晚期	四川广安	石刻	《四川文物》2010 年第 6 期
30	仁寿古佛乡宋墓	南宋	四川眉山	石刻	《四川文物》1992 年第 5 期
31	内江大菩萨山宋墓	南宋	四川内江	石刻	《四川文物》1993 年第 1 期
32	广安岳池代家坟古墓	南宋	四川广安	石刻	《四川文物》2003 年第 2 期
33	乐山宋墓	南宋	四川乐山	石刻	《考古与文物》1993 年第 6 期
34	青川金子山乡宋墓	宋代	四川广元	石刻	《四川文物》2001 年第 2 期
35	井研金井坪宋墓	宋代	四川乐山	石刻	《四川文物》2012 年第 1 期
36	达县九岭乡宋墓	宋代	四川达州	石刻	《四川文物》2000 年第 4 期
37	仪陇县新政僧人墓	宋代	四川南充	石刻	《四川文物》2013 年第 5 期
38	宜宾旧州坝宋墓	宋代	四川宜宾	石刻	《中国营造学社汇刊》第 7 卷第 1 期，第 105～111 页
长江上游（重庆地区）					
39	大足县石刻墓	宋嘉祐四年（1059 年）	重庆大足	石刻	《文物参考资料》1954 年第 10 期

序号	墓葬	时代	地点	装饰形式	资料来源
长江上游（重庆地区）					
40	大足县石刻墓	宋元祐六年（1091 年）	重庆大足	石刻	同上
41	大足县石刻墓	宋政和二年（1112 年）	重庆大足	石刻	同上
42	合川观山七号墓	宋绍兴十六年（1146 年）	重庆合川	石刻	《四川文物》2014 年第 2 期
43	大足磨儿坡一号宋墓	宋绍兴三十年（1160 年）	重庆大足	石刻	《四川文物》2002 年第 5 期
44	大足磨儿坡三号宋墓	宋绍兴三十年（1160 年）	重庆大足	石刻	同上
45	荣昌沙坝子宋墓	宋淳熙十二年（1185 年）	重庆荣昌	石刻	《文物》1984 年第 7 期
46	大足王若夫妇二号墓	宋绍熙元年（1190 年）	重庆大足	石刻	《四川文物》2015 年第 4 期
47	北碚澄江镇四号墓（杨元甲墓）	早于宋绍定二年（1229 年）	重庆北碚	石刻	《四川文物》2015 年第 6 期
48	北碚澄江镇三号墓（杨元甲妻墓）	宋绍定二年（1229 年）	重庆北碚	石刻	同上
49	大足磨儿坡二号墓	南宋初	重庆大足	石刻	《四川文物》2002 年第 5 期
50	大足王若夫妇一号墓	宋代（晚于 1190 年）	重庆大足	石刻	《四川文物》2015 年第 6 期
51	合川永川崖墓	宋代	重庆永川	石刻	《四川文物》1989 年第 6 期
长江上游（贵州地区）					
52	遵义两岔宋墓（荣昌坝墓）	宋绍定三年（1230 年）	贵州遵义	石刻	《贵州文史天地》1996 年第 2 期
53	遵义理智村宋墓	宋淳祐七年（1247 年）	贵州遵义	石刻	《遵义县志·第二集》，第 13~17 页
54	遵义杨粲墓	宋淳祐年间（1241~1252 年）	贵州遵义	石刻	《贵州田野考古四十年 1953~1993》，第 356~361 页
55	遵义两岔宋墓（沙湾坡墓）	宋景定二年（1261 年）	贵州遵义	石刻	《贵州文史天地》1996 年第 2 期
56	遵义杨文墓	宋咸淳元年（1265 年）	贵州遵义	石刻	《文物》1974 年第 1 期

续附表 2

序号	墓葬	时代	地点	装饰形式	资料来源
长江上游（贵州地区）					
57	遵义观音寺一号宋墓	南宋中晚期	贵州遵义	石刻	《江汉考古》2013 年第 4 期
58	遵义观音寺二号宋墓	南宋中晚期	贵州遵义	石刻	同上
59	遵义两岔宋墓（来奉寺墓）	南宋	贵州遵义	石刻	《贵州文史天地》1996 年第 2 期
60	遵义桐梓宋墓	南宋	贵州遵义	石刻	《考古》1988 年第 12 期
61	遵义狮子山宋墓	宋代	贵州遵义	石刻	《贵州田野考古四十年 1953～1993》，第 367～370 页
62	遵义水王塘宋墓	宋代	贵州遵义	石刻	同上，第 373～376 页
63	遵义皇坟嘴墓	宋代	贵州遵义	石刻	《文物参考资料》1955 年第 9 期
64	遵义金桥宋墓	宋代	贵州遵义	石刻	《文物参考资料》1955 年第 9 期；《遵义地区文物志》，第 69～70 页
65	遵义夜郎坝宋墓	宋代	贵州遵义	石刻	《遵义地区文物志》，第 61～62 页
66	遵义周市石棺墓	宋代	贵州遵义	石刻	《遵义地区文物志》，第 65 页；《考古》1988 年第 12 期
67	遵义金银洞宋墓	宋代	贵州遵义	石刻	《遵义地区文物志》，第 66～67 页
68	遵义官渡宋墓	宋代	贵州遵义	石刻	同上，第 68～69 页
69	遵义立竹溪宋墓	宋代	贵州遵义	石刻	同上，第 70 页
70	遵义刀靶水宋墓	宋代	贵州遵义	石刻	同上，第 71 页
71	遵义宝坝宋墓	宋代	贵州遵义	石刻	同上，第 71～72 页
72	遵义桃溪寺二号宋墓	宋代	贵州遵义	石刻	同上，第 72～73 页
73	遵义九庄宋墓	宋代	贵州遵义	石刻	《遵义县文物志·第二集》，第 8～19 页
74	遵义黄家寨宋墓	宋代	贵州遵义	石刻	同上，第 20～21 页
75	遵义桐梓宋墓	宋代	贵州遵义	石刻	《考古通讯》1958 年第 2 期

续附表 2

序号	墓葬	时代	地点	装饰形式	资料来源
长江上游（贵州地区）					
76	遵义观音寺宋墓	南宋～元明	贵州遵义	石刻	《江汉考古》2013 年第 4 期
长江中游（湖北地区）					
77	十堰郧西校场坡一号宋墓	宋熙宁元年（1068 年）之后	湖北十堰	砖雕	《考古》1989 年第 9 期
78	十堰焦家院宋墓	北宋中期	湖北十堰	砖雕	《四川文物》2014 年第 1 期
79	襄樊油坊岗一号宋墓	北宋末期	湖北襄阳	砖雕	《考古》1995 年第 5 期
80	襄樊油坊岗三号宋墓	北宋末期	湖北襄阳	砖雕	同上
81	襄樊油坊岗四号宋墓	北宋末期	湖北襄阳	砖雕	同上
82	襄阳老河口王冲宋墓	北宋	湖北襄阳	砖雕	《江汉考古》1995 年第 3 期
83	襄阳刘家㙮硬宋墓	北宋	湖北襄阳	砖雕	《江汉考古》1994 年第 3 期；另见《江汉考古》1999 年第 2 期
84	襄阳檀溪宋代壁画墓	南宋	湖北襄阳	彩绘	《文物》2015 年第 2 期
85	丹江口柳树沟六号宋墓	宋代	湖北丹江口武当山	砖雕	《中国考古学年鉴 2009》，第 310～312 页
86	丹江口六里坪五号宋墓	北宋	湖北丹江口	砖雕	《鄂西北考古与研究》，第 281～281 页
87	随州唐镇镇宋代壁画墓	宋代	湖北随州	彩绘	《文物》1960 年第 1 期
长江中游（湖南地区）					
88	常德张颙墓	宋元祐元年（1086 年）	湖南常德	石刻	《考古》1981 年第 3 期
89	岳阳茆山宋墓	北宋	湖南岳阳	砖雕	《文物》2016 年第 5 期
90	桂阳刘家岭宋墓	北宋	湖南郴州	彩绘	《文物》2012 年第 2 期

续附表 2

序号	墓葬	时代	地点	装饰形式	资料来源
长江中游（江西地区）					
91	樟树道教画像石墓	宋绍圣元年（1094 年）	江西宜春	石刻	《江西文物》1991 年第 3 期
92	景德镇王刚中墓	南宋	江西景德镇	彩绘	《文物》1990 年第 3 期
长江下游（安徽地区）					
93	合肥西郊宋墓	北宋晚期	安徽合肥	砖雕	《考古》2006 年第 6 期
94	六安九墩塘宋墓	宋代	安徽六安	砖雕	《文物参考资料》1954 年第 6 期
95	颍上八里庄 21 号宋墓	宋代中晚期	安徽颍上	砖雕	《中国考古学年鉴 2011》，第 250～251 页
96	颍上八里庄 19 号宋墓	宋代中晚期	安徽颍上	砖雕	同上
长江下游（江苏地区）					
97	淮安一号宋代壁画墓	宋嘉祐五年（1060 年）	江苏淮安	彩绘	《文物》1960 年第 Z1 期
98	常州李彬夫妇墓	宋元祐六年（1091 年）	江苏常州	砖雕	《文物》1980 年第 5 期
99	淮安二号宋代壁画墓	宋绍圣元年（1094 年）	江苏淮安	彩绘	《文物》1960 年第 Z1 期
100	江阴青阳镇里泾坝宋墓	北宋末南宋初	江苏江阴	砖室墓、画像石刻石椁	《考古》2008 年第 3 期
101	南京市太新路宋墓	北宋末南宋初	江苏南京	砖雕	《东南文化》2011 年第 6 期
长江下游（浙江地区）					
102	温州吴炜夫妇墓	北宋	浙江温州	彩绘	《温州文物》2013 年，第 21～26 页
福建地区					
103	尤溪城关埔头村宋墓	宋靖康元年（1126 年）	福建尤溪	彩绘	《考古》1995 年第 7 期
104	尤溪拥口村宋墓	宋代（熙宁元年以降）	福建尤溪	彩绘	《东南文化》1994 年第 5 期

续附表 2

序号	墓葬	时代	地点	装饰形式	资料来源
福建地区					
105	南平宋代壁画墓	北宋中晚期	福建南平	彩绘	《文物》1998 年第 12 期
106	尤溪潘山宋墓	北宋	福建尤溪	彩绘	《文物》1985 年第 6 期
107	尤溪城关公山宋墓	北宋	福建尤溪	彩绘	《文物》1988 年第 4 期
108	尤溪城关第一中学宋墓	北宋	福建尤溪	彩绘	《考古》1991 年第 4 期
109	尤溪麻洋村宋墓	北宋	福建尤溪	砖雕彩绘	《考古》1989 年第 7 期
110	尤溪梅仙宋代壁画墓	北宋	福建尤溪	彩绘	《福建文博》2008 年第 1 期
111	三明岩前村宋代壁画墓	南宋	福建三明	彩绘	《考古》1995 年第 10 期
112	将乐大布山四号唐宋墓	宋代	福建将乐	彩绘	《福建文博》2014 年第 1 期

附表 3　金代砖雕壁画墓

序号	墓葬名称	时间	地点	壁饰形式	资料来源
河南（豫西北地区）					
1	三门峡市崤山西路一号金墓	金大定七年（1167 年）	河南三门峡	砖雕彩绘	《华夏考古》1993 年第 4 期
2	焦作马作村砖厂金墓	金大定二十八年（1188 年）	河南焦作	砖雕彩绘	《中原文物》1990 年第 4 期
3	焦作电厂三期金墓	金大定二十九年（1189 年）	河南焦作	砖雕彩绘	同上
4	宜阳第一高中金代壁画墓	金明昌五年（1194 年）	河南宜阳	砖雕彩绘	《中原文物》2008 年第 4 期
5	焦作邹瑗墓	金承安四年（1199 年）	河南焦作	石刻	《文物》1979 年第 8 期
6	沁阳宋寨金墓	金泰和二年（1202 年）	河南沁阳	砖雕彩绘	《沁阳文物》，第 73～74 页
7	三门峡化工厂 18 号金代砖雕墓	金贞祐二年（1214 年）	河南三门峡	砖雕	《中原文物》2015 年第 4 期
8	三门峡市化工厂四号金代砖雕墓	金代	河南三门峡	砖雕	同上
9	义马狂口村金代砖雕墓	金大安元年（1209 年）	河南义马	砖雕	《文物》2017 年第 6 期
10	义马矿务局机修厂金墓	金贞祐四年（1216 年）	河南义马	砖雕	《华夏考古》1993 年第 4 期
11	洛阳史家屯金代砖雕墓	金代	河南洛阳	砖雕彩绘	《文物》2002 年第 9 期
12	洛阳涧西金墓	金代	河南洛阳	砖雕	《考古》1959 年第 12 期
13	伊川金代砖雕壁画墓	金代	河南洛阳	砖雕彩绘	《文物》2005 年第 4 期
14	洛阳新区金墓	金代	河南洛阳	彩绘	《洛阳古代墓葬壁画》，第 462～465 页
15	焦作老万庄壁画墓	金代	河南焦作	彩绘	《文物》1979 年第 8 期
16	焦作西冯封砖雕墓	金代	河南焦作	砖雕	同上
17	武陟小董金代砖雕墓	金代	河南武陟	砖雕	《文物》1979 年第 2 期
河南（豫北地区）					
18	林县文明街金墓	金皇统三年（1143 年）	河南林县	彩绘	《华夏考古》1998 年第 2 期

续附表 3

序号	墓葬名称	时间	地点	壁饰形式	资料来源
河南（豫北地区）					
19	辉县百泉金墓	金崇庆元年（1212 年）	河南辉县	砖雕	《考古》1987 年第 10 期
20	林州三井村金墓	金代	河南林州	砖雕彩绘	《中国出土壁画全集·5·河南》，第 195～201 页
21	鹤壁东头村金墓	金代	河南鹤壁	砖雕	《中原文物》1996 年第 3 期
河南（豫中地区）					
22	登封王上金代壁画墓	金代	河南郑州	彩绘	《郑州宋金壁画墓》，第 178～198 页
23	许昌文峰路二号金墓	金代	河南许昌	砖雕彩绘	《中原文物》2010 年第 1 期
24	荥阳杜常村金墓	金代	河南荥阳	砖雕	《中原文物》2000 年第 6 期；《郑州宋金壁画墓》，第 198～207 页
25	禹州市坡街壁画墓	金元	河南禹州	砖雕彩绘	《中国出土壁画全集·5·河南》，第 202～204 页
山西（晋东南地区）					
26	屯留宋村金墓	金天会十三年（1135 年）	山西屯留	砖雕彩绘	《文物》2003 年第 3 期
27	长治安昌村 ZAM8 金墓	金皇统三年（1143 年）	山西长治	砖雕彩绘	《文物世界》2003 年第 1 期
28	长治魏村金代彩绘砖雕墓	金天德三年（1151 年）	山西长治	砖雕彩绘	《考古》2009 年第 1 期
29	长治南垂村金墓	金贞元元年（1153 年）	山西长治	彩绘	《中国出土壁画全集·2·山西》，第 141～142 页
30	长子石哲村金墓	金正隆三年（1158 年）	山西长子	砖雕彩绘	《文物》1985 年第 6 期
31	陵川玉泉村金墓	金大定九年（1169 年）	山西陵川	砖雕彩绘	《中国出土壁画全集·2·山西》，第 149～157 页
32	长子小关村金代壁画墓	金大定十四年（1174 年）	山西长子	砖雕彩绘	《文物》2008 年第 10 期
33	长治故漳金墓	金大定二十九年（1189 年）	山西长治	砖雕彩绘	《考古》1984 年第 8 期
34	长治安昌金墓	金明昌六年（1195 年）	山西长治	砖雕彩绘	《文物》1990 年第 5 期
35	长子南沟金墓	金代	山西长治	彩绘	《文物》2017 年第 12 期

序号	墓葬名称	时间	地点	壁饰形式	资料来源
山西（晋东南地区）					
36	屯留李高村金墓	金泰和八年（1208 年）	山西屯留	彩绘	《中国出土壁画全集·2·山西》，第 167 页
37	沁县上庄金墓	金代中期	山西沁县	砖雕	《文物》2016 年第 8 期
38	沁县故县镇一号金墓	金代	山西沁县	砖雕	《上海文博论丛》2003 年第 4 期
39	沁县南里乡金代砖雕墓	金代	山西沁县	砖雕彩绘	《文物》2000 年第 6 期
40	沁县上庄村金墓	金代中晚期	山西沁县	砖雕	《文物》2016 年第 8 期
山西（晋南地区）					
41	侯马牛村一号金墓	金天德三年（1151 年）	山西侯马	砖雕	《文物季刊》1996 年第 3 期
42	侯马 101 号金墓	金大定十三年（1173 年）	山西侯马	砖雕	《文物季刊》1997 年第 3 期
43	侯马大李村金墓	金大定二十年（1180 年）	山西侯马	砖雕	《文物季刊》1999 年第 3 期
44	稷山马村四号金墓	金大定二十一年（1181 年）	山西稷山	砖雕	《文物》1983 年第 1 期；《文物季刊》1997 年第 4 期
45	稷山马村一号金墓	金代	山西稷山	砖雕	《文物》1983 年第 1 期
46	稷山马村二号金墓	金代	山西稷山	砖雕	同上
47	汾西郝家沟一号墓	金大定二十二年（1182 年）	山西汾西	砖雕彩绘	《中国文物报》2016 年 9 月 13 日第 8 版
48	垣曲东铺村金墓	金大定二十三年（1183 年）	山西垣曲	砖雕彩绘	《考古通讯》1956 年第 1 期
49	闻喜小罗庄二号金墓	金大定二十八年（1188 年）	山西闻喜	砖雕	《文物》1986 年第 12 期
50	闻喜下阳村一号金墓	金明昌二年（1191 年）	山西闻喜	彩绘	同上
51	闻喜小罗庄一号金墓	金代	山西闻喜	砖雕	同上
52	闻喜小罗庄六号金墓	金代	山西闻喜	砖雕	同上
53	襄汾侯村金代金墓	金明昌五年（1194 年）	山西襄汾	砖雕	《文物》2008 年第 2 期
54	襄汾贾罕村金墓	金代	山西襄汾	砖雕	《中华戏曲》2004 年第 1 期

续附表3

序号	墓葬名称	时间	地点	壁饰形式	资料来源
	山西（晋南地区）				
55	洛阳古代艺术博物馆藏襄汾金墓砖雕	金代	山西襄汾	砖雕	《中国国家博物馆刊》2011年第5期
56	侯马102号金墓（董海墓）	金明昌七年（1196年）	山西侯马	砖雕彩绘	《文物季刊》1997年第4期
57	侯马晋光药厂金墓	金大安二年（1210年）	山西侯马	砖雕	《文物季刊》1996年第3期
58	侯马董记坚墓、董明墓	金大安二年（1210年）	山西侯马	砖雕	《文物》1959年第6期
59	侯马牛村古城遗址31号金墓	金大安四年（1212年）	山西侯马	砖雕	《考古》1961年第12期
60	稷山县化肥厂金墓	金代	山西稷山	砖雕	《文物世界》2011年第4期
61	稷山化峪金墓	金代	山西稷山	砖雕	《文物》1983年第1期
62	稷山农业局苗圃金墓	金代	山西稷山	砖雕	同上
63	稷山东段金墓	金代	山西稷山	砖雕彩绘	《平阳金墓砖雕》，第165、335页
64	侯马西北金代砖室墓	金代	山西侯马	砖雕	《文物》1959年第3期
65	侯马山西建一公司机运站金墓	金代	山西侯马	砖雕	《文物世界》1996年第3期
66	侯马交电二级站金墓	金代	山西侯马	砖雕	《文物季刊》1998年第2期
67	侯马乔村60号金墓	金代	山西侯马	砖雕	《文物季刊》1996年第3期
68	侯马褚村东门外金墓	金代	山西侯马	砖雕	《平阳金墓砖雕》，第138、332页
69	侯马招待所金墓	金代	山西侯马	砖雕	同上，第147、334页
70	曲沃苏村砖厂金墓	金代	山西曲沃	砖雕	同上，第138、332页
71	曲沃苏村乡席村金墓	金代	山西曲沃	砖雕	同上，第140~141、332~333页
72	绛县下村砖雕墓	金代	山西绛县	砖雕彩绘	《考古》1993年第7期
73	绛县城内村金墓	金代	山西绛县	砖雕彩绘	《中国出土壁画全集·2·山西》，第184~189页

序号	墓葬名称	时间	地点	壁饰形式	资料来源
山西（晋南地区）					
74	绛县裴家堡金墓	金代	山西绛县	砖雕彩绘	《考古通讯》1955 年第 4 期
75	闻喜下阳金墓	金代	山西闻喜	砖雕彩绘	《文物》1990 年第 5 期
76	闻喜中庄金墓	金代	山西闻喜	砖雕彩绘	《文物世界》2001 年第 6 期
77	闻喜上院村金墓	金代	山西闻喜	彩绘	《中国出土壁画全集·2·山西》，第 191～192 页
78	闻喜北张金墓	金代	山西闻喜	砖雕彩绘	《三晋考古》第 4 辑，第 524～526 页
79	闻喜寺底金墓	金代	山西闻喜	彩绘	《文物》1988 年第 7 期
80	新绛南范庄金墓	金代	山西新绛	砖雕彩绘	《文物》1983 年第 1 期
81	新绛泽乡北苏村金墓	金代	山西新绛	砖雕	《平阳金墓砖雕》，第 173～179、336 页
82	新绛龙兴村金墓	金代	山西新绛	砖雕	《三晋考古》第 4 辑，第 532～538 页
83	襄汾荆村沟村金墓	金代	山西襄汾	砖雕	《文物》1989 年第 10 期
84	襄汾上庄村金墓	金代	山西襄汾	砖雕	同上
85	襄汾西郭村金墓	金代	山西襄汾	砖雕	同上
86	襄汾曲里村金墓	金代	山西襄汾	砖雕	《平阳金墓砖雕》，第 228～231、338～339 页
87	汾西北掌金元墓	金元	山西汾西	砖雕	《三晋考古》第 4 辑，第 526～532 页
88	汾西郝家沟 153 号金墓	金元	山西汾西	砖雕彩绘	《中国文物报》2016 年 9 月 13 日第 8 版
89	汾西郝家沟二号金墓	金代	山西汾西	砖雕彩绘	同上
90	万荣万和村金墓	金大定二十八年（1188 年）	山西万荣	彩绘	《文物世界》2006 年增刊
91	夏县西阴金墓	金代	山西夏县	砖雕	《考古》2014 年第 11 期
92	夏县上冯金墓	金代	山西夏县	砖雕	同上
93	洪洞范村金墓	金代	山西洪洞	砖雕彩绘	《三晋考古》第 4 辑，第 520～524 页

续附表 3

序号	墓葬名称	时间	地点	壁饰形式	资料来源
山西（晋中地区）					
94	盂县皇后村宋金壁画墓	金大定八年（1168 年）	山西阳泉	砖雕彩绘	《文物世界》2015 年第 1 期
95	太原义井村金墓	金大定十五年（1175 年）	山西太原	砖雕	《考古》1965 年第 1 期
96	汾阳东龙观王立墓	金明昌六年（1195 年）	山西汾阳	砖雕彩绘	《文物》2010 年第 2 期
97	孝义下吐京金墓	金承安三年（1198 年）	山西孝义	砖雕彩绘	《考古》1960 年第 7 期
98	太原东郊红沟宋墓	金代	山西太原	砖雕彩绘	《文物参考资料》1954 年第 6 期
99	太原小井峪金墓	金代	山西太原	砖雕彩绘	《考古》1965 年第 1 期
100	太原西流村金墓	金代	山西太原	砖雕	同上
101	太原万柏林区移村金元墓	金元	山西太原	彩绘	《文物世界》2016 年第 5 期
102	岚县北村金墓	金代	山西吕梁	砖雕彩绘	《文物世界》2010 年第 5 期
103	孝义八家庄金墓	金代	山西孝义	彩绘	《中国出土壁画全集·2·山西》，第 193～195 页
104	平定西关村壁画墓	金代	山西平定	砖雕彩绘	《文物》1996 年第 5 期
105	汾阳高级护理学校金墓	金代	山西汾阳	彩绘	《文物》1991 年第 12 期
106	汾阳小相墓	金元	山西汾阳	砖雕彩绘	《文物世界》2011 年第 6 期
107	昔阳松溪一号宋金墓	金元	山西晋中	砖雕	《考古与文物》2015 年第 1 期
108	和顺一中金元壁画墓	金元	山西晋中	彩绘	《文物世界》2014 年第 4 期
山西河北（晋北冀西南地区）					
109	大同云中大学二号金墓	金正隆四年（1159 年）	山西大同	彩绘	《考古学报》1992 年第 4 期
110	大同徐龟墓	金正隆六年（1161 年）	山西大同	彩绘	《考古》2004 年第 9 期
111	大同阎德源墓	金大定三十年（明昌元年，1190 年）	山西大同	砖雕	《文物》1978 年第 4 期
112	大同西郊金墓	金代	山西大同	砖雕	《考古》1961 年第 11 期

序号	墓葬名称	时间	地点	壁饰形式	资料来源
山西河北（晋北冀西南地区）					
113	繁峙南关村金代壁画墓	金代	山西繁峙	砖雕彩绘	《考古与文物》2015 年第 1 期
114	新城时立爱父子墓	金皇统三年（1143 年）	河北新城	砖雕彩绘	《考古》1962 年第 12 期
115	石景山八角村金赵励墓	金皇统三年（1143 年）	北京石景山	砖雕彩绘	《北京文物与考古》2002 年第 5 辑
116	宣化下八里三号墓	金皇统四年（1144 年）	河北宣化	砖雕彩绘	《文物》1990 年第 10 期
117	内丘胡里村金墓	金正隆二年（1157 年）	河北内丘	彩绘	《文物春秋》2002 年第 4 期
118	邯郸北张庄金墓	金代	河北邯郸	砖雕彩绘	《文物春秋》2001 年第 1 期
119	邯郸市南湖小区七号墓	金代	河北邯郸	砖雕	《文物春秋》2009 年第 1 期
120	廊坊金墓	金代	河北廊坊	砖雕	《文物春秋》2013 年第 3 期
121	柏乡待中村一号墓	金元	河北柏乡	砖雕	《河北省考古文集》，第 338 ~ 343 页
122	柏乡待中村二号墓	金元	河北柏乡	砖雕	同上
123	门头沟金代壁画墓	金代	北京门头沟	砖雕彩绘	《中国考古学年鉴 1991》，第 128 页
124	延庆晏家堡村金代壁画墓	金代	北京延庆	砖雕彩绘	《中国出土壁画全集·10·北京江苏浙江福建江西湖北广东重庆四川云南西藏》，第 51 ~ 56 页
山东地区					
125	济南南堌三十五中金墓	金明昌三年（1192 年）	山东济南	砖雕彩绘	《考古》1979 年第 6 期
126	高唐虞黄墓	金承安二年（1197 年）	山东高唐	砖雕彩绘	《文物》1982 年第 1 期
127	济南大官庄金代砖雕壁画墓	金泰和元年（1201 年）	山东济南	砖雕彩绘	《文物》2008 年第 8 期
128	淄博博山区金代壁画墓	金大安二年（1210 年）	山东淄博	砖雕彩绘	《考古》2012 年第 10 期
129	临淄北金召村宋金墓	宋金	山东临淄	壁画彩绘	《华夏考古》2003 年第 1 期
130	济南南堌三十五中学	金代	山东济南	砖雕彩绘	《考古》1979 年第 6 期

续附表 3

序号	墓葬名称	时间		地点	壁饰形式	资料来源
山东地区						
131	济南实验中学金墓	金代		山东济南	砖雕	同上
132	济南铁厂金墓	金代		山东济南	砖雕	同上
133	章丘市宝岛街金墓	金代		山东章丘	彩绘	《中国出土壁画全集·4·山东》，第 115～122 页
134	章丘女郎山 65 号金墓	金代		山东章丘	砖雕彩绘	《济青高级公路章丘工段考古发掘报告集》，第 179～201 页
135	章丘明四商贸楼金代壁画墓	金代		山东章丘	彩绘	《海岱考古》第 4 辑，第 269～272 页
陕甘宁地区						
136	甘泉袁庄村二号金代壁画墓	金大定二十九年 (1189 年)		陕西甘泉	砖雕彩绘	《文物》2009 年第 7 期
137	甘泉袁庄村三号金代壁画墓	金大定二十九年 (1189 年)		陕西甘泉	砖雕彩绘	同上
138	甘泉袁庄村一号金代壁画墓	金明昌四年 (1193 年)		陕西甘泉	砖雕彩绘	同上
139	千阳冉家沟金墓	金明昌四年 (1193 年)		陕西千阳	砖雕彩绘	《文博》1994 年第 5 期
140	甘泉柳河湾金墓	金明昌七年 (1196 年)		陕西甘泉	砖雕彩绘	《文物》2016 年第 11 期
141	宝鸡长岭机器厂金墓	金末元初		陕西宝鸡	砖雕	《文博》1998 年第 6 期；《文博》2000 年第 1 期
142	渭南靳尚村金墓	金末元初		陕西渭南	砖雕彩绘	《考古与文物》2009 年第 2 期
143	临夏张家庄金代砖雕墓	金代		甘肃临夏	砖雕	《陇右文博》2013 年第 2 期
144	临夏和政金代砖雕墓	金代		甘肃临夏	砖雕	《民族日报》2012 年 4 月 19 日第 P03 版

附表 4　唐五代宋金仿木构砖室墓中的熨斗、剪刀图像

序号	墓例	时代	地区	图像组合及其位置	出处
1	故城西南屯一号墓	晚唐	河北故城	墓室西壁砌假门，北侧雕一剪刀，旁砌一柜，上置针线笸箩	《河北省考古文集（三）》，第129~138页
2	故城西南屯二号墓	晚唐	河北故城	墓室北壁东侧砌一柜，柜上叠放衣物，右边一针线笸箩，之上砌一剪刀，紧接小柜砌一熨斗	同上
3	武邑龙店一号宋墓	北宋	河北武邑	墓室西壁砌衣柜，其下砌衣柜，柜上置长靿乌靴一双，衣柜北侧雕熨斗和剪刀各一并涂墨	《河北省考古文集》，第323~329页
4	武邑龙店二号墓	北宋庆历二年	河北武邑	墓室西壁砌衣柜，柜上雕一圆形镜子，旁边绘一女子，下砌衣柜，下方墓绘熨斗和剪刀各一束	同上
5	武邑龙店三号宋墓	北宋	河北武邑	墓室西壁砌一衣架，下砌衣柜，柜上置乌靴等物。柜右侧雕刻熨斗和剪刀各一，熨斗中尚留有炭火。衣架右侧绘一人物	同上
6	曲阳北宋政和七年墓	北宋政和七年	河北曲阳	墓室西壁右侧绘长方形框，框内绘熨斗，右侧绘剪刀一把	《文物》1988年第11期
7	井陉柿庄一号宋墓	北宋重和、宣和年间	河北井陉	墓室东壁窗下砖雕剪刀、熨斗各一	《考古学报》1962年第2期
8	井陉柿庄二号墓	宋末金初	河北井陉	墓室东壁正中砌砖假门，北侧画悬幔，下画红番莲，并雕剪刀、熨斗各一，南侧画"墓主人供养图"	同上
9	井陉柿庄三号墓	宋末金初	河北井陉	墓室东南壁左侧绘粮仓、人物，中砌一矮足柜，左侧雕剪刀、熨斗各一	同上
10	井陉柿庄四号墓	宋末金初	河北井陉	墓室西北壁正中砌一柜，其上放八角形盒，盒上置长靿乌靴，上方倒悬一黑色展脚幞头，左上雕剪刀，熨斗各一	同上

续附表 4

序号	墓例	时代	地区	图像组合及其位置	出处
11	井陉柿庄五号宋墓	宋末金初	河北井陉	墓室西北壁正中砌一柜、上雕剪刀、熨斗各一，右绘金盆、银锭，左绘一女子，左侧墨绘一猫	同上
12	井陉柿庄六号宋墓	北宋政和以后	河北井陉	墓室西壁南侧绘"宴乐图"，北侧砌一长窗，长窗下绘一小猪，两侧雕剪刀和熨斗各一	同上
13	井陉柿庄七号宋墓	宋末金初	河北井陉	墓室东壁正中为妇人启门，北侧砌一柜，南侧雕剪刀、熨斗各一	同上
14	井陉柿庄八号宋墓	宋末金初	河北井陉	墓室西北壁雕熨斗、剪刀各一把	同上
15	井陉北防口宋墓	宋代中后期	河北井陉	墓室北壁假门两侧下部各有一砖雕小龛，龛内砖雕剪刀与熨斗	《文物》2018 年第 1 期
16	平乡一号宋墓	宋末金初	河北平乡	墓室东南壁砖雕熨斗和剪刀各一	《河北省考古文集（三）》，第 237~247 页
17	平山两岔二号宋墓	北宋后期	河北平山	墓室西南壁砌一灯台，另绘流云五朵、剪刀、熨斗、矮足柜各一	《考古》2000 年第 9 期
18	平山两岔五号宋墓	北宋后期	河北平山	墓室西南壁已塌毁，两块砖上分别浮雕剪刀和熨斗，熨斗柄部两侧出有花牙，剪刀极为逼真	同上
19	平山两岔七号宋墓	北宋后期	河北平山	墓室东北壁上浮雕剪刀和熨斗，壁上还墨绘家具图案，无法辨清	同上
20	平山西石桥一号宋墓	宋末金初	河北平山	墓室第五间砖雕直棂窗、熨斗、剪刀、立柜各一、柜上墨绘钉帽和锁具	《文物春秋》1989 年第 3 期
21	平山东冶村二号墓	宋末金初	河北平山	墓室西壁雕剪刀、熨斗	同上
22	新城北场村时丰墓	金代早期	河北新城	墓室北壁绘幔帐与围栏木床，床上放剪刀、熨斗等	《考古》1962 年第 12 期

续附表 4

序号	墓例	时代	地区	图像组合及其位置	出处
23	北京亦庄 18 号辽墓	辽代	北京	墓室南壁墓门西侧雕剪刀、熨斗	《北京亦庄考古发掘报告》，第 240~244 页
24	北京东白塔辽墓	辽代	北京大兴区	墓室西壁北侧雕梳妆架，以及剪刀、熨斗各一	《文物》2011 年第 6 期
25	清水河县山跳峁三号墓	五代	内蒙古呼和浩特	墓室北壁中间砌一门，东侧上部砌两个直棂窗，下部由四块砖雕组成，分别为注子、茶盏、熨斗、尺子、剪刀	《文物》1997 年第 1 期
26	清水河县山跳峁四号墓	五代	内蒙古呼和浩特	墓室东壁中部有两直棂窗，下部有一组砖雕，分别为熨斗、剪刀	同上
27	清水河县山跳峁六号墓	五代	内蒙古呼和浩特	墓室东壁中部砌格子门，右侧置两个茶盏，下方为熨斗、熨斗、直尺、剪刀	同上
28	塔尔梁一号墓	五代末宋初	内蒙古呼和浩特	墓室东壁左侧上方为菱格形窗，下方砖雕一组工具，包括熨斗、剪刀，熨斗和剪刀各一	《文物》2014 年第 4 期
29	塔尔梁二号墓	五代末宋初	内蒙古呼和浩特	墓室北壁正中砖雕一门两窗，右侧下方砖雕长方形方框，其内雕刻熨斗、熨斗和剪刀	同上
30	登封唐庄中晚唐墓	唐代中晚期	河南登封	墓室东壁中间雕灯架，另雕熨斗、直尺、剪刀、衣柜各一	《中国文物报》1998 年 12 月 20 日第 1 版
31	濮阳乙烯厂砖室墓	五代	河南濮阳	墓室墓壁砌剪刀、熨斗砖雕	《濮阳考古发现与研究》，第 6 页
32	濮阳段庄三号墓	五代	河南濮阳清丰县	墓室西壁上砌剪刀、熨斗砖雕	同上，第 83~88 页
33	濮阳段庄四号墓	五代	河南濮阳清丰县	墓室西壁上砌假窗，其下雕剪刀、熨斗	同上
34	濮阳西佛店五号墓	五代	河南濮阳清丰县	椅子右侧砌剪刀、熨斗砖雕	同上，第 147~150 页

续附表 4

序号	墓例	时代	地区	图像组合及其位置	出处
35	濮阳西佛店 13 号墓	五代	河南濮阳清丰县	墓室西壁上砌有灯架，阴刻熨斗、剪刀、椅子	同上
36	安阳汤阴宋墓	北宋早期	河南安阳	墓中砖雕熨斗、剪刀（因考古报告不详，不清楚具体所在位置）	《中原文物》1985 年第 1 期
37	安阳新安庄 44 号宋墓	宋代后期	河南安阳	墓室东北壁上砌破子棂窗，窗下砌方橙一条，上砌花边状家具一件，窗下砌砖雕剪刀、熨斗、细颈瓶各一	《考古》1994 年第 10 期
38	鹤壁故县宋墓	元祐四年	河南鹤壁	墓室东壁正中砌方桌，旁边绘熨斗，桌上卧黑猫，右侧挂一把剪刀	《文物鉴定与鉴赏》2015 年第 8 期
39	新乡丁固城 44 号宋墓	北宋早中期	河南新乡	墓室西壁上部砌直棂窗，下砌一桌一柜，柜正面刻出剪刀熨斗	《中原文物》1985 年第 2 期
40	郑州二里岗宋墓	北宋初年	河南郑州	墓室东壁南侧为灯檠，旁边雕一柜，柜上有锁，北侧砌一衣架，架下雕熨斗、剪、尺	《文物参考资料》1954 年第 6 期
41	郑州南关外胡进墓	北宋至和三年	河南郑州	墓室东壁南侧雕梳妆台，台上为圆形带柄铜镜，下部雕抽屉，衣架北侧砌衣架，衣架南侧雕剪刀、一尺、二熨斗。衣架北侧砌砚台、笔架，砚与墨锭	《文物参考资料》1958 年第 5 期
42	郑州卷烟厂宋代 54 号砖雕墓	北宋早中期	河南郑州	墓室东壁中部砌衣架，衣架上悬挂一腰带，衣架下雕一剪、一尺、一熨斗、一镶刀。衣架南侧砌梳妆台，台上为镜架，台下雕梳妆盒。衣架北侧砌柜，柜上雕钥匙和锁，柜上雕钥匙和锁，裁纸刀、北侧雕砚台、墨锭	《中原文物》2014 年第 3 期
43	郑州二七路 66 号宋墓	北宋	河南郑州	墓室东壁南侧砌一柜，中间砌一柜，柜上雕锁和钥匙，下设方足，柜北侧砌一衣架，衣架下浮雕熨斗、黄剪、尺各一	《中原文物》2012 年第 4 期

续附表 4

序号	墓例	时代	地区	图像组合及其位置	出处
44	郑州二七路88号宋墓	北宋	河南郑州	墓室东壁北侧砌一衣架，衣架下雕一熨斗、一尺、一簧剪、一镜斗，衣架南部砌一梳妆盒，台上雕梳妆盒，南侧为三足灯台	同上
45	新郑兴弘花园宋墓	北宋	河南新郑	墓室东壁左侧为衣架，衣架下雕剪刀和熨斗，右侧为梳妆台和圆凳	《中国考古学年鉴2006》，第289页
46	荥阳槐西宋墓	宋末金初	河南荥阳	墓室东壁左侧绘直尺、交股剪、熨斗各一，右侧绘一柜，正面设锁和钥匙，柜右立一衣架，架上悬一圆镜	《中原文物》2008年第5期
47	新密下庄河宋墓	北宋后期	河南新密	墓室东北壁绘绘锦帐，帐下两朵西番莲，衣架下绘一熨斗、一剪刀	《中原文物》1999年第4期
48	登封高村宋墓	北宋后期	河南登封	墓室西壁绘二名女侍，几上放一瓶，双手端盘，左侧卧一狗，前方为楼儿，前方水平表现一剪刀、熨斗及直尺	《郑州宋金壁画墓》，第62~87页
49	登封城南庄宋墓	北宋后期	河南登封	墓室东壁上绘一柜，浇青横帐，帐下左侧砌交股剪、熨斗各一，右侧砌一灯檠	《文物》2005年第8期
50	禹州龙岗电厂121号宋墓	北宋	河南禹州	墓室东北壁为一桌二椅，桌上置注子、杯盏等，并砌熨斗、剪刀	《中国考古学年鉴1997》，第178页
51	禹县白沙一号宋墓	北宋元符二年	河南禹县	前室西壁下画一黑色高瓶，瓶左画铰形物，后室西北壁正中砌破子假窗，窗右画一蕉叶一把。另外，下系剪刀一把，下雕竖置一钉，左侧竖置一熨斗。左侧立一罐，罐左画小儿，几上置一瓶，几左下画一黄猫	《白沙宋墓》，第25~63页
52	登封双庙小区宋墓	北宋后期	河南登封	墓室东北壁砌镜架，右下部雕交股剪和熨斗	《文物春秋》2007年第6期

续附表 4

序号	墓例	时代	地区	图像组合及其位置	出处
53	南召鸭河口水库宋墓	北宋中后期	河南南召	墓室东南壁砖雕熨斗、尺子、剪刀和衣柜	《文物》1959 年第 6 期
54	平顶山浦城店宋墓	北宋	河南平顶山	墓内砖雕熨斗、剪刀、尺子等	《平顶山市卫东区年鉴 2012》，第 386 页
55	泌阳对外贸易总公司一号宋墓	北宋中后期	河南泌阳	墓室东南壁左侧砌一矮足柜，上置两盒，中部砌一衣架，上刻一箱，箱右下角砖雕剪刀、熨斗各一	《华夏考古》2005 年第 2 期
56	泌阳对外贸易总公司二号宋墓	北宋中后期	河南泌阳	墓室东南壁左侧砌一柜子，柜子右下角砖雕剪刀、熨斗、右侧砖砌灯台	同上
57	泌阳对外贸易总公司三号宋墓	北宋中后期	河南泌阳	墓室东南壁砌一矮足柜，砖雕剪刀、尺子、熨斗各一、灯台一座	同上
58	商丘犁岗一号墓	北宋中期	河南商丘	墓室东南壁砌一条几，几下砌一箱柜，柜上刻锁具，箱柜左侧刻剪刀，右侧砌熨斗	《商丘的考古发现与初步研究》，第 240~245 页
59	襄樊油坊岗一号墓	北宋后期	湖北襄樊	墓室东南壁砌桌案、灶、灯台以及剪、熨斗图案	《考古》1995 年第 5 期
60	襄樊油坊岗三号墓	北宋后期	湖北襄樊	墓室东南壁砌灶、灯台、剪、熨斗图案	同上
61	襄樊油坊岗四号墓	北宋后期	湖北襄樊	墓室东南壁砌桌案、灶、灯台、剪、熨斗图案	同上
62	丹江口柳树沟六号宋墓	宋代	湖北丹江口武当山	墓室西壁残存刻划方砖，上为剪刀、熨斗图案	《中国考古学年鉴 2009》，第 310~312 页
63	丹江口六里坪五号宋墓	北宋	湖北丹江口	墓室西壁砌砌假窗与一桌二椅，北侧雕剪刀、熨斗及灯台	《鄂西北考古与研究》，第 281~281 页
64	颍上八里庄 21 号宋墓	北宋中晚期	安徽颍上	墓室西壁砌嵌有砖雕熨斗、剪刀各一	《中国考古学年鉴 2011》，第 250~251 页
65	颍上八里庄 19 号宋墓	北宋中晚期	安徽颍上	墓壁嵌有砖雕熨斗、剪刀	同上

附表 5 宋金时期河南、山西地区孝子图像题材、题记、位置列表

序号	地区	墓葬	时代	形制	主要的图像题材	孝子图所在位置	数量	形式	榜题	出处
1	豫中地区	河南登封黑山沟宋墓	宋绍圣四年	八角形仿木构单室墓	墓主人、备宴、侍奉、孝子故事、升仙	墓室上部拱眼壁内	8 幅	彩绘	榜题："王武子""丁兰""王相"	《文物》2001 年第 10 期
2		河南登封高村宋墓	北宋晚期	八角形仿木构单室墓	出行、备食、墓主人宴饮、备孝子故事、升仙	墓室上部拱眼壁内	8 幅	彩绘	榜题："蔡顺""赵孝宗""丁兰""王武子""尧舜子""韩伯愈""孟宗""王祥"	《中原文物》2004 年第 5 期
3		河南新密平陌宋墓	宋大观二年	八角形仿木构单室墓	墓主人家居、梳洗、备宴孝子故事升仙	墓室天顶	4 幅	彩绘	榜题："行孝赵孝宗""行孝鲍山""王相"	《文物》1998 年第 12 期
4		河南巩县西村石棺	宋宣和七年	石棺	妇人启门,孝子故事、双鹤、花卉	石棺左右两帮	24 幅	线刻	榜题："丁兰刻木""董永卖身""舜子事父""郭巨埋儿""胁(胏)子悲前""鲍山起熟""刘殷泣江""子骞谏父""武妻事家""陆绩怀桔""曾母齿指""元觉迥青""田真""王祥娥泣江""孟宗哭竹""蔡母奉姑""蔡老奉亲""王祥卧冰""孟宗怕雷""杨香跨虎""赵孝宗""鲁义姑""刘明达"	《中原文物》1988 年第 1 期
5		河南荥阳槐西宋墓	北宋晚期（绍圣年间至宋末）	长方形竖穴墓道土洞墓	墓主居家、备宴、梳洗、出行、孝子故事	墓室北、东、西壁上部	15 幅	彩绘	无	《中原文物》2008 年第 5 期
6		河南荥阳司村宋墓	北宋晚期	六角形仿木构单室墓	文官、孝子故事	墓室斗拱以上天顶以下	19 幅	彩绘	榜题："元觉行孝""姜诗行孝""郯子行孝""鲍山行孝""老莱子行孝""董永行孝""曾参行孝""舜子行孝""伯榆行孝""王祥行孝""曾参行孝""孟宗行孝""丁栏行孝""鲁义姑行孝""刘殷行孝""陆绩行孝""王武子行孝""郭巨行孝"	《文物》1982 年第 4 期

续附表5

序号	地区	墓葬	时代	形制	主要的图像题材	孝子图所在位置	数量	形式	榜题	出处
7	豫中地区	河南荥阳孤伯嘴宋墓	北宋晚期	六角形仿木构单室墓	孝子故事、文官、花卉	墓室斗拱以上天顶以下	24幅	彩绘	榜题:"[元]觉[行]孝之[处]""姜诗行孝之处""韩伯榆行孝""郯子行孝之处""杨昌行孝之处""老莱子行孝""舜子行孝之处""刘[明达]行孝""曹娥行孝之处""董永行孝""田真[行孝]之处""闵子行孝之处""鲍山行孝之处""曾参行孝之处""蔡顺行孝之处""丁兰行孝之处""王祥行孝""孟宗行孝之处""赵孝宗行孝之处""鲁又姑行孝之处""刘殷行孝之处""陆绩行孝之处""郭[巨]行孝之处""王武子行孝之处"	《中原文物》1998年第4期
8		河南荥阳杜常村金墓	金代早中期	八角形仿木构单室墓	家居生活、庖厨、孝子故事、格子门、伎乐、花卉	位置不明	4块	砖雕	无	《中原文物》2000年第6期
9		河南荥阳广武镇插闾村金墓石棺	金泰和四年(1204年)	石棺	妇人启门、兽头、孝子故事	石棺左右两帮	8幅	线刻	无	《华夏考古》1997年第3期
10	豫西北地区	河南洛阳北宋张君石棺	宋崇宁五年	石棺	花卉、门窗、侍卫、墓主人夫妇升仙、孝子故事	石棺左右两帮后半部分和后档	24幅	线刻	榜题:"赵孝宗""郭巨""丁兰""刘明达""舜子""曹娥""孟宗""蔡顺""王祥""董永""鲁又姑""鲍山""刘殷""孙悟元觉""眼子""曾参""姜诗""王武子麦""杨昌""田真三人""韩伯俞""闵损""陆绩""老莱子"	《文物》1984年第7期

续附表5

序号	地区	墓葬	时代	形制	主要的图像题材	孝子图所在位置	数量	形式	榜题	出处
11		河南洛宁北宋乐重进石棺	北宋政和七年	石棺	墓主夫妇、散乐、妇人启门、孝子故事、天女散花、花草图案	石棺后挡与左右两帮	22幅	线刻	榜题:"曹娥""闵子骞""刘明达""田真""董永""杨香""鲍山""姜诗""老莱子""韩伯瑜""元觉""陆续(绩)""王祥""郭巨""刘殷""王武子[姜]"赵孝宗""曾参""义姑""丁兰""孟宗"	《文物》1993年第5期
12		河南洛阳北宋"王十三秀才"石棺	北宋宣和五年	石棺	仙人、博山炉、狮子、花卉、孝子故事	石棺左右两帮和后挡	15幅	线刻	榜题:"王午(武)子""江系""丁栏(兰)""舜子""郭巨""董永""韩伯俞""田真""赵孝宗""包中""孟宗""元觉""陆绩""王祥"	《考古与文物》1983年第5期
13	豫西北地区	河南宜阳北宋画像石棺	北宋徽宗时期	石棺	墓主人宴饮、收获、孝子故事、花卉	石棺左右两帮	10幅	线刻	榜题:"田真""老莱""舜子""韩伯[俞]""袁(元)觉""刘朋(明)达""姜诗""晚(睒)子""鲍山""曹娥"	《文物》1996年第8期
14		河南新安宋四郎墓	北宋宣和八年	八角形仿木构单室墓	墓主夫妇、庖厨、杂剧、散乐、格子门、妇人启门、孝子故事	甬道弥弥座上	2幅	彩绘	无	《洛阳古代墓葬壁画》,第398~409页
15		河南洛阳关林庙宋墓	北宋晚期	八角形仿木构单室墓	杂剧、散乐、备宴、妇人启门、孝子故事	墓室上部阑额处	23幅	砖雕	榜题:"老莱""王祥""元觉""刘殷""陆绩""董永""鲍山""韩伯瑜""孟宗""蔡顺""杨香""睒子""曹娥""赵孝宗""义姑""郭巨""丁兰""闵损子""王武子姜""曾参""诗母"	《文物》2011年第8期

续附表 5

序号	地区	墓葬	时代	形制	主要的图像题材	孝子图所在位置	数量	形式	榜题	出处
16	豫西北地区	河南洛阳涧西耐火材料厂宋墓	北宋晚期	方形仿木构单室墓	格子门、孝子故事、花卉、狮子	墓室东、西、北壁、斗拱间	6 块	砖雕	无	《洛阳古代艺术博物馆》,第53页
17		河南洛阳宜阳仁厚村宋墓	北宋后期	单室土洞墓	门吏、孝子故事	墓室南壁西侧、西壁、东壁、北壁	12 幅	彩绘	无	《文物》2015年第4期
18		河南嵩县北元村宋墓	北宋晚期	八角形仿木构单室墓	墓主夫妇、孝子故事、门卫、仙鹤流云、瓶插牡丹	墓室上部拱眼壁内	15 幅	彩绘	无	《中原文物》1987年第3期
19		河南洛阳伊川葛寨乡金元墓	金代早中期	方形仿木构单室墓	格子门、侍者、孝子故事、花卉	墓室北、东、西壁下层	6 块	砖雕	无	《文物》2005年第4期
20		河南义马狂口村金墓	金大安元年	仿木构砖室墓、墓室平面呈长方形	墓主夫妇、戏曲表演图、妇人启门、孝子故事	北壁上方	2 幅	砖雕、彩绘	无	《文物》2017年第6期
21		河南辉县石棺	北宋晚期	石棺	孝子故事	石棺左右两挡	24 幅	线刻	有榜题,具体不明	《中国画像石刻全集:石刻线画》,第135页

续附表5

序号	地区	墓葬	时代	形制	主要的图像题材	孝子图所在位置	数量	形式	榜题	出处
22		河南焦作白庄宋墓	北宋晚期	仿木构多室墓，主墓室为六角形，另有方形后室和西侧室	侍女、孝子故事	墓室上部拱眼壁内	12幅	彩绘	榜题："□兰"、"蔡□"、"曾参同母"、"董永卖身"、"陆绩□□"、"郯子事□""□□感□""姜诗妻""刘□□""伯愈泣□"	《文博》2009年第1期
23		河南沁阳张庄宋墓	北宋后期	八角形仿木构单室墓	假门、宴饮图、侍者、孝子故事、力士	墓室上部拱眼壁内	数量不明	砖雕	榜题情况不明	《沁阳文物》，第72~73页
24	豫北地区	河南林县城关宋墓	北宋晚期（上限为熙宁年间）	方形仿木构单室墓	墓主夫妇宴饮、伎乐、送行、孝子故事	墓葬阑额以及东室下部	24幅	砖雕	无	《考古与文物》1982年第5期
25		河南林县一中宋墓	北宋晚期（元祐至政和年间）	方形仿木构多室墓，由前室、后室，东、西侧室组成	墓主夫妇宴饮、孝子故事、花卉	前室各壁中上部以及东侧室西北壁，西南壁中上部	12幅	彩绘	无	《中原文物》1990年第4期
26		河南林县杨家庄宋墓	北宋晚期	仿木构多室墓，主室为六角形	墓主夫妇、侍女、童子、力士、狮子、孝子故事	主墓室各壁上部	数量不明	彩绘	榜题仅残留"睒子者"，其余部分剥落	《考古》1957年第2期
27		河南林州小西环路宋墓	北宋后期（上下为神宗至徽宗熙宁年间）	方形仿木构单室墓	宴饮、孝子故事、花卉	墓室东壁中下部、北壁假门两侧、西壁	24块	砖雕	榜题："闵(闵)子骞""蔡顺行孝""姜诗""郭巨""孟宗行孝""刘明达行孝""王祥行孝""曾参""元觉""王武子""陆绩行孝□""老莱行孝""韩伯瑜""丁兰""王二"	《华夏考古》2010年第1期

序号	地区	墓葬	时代	形制	主要的图像题材	孝子图所在位置	数量	形式	榜题	出处
28	豫北地区	河南林州李家池宋墓	北宋晚期	六角形仿木构单室墓	宴饮、庖厨、孝子故事	墓壁上部的长方形龛内	24幅	彩绘	榜题："舜子行孝""曾参行孝""闵（睒）子行孝""来（蔡）顺行孝""姜土（诗）行孝""陆续（绩）行孝""孟宗行孝""刘思子（殷）行孝""刘明达行孝""口子蹇行孝""丁兰行孝""王相行孝""郭其（巨）行孝""王口行孝""无角（觉）行孝""杨香行孝""鲍山子行孝""鲁义姑行孝""董永行孝""韩伯喻行孝""杨香子行孝""曹娥行孝""赵孝宗行孝"	《华夏考古》2010年第4期
29		河南林县文明街金墓	金皇统三年	八角形仿木构单室墓	武士、出行、妇人启门、散乐、宴饮、孝子故事	墓内除墓门的其余七壁上	24幅	彩绘	榜题："郭巨埋子""王武子妻割股""陆绩□□""刘殷□□□物，天人赐□□""老莱子戏父悦亲""闵子为母□""元角行□""杨香□□""田真□□居""曾参□□""韩□□□""刘明达孝子""鲍山□□□""莱顺□孝""郯□□""姜师□□""王祥卧""孟宗□□""董永还妻""丁□□木娘"	《华夏考古》1998年第2期
30		河南焦作电厂金墓	金大定二十九	八角形仿木构单室墓	格子门、妇人启门、棂窗、孝子故事、花卉、云纹	墓室北壁中央镶嵌三块	3块	砖雕	无	《中原文物》1990年第4期
31		河南焦作邹瑗墓	金承安四年	方形石室墓	散乐、温酒、侍女、孝子故事	墓室南、东、西壁的边侧	11幅	线刻	有榜题，情况不明	《文物》1979年第8期

续附表5

序号	地区	墓葬	时代	形制	主要的图像题材	孝子图所在位置	数量	形式	榜题	出处
32		山西长治五马村宋墓	宋元丰四年	长方形仿木构单室墓	假门、直棂窗、狮子、孝子故事	墓室北、东、西壁下部	12块	砖雕	无	《考古》1994年第9期
33		山西壶关南村宋墓	宋元祐二年	仿木结构多室墓，主室多为正方形	武士、侍从与孝子故事	墓室东、西、南壁	20块	砖雕	无	《文物》1997年第2期
34		山西长治西白兔村宋墓	宋元祐三年	方形仿木构砖室墓带多个耳室	孝子故事、侍从、门卫、二十八宿、瑞兽、花卉	墓室东、西壁以及北壁耳室入口两侧	目前存留11幅	彩绘	部分榜题已难以辨识，尚存榜题："田氏""鲁义姑""武宗""孟宗""曾参""王祥""丁兰""杨香"	《山西省考古学会论文集（三）》，第131~137页
35	晋东南地区	山西潞城北关宋墓	宋代后期	长方形仿木构单室墓	武士、男女侍者、孝子故事	墓室东、北、西三壁下部须弥座束腰处	24块	砖雕	无	《考古》1999年第5期
36		山西壶关下好牢宋墓	宋宣和五年	方形仿木构单室墓，东、北、西壁各开一耳室	武士、水墨山水、侍女、孝子故事、花卉	墓室四壁	17块	砖雕、彩绘	榜题："曹娥""闵子骞""刘明达""曾参""姜（诗）妻""郭巨""王武子妻""舜子""陆積刘殷""抱（鲍）山""田真"	《文物》2002年第5期
37		山西长治故漳村宋墓	北宋后期	方形仿木构单室墓	墓主、侍者、守孝人、劳作场景、伎乐、飞天、孝子故事	墓室四壁下部须弥座之上	23块	砖雕	无	《考古》2006年第9期
38		山西长治任家庄宋墓	宋代末年	方形仿木构单室墓	武士、孝子故事、瑞兽	出土时被扰动，砖雕已被揭取出墓外	14幅	砖雕	无	《文物世界》2009年第4期

续附表5

序号	地区	墓葬	时代	形制	主要的图像题材	孝子图所在位置	数量	形式	榜题	出处
39		山西壶关上好牢一号墓	宋末金初	仿木结构多室墓，前、后、西侧室皆呈方形	生活劳作场景、杂剧散乐、题诗、贤德传说、孝子故事、卷草纹	东壁北侧、西壁北侧	2幅	彩绘	榜题："王祥卧冰之处""孟宗哭泣"	《考古》2012年第4期
40		山西壶关上好牢三号墓	宋末金初	方形仿木构单室墓	门卫、男女侍者、孝子人物故事	四壁原镶嵌砖雕，均以被盗，情况不详	数目不清	砖雕	有榜题，情况不明	同上
41		山西长治沁源段家庄宋墓	宋末金初	圆形仿木构单室墓	四神、妇人启门、家居劳作场景、孝子故事	墓室东、西、北壁普拍枋下	19块	砖雕	无	《文物世界》2009年第5期
42	晋东南地区	山西长治魏村金墓	金天德三年	方形仿木构单室墓，墓室北壁、东、西壁各砌三个壁龛	二十八宿、孝子故事图（备注：孝子故事图存在图文对应，有文无图，有图无文，砖雕内容重复的情况）	墓室四壁阑额	24块	砖雕	榜题为："画相（像）二十四孝铭""赵孝宗弟被赤眉所摘""田真、兄弟三人其家大富""鲍山、口木也至孝……""郭子庵皮为衣向山取水……""元觉，悟之子，祖年老……""韩伯瑜奉母、母常以杖训之……""陆绩怀橘，年十四，父投江死……""曹娥年十四，父溺江死……""刘明达至孝，养母时大荒……""孟宗少无父，养母甚孝母……""杨香子无父，鲁国人也……""老莱子母各年百岁、来已八十……""来顺无父养母……""曾参，在山伐薪……""闵子骞……却汲菜归……""舜子少亡母……""王武子……""郭巨至孝养母，孤养其母……""王祥少亡母，推奉其母……""河阳人……""丁兰少亡母……"	《考古》2009年第1期

续附表5

序号	地区	墓葬	时代	形制	主要的图像题材	孝子图所在位置	数量	形式	榜题	出处
43		山西屯留宋村金墓	金代早期	方形仿木构单室墓	武士,墓主夫妇,庖厨,生产劳作,孝子故事	墓室东、西、北壁阑额处	24幅	彩绘	榜题:"陆绩""王武子妻""丁兰""曾参""姜诗子""元觉""鲍山字""孟宗""田真""鹁子""股(来)子""闵子""刘殷""韩伯俞""舜""蔡顺""鲁义姑""郭巨""刘明达""王祥""董永""杨香女""赵孝宗""刘明达""曹娥女"	《文物》2008年第8期
44	晋东南地区	山西长子石哲村金墓	金正隆三年	方形仿木构单室墓,北壁设两壁龛	墓主生活场景,侍女,武士,孝子故事,日月,花卉	墓室东西壁门窗之上及窗外侧	24幅	彩绘	榜题:"舜子""杨昌""元觉""姜师""鲁师""鲍山""赵孝宗""杨昌""元觉""蔡顺""闵子骞""鲁义姑""陆绩""刘殷""丁兰""王武子至母孝子母惟奉其母母染沉疴之际持□□食母孝食母孝养年老□□弟侵母侵□□□兄弟三人其家大富养其母早亡弟饮分口庭"孟宗少无父孤养其母年老□□""曹娥投江十屋夜夜投江十屋号泣十屋夜夜投江亦投江""老莱子"	《文物》1985年第6期
45		山西长子小关村金墓	金大定十四年	方形仿木构单室墓,北壁砌一甬室	武士,墓主夫妇,家居生活,生产劳作,孝子,升仙图,星宿,日月,仙鹤	墓室东西壁阑额处	16幅	彩绘	榜题:"丁兰刻木""鲍山背母""郭巨埋子""董永自卖""曾参同母""闵子谏父""来(蔡)顺椹亲""刘殷泣笋""股父取口""武冢割股""舜子耕田""曹娥投江""韩伯俞泣杖""杨香跨虎""田真分居""王祥卧冰"	《文物》2008年第10期

续附表5

序号	地区	墓葬	时代	形制	主要的图像题材	孝子图所在位置	数量	形式	榜题	出处
46		山西长治故漳金墓	金大定二十九年	方形仿木构单室墓带两个耳室	门吏、孝子故事	墓室东、西、北壁棂窗上下绘孝子故事	22幅	彩绘	榜题："元角拉爸劝父""田氏分居""武妻刮股""大舜耕田""闵子骞（蹇）""刘明达""蔡顺""曹三同母""姜师婆""赵孝宗""丁兰刻木""董永自卖""孟宗哭竹""杨香自卖""梦见父面""杨香女打虎""伯俞泣杖""郭巨埋儿""鲍山"	《考古》1984年第8期
47	晋东南地区	山西长治安昌金墓	金明昌六年	仿木构多室墓，主室、墓门两侧各开一小耳室，北壁砌一大耳室，二小耳室，东西壁均有一大一小二耳室	孝子故事、仙鹤流云、花卉	墓室东、西、北壁	24幅	彩绘	榜题："曹娥""郭巨""赵孝宗""老莱子""孟宗""曾参""丁兰""韩伯俞""姜师""鲍山""王祥""刘殷""董永""杨香女""鲁义姑""蔡顺""田真""刘明达""元角""闵子骞""郭巨""鲍子"	《文物》1990年第5期
48		山西长治南沟金墓	金代	仿木构砖室墓，前室平面近方形	墓主夫妇像、蓄养图、劳作图、孝子故事、升天图	前室东、北、西壁上部	24幅	彩绘	榜题："韩伯俞""王祥""赵孝宗""鲁义姑""刘明达""阳（杨）香""曾参""舜""王武子""元觉""王祥""刘殷""老莱子""董永""鲍山""姜诗""孟宗""闵子""郭巨""曹娥""田真""丁兰"	《文物》2017年第12期
49		山西沁县故县镇一号金墓	金代	仿木构砖室墓，主室平面呈六角形	孝子故事	孝子砖雕为追缴之物，具体位置不明	收回14块	砖雕	无	《上海文博论丛》2003年第4期

续附表5

序号	地区	墓葬	时代	形制	主要的图像题材	孝子图所在位置	数量	形式	榜题	出处
50	晋东南地区	山西沁县故县镇二号金墓	金代	方形仿木构单室墓	孝子故事	墓壁两侧	24块	砖雕彩塑	无	同上
51		山西沁县南里乡墓	金代中期	八角形仿木构单室墓	孝子故事	墓室四壁阑额	24块	砖雕	榜题："[王]武子为婆割股"、"元觉掉床"、"姜诗行孝"、"鲍子羹口山口口口"、"赵孝宗将小替口口"、"丁兰剖木为母"、"杨香行孝"、"田真哭树"、"闵子蹇行孝"、"孟宗为母思竹笋"、"韩伯俞行孝"、"睒子养父母"、"王相思鹿乳"、"口口思葬"、"蔡顺为母口楮"、"王祥卧冰为母口口"	《文物》2000年第6期
52		山西沁县上庄村金墓	金代中晚期	仿木构砖室墓、主室平面为八角形	侍女、孝子故事、花卉	除北壁外，其余七壁墓室上部框格内	21块	砖雕	部分砖面刻有榜题，多模糊不清。残存榜题为："王武子""口子""姜诗""口殷""元觉""曾参""陆绩""杨香""老莱子"	《文物》2016年第8期
53		山西陵川县玉泉村金墓	金大定九年	仿木构砖室墓、主室平面为八角形	庖厨图、奉茶进酒图、孝子故事图	墓顶侧壁	4幅	彩绘	无	《中国出土壁画全集·山西》，第149～157页

续附表 5

序号	地区	墓葬	时代	形制	主要的图像题材	孝子图所在位置	数量	形式	榜题	出处
54		山西侯马牛村一号金墓	金天德三年	长方形仿木构单室墓	墓主人、格子门、孝子故事、花卉等	墓室西壁障水板处	2 块	砖雕	无	《文物季刊》1996 年第 3 期
55		山西侯马大李金墓	金大定二十年	方形仿木构单室墓	格子门、童子、狮子、绣球、花卉	墓室南壁墓门普拍枋上	2 块	砖雕	榜题："赵孝宗"	同上
56		山西侯马西郊牛村 31 号墓	金大安四年	方形仿木构单室墓	妇人启门、格子门、花卉	西壁格子门障水板上	6 幅	砖雕	共 6 幅。其中第五、六幅与第一、二幅一样，为同范砖雕。无榜题	《考古》1961 年第 12 期
57		山西稷山马村四号金墓	金代前期	长方形仿木构单室墓	墓主夫妇宴饮、杂剧	墓室南壁两侧次间上层雕孝子故事	4 块	砖雕	无	《文物》1983 年第 1 期
58		山西稷山马村一号金墓	金代前期	长方形仿木构单室墓	妇人启门、散乐、孝子故事、格子门	墓室北壁两侧次间雕孝子故事	2 块	砖雕	无	同上
59	晋南地区	山西稷山马村村四号金墓	金代前期	方形仿木构单室墓	墓主夫妇、侍者、杂剧表演、花卉	摆放于墓室四壁回廊中	24 组	泥塑	24 组、57 个人物，无榜题	《文物季刊》1997 年第 6 期
60		山西新绛南范庄金墓	金代晚期	仿木构多室墓、前、后、左右耳室皆呈方形	武士、伎乐、孝子故事、格子门、乐舞、狮子	南壁墓门上方砌三排孝子故事图	24 幅	砖雕	原有榜题，现已漫漶不清	《文物》1983 年第 1 期
61		山西绛县装家堡金墓	金代	方形仿木构单室墓	格子门、妇人启门、墓主夫妇、男女侍者、孝子故事	墓室北壁格子门两侧上方、西壁及南壁墓门上方	仅存 4 幅	彩绘	榜题情况不明	《考古通讯》1955 年第 4 期
62		山西垣曲东铺村金墓	金大定二十三年	方形仿木构单室墓	墓主夫妇、孝子故事、妇人启门、花卉	墓室上部拱眼壁	12 块	砖雕	无	《考古通讯》1956 年第 1 期

续附表 5

序号	地区	墓葬	时代	形制	主要的图像题材	孝子图所在位置	数量	形式	榜题	出处
63		山西闻喜中庄金墓	金代早期	方形仿木构单室墓	格子门、奔鹿、戏狮、花卉及孝子故事	墓室东壁桌椅两侧与南壁所砌花砖上	7块	砖雕	无	《文物世界》2001年第6期
64		山西闻喜寺底金墓	金代中期偏晚	长方形仿木构单室墓	力士、门吏、墓主夫妇宴饮、伎乐人物、孝子故事	墓室四壁普拍枋下	11幅	彩绘	榜题:"元角(觉)""郭巨""刘明达""杨香""田真""孟宗""炎(剡)子""董永""曹娥""丁兰""王祥"	《文物》1988年第7期
65	晋南地区	山西闻喜小罗庄一号金墓	金正隆年间(1156~1161年)	长方形仿木构单室墓	格子门、妇人启门、伎乐、孝子故事	墓室上部拱眼壁	8块	砖雕	榜题:"曾母呼子痛心""刘明达孝养""孟宗哭竹生笋""王武子割股奉亲""王祥卧冰求鱼""曹娥沿江哭父""刘殷行孝"	《文物》1986年第12期
66		山西闻喜小罗庄二号金墓	金大定二十八年	长方形仿木构单室墓	墓主夫妇、伎乐、格子门、孝子故事、花卉	墓室上部拱眼壁	12块	砖雕	榜题情况不明	同上
67		山西闻喜小罗庄六号金墓	金代中期	长方形仿木构单室墓	格子门、伎乐、孝子故事、瓶花	墓室上部拱眼壁	10块	砖雕	榜题情况不明	同上
68		山西闻喜下阳村金墓	金明昌二年	长方形仿木构单室墓	墓主夫妇、妇人启门	墓室东、南壁墓室上部	6幅	彩绘	无	同上
69		山西襄汾侯村金墓	金明昌五年	八角形仿木构单室墓	妇人启门、格子门、门吏、散乐表演孝子故事、童子力士	墓室四壁阑额额	18块	砖雕	无	《文物》2008年第2期

续附表 5

序号	地区	墓葬	时代	形制	主要的图像题材	孝子图所在位置	数量	形式	榜题	出处
70		山西襄汾贾罕村金墓	金代	方形仿木构单室墓	门吏、妇人启门、乐舞、孝子故事、戏、格子门、花卉、婴	墓室八壁中部格内	24 块	砖雕	有榜题，具体情况不明，孝子砖雕上多有反写的"武"字，以及孝行序号，孝行名称，应与洛阳古博物馆所藏襄汾金墓孝子砖雕情况相同	《中华戏曲》2004 年第 1 期
71	晋南地区	洛阳古代艺木博物馆藏金墓砖雕襄汾金墓砖雕	金代	方形仿木构单室墓	门吏、力士、伎乐、墓主夫妇、侍者孝子故事、狮子、瑞兽、花卉	为征集文物，情况不明	23 块	砖雕	有 20 块砖上皆印"武匠"，其他榜题为："第一孝口子""第二行孝陆者口人也少年""第四孝曹娥""第五孝邪巨""弟六行孝王祥""第七行孝刘殷""第八口杨香鲁""第九孝口平人""弟十孝口杨又姑""第十一孝闵子损字行孝""弟十二孝董永蔡州""第十三孝鲍字文水""弟十四孝田真""第十五孝丁兰行孝""第十六孝孟宗字""弟十七孝口人来口""弟十八孝姜诗字""弟十九孝韩伯俞汝南人""口口口口口""第二十孝王武子者河阳人为""弟二十一孝刘明达""第二十二孝曾参者""第二十三孝刘明达""弟二十四孝仲河南人蔡顺字君"	《中国国家博物馆馆刊》2011 年第 5 期
72		山西永济金代石棺	金贞元元年（1153 年）	石棺	侍童、孝子故事、力士、飞天、花饰	石棺左右两帮	24 幅	线刻	榜题："王武子""刘殷""田真""杨香""刘明达""王祥""袁觉""赵孝宗""蔡顺""姜诗""王祜""老来子""鲁义""孟宗""鲍山""睒山""郭巨""闵子""慈""丁栏""曾参""韩百榆""董永""舜子"	《文物》1985 年第 8 期

续附表 5

序号	地区	墓葬	时代	形制	主要的图像题材	孝子图所在位置	数量	形式	榜题	出处
73	晋南地区	山西万荣万和村金墓	金大定二十八年	方形仿木构单室墓	孝子故事	墓室四壁中间	24幅	彩绘	有榜题，情况不明	《文物世界》2006年增刊
74	晋中地区	山西汾阳五号金墓	金代早期	八角形仿木构单室墓	武士、狮子、墓主夫妇宴饮、妇人启门、格子门、孝子故事、花卉	墓室南、北壁栌斗额处壶门内	2块	砖雕	无	《文物》1991年第12期

后 记

　　本书是在我的英文博士论文的基础上增订而成。论文的结构与内容都进行了大幅修改，之所以大刀阔斧地改写，一方面是由于中英文学术写作之间存在很大的差异，对材料的分析、处理有着明显的区别；另一方面则是因为在完成博士论文近10年的时间中，我有了很多新的想法，面对不断涌现的新的材料，也不得不对自己的观点持续修正。拙作即将付梓，我的心中充满了不安，自觉仍有许多的遗憾。其中最大的问题在于方法论上的探讨，虽然我有意识地尝试对墓葬美术领域进行总结与展望，但是本书提出的理论框架仍是极其简陋的，文中也无疑有许多问题与不足。在此，我真诚期待各位方家批评指正。

　　此书能够出版，首先要感谢我的恩师杰西卡·罗森教授，罗森教授帮助我从历史专业逐步转入考古美术的研究领域，正是由于她不懈的教导、启迪、鼓励，才使我窥探到学术殿堂的奇妙，而她宽广的研究视野与细致的分析方法，也使我的学术路径得以开阔。在牛津求学的期间，我还有幸跟随苏立文（Michael Sullivan）先生学习，苏先生给予我诸多的指导和帮助，毫无保留地分享他对于艺术的观点、方法和热忱，他的言传身教一直影响、激励着我，深令我感佩与铭念。

　　同时，还要感谢巫鸿先生、郑岩教授、李清泉教授、齐东方教授，他们对美术考古的精彩研究，对我启示良多。英文论文开题承杜德桥（Glen Dudbridge）教授、何安娜（Anne Gerritsen）教授、魏希德（Hilde De Weerdt）教授提出许多十分有益的建议，论文完成后承答辩委员会柯律格（Craig Clunas）教授、史怀梅（Naomi Standen）教授通读全文，并提出宝贵的修改意见，在此致上我诚挚的感谢。

2010 年我进入复旦大学文史研究院工作，感谢葛兆光教授、杨志刚教授、李星明教授、董少新教授等领导与同事的照拂和关怀，良好的学术氛围为我近十年来的成长提供了最理想的平台。东京大学东洋文化研究所的羽田正教授、板仓圣哲教授、平室隆郎教授也曾给我许多鼓励和帮助。另外，本书的部分章节在余欣教授组织的复旦大学中古中国共同研究班上报告过，接受过读书班上孙英刚教授、朱溢教授、仇鹿鸣教授、徐冲教授、唐雯研究员、张金耀教授、温海青教授等诸师友的建议和指正。

2017－2018 年我曾有幸受哈佛燕京学社邀请在该社访问研究一年，得到了哈佛燕京学社裴宜理（Elizabeth Perry）教授、李若虹博士、哈佛大学汪悦进教授、傅罗文（Rowan Flad）教授，以及哈佛燕京图书馆马小鹤博士、哈佛大学艺术博物馆杨妍女士的诸多帮助。在此期间还结识了徐坚教授、廖旸研究员、顾铮教授、刘冠教授、徐兰君教授、唐小兵教授、杨晓东博士、王传播博士等师友，他们对我的研究给予了许多启发。

在本书修订的过程中，赵超先生、贺西林教授、李松教授、伊沛霞教授、曾蓝莹教授、黄士珊教授、林伟正教授、董新林研究员、张鹏教授、施静菲教授、尹翠琪教授、洪知希博士、许雅惠博士、练春海博士、刘婕博士、布莱尔（Sheila Blair）教授、罗思德（Cedric Laurent）教授、庄程恒博士、杨洁博士，或对本书中的具体内容有所匡正，或提示了相关材料。我的同窗友人马俊杰（Mark Strange）教授、陈莘博士、蒋奇栖博士、莫贝娜（Benedetta Mottino）博士、谭家齐教授、黎婉馨博士、吴晓韵研究员、陈谊博士、李晨博士、马兆远教授，陪伴我度过了牛津的美好岁月，亦给过我多方面的支持和关怀。学棣庄霞、罗秀芝、谢程程校核了部分引文及附表，文物出版社的智朴女士为本书的出版付出了辛勤的劳动，在此一并致谢。

最后，感谢我的家人对我学术之路的全力支持和认同，对我源源不断的关爱和鼓励，他们是我持续前行的最大动力。

邓菲

2019 年 5 月于光华楼

考古新视野

考古新视野
青年学人系列

2016 年

彭明浩：《云冈石窟的营造工程》
刘　韬：《唐与回鹘时期龟兹石窟壁画研究》
朱雪菲：《仰韶时代彩陶的考古学研究》
于　薇：《圣物制造与中古中国佛教舍利供养》

2017 年

潘　攀：《汉代神兽图像研究》
吴端涛：《蒙元时期山西地区全真教艺术研究》
邓　菲：《中原北方地区宋金墓葬艺术研究》
王晓敏、梅惠杰：《于家沟遗址的动物考古学研究》

2018 年（入选稿件）

李宏飞：《商末周初文化变迁的考古学研究》
王书林：《北宋西京城市考古研究》
袁　泉：《蒙元时期中原北方地区墓葬研究》
肖　波：《俄罗斯叶尼塞河流域人面像岩画研究》